Salvatore Lupo

Die Geschichte der Mafia

Salvatore Lupo

Die Geschichte der Mafia

Aus dem Italienischen von
Anja Rigi Luperti
und Brigitte Lindecke

Patmos

Titel der italienischen Originalausgabe:
Storia della mafia
Edizione in lingua tedesca effettuata con l'intermediazione dell' Agenzia Letteraria Eulama

Die Deutsche Bibliothek – CIP-Einheitsaufnahme

Lupo, Salvatore:
Die Geschichte der Mafia / Salvatore Lupo. Aus dem Ital. Übers. Von Anja Rigi Luperti und Brigitte Lindecke. – Düsseldorf: Patmos-Verl., 2002
Einheitssacht.: Storia della mafia <dt.>
ISBN 3-491-72459-7

Satz: Typo Fröhlich, Düsseldorf
Druck und Verarbeitung: Clausen & Bosse, Leck
ISBN 3-491-72459-7
www.patmos.de

Inhalt

Einführung

1. Zum Namen und zum Begriff der Mafia

Mafia ist seit der Mitte des 19. Jahrhunderts bis zum heutigen Tag ein überaus häufig gebrauchtes Wort. Es handelt sich jedoch um einen vielschichtigen Begriff, der sich auf unterschiedliche Dinge bezieht, je nachdem in welchem Zusammenhang, unter welchen Umständen, mit welchen Intentionen und mit welchen Interessen er gebraucht wird. Es ist schwierig, *ein* Thema, *eine* Typologie oder *eine* Abfolge von in sich homogenen Phänomenen unter den Begriff Mafia zu bringen; und es ist genauso schwierig, sich dem Eindruck zu entziehen, dass gerade diese Weite und die Unbestimmtheit den Begriff so beliebt machen.

Giovanni Falcone hat einmal gesagt:

> Während man früher davor zurückscheute, das Wort »Mafia« auszusprechen, benutzt man es heute sogar zu viel. Es gefällt mir nicht, dass man fortwährend von »Mafia« spricht, um etwas sehr Allgemeines zu beschreiben, denn dabei vermischt man nur Phänomene, die zwar in der Tat zum organisierten Verbrechen gehören, mit der eigentlichen Mafia aber wenig oder gar nichts zu tun haben.(Segno 1990, 116, S.10)

Falcones Polemik richtet sich gegen jene, die eine aus Westsizilien stammende kriminelle Elite, die heute gewöhnlich *La Cosa nostra (Unsere Sache)* genannt wird, und ihre berühmte Entsprechung in den USA mit dem organisierten Verbrechen im Allgemeinen gleichsetzen, und vielleicht sogar noch mit dem gewöhnlichen Verbrechen. Nach heutigem Sprachgebrauch bezeichnet *Mafia* die Kriminalität der Region Sizilien, *Camorra* diejenige der Region Kampanien; um eine

Symmetrie herzustellen, haben die Medien in letzter Zeit noch einen analogen Begriff für Kalabrien eingeführt, *'Ndrangheta*. Hinzufügen könnten wir noch eine chinesische, türkische, kolumbianische und russische Mafia. Hier beginnt bereits die Sprachverwirrung. Mafia kann sich nämlich auch auf den Einfluss von Lobbys beziehen, auf geheime Vereinigungen, ›umgeleitete‹ staatliche Apparate; er bezeichnet auch eine enge Beziehung zwischen Politik, Wirtschaft und der Welt des Verbrechens, Illegalität oder Korruption, eine Korruptheit, die sich zusammensetzt aus Begünstigungen, Klientelismus, Wahlbetrug und der Unfähigkeit, Gesetze unparteiisch anzuwenden. Man hat z. B. darüber diskutiert, ob die aus Politikern und hohen Wirtschaftsvertretern zusammengesetzte Gruppe um den ligurischen Sozialisten Alberto Teardo vor ein paar Jahren als »mafiose Vereinigung« bezeichnet werden könnte, obwohl diese Gruppe nicht gewohnheitsmäßig Gewalt anwendete; und das Dilemma dieser Diskussion ist keineswegs nur wissenschaftlicher Art, wenn man bedenkt, dass in Italien seit 1982 Verurteilungen wegen Zugehörigkeit zu einer »mafiosen Vereinigung« ausgesprochen werden können.

Oft wird behauptet, dass die sizilianische Gesellschaft stets den Mantel des Schweigens um das Phänomen Mafia gehüllt hat: Mit Ausnahme vielleicht der 1950er Jahre sprach und spricht man in Sizilien immer im Überfluss ständig von »Mafioso« oder »Komplize der Mafia« und meint damit den wirklichen Mafiosi, alle Konkurrenten und politischen Gegner. Vor allem in Palermo, aber auch in anderen Städten der Insel, in denen es historisch gesehen gar keine mafiosen Strukturen gibt (ich denke hier an Catania im ausgehenden 19. Jahrhundert), ist jede Erneuerungs- oder auch schlicht Oppositionsbewegung seit mehr als hundert Jahren immer unter dem Zeichen des Kampfes gegen die Mafia geführt worden. Man denke auch daran, wie oft die Mafia eine Metapher oder einen Vorwand für Schlachten dargestellt hat, die sich um das nationale politische System drehten: 1875, mit den Sondermaßnahmen zur öffentlichen

Sicherheit und dem Regierungswechsel von der Rechten zur Linken; 1926, mit der Operation Mori und der Einrichtung eines totalitären Systems in Italien; nach dem Zweiten Weltkrieg, als Portella della Ginestra (der Begriff steht für eine blutige Niederschlagung einer von linken Kräften organisierten Demonstration am 1. Mai 1947 im gleichnamigen Ort in Sizilien) die Hegemonie der *Democrazia cristiana* über das rechte Lager und über das gesamte Land ankündigt; mit der ersten parlamentarischen Antimafia-Kommission und dem Antritt der Mitte-Links-Regierung; und schließlich heute, wo die Mafia mit dem Bild eines parasitären Südens zusammengebracht wird oder mit einem abgewirtschafteten und korrupten Regierungssystem. Über all das braucht man sich nicht zu wundern. Der politische Kampf bedient sich zu seinen Zwecken eines Begriffsinstruments, das schon in sich unpräzise ist, und im Übrigen haben alle oben genannten Punkte bestimmte Gemeinsamkeiten, die die Benutzung des Begriffs *im weiten Sinne* erlaubt scheinen lassen. Dieses »Alles-in-einen-Topf-Werfen« macht jedoch den Kampf gegen die Mafia nicht gerade leichter und erschwert auch ein echtes Verstehen der Mafia, da »Verstehen« ja immer auch »Unterscheiden« heißt. Der Begriffsinhalt verliert so jede Kontur, da die Kategorien von Korruption und Klientelismus auf die verschiedensten Phänomene, Zeiten und Orte anwendbar sind. Wenn aber alles Mafia ist, ist gar nichts Mafia.

Die Rückkehr zum *ursprünglichen* Gebrauch des Begriffs mag als ein Gegenmittel zu seiner Mehrdeutigkeit erscheinen. Aber in den ersten Jahren Siziliens nach dem Risorgimento, als das Wort *Mafia* in Gebrauch kommt, war der Begriff noch viel schillernder. *Mafiosi* taucht zum ersten Mal 1862-63, in einer sehr erfolgreichen volkstümlichen Komödie mit dem Titel *I mafiusi di la Vicaria*[1], deren Handlung 1854 unter den *Camorra*-Häftlingen des Palermitaner Gefängnisses spielt. Im April 1865 findet man den Passus »*maffia*, oder Straßenräuberbande« in einem vertraulichen Papier, unterschrieben vom Präfekten von Palermo, Filippo

Gualterio; und schon das Gesetz zur öffentlichen Sicherheit von 1871 bezieht sich auf »Nichtstuer, Vagabunden, *Mafiosi* und allgemein verdächtige Personen«. In den folgenden fünfzehn Jahren bestehen die beiden Termini *Mafia* und *Camorra* gleichbedeutend nebeneinander. *Camorra* bezeichnet häufiger Systeme von illegaler Kontrolle über Märkte, Versteigerungen, öffentliche Ausschreibungen und Wahlen, und bezieht sich eher auf städtische Gebiete, während für ländliche Gebiete gerne das Wort *Mafia* eingesetzt wird.

Die Funktionäre der historischen Rechten bezeichnen als »Mafiosi« Straßenräuber und Wehrdienstverweigerer, all jene, die sich gegen die soziale Ordnung stellen, und alle politischen Gegner. Das einzige Verbindungsglied unter diesen so verschiedenen Personen ist der Kontext, in dem sie sich bewegen: eine als gewalttätig, barbarisch und primitiv angesehene Gesellschaft, sowohl in ihren unteren als auch oberen sozialen Klassen; eine Gesellschaft, in der Präfekten, Militärkommandanten und Beauftragte der öffentlichen Sicherheit keinen adäquaten Gesprächspartner für den liberalen Staat zu finden meinen. Die Sizilianer erscheinen als zu streitsüchtig und sektiererisch, erscheinen als Leute, die den Staat auf privatistische Art führen möchten. Die Entdeckung der *soziokulturellen* Verschiedenheit der Insel, diese erste Version der Mafia als Metapher der Rückständigkeit verbindet sich im Übrigen mit den Schwierigkeiten der gemäßigtliberalen Regierung im nachrisorgimentalen Italien, einen auch *politischen* Gesprächspartner im westlichen Sizilien zu finden, in einem Palermo, wo die öffentliche Meinung sich viel eher den Republikanern, »Regionalisten« und Vertretern der gemäßigten Linken zuwendet als der Regierungspartei. Die politische Intention, die dem oben erwähnten Gualterio-Bericht zugrunde liegt, charakterisiert die *maffia* durch ihre Verbindung zu den extremen Parteien – Republikaner und bourbonische Monarchisten.

Es vergehen nur zwei Jahrzehnte und das Wort *Mafia* erreicht auch die Vereinigten Staaten: Man definiert damit eine geheimnisvolle Organisation mit uralten Ursprüngen, die ihren Kopf auf der Insel behalten hätte und von dort aus ihre Anhänger überall hin ausschickte; man stigmatisiert mit dem Wort eine *alien conspiracy*, ein ausländisches Komplott, das von »Sozialisten, Nationalisten und anderen Elementen« ausgeheckt worden sei.[2] Es fehlt auch nicht der Verdacht einer Komplizenschaft der italienischen Regierung, wie man einer satirischen Karikatur vom Ende des 19. Jahrhunderts entnehmen kann, in der ein »Rattenfänger von Hameln« die schmutzigen Ratten der Alten Welt, darunter auch die Mafia-Ratte, unter dem Jubel der europäischen Regierenden und der Verzweiflung von Onkel Sam über den Ozean lockt. Es ist eine der Formen, mit der das *Wasp*-Amerika *(White, Anglo-Saxon, Protestant)* seine Angst vor dem Anderen ausdrückt, seine ethnozentrische Abschottung vor der »zweiten Welle« von Einwanderern. Gleichzeitig soll es als Argument dienen, die Begrenzung der Einwanderung in die Vereinigten Staaten für Italiener (vor allem aus Süditalien) durchzusetzen, denen man vorwirft, das Schlechteste aus ihrer Herkunftsgesellschaft in die Neue Welt mitzubringen: Krankheiten, mangelnde Bildung, Aberglauben und natürlich Kriminalität, die, weil exotisch und geheimnisvoll, noch mehr gefürchtet wird.

Zwischen dem ersten italienischen und dem ersten amerikanischen Gebrauch des Wortes bestehen also Gemeinsamkeiten: Die Mafia ist Metapher für etwas, das unvereinbar mit den Werten des Staates des 19. Jahrhunderts ist, sie erscheint als dunkel verwickelt in politischen Subversismus, und vor allem spiegelt sie die Angst vor dem Fortdauern einer dunklen Vergangenheit wider, eines kulturellen Kodexes in Feindschaft zur Moderne. Dieses Schema wird sich dann in verschiedenen Formen noch über das ganze folgende Jahrhundert fortsetzen. Die öffentlichen Autoritäten beklagen ständig die Unfähigkeit der traditionellen sizilianischen Kultur, die Souveränität des Gesetzes anzuerkennen, gleichzeitig aber ist ihnen diese Unfähigkeit als *Herrschaftsinstrument* willkommen. Das führt uns zu der Thematik des Verhältnisses von Mafia und politischer Macht.

Nach 1860 greift das liberale Italien in der fernen sizilianischen Provinz auf eine stark autoritäre und auf »Ausnahme-Methoden« basierende Herrschaftspraxis zurück, aber vor allem – wie wir noch sehen werden – bedient sie sich verbrecherischer Kräfte auch für die ganz alltägliche Verwaltung der öffentlichen Ordnung; ganz zu schweigen vom Gebrauch der Mafiosi als Stimmenfänger schon in den Zeiten des eingeschränkten Wahlrechts. Auch hier haben wir eine Parallelität zu den USA, wo das Establishment, die Polizei, die politischen Maschinerien und die Unternehmer die Mafiosi als Vermittler zum *fremden* Universum der Immigration benutzen.

Schon in dieser ersten Phase, wie auch dann später, antworten die Individuen, die klientelistisch-unternehmerischen Gruppen, die sizilianische Gemeinschaft oder die italo-amerikanische Gemeinde in den USA, all diejenigen also, die der Mafiazugehörigkeit angeklagt werden, vor Gericht, in der Presse oder im Parlamentssaal mit zwei Argumenten: Einerseits erklärt man, dass die »normale« Kriminalität überall existiere, während es die Mafia überhaupt nicht gebe. Die andere, raffiniertere Argumentationsweise dreht dagegen die These des Gegners um, akzeptiert die Annahme eines *archaischen* Siziliens und macht diese Archaik für die Kommunikationskluft zwischen Sizilien und dem Staat verantwortlich, verdreht aber auf polemische Weise ihre Bedeutung. Man behauptet, nur ein schlecht verhohlener Verfolgungswille könne dieses für die Kultur des einfachen Volks typische Konzept in die Sphäre der höheren Klassen übertragen; man betrachtet es mit väterlicher Herablassung (oder mit ideologischer Anteilnahme?) als ritterliches Relikt einer traditionellen Welt, als *gesundes Barbarentum*, das mit der natürlichen historischen Evolution zum Aussterben bestimmt sei; und nur die Unfähigkeit, Sizilien wirklich zu verstehen, führe dazu, dieses kulturelle Relikt in die Idee einer geheimen und kriminellen Vereinigung umzudeuten. Es ist nur natürlich, dass die erste Formulierung dieses Arguments einem Ethnologen zu verdanken ist, genauer gesagt einem der größten europäischen Ethnologen des 19. Jahrhunderts, dem Palermitaner Giuseppe Pitrè, und es ist auch natürlich, dass dieses nach der Entdeckung des Wortes und des Begriffsinhalts geschieht, in den achtziger Jahren des 19. Jahrhunderts. Für Pitrè ist die Mafia also »weder Sekte noch Vereinigung, hat weder Regeln noch Statute, der Mafioso ist kein Räuber und kein Gauner; die Mafia ist das Bewusstsein der eigenen Existenz, das übertriebene Konzept der eigenen individuellen Kraft, und daher rührt das Nicht-dulden-Können der Überlegenheit, und schlimmer noch, der gewalthaberischen Anmaßung eines Anderen«. Das andere Schlüsselwort, *Omertà*, führt Pitrè auf die Wurzel *uomo* (= Mensch, Mann) zurück, es bedeute also Mannsein par excellence, eine männliche Selbstverteidigung auf Angriffe von außen, ohne auf die staatliche Justiz zurückzugreifen.[3]

Pitrè behauptet, dass der Begriff *Mafia* auch vor 1860 in den Vierteln des einfachen Volks in Palermo benutzt worden sei, und zwar als Synonym von »Schönheit« und »Außergewöhnlichkeit«, sodass *Mafiusu* ein mutiger Mann gewesen sei, *Mafiusedda* ein schönes und stolzes Mädchen. Es handle sich um einen Begriff des »alten« Siziliens, der nach 1860 seine »originale« und positive Bedeutung verliere, um eine andere, wenig klare, aber auf jeden Fall negative Bedeutung anzunehmen nah an Banditentum, Camorra, Räuberunwesen. In ihrer apologetischen und regionalistischen Intention fällt diese These mit der scheinbar entgegengesetzten der Linguisten Traina und Mortillaro zusammen, denen zufolge der Begriff auf der Insel vor 1860 unbekannt gewesen sei und dann erst von der schlechten Regierung der »Kontinentalen« eingeführt worden sei.[4]

Um dem *circulus vitiosus* der Begriffsdefinierung zu entgehen, wird sich die vorliegende Arbeit der ganz klassischen Instrumente der Geschichtsschreibung bedienen, der Quellen aus Archiven und der Rechtsprechung sowie der Materialien der parlamentarischen Untersuchungen, und sie wird immer streng darauf achten, nur von Menschen zu berichten, die tatsächlich existiert haben, und nicht von Romanfiguren in der Maske eines soziologischen Idealtypus. Die Dialektik der Interpretationen aus Vergangenheit und Gegenwart, etwa von Franchetti, Pitrè, Mosca und Sciascia, und diejenigen aus der Presse oder aus den Gerichtssälen, soll als *eines* der möglichen Erkenntnisinstrumente betrachtet werden, mit dem wir unsere Untersuchung beginnen wollen.

Wenn wir die Interpretationslinien, die sich in Wirklichkeit häufig miteinander überschneiden, so stark wie möglich schematisieren, können wir einige Grundrichtungen unterscheiden: Die Mafia ist als Spiegel der traditionellen Gesellschaft gesehen worden (siehe Kap. I.2.); als Unternehmen oder Typ einer kriminellen Industrie (Kap. I.3.); als mehr oder weniger zentralisierte geheime Organisation (Kap. I.4.) und als parallel zum Staat verlaufende Rechtsordnung beziehungsweise als *Gegenstaat* (Kap. I.5.).

2. Mafia als Spiegel der traditionellen Gesellschaft

Die journalistischen Beiträge, die Beiträge der sozio-anthropologischen Schule, ja sogar die Berichte der Antimafia-Kommission versuchen, auch ganz aktuelle Phänomene und Verhaltensweisen einzuordnen, indem sie auf die Geschichte von vor hundert und mehr Jahren zurückkommen. Leider aber beziehen sich diese Texte in den meisten Fällen auf eine alte Geschichtsschreibung, die den Süden des ausgehenden 19. und beginnenden 20. Jahrhunderts als eine halbfeudale Gesellschaft beschreibt, ganz agrarisch und von Latifundien geprägt, wirtschaftlich und gesellschaftlich immobil, durchzogen von nur einem Beben der Erneuerung, der Bauernbewegung. In diesem Schema erscheint der Gedanke logisch, dass die Mafia hauptsächlich dazu da ist, die Unterordnung der Bauern unter die herrschenden Klassen zu sichern, auch wenn ihr diese Funktion in klarer Form nur in den Nachkriegszeiten nach dem I. und II. Weltkrieg zukam, d.h. in zwei spezifischen Momenten der langen Geschichte der Mafia. Außerdem sind die Mafiosi, die als repräsentativ für das traditionelle Modell gelten, Calogero Vizzini und Giuseppe Genco Russo, nicht einfach blinde Instrumente der agrarischen Macht, sondern Organisatoren von Kooperativen, die einen guten Teil ihrer Macht erst dadurch gewinnen, dass sie bei den Übertragungen der Ländereien von den Großgrundbesitzern auf die Bauern vermittelnd tätig werden, sich also zum Zugpferd der Kollektivierungsbewegungen in den beiden Nachkriegszeiten machen: Sie sind nicht die Hüter, sondern vielmehr die Totengräber des feudalen Systems.

Man fragt sich daher, warum immer wieder und fast ausschließlich der Kontext der Latifundien als Erklärungsmodell für die Mafia herangezogen wird, wo doch schon *vom Ursprung her* leicht beobachtet werden kann, dass es eine Kompatibilität zwischen Mafia und Zersplitterung großen Landbesitzes gibt, und ebenso zwischen Mafia und einem hohen Integrationsgrad in die reichen internationalen und sogar überseeischen Märkte, im Sizilien der Schwefelminen und in den Küstengebieten vor Palermo, Trapani und Reggio Calabria: Sektoren und Momente von wirtschaftlich-sozialer Dynamik, die der Süden, so rückständig er angeblich ist, doch in Mengen bietet.

Fasziniert von den ländlichen und »primitiven« Kontexten, haben die Geschichtsforscher häufig die Hauptstadt der Insel und ihr urbanisiertes Umland vergessen – genau das Gebiet, das viele Quellen des 19. Jahrhunderts für das Zentrum der (Mafia-)›Infektion‹ halten. Zwar können wir nicht mit den Quellen übereinstimmen, wenn sie die palermitanische Mafia als einzig »wahre« bezeichnen und der aus Trapani oder Agrigent gegenüberstellen, aber es ist andererseits richtig, dass ein Großteil der Aufsehen erregenden Mafiafälle in einem Gebiet anzusiedeln ist, das grosso modo mit der Provinz von Palermo zusammenfällt. Wir werden in dieser *Geschichte der Mafia,* in einem großen Gebiet um Palermo herum, immer wieder eine beunruhigende Kontinuität von Gruppen, Orten, Erfahrungen und Sektoren mafioser Intervention antreffen.

Die Gleichung *Mafia = Latifundium*, zusammen mit der anderen: *Besitz in kleinen Händen = sozialer Fortschritt*, stellt in Wirklichkeit eine Lesart dar, die das Phänomen als mehr oder weniger feudales Relikt ansieht, es in eine dunkle Vergangenheit projiziert und die Zukunft von seiner düsteren Hypothek befreit. In der Geschichte der Interpretationen der Mafia und des Kampfes gegen sie kehrt regelmäßig die Idee wieder, dass die »Moderne« (Agrarreform, Industrialisierung, Schulbildung, Entwicklung freierer sexueller Sitten) das Phänomen Mafia *von selbst* zerstören müsste; dieses Schema ist im guten Glauben von der Linken ab der Nachkriegszeit propagiert worden und danach, indem man es etwas instrumentalisierte, von allen ein bisschen wieder aufgenommen worden mit dem Ziel, mehr öffentliche Gelder zu erhalten, mehr Mittel zu verwalten... Analog dazu ist in den USA die Mafia als Relikt einer »bäuerlichen« Zivilisation beschrieben worden, die zum Aussterben bestimmt sei, wenn die italienischen Gemeinden sich in die höheren Klassen der amerikanischen Gesellschaft eingegliedert haben. Aber man kann auch noch weiter zurückgehen, in die Zeit, als von den Liberalen noch das »Feudalsystem« und die bourbonische Missregierung als Gründe aller Übel des Südens angesehen wurden. Viele dachten, dass die Mafia verschwinden werde, sobald man in den Dörfern des desolaten sizilianischen Binnenlandes das Pfeifen der Lokomotiven hören würde. Nicht aber ahnte man, dass man von der Mafia auch noch nach dem Pfeifen, nach dem Düsenknall des Jets, nach dem »Biep« des Computers sprechen würde. Heute, gut hundertdreißig Jahre nach der italienischen Einigung, hat sich der Kontext, den man schon früher nur simplifizierend als »archaisch« bezeichnen konnte, in all seinen Elementen gewandelt, und dennoch stehen wir immer noch einer Sache gegenüber, die wir »Mafia« nennen, und versuchen zu verstehen, auf welche Weise dieses Phänomen, das scheinbar so typisch für ein

»traditionelles« Umfeld war, die Modernisierung überleben konnte.

Ein Aspekt, der von den meisten nicht beachtet wird, scheint mir jedoch zentral zu sein: Die Mafia bedient sich selbst der kulturellen Kodizes, instrumentalisiert sie, modifiziert sie und macht daraus ein »Bindemittel« für das eigene Erscheinungsbild. Die Ablehnung des Konzepts der Unpersönlichkeit des Gesetzes, die Verachtung der Polizei und all derjenigen, die mit ihr zusammenarbeiten, sind zum Beispiel Züge, die sicherlich sehr verbreitet unter den Sizilianern aller Gesellschaftsschichten des 19. und beginnenden 20. Jahrhunderts sind, aber die von der Mafia *zu ihren eigenen Zwecken* wieder verwendet werden. Oder man denke an das Bild der beschützerischen Mafia, das von den Mafiosi oder ihren Vertretern bis in die jüngste Vergangenheit immer wieder vorgebracht wird. Der große Mafiaboss der Zeit nach der italienischen Einigung, Antonino Giammona, wird von seinem Anwalt als Mann der Ordnung beschrieben, der nicht gewillt sei, Gewalttätigkeit zu erdulden; die Verteidiger der Brüder Amoroso (1883) betonen die einfache Herkunft ihrer Mandanten, die ungebildet ja, aber von eisernen Ehrenkodizes bestimmt seien, und krampfhaft an die Familie gebunden. Der Anwalt von Vito Cascio-Ferro behauptet (1930), bei seinem Mandanten bedeute die Mafia »ein Verhalten von ausgeprägtem, keckem Individualismus, frei von Schlechtigkeit, niederen Beweggründen und Kriminalität«.[5] In ganz unterschiedlichen Kontexten definiert die Mafia sich selbst immer auf die gleiche Weise. »Seine Mafia war nicht Verbrechertum, sondern Respekt vor dem Ehrengesetz, Verteidigung jeden Rechts, Charakterstärke«, lesen wir auf dem Grabstein von Ciccio Di Cristina, Mafiaboss von Riesi in der Zeit nach dem II. Weltkrieg. »Wollen wir definieren, was die Richter oder die Regierenden Mafia nennen? Es heißt in Wirklichkeit nicht Mafia, sondern Omertà, was bedeutet: Ehrenmänner, die den Schwachen helfen und sie nicht ausbeuten, die immer Gutes tun, niemals Schlechtes«, steht in einem Text, der bei

Rosario Spatola[6] beschlagnahmt wurde, ein Mafia-Unternehmer und führender Geldwäscher aus Drogengeschäften am Ende der 1970er Jahre.

Es ist also vor allem die Mafia selbst, die den Topos der traditionellen Kultur heranzieht, um sich selbst zu beschreiben. Jeder große Mafioso bemüht sich, sich im Gewand des Vermittlers und Schlichters von Streitigkeiten darzustellen, des Schützers der Ehre der jungen Mädchen; wenigstens einmal in seiner Karriere brüstet er sich mit einer schnellen und exemplarischen »Rache« an brutalen Handtaschendieben, Vergewaltigern, Kindesentführern. Die Mafiagruppen verwenden diese Ideologie, um nach außen einen Konsens zu schaffen und nach innen Geschlossenheit; es steckt darin eine gewisse Selbstüberschätzung, viel Anmaßung und noch mehr Propaganda, die in der großen Mehrzahl der Fälle den Fakten und der Wirklichkeit widersprechen. Auch wird das ideologische Schema dadurch gerettet, dass eine neu entstandene Mafia konstatiert wird, die *in der Zwischenzeit* zum Verbrechertum verkommen sei und nicht mehr den Sinn für Respekt und Ehre der *alten* Mafia habe. Dieses Argument klingt aber verdächtig, wenn man sich nur vor Augen führt, dass solche Argumentation schon 1875 in Polizeiberichten von Monreale auftaucht und in anderer Form auch bei Pitrè *(das Wort bezeichnet ein Konzept, das früher einmal gut war und heute zum Schlechten verkommen ist)*, um sich dann in zyklischer Wiederkehr durch unsere ganze Geschichte zu ziehen: in den Jahren des I. Weltkriegs, als an die Stelle der alten Mafiosi brutale Verbrecher getreten seien; in der Folge der faschistischen Repression der 1920er Jahre, als – so in den Memoiren des sizilianisch-amerikanischen Mafiabosses Nick Gentile – »in Sizilien die ehrenwerte Gesellschaft starb, die Mafia, die ihre Gesetze und Prinzipien hatte und die Schwachen beschützte; [...] damals wurde das Feld ehrlosen Leuten überlassen, denen der gierige Sinn nur nach Geld stand und die auch für Geld töteten«[7]. In den Vereinigten Staaten zu Beginn der 1930er Jahre, als dem New Yorker Mafiaboss Joe Bonanno zufolge die alte sizilianische *Tradition* begonnen habe, den giftigen Verlockungen der Neuen Welt nachzugeben[8]; im Laufe der 1950er Jahre, einer Phase, in der die ehrenwerte Agrarmafia das Feld einem brutalen städtischen Gangstertum überlassen habe; und schließlich, *last but not least*, mit dem Hochkommen der Mafia aus Corleone, mit der – erklärt Buscetta – die *Cosa nostra* ihre alten Tugenden verloren hat und von Gewalt und Habgier entstellt wurde. Aber Habgier und Brutalität, wie die Seiten dieses Buches dokumentieren werden, sind charakteristisch für die Mafia von *gestern* ebenso wie für die von *heute*. Beide waren und sind dazu bereit, Unschuldige, Frauen und Kinder zu massakrieren, allen Ehrenkodizes zum Trotz.

3. Mafia als Unternehmen

Die Gegenüberstellung von alter und neuer Mafia, obwohl ihre Substanz so offensichtlich ideologischer oder rhetorischer Natur ist, kehrt immer wieder, weil sie eine bequeme Vereinfachung darstellt. So hat Pino Arlacchi in seinem berühmten Buch *La mafia imprenditrice [Die Mafia als Unternehmen]* (1983) versucht, die Figur des alten Mafioso beizubehalten, wie er sie aus den Arbeiten von Anton Blok[9], Jane und Peter Schneider[10] und vor allem Henner Hess[11] übernehmen konnte, und er hat sie noch mehr reduziert auf die Figur des ländlichen Ehrenmannes, dem es nur darum geht, soziale Achtung zu erhalten, und der arm ist, aber den Reichtum trotzdem verachtet. Dem stellt Arlacchi eine *moderne* unternehmerische Mafia gegenüber, Kreatur der 1970er Jahre, interessiert an der kapitalistischen Geldanhäufung und im Besonderen am Drogengeschäft, und so skrupellos, wie ihre Vorgängerin moderat war. Diese Schwarz-Weiß-Malerei kann nicht überzeugen. Was die Vergangenheit angeht, muss man sagen, dass auch die Pächter von Ländereien, aus denen sich die Mafia zu einem Großteil rekrutiert, wie wir noch sehen werden, Unternehmer waren, zwar nicht sehr innovativ, aber immerhin als »Spekulanten, die als Spekulationsmittel Pulver und Blei gebrauchen«[12] – wie ein Gutsbesitzer des 19. Jahrhunderts sagte –, oder – wie Franchetti es ausdrückte – als »Industrielle der Gewalt«. Es ist symptomatisch, wie die irreführende Beschreibung, die Arlacchi von Calogero Vizzini gibt, wieder einmal von dem bewusst vereinfachten Bild stammt, das *der Mafioso von sich selbst macht* als armer ungebildeter Bauer (»Ich spreche wenig, weil ich wenig weiß. Ich wohne in einem Dorf, komme nur selten nach Palermo, kenne nur wenig Leute«)[13], hingegen besagen die Quellen, dass er »ein Ritter, ein Multimillionär«, der unter anderem 1922 in London zusammen mit anderen »Industriellen« des Schwefelhandels, mit den Leitern der Montecatini, mit der Crème der weltweiten Chemiewirtschaft an den Verhandlungen zur Bildung des internationalen Kartells der Schwefelsäure beteiligt war.[14] Auf der anderen Seite, dem Bild der heutigen Mafia, hat Arlacchi eine übertriebene Betonung auf den kreativen und innovativen Charakter des mafiosen Unternehmertums gelegt. Im Vergleich zur traditionellen Wirtschaft ist es sehr zweifelhaft, ob der Mafioso komplexere unternehmerische Fähigkeiten an den Tag zu legen weiß. Das Eingespanntsein in Finanzaktionen auch sehr großen Umfangs, wie z. B. die Geldwäsche, macht aus dem Mafioso noch keinen Unternehmer, sondern vielmehr einen *Rentenempfänger*. Zu bedenken ist, dass die klientelische Struktur der Mafia, die zu einer ständigen Weiterverteilung unter ihren gierigen Anhängern gezwungen ist und damit zu einer Zersplitterung der Strukturen ihrer Gesellschaft beiträgt, um die eigenen Aktivitäten verschleiern zu können, nur bis zu einem gewissen Punkt der rationalen und vertikalen Struktur eines Unternehmens ähneln kann.

Diego Gambetta hat das Thema des Mafia-Unternehmens vor einigen Jahren wieder neu aufgenommen, auf eine andere, und, wie mir scheint, zutreffendere Art: Ihm zufolge verkauft der Mafioso ein spezifisches »Gut«, nämlich den Schutz, in einem historischen Kontext, dem sizilianischen oder süditalienischen, in dem es einen Mangel an Vertrauen gibt. Wie man auch im Laufe der Lektüre dieser *Geschichte der Mafia* sehen wird, kehrt dieses Konzept seit den Ursprüngen der Mafia in jeder Phase ihrer Geschichte wieder: zu eigen machen es sich Richter, Polizisten, Wissenschaftler, Romanschreiber und – wieder einmal – die Mafiosi selbst, die sich immer als Beschützer vor der Kriminalität anbieten. In diesem Sinn kann man als Herzstück des Problems, als Basisfunktion die Verbrecherbande sehen, die ein Unternehmen schützt und dabei, um sich das Monopol zu sichern, Gewalt gebraucht, d.h. die verbale und physische Einschüchterung der Diebe, Verräter, Zeugen und Konkurrenten. Die Mafiakriege spielen sich meistens zwischen verschiedenen Anwärtern auf die »Beschützerrolle« ab. Allerdings scheint mir Gambettas Unterbewertung des Faktors »Erpressung« gegenüber dem Faktor »Schutz« diskutabel. Die »Ordnungsmafia« setzt immer voraus, dass es eine *Unordnung* erst herzustellen und dann unter Kontrolle zu halten gilt, im Italien nach dem Risorgimento genauso wie im Laufe der allerjüngsten verbrecherischen Eskalationen. So ist es zu einem großen Maße die Mafia selbst, die die Unsicherheit schafft, von der sie dann profitiert, sodass man sagen kann: Ihre einzige Funktion ist diejenige, die sie selbst produziert. Sehr oft wird die Drohung erweitert oder sogar *ex novo* geschaffen, damit die ›Versicherung‹ abgeschlossen wird; und es kommt auch vor, dass zwischen dem, der die Drohung vorbringt, und dem, der vorgibt, den Bedrohten schützen zu wollen, d. h. zwischen dem Erpresser und dem Beschützer, nur ein *Rollenspiel* besteht, eine Arbeitsteilung innerhalb derselben Organisation, um die Unternehmer von gestern und heute zu überzeugen, die ›Police‹ zu unterschreiben. »Man handelt also so«, bemerkte schon Gaetano Mosca 1901, »dass das Opfer selbst, das ja *in Wirklichkeit* einen Tribut an die Mafia zahlt, sich *einbilden* kann, von dieser ein Geschenk bzw. eine Dienstleistung zu erhalten anstatt einer Erpressung, die mit Gewalt verbunden ist«.[15] Die gleiche Beurteilung gilt für die Art Schutz, die erst *nach-*

träglich erfolgt, d.h. die Vermittlung für den Wiedererhalt gestohlener Dinge, »scheinbar eine Tat zugunsten des Geschädigten«, tatsächlich aber ins Werk gesetzt von Organisationen, in denen es nur eine »Teilung der *szenischen* Rollen« gibt, zwischen den Dieben und den Vermittlern.[16] Dann gibt es noch das Spiel des Schutzes und der Vermittlung, das künstlich genährt wird, um die Kräfteverhältnisse zwischen den Parteien innerhalb der Mafia zu verändern. Man denke z. B. an den Fall von Vito Ciancimino, dem mit der Mafia im Bund stehenden Politiker, mit dem viele gerne in engeren Kontakt treten wollten, der aber fest »in den Händen« von Totò Riina war: es war unmöglich, anders an ihn heranzukommen als über Riina. Pippo Calò, einer der Bandenchefs aus Palermo, schlug also Leonardo Vitale vor, den Sohn von Ciancimino zu entführen, vordergründig um etwas Geld zu erpressen, aber vor allem aus einem anderen Grund: »Es war vorauszusehen – da man ja ihre Beziehung kannte –, dass Ciancimino sich an Riina wenden würde und Calò dann seinerseits das Spiel des Vermittlers spielen könnte, während er in Wirklichkeit damit unsere Interessen vertrat«.[17]

Man darf natürlich nicht denken, dass wie in einem perfekten Markt der klassischen Ökonomen das Angebot und die Nachfrage nach Schutz sich die Waage hielten, die an dem Geschäft Beteiligten untereinander gleichrangig seien. Die Asymmetrie unter den »Geschäftspartnern« ist am größten in einer Klassengesellschaft wie der des 19. Jahrhunderts und tendiert dazu, sich mit fortschreitender Zeit zu verringern. In jedem Fall, gestern wie heute, kann man eine freie Wahl und damit einen echten Nutzen nur schwer annehmen für die Bauern, die kleinen Händler und die noch nicht mit der Mafia im Bund stehenden Unternehmer, die gezwungen sind, aus dem Markt auszuscheiden oder ihren Geschäftsradius künstlich einzuengen: Wenn man hier von einem Pakt sprechen wollte, würde es sich nur um einen »Löwenpakt« handeln, bei dem die eine Seite die andere völlig über den Tisch zieht, ein Pakt, den Juristen für nichtig erklären würden. Für die großen Unternehmer von gestern und heute dagegen kann der Schutzvertrag tatsächlich als vorteilhaft angesehen werden. Besonders ›aufgeschlossen‹ haben sich hier die Unternehmen des italienischen Festlands gezeigt, die sich in den ›infizierten‹ Gebieten niedergelassen haben: Hier gibt es z.B. den Fall der Standa-Berlusconi-Gruppe, der die Untersuchungsbehörden von Catania kürzlich vorgeworfen haben, der Justiz nur sehr widerstrebend die genaueren Punkte ihres Abkommens mit den lokalen Erpressern bzw. Beschützern mitzuteilen. Das Sich-Einlassen mit der Mafia ist also Nord- und Süditalienern gemein; ja man kann sogar sagen, dass die von außen kommenden Norditaliener, da sie nicht in die lokalen klientelischen Netze eingebunden sind, dazu tendieren, ihren Vertrauensleuten einen größeren Spielraum zu gewähren. Sie erinnern, ein bisschen an alte Latifundienbesitzer, die in Neapel, Rom oder sogar in Madrid wohnten, ihre Ländereien nie zu Gesicht bekamen und alles ihren Verwaltern überließen.

Schließlich gibt es noch ein Basiselement, das den Typ von Schutz ausmacht, der die Mafia an das Establishment bindet: die Gegenseitigkeit. Wie schon im Übergang vom 19. zum 20. Jahrhundert der Quästor von Palermo, Ermanno Sangiorgi, feststellte: »Die Anführer der Mafia stehen unter dem Schutz von Senatoren, Abgeordneten und anderen einflussreichen Persönlichkeiten, die sie schützen und verteidigen, um dann selbst, wenn ihre Zeit gekommen ist, von ihnen beschützt und verteidigt zu werden«[18]; und auch heute – genau wie gestern – ist es die »Industrie des Schutzes«, die von der Politik und den Staatsapparaten Schutz vor der Strenge des Gesetzes verlangen muss. Die Wahrheit ist, dass die Verwicklung mit der Politik sich nicht auf eine »ökonomische« Logik reduzieren lässt, und der Versuch, sie darauf zu reduzieren, muss fehlschlagen. In dem variantenreichen Verhältnis des Gebens und Nehmens mit der politischen Maschinerie, aber vor allem in großen historischen Momenten wie der italienischen Staatseinigung oder der Zeit nach dem II. Weltkrieg bestimmt diese Verwicklung auf tiefe Weise die Struktur der Mafia selbst; es kann auch passieren, dass diese versucht, die Regierungen zu beeinflussen, wie es in jüngerer Zeit vorgekommen ist.

Allerdings ist der Schutz nicht die einzige ›Industrie‹, die von der Mafia ausgeübt wird, sondern sie stellt immer eine Brücke zu anderen Aktivitäten dar. Wer die Schlüssel zur Sicherheit hat, der Freund der Mafiosi oder der Mafioso selbst, ist der geeignete Mann, in einen bestimmten Markt einzutreten, wie im 19. Jahrhundert in den Markt der Pachtverträge für Ländereien oder des Vertriebs der Zitrusfrüchte in der Gegend um Palermo, oder im 20. Jahrhundert in den Markt der Subkonzessionen von Baugenehmigungen. So wie gestern die Drohung der Banditen dazu genutzt wurde, die Eigentümer der Landgüter dazu zu bringen, den Mafiosi die Führung des landwirtschaftlichen Unternehmens zu überlassen, so werden heute die Geschäftsleute durch Raubandrohung, Erpressung und Wucher dazu gezwungen, die Mafiosi als Geschäftspartner zu akzeptieren. Man hat so den Übergang vom Schutz des Unternehmens zu seiner direkten Kontrolle. So haben wir auf der einen Seite eine ständige Verwandlung von Mafiosi in Geschäftsleute, auf der anderen Seite eine ständige Verwandlung von ›sauberen‹ Unternehmen in korrupte oder der Mafia nahe stehende. Von dieser Basis aus gelingt es den Mafiosi dann auch, große illegale Geschäfte wie den Schmuggel im großen Stil und den Drogenhandel abzuwickeln.

Der Doppelcharakter der Mafia-Aktivitäten verweist auf ein zweifaches Organisationsmodell. Auf der einen Seite – im Falle Palermos – haben wir eine Reihe von Organisationen, die ihren Namen von dem Territorium ableiten, in dem sie arbeiten, und die über den Schutz bzw. die Erpressung ihre Aktivitäten finanzieren, unter Umständen an ihre Mitglieder ›Löhne‹ zahlen sowie Finanzierungen für die legalen Ausgaben und den Unterhalt der Familien der inhaftierten Mitglieder bereitstellen. Auf der anderen Seite, wie Buscetta erklärt hat, gibt es das Netz der Geschäfte, das die verschiedenen Organisationen quer durchzieht und an dem die Mitglieder zu bestimmten günstigen Bedingungen partizipieren können, wobei sie aber ihr eigenes Kapital riskieren und Geld als Einzelpersonen verdienen. Um das erste Modell, das auf Erpressung beruht, vom zweiten, dem fließenden Modell der Geschäfte, zu unterscheiden, können wir auf die von dem amerikanischen Historiker Alan Block formulierte Unterscheidung zwischen *power syndicate* und *enterprise syndicate* zurückgreifen, auch wenn der Kontext, in dem Block die Begriffe gebraucht, sich um Einiges von dem der vorliegenden Arbeit unterscheidet.[19] Die beiden Funktionen, wie wir sehen werden, reagieren aufeinander, treten miteinander in Konflikt und sind auf jeden Fall immer in Verbindung, sodass es tatsächlich unmöglich ist, den Mafioso, den Beschützer, Vermittler, Garant vom kriminellen Händler, dem Beschützten, zu unterscheiden, angesichts eines umgekehrten Eingliederungsprozesses von Unternehmern, Schmugglern und Drogenhändlern in die Mafiaorganisationen, innerhalb derer sich die Rollen vermischen. Es kann auch vorkommen, dass ein Camorrist wie Cutolo die Zahlung des »pizzo«, *des Schutzgeldes,* von den Nuvoletta, den neapolitanischen Mitgliedern der Mafia, verlangt und dass diese so lange zahlen, bis sie in der Lage sind, ihm den Krieg zu erklären.

4. Mafia als Organisation

Die polizeilichen oder juristischen Quellen sind fast genauso subjektiv geprägt wie alle anderen. Wer sie benutzt, tritt sofort ein in ein Spiel von Spiegeln, das Spiel der gegensätzlichen Wahrheiten von Anklage und Verteidigung. Auf die *öffentliche Stimme*, vertreten von Polizisten und Richtern, haben sich für sehr viele Jahre die juristischen Mittel und Verwaltungsmaßnahmen (Verwarnung, Zwangsaufenthalt an einem bestimmten Ort) gestützt, mit denen der Liberalismus, der Faschismus und die italienische Republik dem Phänomen Mafia gegenübergetreten sind. Die *öffentliche Stimme* indes wird in instrumentalisierender Absicht von

Mafiagruppen geschaffen, um Gegnern zu schaden; und in ebenso instrumentalisierender Absicht wird sie dann von den Staatsorganen rezipiert. Es ist das Verdienst einiger palermitanischer Richter (Chinnici, Falcone, Borsellino), diesen alten Mechanismus ins Innere des Strafprozesses überführt zu haben, sodass wir heute über die Zeugnisse der mit der Justiz zusammenarbeitenden Mafiosi eine interne Informationsquelle besitzen, die nicht mehr – wie noch in der liberalen Epoche oder in faschistischer Zeit – gefiltert ist durch Polizeiberichte, durch die Willkür der Exekutive.

Natürlich stehen wir auch hier wieder vor einem neuen Dilemma, dem der Mafia, die sich dazu entschlossen hat, sich zu ergeben und ›reuig zu zeigen‹, was uns nicht von der Verpflichtung entbinden kann, sorgfältig zu analysieren, das ganze Feld zu rekonstruieren und uns eine Problematik bewusst zu machen, die weiter ist, als es die Protagonisten selbst – Mafiosi oder Untersuchungsbehörden – vor Augen haben können oder uns präsentieren wollen. Aber in der Gesamtheit haben uns die Bekenntnisse von Joe Valachi (1962), die Erinnerungen von Nick Gentile (1963), die Enthüllungen von Leonardo Vitale (1974) und dann die Kronzeugenaussagen von Tommaso Buscetta und vielen anderen Mafiosi nach ihm eine Mafia gezeigt, die eine Geheimorganisation ist und als solche dann auch vor Gericht gebracht und verurteilt wurde.

Die ersten beiden dieser Zeugnisse bringen die sizilianisch-amerikanische Mafia ins Rampenlicht. Die Führerschaft der »sechs Familien« der New Yorker Mafia, die sich Anfang der dreißiger Jahre mit der Bildung der so genannten »Kommission« herausbildet, umfasst lauter Personen, die fast alle in sehr jungem Alter nach Amerika kamen. Amerikanische Quellen halten die zwanziger Jahre für einen wichtigen Moment der *schon mafiosen* Immigration, mit der Ankunft von gut 500 Kriminellen, die vor dem Präfekten Mori flohen. Können wir also von einer Art Verpflanzung sprechen? Dafür würde die Tatsache sprechen, dass die Anführer sizilianischer Herkunft der sechs Familien (Bonanno,

Luciano, Gambino, Reina, Lucchese, Profaci) aus den ›verseuchten‹ Gebieten des Westens der Insel stammten: drei aus Palermo, die anderen aus Lercara, Corleone und Castellammare. Oder ist die Mafia der Vereinigten Staaten in ihrer Substanz neu, da sie einen gebietsübergreifenden Charakter annimmt, der in Italien keine Entsprechung hat? Ferner finden wir unter den Anführern der anderen Familien auch zwei Neapolitaner (Genovese und Gotti) und zwei Kalabresen (Costello und Anastasia). Große Bosse wie Joe Bonanno haben sich als direkte Epigonen einer sizilianischen Tradition dargestellt, aber das kann aus einer ideologischen Selbstdarstellung, die wir schon kennen, erwachsen.

In den Vereinigten Staaten wird die Grundeinheit der Organisation, die im Sizilien des 19. Jahrhunderts *cosca, nassa, partito, società* oder *fratellanza* heißt, nun *Familie* genannt. Im konkreten Fall, sowohl in Palermo als auch in New York, entspricht die Mafia-›Familie‹ der Blutsfamilie nur wenig, und in Amerika wie in Sizilien, heute wie gestern, kann es vorkommen, dass sich, allen Familienideologien zum Trotz, in innermafiosen Auseinandersetzungen Eltern und Kinder, Brüder und Brüder auf den entgegengesetzten Seiten befinden und sich gegenseitig umbringen. Die Betonung des familiären Elements erscheint als Hommage an den Traditionalismus, der auch in anderen Feldern typisch für die italoamerikanische Mafia ist. Es scheint auch, dass erst in Amerika die Bezeichnung *La Cosa nostra* aufgekommen ist, die allem Augenschein nach vorher in Sizilien unbekannt war; das lässt an einen Immigranten denken, der auf der Suche nach etwas *Eigenem* ist, das den unverständlichen Anliegen *anderer* entgegengestellt werden sollte. Wir begegnen dieser Terminologie mit Bezug auf die sizilianische Mafia nur bei den heutigen »reumütigen« Mafiosi, was uns Anlass gibt, das übliche Schema, nach dem Sizilien Archaismen exportiert, umzudrehen und uns zu fragen, wie viel Archaismen in Amerika geschaffen werden, um dann in die Alte Welt zurückgetragen zu werden. Wir können die Migration von Personen nicht nur von Sizilien nach Amerika, sondern auch von Amerika nach Sizilien verfolgen. Im berühmtesten Beispiel haben die amerikanischen Behörden nach dem II. Weltkrieg 65 »unerwünschte« Personen italienischer Nationalität nach Italien ausgewiesen, mit der Idee, ausländische Kriminelle, die die USA unterwandert hätten, in ihre Heimat zurückzuschicken; während die Italiener in ihnen Vertreter und Propagandisten einer Sitte oder kriminellen Organisation sehen, die man für typisch amerikanisch hält und für viel gefährlicher als die lokale Mafia. Es gibt allerdings eine Reihe von viel dichteren und kontinuierlicheren Bewegungen auf den Wegen der Rückemigration: zum Beispiel Nick Gentile; er baute seine Karriere in Amerika auf, wo er aus seinem Heimatland Sizilien 1903 mit 18 Jahren ankam; er kehrte allerdings nach Sizilien 1909, 1913, 1919, 1925, 1927-30 und endgültig 1937 zurück und schaffte es, in seinem Vaterland an Wahlkämpfen und verschiedenen Export-Import-Geschäften teilzunehmen, Morde vorzubereiten, sich verhaften und wieder auf freien Fuß setzen zu lassen, auch dank seiner Kontakte unter den maßgeblichen Vertretern des faschistischen Regimes. Das führt uns zu dem Thema der internationalen Geschäfte, darunter auch dem Drogenhandel, »die von dieser Vereinigung, der Mafia, in den Vereinigten Staaten und in Europa geführt werden«, worauf sich ein Dokument bezieht, das vor den Enthüllungen von Valachi, Gentile und Bonanno schon von der Existenz der New Yorker »Kommission« spricht: ein Bericht der italienischen Zollbehörde von 1940, adressiert an den U.S. Customs Supervisor von New York und an das Federal Bureau of Narcotics[20]; dieser Bericht, der aus Italien geschickt wird, um den Amerikanern über amerikanische Vorkommnisse zu berichten, zeigt die Intensität der Beziehungen über den Großen Ozean, und das sogar am Ende einer historischen Phase, der Zeit zwischen den beiden Kriegen, die den Zusammenbruch der Migrationsströme erlebt.

Das bedeutet natürlich nicht, dass die amerikanische Mafia sich gar nicht von der sizilianischen unterscheiden würde; sie tut es insofern, als sie sich sehr stark an die amerikanische Gesellschaft anlehnt, wie es Untersuchungen aus dem demokratischen und italo-amerikanischen Lager nahelegen, die den Akzent auf den verbrechensbegünstigenden Elementen der Ankunftsgesellschaft legt, im Gegensatz zur traditionellen *Wasp*-These des ausländischen Komplotts. Dieser lobenswerte Versuch, die rassistische Idee einer Prädisposition der Italo-Amerikaner zum Verbrechen umzukehren, endet allerdings damit, dass ein Mafiamodell gezeigt wird, in dem die Mafia der Herkunftsgesellschaft nur eine Form von Klientelismus darstelle, »ein System von Patronen und Klienten, die sich gegenseitig gefällig erweisen, Dienste leisten und andere Vorteile verschaffen«; dieses Modell sei von den Emigranten bei ihrer Ankunft in der Neuen Welt zunächst wieder aufgenommen worden, aber zum Sterben verurteilt, sobald die italo-amerikanische Gemeinde auch in die höheren Schichten der amerikanischen Gesellschaft aufgestiegen sei[21] – eine weitere der unendlichen Variationen zu dem Thema, immer von den Fakten widerlegt, dass die Moderne den mafiosen Archaismus automatisch auflösen müsse.

Solche amerikanischen Widerstände gegen eine Lesart der Mafia als kriminelle Organisation, vor allem in den Jahren nach Valachis Bekenntnissen (1962), haben einen großen Einfluss auf die sozio-anthropologische Debatte über die sizilianische Mafia in den sechziger und siebziger Jahren ausgeübt. Als Studienobjekt interessierte hier nur das »mafiose Verhalten«, gleichgesetzt mit dem des traditionellen Sizilianers, während »die Mafia« als autonome Struktur, unabhängig vom Einzelnen, angeblich überhaupt nicht existierte, da die Sizilianer sich nur mit der Familie und der Klientel identifizieren könnten, »natürliche« und persönliche Zusammenschlüsse, die keines weiteren Organisationskitts mehr bedürften, also weder eines Schwurs noch eines bestimmen Rituals. Charakteristisch in ihrer Versteifung in diesem Sinne sind die Arbeiten des deutschen Soziologen Hess (1970)[22], dem zufolge die Mafia zusammenfiele mit »einer Reihe von Einzelbeziehungen, die der Mafioso mit *voneinander unabhängigen* Personen unterhält«; sie sei instabil und von Mal zu Mal neu gebildet zu jeweils spezifischen Zwecken; sie drehe sich um das Charisma und Beziehungsnetzwerk eines Anführers und sterbe mit ihm. »Wir haben es hier nicht mit einer statischen Vereinigung von Verschwörern zu tun,« – sollte einige Jahre später Arlacchi schreiben, »sondern mit einer Gruppe von Freunden und Verwandten, die, wie jede andere ähnliche Gemeinschaft, oft zusammenkommt, um miteinander Karten zu spielen, zur Jagd zu gehen, eine Geburt oder eine Hochzeit zu feiern oder ein Trinkgelage unter Männern abzuhalten«.[23]

Auch hier müssen wir wieder darauf hinweisen, dass die Bemühung, die ganze Thematik auf eine mediterrane Anthropologie zu reduzieren, der Interpretation entspricht, die die Mafiosi von sich selbst zu geben versuchen, wobei sie sich viel lieber als unschuldige ›Onkel vom Land‹ darstellen und nicht als Mitglieder von gefährlichen kriminellen Vereinigungen. Der alte Boss von Ribera, Paolo Campo, hat keine Schwierigkeiten damit, ein gewisses mafioses Verhalten zuzugeben, aber er kritisiert nach dem üblichen Muster die Mafiosi von heute (1985), die nur noch »einfache Verbrecher« seien, und vor allem hütet er sich sehr davor zuzugeben, dass er sich je mit einem formalen Akt (dem Schwur) einer Mafiagruppe angeschlossen habe: »Ich habe nie Verbrechen begangen noch mich zu diesem Zweck mit anderen zusammengeschlossen. Ich muss sagen, dass ich als Mafioso geboren wurde und als solcher auch sterben werde, wenn man darunter versteht, wie ich es tue, dem Nächsten zu helfen, dem Bedürftigen etwas zu geben und für den Arbeitslosen eine Arbeit zu beschaffen«.[24] Das ist eine typische Verteidigungsstrategie in den Mafiaprozessen, und wie wir gesehen haben, fällt sie zusammen mit der Betonung der traditionalistischen Faktoren. Die Interpretationsschemata à la Hess, darin eingeschlossen die Berufung auf Pitrè, »den echten und unersetzlichen Kenner der sizilianischen Seele«, finden ihre Vorläufer in den Theorien vieler Anwälte des 19. und 20. Jahrhunderts, denen zufolge der traditionelle

Sizilianer, ein Mann des Volkes, »ein einfacher Mann vom Land«, nicht in der Lage sei, eine komplexe Vereinigung ins Leben zu rufen – wie es die Polizei annehme –, da er ein zu großer Individualist oder höchstens ein Familienmensch sei.[25]

1965, nach den Bekenntnissen von Valachi, versuchte Robert T. Anderson die traditionelle These zu halten, indem er den Weg nachzeichnete, der von der *Mafia* zur *Cosa nostra* geführt habe: Die Mafia der Ursprünge sei ein Häufchen von Familiengruppen gewesen, aber in Amerika, im Kontakt mit der Moderne, habe sie »unpersönliche« Modelle der Organisation angenommen, habe sich zentralisierte Führungseinrichtungen geschaffen, um eine interne Gewalt zu vermeiden, die primitiv sei und vor allem den Geschäften schaden könnte. Auch ihre sizilianische Schwester – so Anderson – habe dann diesen Weg eingeschlagen, angesichts des Erfolgs des amerikanischen Modells und angesichts der wirtschaftlichen Entwicklung.[26] Wir stehen hier wieder vor der üblichen Gegenüberstellung von alter und neuer Mafia, vor dem Bild eines naiven und vereinfachenden Modells der Modernisierung, das die Kultur, die Klientel, die Blutsfamilie in die traditionelle Welt zurückweist und die »unpersönliche« Organisation der heutigen Welt zuordnet; das eigentliche Problem besteht aber darin, die komplexen Interaktionen zu begreifen, die gestern wie heute zwischen den beiden Sphären bestehen.

Heute, nach den Forschungen der letzten dreißig Jahre in Italien und Amerika, sind fast alle bereit anzuerkennen, dass die mafiosen Organisationen charakterisiert sind durch eine *Kontinuität* über das Leben der einzelnen Mitglieder hinaus, durch eine *hierarchische Struktur* und durch *Militanz*, die einhergeht mit einem »Eintrittsfilter«, wenn wir der Definition folgen, die offizielle Stellen der USA vorgelegt haben.[27] Aber häufig findet man noch die Meinung – auf der Linie von Anderson –, dass diese Charakteristiken erst in jüngerer Zeit erworben worden seien, während es zutreffender wäre zu sagen, dass sie in letzter Zeit endlich auch von der

Mafiaforschung angenommen worden sind, oder jedenfalls von ihrer überwiegenden Mehrheit; dabei hat es schon immer, seit den Ursprüngen, Leute gegeben, die »Mafiavereinigungen« dieser Art beschrieben haben, so zum Beispiel die beiden Polizeikriminologen Giuseppe Alongi und Antonino Cutrera, im Übergang vom 19. zum 20. Jahrhundert, wobei sie sich auf Untersuchungsergebnisse der palermitanischen Quästur von 1860-1890 stützten – Analysen, die Hess einfach beiseite schiebt und als »falsch« bezeichnet.[28] Die Modalitäten der Gebietsaufteilung und der Koordinierung zwischen den Mafiagruppen, die aus diesem Dokument resultieren, waren denen sehr ähnlich, die später Buscetta beschreibt; vor allem im Übergang vom 19. und 20. Jahrhundert existierte eine Kommandostruktur – deren Handlungen und Regeln wir später in diesem Buch beschreiben wollen, dabei dem schon erwähnten Quästor Sangiorgi folgend –, die in vielen Aspekten der New Yorker »Kommission« ähnelt und auch der Zentrale in Palermo, die, beginnend in den 1960er Jahren, die Mafia-Aktivitäten koordiniert hat, bis zu den letzten Zentralisierungsbemühungen durch die Corleonesen.

Trotzdem darf man auch nicht ins andere Extrem verfallen und muss sich hüten vor der Idee eines großen und einzigen Komplotts, vor dem populären Bild einer »Krake« mit einem Kopf und tausend Armen, mit einer allwissenden und allmächtigen Leitung, die uns manchmal in vereinfachender Weise von den Behörden in Amerika oder in Sizilien vorgestellt worden ist, vor allem im Lauf der ersten Untersuchungen im 19. Jahrhundert Die Mafiosi sind eingebunden in Geschäftsbeziehungen, die sie mit Personen zusammenbringen, die nicht zur Mafia gehören noch zu ihr gehören können: Vermittler, Kriminelle aller Art und Nationalität, türkische oder chinesische Drogenhändler, Banker. In ihrer – wie wir gesehen haben, mehrdeutigen – Funktion als Beschützer treffen sie auf Landbesitzer, Unternehmer und kleine Geschäftsinhaber. In ihren notwendigen Beziehungen zur Politik und den Institutionen einigen sie sich mit angesehenen Bürgern, professionellen Politikern, Polizisten und Richtern. Wie wir noch sehen werden, treten die einzelnen Mafiosi, auch unabhängig von der Mafia als Organisation, mit der Außenwelt in Dialog: Diese Feststellung kann unter anderem dazu dienen, das, was am Konzept des Gegenstaates übertrieben und irreführend ist, zu relativieren, und es führt wieder zum Thema der Beziehungen, die die Mafia mit der offiziellen Macht verbinden. Dieses ist eine Problematik, die aufmerksam untersucht werden muss. Die aktuellen Reformen in der Justiz zeigen dies auf – ich beziehe mich auf das Strafrecht, in dem kürzlich der Tatbestand des *concorso esterno* (Mitwirkung von außen) an der Mafiavereinigung eingeführt wurde – sowie in der Politik –; man denke an den Versuch, eine Unterscheidung zu treffen zwischen einer *politischen Verantwortung* und einer *strafrechtlichen Verantwortung* der öffentlichen Personen, die in verschiedenen Formen in Beziehungen mit dem organisierten Verbrechen verwickelt sind. Stefano Bontate, die Grecos und andere herausragende Führer der Mafia haben sich die Freimaurerlogen als mehr oder weniger verdecktes Terrain zunutze gemacht, in dem man auf Partner aus der Welt der Politik und der Wirtschaft treffen kann.

5. Mafia als Rechtsordnung oder Staat im Staat

Die Beziehung zwischen Mafia und Freimaurerei geht über eine zufällige Präsenz von manchen Bossen unter den Logenbrüdern hinaus. Die aktuelle Verbreitung von ›atypischen‹ Logen auf der Insel und noch mehr die Tatsache, dass in der ganzen liberalen Ära Sizilien die Region Italiens mit der höchsten Präsenz an Freimaurerlogen war, stellt ein Kontextelement dar, das man gut vor Augen haben muss, wenn es um die Mafia-Organisation und ihren Hang zur Verschleierung der Macht geht. Um den Außenstehenden die Logik zu erklären, die Mafiosi dazu treibt, sich in einer Gesellschaft zu vereinigen, fällt Nick Gentile sofort der Vergleich zur Freimaurerei ein[29], und in der Tat ist die Funktion der freimaurerischen Solidarität zwischen »Professionals« und Geschäftsleuten dieselbe wie die der mafiosen Solidarität zwischen Personen, die verschiedenen, manchmal auch entgegengesetzten Gruppen angehören, die in verschiedenen Kontinenten angesiedelt sind; die Solidarität schafft ein Feld der Kommunikation, der Kontakte und der Einflussnahmemöglichkeiten, was für diesen Typ von Kriminalität einen Vorteil gegenüber anderen darstellt und was vor allem auch die Verbindung zwischen Sizilien und den Vereinigten Staaten über die Zeit hinweg stabil hält. Buscetta hat im Laufe des Maxiprozesses sarkastisch einem Rechtsanwalt geantwortet, der sich gegenüber seiner Beschreibung des Mafiaschwurs ungläubig gezeigt hatte: »Ich habe in der Presse gelesen, dass ein Anwalt, der hier im Saal anwesend ist, sich einmal aus jugendlichem Spaß in eine Freimaurerloge eingeschrieben hat und sehr über den dortigen Schwur gelacht hat. Er ist ein Faksimile unseres Schwures.«[30] Es ist nur natürlich, dass die Mafiosi sich mit der Übernahme des Schwurs an eine Sektenlogik anschließen wollten, die dieselben ›Schutzziele‹ hat, wie sie auch für ihre eigene Ideologie typisch sind.

Zwischen Mafia und Freimaurerei besteht im Übrigen eine historische Verbindung. Rituale und Schwüre der Mafia – ganz identisch in den Beschreibungen aus den Polizeiarchiven des 19. Jahrhunderts, in den alten Arbeiten von Cutrera, Colacino und Lestingi, in den Bekenntnissen von Valachi und in denen von Buscetta wie auch in den Abhörprotokollen des FBI – drücken nicht nur die allgemeine Symbolik des Blutes aus, die in verschiedenen Spielarten des organisierten Verbrechens vorkommt, sondern stellen auch ein beeindruckendes Zeugnis der über hundertjährigen Kontinuität des Typs einer geheimen Organisation dar, die vom Modell des Freimaurertums und der Karbonari-Bewegung abgeleitet war, ein Modell, das im Sizilien der Mitte des 19. Jahrhunderts sehr präsent war. Hess hat sich geweigert, auch nur die »Möglichkeit« solcher Rituale anzunehmen[31], vielleicht weil sie eben auf Mechanismen der politisch-kriminellen Mobilisierung verweisen, die viel komplexer sind, als das seiner These entspricht, und weil die Idee selbst des Initiationsschwurs der von ihm angenommenen Identität zwischen Mafia und sizilianischer Kultur widerspricht: Indem er die *Schwelle* überschreitet, wird der Initiand ein neues Individuum mit einer neuen Kultur. Diese ›Wiedergeburt‹ macht aus einem Verbrecher ein ehrenwertes Mitglied einer Gesellschaft. »Mit dem Zerfall der Geburtsaristokratie entstand die Aristokratie des Verbrechens, das anerkannt, gehätschelt und geehrt wurde«, lesen wir in einer Quelle von 1866.[32] Das Konzept der Ehre, das aus der aristokratischen Kultur übernommen wurde, eignet sich bestens dazu, den Stolz über die Zugehörigkeit zu einer – wenn auch kriminellen – Elite auszudrücken und den eigenen Abstand zum normalen Volk herauszustellen: Ein Mensch ist angesehen eben in dem Maße, wie so viele andere es nicht sind und auch nicht sein können. So wird die Identifikation mit einem Normensystem verstärkt, »das die gemeinsame Sprache innerhalb der Organisation darstellt und nicht die Legitimation von außen«[33], auch wenn es natürlich wünschenswert ist, dass diese ›Sprache‹ sich zumindest formal auf die allgemein anerkannten Werte beruft. In den Freimaurerlogen des 19. Jahrhunderts, auch außerhalb Siziliens, wird der Denunziant oder Verräter als »ehrlos« bezeichnet. Von dem freimaurerischen Konzept der *umanità (Menschlichkeit)* leitet sich der Camorra-Begriff der *umiltà (Demut)* ab, was Unterordnung unter den Willen der Organisation bedeutet; von hier, über die Umwandlung des l in ein r, was typisch ist für den sizilianischen Dialekt, käme das Wort *omertà*, so eine Interpretation[34], die mir viel plausibler erscheint als die von Pitrè *(omertà = Männlichkeit)*. »Das ist die Demut der Mafia«[35], hat der angesehene Bandit Salvatore Giuliano einmal gesagt.

Um ihre Ziele zu verwirklichen, reglementiert die Mafiaorganisation die Beziehungen im Inneren jeder einzelnen Gruppe, vermeidet die Konkurrenz zwischen den Gruppen durch das Prinzip der territorialen Kompetenz und mit einer Reihe von Klauseln und Zusatzbestimmungen für den Fall, dass dieses Prinzip in einer konkreten Situation nicht angewendet werden kann, sieht *ad-hoc*-Einigungen vor oder weniger instabile föderative Strukturen, falls die Gesamtheit der Normen noch nicht ausreichen sollte, den Frieden zu erhalten. In der Beschreibung der inzwischen sehr zahlreichen *Pentiti* [›reumütige‹ Mafiosi, die mit der Justiz zusammenarbeiten], scheinen die Mafiosi geradezu besessen von »Regeln und Statuten«, ganz im Gegensatz zur Meinung der Epigonen des schon so oft zitierten Pitrè. Diesen kann man die Interpretation entgegenhalten, die schon nach dem I. Weltkrieg ein anderer Palermitaner formuliert hat, der große Jurist Santi Romano:

> Es ist bekannt, wie unter der Drohung der staatlichen Gesetze häufig Vereinigungen im Dunkeln leben, deren Organisation man im Kleinen als fast analog zu der des Staates bezeichnen kann: Sie haben legislative und exekutive Organe; Gerichte, die Streitigkeiten beilegen und Strafen aussprechen; Agenten, die die Strafen erbarmungslos ausführen; ausgearbeitete und genaue Statuten wie die staatlichen Gesetze. Diese Vereinigungen haben also eine eigene Ordnung, so wie der Staat und die legalen staatlichen Institutionen.[36]

Nach Romano wäre die Mafia – wenn er den Terminus selbst in diesem Text auch nicht verwendet – also eine »Rechtsordnung«, eine der vielen bestehenden Ordnungen, die organisierte Gruppen sich geben. In einigen Fällen würden schon diese Rechtsordnungen selbst als illegal angesehen. In anderen Fällen verhalte sich der Staat ihnen gegenüber gleichgültig, da er sie für nicht schädlich halte bzw. nicht als Konkurrenz zu sich selbst ansehe. So erklärt sich, weshalb die Achtung, die man den Ritualen und internen »Bindemitteln« der Mafia beimisst (nicht zu verwechseln mit den von den Mafiosi begangenen Verbrechen), die bei der Polizei des nachrisorgimentalen Italiens im 19. Jahrhundert zunächst noch sehr stark war, im Laufe der darauf folgenden Zeit immer mehr abgenommen hat, um erst in jüngster Zeit wieder umso stärker zu werden, bis hin zu dem Punkt, dass seit 1982 schon die Zugehörigkeit zu einer Mafiagruppe als Verbrechen gilt.

Giuseppe Guido Lo Schiavo, ein hoher Richter in Sizilien nach dem II. Weltkrieg, nahm von Romano theoretische Argumente, um die Mafia zu loben als Ordnungskraft, die die staatlichen Institutionen im Kampf gegen das Banditentum unterstütze; so spricht er in seiner preisenden Grabrede auf Calogero Vizzini den Wunsch aus, dass der »angesehene Nachfolger« von diesem, Genco Russo, »die im Verborgenen arbeitende Gemeinschaft weiter auf ihrem Weg des Respekts vor den staatlichen Gesetzen und der sozialen Besserungen führen möge«[37]: eine ›kleinere‹ Rechtsordnung sollte also mit der ›größeren‹ [= staatlichen] zusammentreffen in der Logik der friedlichen Koexistenz oder der Komplizenschaft im gegenseitigen Interesse, was typisch war für das christdemokratische Regime. Das bedeutet aber natürlich nicht, dass die *realistische* Anerkennung der Existenz der mafiosen Rechtsordnung auch notwendigerweise zur Übereinstimmung mit ihr führen muss. Lo Schiavo selbst war noch in faschistischer Zeit eine der maßgeblichen Figuren einer Gruppe von Richtern gewesen, die die Mafia hart bekämpft und als verbrecherische Vereinigungen angesehen hatten, und zwar ebenso unter Berufung auf die Theorien von Romano: Der palermitanische Generalstaatsanwalt Luigi Giampietro, großer Ankläger in den Prozessen der 1920er und 1930er Jahre, verwendete gleichzeitig das wirtschaftliche Paradigma (die Mafia ist »eine Versicherung«, die von »Landeigentümern und Geschäftsleuten« unterschrieben wird, um »ihre Güter und Personen« zu schützen) *und* das des *anderen* Staates oder des Gegenstaates.[38] Cesare Terranova, der Richter und kommunistische Abgeordnete, der durch die Schüsse der Mafia sterben sollte, ein unerbittlicher Gegner sowohl der corleonesischen als auch der palermitanischen Mafia, vertrat in seinen Urteilen der 1960er

Jahre die Existenz »einer einzigen Mafia, weder alt noch jung, weder gut noch schlecht«, »effizient und gefährlich, zusammengeschlossen in kleinen Gruppen oder ›Familien‹, auch in den so genannten ›cosche‹ [cosca = Kerngruppe einer Mafiaorganisation]: eben die strukturierte Organisation, deren Existenz endgültig aufgedeckt werden sollte mit Beginn der 1980er Jahre durch die Untersuchungen des ›Pools‹ palermitanischer Richter. In ihrem Territorium reglementiert die *Cosa nostra* die Geschäfte, erhebt Steuern oder erpresst Schutzgelder, schafft ihre eigene Legalität und definiert, was illegal ist, übt Gerichtsfunktionen aus, spricht frei und bestraft. Sie ist »eine Gesellschaft, eine Organisation, die auf ihre Weise eine Rechtsordnung darstellt«, bestätigt auch der berühmteste Vertreter des palermitanischen Richterpools, Giovanni Falcone, und bildet damit noch einmal ein Echo zu Romano.

Die Tatsache, dass die Mafia ein Rechtssystem sein will, bedeutet allerdings noch nicht, dass sie es auch immer schafft, die Beziehungen in ihrem Inneren und die Beziehungen nach außen wirklich zu regeln. Die Zentralisierungsprozesse selbst rufen härteste Auseinandersetzungen hervor und die Lösung erfolgt dann doch durch Gewalt, wobei die mutmaßliche allgemeine Regel den Interessen Einzelner oder von Gruppen geopfert wird. Valachi, Gentile, Bonanno, Buscetta und Calderone stellen sich selbst und die eigenen Freunde als weise Männer dar, die die Regeln anwenden, die Vermittlung suchen und die Gewalt nur als *ultima ratio* anwenden, um die rationalen und wohlüberlegten Entscheidungen der Organisation umzusetzen. Gleichzeitig zeichnen sie ihre Feinde in den dunkelsten Farben als treulose Individuen, ohne Respekt vor den Gesetzen der (ihnen gemeinsamen) Gesellschaft, immer zum Verrat bereit, skrupellos tötend auch für Nichts, mit einem Hang zum Wahnsinn und zum Sadismus. Wenn ihre Feinde sprechen würden, würden sie wahrscheinlich dieselbe Geschichte nur mit umgekehrten Rollen erzählen. Und in der Tat haben der falsche *Pentito* Ferone aus Catania und sein bis heute unbeugsamer Feind,

Santapaola, sich vor kurzem gegenseitig derselben Untat bezichtigt, nämlich die Regeln der Fehde nicht zu beachten, Frauen und Unschuldige nicht anzugreifen, kurz: einer brutalen und unkontrollierten Gewalt zu verfallen.[39] In Wirklichkeit ist dieser interne Streit – genauso wie die Gegenüberstellung von alter und neuer Mafia – integrativer Bestandteil der Mafia-Ideologie, ist Ausdruck einer armseligen und verfälschenden Sicht der Welt, die man hinter sich lassen müsste, um zu erkennen, dass dieses Reglementierungssystem als solches ineffizient ist, weil es ungerecht ist und immer Vorbote der schlimmsten Perversionen sein wird. Der *Krieg aller gegen alle*, den man verhindern wollte, hängt als Damoklesschwert immer über allen Entscheidungen der Mafia.

Auf dem Hintergrund dieser Widersprüchlichkeit muss auch die größte Diskontinuität in der über hundertjährigen Geschichte der sizilianischen Mafia gesehen werden, die sich seit 1979 zur Protagonistin einer blutigen terroristischen Eskalation gemacht hat, zu Lasten von Richtern, Polizisten, ehrlichen Politikern und solchen, die mit der Mafia im Bund stehen; damit hat die Mafia mit der eigenen Vergangenheit gebrochen hat, in der sie sich vorsichtig versteckt gehalten hatte im Schatten der sozialen und institutionellen Mächte, gegenüber denen ein Verhalten der Kollaboration opportun und üblich gewesen war und die man als unbestreitbar überlegen angesehen hatte. Die neue aggressive Linie hat in den letzten Jahren die *Cosa nostra* von jeder anderen Art von Kriminalität unterschieden, zumindest in Italien. Handelt es sich dabei vielleicht um einen Effekt des Zerfalls des Staates, der ein schwaches Netzwerk informeller Beziehungen geworden ist und das Feld den Geheimorganisationen mit ihrer kompakten Struktur überlässt? Oder sehen wir hier eine kurzsichtige und arrogante Wahl am Werk, eine letzte Folge der Mafia-Ideologie, mit der sich die mafiose Ordnung endlich als antagonistisch zum Staat offenbart, sodass sich diese Unterwelt endlich von der ›oberen Welt‹ unterscheiden lässt und damit von dieser auch bekämpft werden kann?

[1] Die Komödie, abgedruckt in: G.G. Lo Schiavo, *100 anni di mafia*, Rom 1962, wurde inszeniert vom großen Komödianten Giuseppe Rizzotto, scheint aber von einem gewissen Gaspare Mosca geschrieben worden zu sein.

[2] Bericht der Großen Jury von New Orleans 1892, zitiert in: H.S. Nelli, *The Business of Crime. Italians and Syndicate Crime in the United States*, Chicago 1981, S. 65.

[3] G. Pitrè, *Usi e costumi, credenze e pregiudizi del popolo siciliano*, Palermo 1978, II, Ss. 292 u. 294.

[4] Ebenda, Ss. 288–93; das *Dizionario siciliano* von G. Traina (1868), von Pitrè zitiert, nimmt einen toskanischen Ursprung des Begriffs an; das *Nuovo dizionario siciliano-italiano* von V. Mortillaro, Palermo 1875, nennt es ein »piemontesisches [sic!] Wort, eingeführt in das übrige Italien.«

[5] Plädoyer des Anwalts G. Russo Perez in: »Giornale di Sicilia«, 8.6.1930.

[6] Gericht von Palermo, Urteil gegen Spatola + 119 (Untersuchungsrichter Falcone), S. 485.

[7] N. Gentile, *Vita di capomafia*, memorie raccolte da F. Chilanti, Rom 1993 (1. Ausg. 1963), S. 201.

[8] J. Bonanno, *Uomo d'onore. L'autobiografia di J.B.*, Mailand 1985, passim.

[9] A. Blok, *La mafia di un villaggio siciliano, 1860–1960*, Turin 1986 (1. Ausg. 1974).

[10] J. u. P. Schneider, *Classi sociali, economia e politica in Sicilia*, Soneria Mannelli 1989 (1. Aufl. 1976)

[11] H. Hess, *Mafia*, Vorwort von L Sciascia, Roma-Bari 1991 (1. Aufl. 1970).

[12] Interview Pagano, in: *Inchiesta Bonfadini*, S. 483.

[13] Im Interview an I. Montanelli, *Pantheon minore*, Mailand 1958, von Arlacchi wieder zitiert in: P. Arlacchi, *La mafia imprenditrice. L'etica mafiosa e lo spirito del capitalismo*, Bologna 1983, S. 43.

[14] Vgl. den Brief des Caltanissetischen Bischofs G. Jacono, 12.6.1935, zit. in: C. Naro, *La Chiesa di Caltanissetta tra le due guerre*, Caltanissetta-Rom 1991, II, S. 167; und C. Sarauw, *Note e richieste al R. Governo per l'assetto dell'industria zolfifera siciliana*, Catania 1922, Ss. 5–6.

[15] G. Mosca, *Che cosa è la mafia*, jetzt in: Ders., *Uomini e cose di Sicilia*, Palermo 1980, S. 12, Hervorhebungen von mir.

[16] Aus einem Urteil des Gerichts von Locri von 1950, zit. von E. Ciconte, *'Ndrangheta. Dall'Unità a oggi*, Rom-Bari 1992, S. 242, Kursive von mir.

[17] Aussage von Vitale in: *Maxiprocesso*, S. 13.

[18] *Rapporto Sangiorgi*, S. 6.

[19] A. Block, *East Side – West Side. Organizing Crime in New York*, Cardiff 1980.

[20] Diese Nachricht entnehme ich A. Block, *Space, time & organized crime*, London 1994, S. 27.

[21] J. L. Albini, *L'America deve la mafia alla Sicilia?*, in: *Mafia e potere*, hg. von S. Di Bella, Soveria Mannelli 1983, I, S. 189.

22 Hess, *Mafia* cit., S. XII u. passim.

23 Arlacchi, *La mafia imprenditrice* cit., Ss. 66–67; Schneider, *Classi sociali cit.*, S. 250. In neueren politisch-journalistischen Beiträgen hat Arlacchi seine Meinung geändert; eine Selbstkritik findet man in: P. Arlacchi, *Gli uomini del disonore*, Mailand 1992, S. VIII.

24 Verfügung des Untersuchungsrichters von Agrigento (2.4.1986), veröffentlicht unter dem Titel *La mafia di Agrigento*, hg. von G. Arnone, Cosenza 1988, Ss. 279–80.

25 G.M. Puglia, *Il mafioso non è un associato per delinquere*, in: »La scuola positiva«, I (1930), S.156.

26 R.T. Anderson, *From Mafia to Cosa nostra*, in: »The American Journal of Sociology«, Nov. 1965, 3, Ss. 302-10.

27 President's Commission on Organized Crime, *Report to the President*, I, *The impact*, Washington 1986, Ss. 26–27.

28 Hess, *Mafia* cit., S. 109. G. Alongi, *La maffia nei suoi fattori e nelle sue manifestazioni. Saggio sulle classi pericolose di Sicilia*, Turin 1886, 2. überarb. Ausg. mit dem Titel *La mafia*, Palermo 1904.

29 Gentile, *Vita di capomafia* cit., S. 55.

30 *Testimonianza Buscetta, Dibattimento*, I. S. 37.

31 Hess, *Mafia* cit., Ss. 134ff.

32 G. Ciotti, *I casi di Palermo*, Palermo 1866, S. 7.

33 Marmo, *Tra carceri e mercati* cit., S. 724.

34 Alongi, *La maffia nei suoi fattori cit.*, S. 75.

35 Zit. in: R. Mangiameli, *Gabellotti e notabili della Sicilia dell'interno*, in: »Italia contemporanea«, 1984, 156, S. 67.

36 S. Romano, *L'ordinamento giuridico*, Florenz 1945 (1. Aufl. 1918), S. 101.

37 G.G. Lo Schiavo, *Nel regno della mafia*, in: »Processi«, 1955, zit. in: L. Galluzzo, F. Nicastro, V. Vasile, *Obiettivo Falcone. Magistrati e mafia nel palazzo dei veleni*, Neapel 1989, S. 75.

38 Zit. in: C. Mori, *Con la mafia ai ferri corti*, Mailand 1932, Ss. 15ff.

39 Vgl. die Briefe von Santapaola, zusammen mit dem von Ferone, in: »Diario della settimana«, Beilage zur Zeitung »l'Unità«, 30.10. – 5.11.1996, Ss. 58–62.

Enthüllung

1. Protomafia

Für sich selbst genommen ist es nicht besonders interessant zu wissen, woher das Wort »Mafia« kommt, ob und in welchem Zusammenhang es vor 1860 gebraucht worden ist; wichtig ist dagegen die Tatsache, dass es von allen nach diesem Datum gebraucht worden ist, um, wenn auch noch unbestimmt, eine pathologische Beziehung zwischen Politik, Gesellschaft und Kriminalität zu bezeichnen, und das also in dem Moment, in dem die Geschichte des italienischen Nationalstaats beginnt. *Sein bedeutet, wahrgenommen zu werden*, deshalb ist es richtig, damit zu beginnen. Die Idee der Mafia selbst verweist als Kontrast auf die Existenz eines Staates, der Meinungsfreiheit und freie Geschäfte, Gleichheit vor dem Gesetz, Herrschaft des Volkes bzw. zunächst der Besitz- und Bildungsbürger, Transparenz und Formalisierung der staatlichen Prozeduren verspricht. Die Sache der Mafia wächst aus der Kluft zwischen diesem Versprechen und der Realität, woran die historische Rechte nicht unschuldig ist, die mit Worten beklagt, dass unter den Sizilianern der Sinn für die Herrschaft des Gesetzes fehle. Obwohl es in Sizilien kein verbreitetes, die bourbonische Herrschaft zurückwünschendes Brigantentum gab, wandte die Regierung auch hier das Gesetz Pica von 1863 an, das den Schutz der Ordnung Militärtribunen überträgt. Die Operationen von General Giuseppe Govone und vom Präfekten und General Giacomo Medici, deren Ziel es war, die vielen Militärdienstverweigerer zu fassen, bestanden aus Razzien ganzer Provinzen von Westsizilien, der militärischen Besetzung vieler Städte und Dörfer, der Verfolgung der Verwandten der Wehrdienstverweigerer sowie der Anwendung eines Konzepts der Kollektivschuld ganzer Kommunen gegenüber den Militärbehörden. Das Ergebnis war genau das Gegenteil vom erhofften: zur schon hohen Zahl der Wehrdienstverweigerer und Deserteure (26000 im Jahr 1863) kam nun noch eine sehr große Gruppe von Personen, die sich versteckt hielten, um den Aktionen des Heeres (die man ohne Übertreibung als Terrorakte bezeichnen kann) zu entgehen. Die politische Isolation, bemerkt schon Ende 1861 ein gemäßigt Liberaler wie Diomede Pantaleoni, bringt die Vertreter der Regierung dazu, sich auf »Bourbonen und Philo-Bourbonen« zu stützen und sogar auf »Messerstecher«, bis hin zum Gebrauch von Regierungskriminalität[1]; und tatsächlich greift die Regierungspartei auch in den folgenden Jahren immer wieder auf dieses Instrument zurück – z.B. im Fall des Mordes am garibaldinischen »General« Corrao – sowie auf eine Strategie der Konflikte, die zum Ziel hat, die Linke zu spalten, indem man ihren extremen Flügel kriminalisiert und den mehr ›moderaten‹ Flügel zu einer subalternen Zusammenarbeit gewinnt.

Will man nun aber den ›Nährboden‹ der Mafia bzw. eine ›Protomafia‹ suchen, muss man in die erste Hälfte des 19. Jahrhunderts zurückgehen, in die Zeit vor der italienischen Staatseinigung, als auch der Begriff der »Camorra« entsteht. Die Abschaffung des Feudalsystems, durch Dekret auf der Insel 1812 begonnen und dann in den 1830er Jahren vollendet, zerstört einige der fundamentalen Rahmen des *Ancien régime*. Hier ist der Punkt, den schon 1875 Leopoldo Franchetti als entscheidend erkannt hat für den beginnenden Prozess der »Demokratisierung der Gewalt«, mit dem das Recht, Gewalt zu gebrauchen, das vorher in den Händen der Aristokratie lag, *de jure* an den Staat übergeht, *de facto* aber in der Hand von Privatleuten bleibt, wobei immer neue soziale Gruppen involviert werden, unabhängig von jeglicher strengen Standes- oder Klassenhierarchie.[2] Ich teile allerdings nicht die Auffassung, dass die *Einführung* des Privateigentums im Sizilien der ersten Hälfte des 19. Jahrhunderts zur Mafia geführt habe.[3] Wie alle monokausalen Erklärungen stößt auch diese auf einfache Einwände. Wie kommt es, dass die Gesetze zur Abschaffung des Feudalsystems die Mafia nur in Westsizilien, nicht aber im Osten der Insel hervorbringen? Und warum kann man ähnliche Phänomene nicht überall dort in Europa feststellen, wo es während der ersten Hälfte des 19. Jahrhunderts ähnliche Maßnahmen gegen den Feudalismus gegeben hat? Außerdem existierte im Sizilien des 18. Jahrhunderts das Privateigentum schon zu einem großen Maße, da die »Lehen« weitgehend wie Privateigentum geführt wurden; nach der Reform verbleibt der größte Teil der Lehensgüter in den Händen der bisherigen Besitzer (Barone) oder werden verkauft.

Die Maßnahmen der ersten Hälfte des 19. Jahrhunderts gewinnen ihre ganze Bedeutung, wenn wir sie mit der bourbonischen Verwaltungsreform in Zusammenhang stellen, mit der auch Sizilien – wenn auch mit einer Verspätung gegenüber dem Kontinent – die Institutionen der napoleonischen Zeit übernimmt; hier wird zum ersten Mal die Idee eines modernen Staates vorgestellt und so der historische Kontext geschaffen, in den wir das Thema Mafia stellen können. Die Reform bringt unter anderem die Einführung des Berufsrichtertums und einer Polizei. Die Richter, rekrutiert aus den ländlichen Eliten, schlagen sich auf bestimmte Seiten, ohne Respekt vor der Unpersönlichkeit des Rechts, die sie eigentlich sicher stellen sollen. Die öffentliche Ordnungsmacht besteht zum einen aus der zentralisierten Gendarmerie, die aber kaum in der Lage ist, sich zwischen den verschiedenen Gruppen und Parteien, zwischen Banditen und angesehenen Bürgern, die sie schützen, zu bewegen; zum anderen besteht sie aus den bewaffneten Kompagnien, für die die ländlichen ›Notabeln‹ junge Männer »mit schneller Hand« aus der Umgebung einsetzen: Ihre Aufgabe ist es nicht so sehr, Kriminelle zu verfolgen, als vielmehr geraubte Güter wieder zurückzuholen, indem sie mit den Dieben verhandeln. Viele glauben an ein abgekartetes Spiel beider Seiten.

Der Streit der bourbonischen Zeit ist ähnlich wie der im

gerade geeinten Italien: Auf der einen Seite stehen diejenigen, die die öffentliche Ordnung hauptsächlich auf außergesetzlichem Weg sichern wollen; auf der anderen Seite stehen die Befürworter einer staatlichen Ordnungsmacht in Form von Gendarmen und Carabinieri, die es für gefährlich erachten, wenn es zu einer Zusammenarbeit zwischen Besitzenden und Verbrechern kommt, wofür sie nach 1860 das Wort »Mafia« gebrauchen. Es sei auch an die Diskussionen erinnert, die man in der ersten Hälfte des 19. Jahrhunderts über die Anstiftung zum legalen und bezahlten Mord an versteckten Wehrdienstverweigerern führte, was per Dekret erlaubt war und ebenfalls eine Brücke schlug zwischen Verbrechern, Vertretern der herrschenden Klasse und den Behörden. Nach der italienischen Einigung spiegeln sich diese Verhältnisse in den fortwährenden Verhandlungen zwischen Banditen, Mafiosi und den Polizeibehörden wider, die oft mit Mord enden. Die Sache hat zwei Aspekte: Das Banditentum stellt ein Instrument der parteiischen Kämpfe der neuen ländlichen Eliten dar, eine Fortführung ihres klientelischen Netzes; aber auf der anderen Seite stellt die zunehmende Ausbreitung einer neuen Vorstellung von Legalität die traditionellen Verhaltensweisen der lokalen Eliten und des Staates selbst in Frage und akzeptiert zunehmend weniger eine »Justiz«, die auf halbem Weg zwischen der öffentlichen und der privaten Sphäre anzusiedeln ist.[4]

Zu den Mitgliedern der neuen ländlichen Eliten gehören die Pächter von Ländereien *(gabellotti)* und die Verwalter der Schwefelminen, der Latifundien und der Zitrusbaumplantagen, welche im Lauf des 19. Jahrhunderts vor und nach der italienischen Einigung die Nachfolge der früheren Feudalaristokratie antreten und von ihnen nicht nur die Güter, sondern auch die soziale Macht übernehmen. Nötige Bedingung für diese Macht ist jedoch die Verfügbarkeit einer militärischen Kraft: Daher werden »Feldhüter« *(campieri)* eingesetzt, eine Privatmiliz, die nicht anders als die pseudostaatlichen Waffenkompagnien, berittenen Milizen und städtischen Garden die Ordnung auf dem Land sicherstellen sollte und die sich wie die anderen gewöhnlich aus Exbanditen rekrutiert, die alle potentiellen Feinde mit ihren eigenen Mitteln einschüchtern können, oder, falls erforderlich, sich mit ihnen einigen können im Sinne einer »guten Nachbarschaft«.

Der Großpächter *(gabellotto)* übt eine soziale Ordnungs- und Kontrollfunktion aus, die über seinen Bereich als Führer eines großen landwirtschaftlichen Betriebs weit hinausgeht: Sein Apparat der Feldhüter und Aufseher ersetzt die feudalen Milizen des 18. Jahrhunderts, steht neben den kommunalen Milizen des 19. Jahrhunderts und füllt die Lücken in der Kontrolle, die zuerst der bourbonische und dann der liberale Staat gelassen haben. Schon Emilio Sereni interpretierte vor vielen Jahren die Mafia weniger als feudales Relikt, sondern vielmehr als Instrument einer »fehlgeleiteten« Bürgerschicht, eben die der Großpächter, die im Laufe des langen Zerfalls der Feudalwirtschaft und -macht eine Fähigkeit zur Einschüchterung entwickelt, die in der sozialen Hierarchie sowohl nach oben als auch nach unten ausgeübt wird.[5] Während die Güter der alten Aristokratie auseinander fallen, versuchen die Fraktionen der einzelnen Ortschaften, diesen Reichtum für sich aufzufangen und lösen dabei Konkurrenzprobleme um die Pacht oder den Erwerb von Ländereien auch mit Gewalt nach innen und nach außen. Von den Kommunen aus, über das Pachtwesen *(gabella)*, gelingt es den neuen herrschenden Schichten, große geographische Gebiete unter ihrem Einfluss zu halten. Dies ist ein Element, das seine typischen Charakteristiken in Westsizilien findet. Denn hier muss auch in der Zeit nach der italienischen Einigung die »Agrarindustrie« noch notwendigerweise auf weitem Terrain ausgeübt werden, da die Felder in Wechselwirtschaft bebaut werden und große Flächen für die Viehweiden benötigt werden. So kommt es, dass die großen Besitztümer des Adels auch nach der Besitzreform als wirtschaftliche Einheiten oft als ganze erhalten bleiben, durch das System des so genannten »Kondominiums« unter der Kontrolle eben eines *gabellotto*.

Dabei muss vor allem für den Schutz der Viehherden gesorgt werden. Es ist bezeichnend, dass im ganzen 19. Jahrhundert die Frage des Viehraubs im Zentrum der Debatte steht, da die Funktion des Viehzüchters die hauptsächliche Unternehmerfunktion des *gabellotto* darstellt und die Viehherden sein größtes Kapital sind, das allerdings auch am leichtesten entwendet werden kann. Um dieses Problem entwickelt sich in bourbonischer Zeit die Praxis der *componende*, d.h. Verhandlungen zwischen Opfern und Tätern um die Rückgabe des Raubguts, geführt unter der Ägide von einflussreichen Vertretern organisierten Verbrechens oder Vertretern der Oberschicht. Im Jahr 1838 beklagt der Richter Pietro Calà Ulloa, dass »das Volk zu einer stillschweigenden Übereinkunft mit Verbrechern gekommen ist«, und zwar über »Unionen und Bruderschaften, die sie *Parteien* nennen«, und die, angeführt von »Besitzenden« und »Erzpriestern«, »kleine Regierungen« für die *componende* bilden, womit den legalen Ordnungskräften die Macht entzogen wird, Verbrechen zu verfolgen.[6]

Calà Ulloa spricht den Bruderschaften keine »politische Färbung oder Ausrichtung« zu, aber der Begriff »Parteien« zeigt doch, was das Problem für ihn ist, der in der Folge einer der Hauptvertreter der legitimistischen reaktionären Kräfte werden sollte. Der Unteraufseher von Termini, Puoti, ist klarer, wenn er feststellt, dass »die Räuber in Sizilien ohne es zu wollen die Mittel einer Revolution sind und Instrument der Revolte sein werden, von der diejenigen profitieren werden, die sie jetzt beschützen«.[7] Auch hier, wie später in der Zeit nach der Staatseinigung, wird die Entdeckung von protomafiosen Zügen der Kriminalität angetrieben von der Angst, die die ›neue‹ staatliche Autorität vor politischen und sozialen Aufständen des einfachen Volks wie auch der herrschenden Schichten hat. Das Hauptproblem der bourbonischen Funktionäre besteht in dem, was Ferdinand II. kaum ein Jahr nach dem Bericht von Calà Ulloa befohlen hat: »Das Erste, woran man Sizilien gewöhnen muss, ist der Gehorsam«.[8] In diesem Fall, noch mehr als später im liberalen Italien, stellen sich soziale Missstände, die kriminelle Gefahr und die politische Opposition als unentwirrbarer *Mix* dar, sowohl in der Interpretation der Zeitgenossen als auch in der Realität der Fakten.

Von 1815 bis 1860 repräsentieren die Perioden der Ruhe nur kurze Pausen, die von den Aufständen von 1821 und 1848 unterbrochen werden, vom Wechsel zwischen Revolution und Restauration. Dabei handelt es sich nicht um einen Zusammenstoß zwischen *dem* Sizilien und *den* neapolitanischen Herrschern, aber um eine antibourbonische Haltung eines beträchtlichen Teils der herrschenden Klasse, vor allem in Palermo, die dann in der Praxis vor Ort den Charakter eines schleichenden Bürgerkriegs annimmt. In dieser, wie in vielen analogen Situationen des 19. wie des 20. Jahrhunderts, benutzen Einzelne die geschichtliche Situation für ihre eigenen Zwecke, um so Probleme im eigenen Dorf, in der Familie oder mit Konkurrenten zu lösen; die Gewalt fungiert als Katalysator wenn nicht schon einer neuen Gesellschaft, so doch neuer Kräfteverhältnisse. Die Einzelnen und die Gruppen gewöhnen sich daran, ihre Konflikte gewaltsam zu lösen, sie in den Kontext der »großen« Politik zu stellen und Leute zu bewaffnen, zu benutzen und unter Kontrolle zu halten. Zeitgenössische Quellen nennen sie sehr allgemein als Schicht der »Gewalttäter« *(facinorosi)*.

Wie man sieht, ist es unmöglich, die soziale und institutionelle Unordnung, die durch die Reformen der ersten Hälfte des 19. Jahrhunderts geschaffen wurde, von der politischen Unordnung zu unterscheiden. Und es ist nur natürlich anzunehmen, dass die politische Gewalt des Risorgimento, besonders das Phänomen der vielen bewaffneten Kampfgruppen, revolutionären und kontrarevolutionären, den Nährboden für die Mafia bildet.[9] Viele Zeitgenossen, Anhänger der Bourbonen oder gemäßigte Liberale, äußern eine ähnliche These, wie z. B. der Präfekt Filippo Gualterio, der als Komplizen der Mafia die Liberalen in der Phase der Revolution, die Bourbonen in der Phase der Restauration und vor allem die Republikaner zu seiner eigenen Zeit bezeichnet. Den Gipfel der Aktivitäten der Kampfgruppen bildet der palermitanische Aufstand von 1866, an dessen Höhepunkt, am 19. September, 12000 bewaffnete Aufständische die Stadt durchzogen. »Einige der Gruppe Ciaccio haben mir gesagt, und ich habe es auch von vielen aus dem Volk gehört, dass die Kampfgruppen von 1866 dieselben waren wie die von 1860, und viele hatten bereits 1848 gekämpft.«[10]

Ein bekanntes Beispiel eines »Gewalttäters« *(facinoroso)* ist Salvatore (Turi) Miceli aus Monreale, Anführer einer Kampfgruppe im Jahr 1848 und dann zur bourbonischen Polizei bestellt, wiederum aufständisch im Jahr 1860, verhaftet als Komplize von Banditen, aber wundersamerweise wieder freigelassen nach Intervention des Quästors Pinna. Miceli schafft es aber nicht mehr, sein unter den Bourbonen begonnenes Spiel unter der liberalen Regierung fortzusetzen. Er stirbt 1866 bei der Anführung des Sturms auf die Gefängnisse, wo Giuseppe Badia inhaftiert ist, ein garibaldinischer Exkommandant und Nachfolger von Corrao, ein »reicher Industrieller« mit Beziehungen zu wichtigen Mafiosi Palermos.

Aber nicht alle »Gewalttäter« nehmen an der Revolte teil, einige verteidigen auch die alte Ordnung. Das ist der Fall, wie wir noch sehen werden, von Antonino Giammona und ebenso von Salvatore Licata, den der Quästor Rastelli mit nachsichtiger Stimme als »alten Mafia-Anführer« bezeichnet: Um das Jahr 1805 geboren, »hat er 1848 auch als guter Patriot gehandelt, und ebenso 1860 und 1866. Man lastet ihm zwar auch Morde an, aber die Justiz hat ihn nie überführen können«. Vielleicht aus Verzweiflung darüber, ihn nicht überführen zu können, hat ihn die Behörde 1861–62 unter die berittenen Milizen berufen, während sein Sohn Andrea zum Kommandanten der Feldhüter der Piana dei Colli, des Herzens der Bucht von Palermo, ernannt wurde, wo er sich so viel Autorität erwarb, dass man ihn »einen zweiten Quästor« genannt hat; zwei andere Söhne dagegen erhielten als gefährliche Verbrecher Gefängnisstrafen.

Ob sie nun auf der einen oder auf der anderen Seite des Aufstands von 1866 standen, die palermitanischen Mafiosi sind aus der Revolution hervorgegangen. Wie der Herzog von Cesarò sagt: »Wenn man schaut, welches die angesehensten Mafiosi sind, findet man keine anderen Namen als Licata, Cusumano, Di Cristina [...], also genau diejenigen, die der stärkste Arm von 1860 waren und die der Intelligenz, d.h. der liberalen Aristokratie, am treuesten ergeben waren«[11]; nur dass im Gegensatz zu dem, was Cesarò sagt, die gegenseitige Treue, das Netz der *Patronage*, nicht mit dem Jahr 1860 abreißt.

2. Netzwerk und Organisation

Provinz von Caltanissetta, 1861. Don Giuseppe Lumia, früherer Bürgermeister von Montedoro, besitzt und führt ›in Eigenregie‹ eine Schwefelmine, in der er auch Arbeiter aus dem nahe gelegenen Sutera beschäftigt. Während er sich in dieses Dorf begibt, um jemand Neuen einzustellen, wird er von zwei früheren Angestellten erblickt, mit denen er einmal Auseinandersetzungen wegen Lohnfragen hatte und von denen einer unter dem bezeichnenden Spitznamen *lu ringhiu* (»der Knurrende, Grimmige«) bekannt ist. Beim Ausgang des Dorfes stellen die beiden ihm einen Hinterhalt, töten ihn und werfen auf seine Leiche eine Spielkarte. Wenige Monate später werden die beiden ebenfalls ermordet vor dem Dorf aufgefunden, wobei die öffentliche Meinung dafür den Rachewillen der Witwe Lumia verantwortlich macht.[12]

Die Familien Lumia und Caico, die eng verwandt sind, gehören zum aufstrebenden »Bürgertum« der Dörfer des inneren Siziliens, das im Laufe des 19. Jahrhunderts dank des Geschäfts mit dem Schwefel zur führenden Klasse aufgestiegen ist. Wir sprechen hier von einer Führungsschicht, die sich auf hohes Prestige und großen Reichtum stützt. In einem guten Geschäftsjahr konnte die Familie Caico ihre Arbeiter mit Gold auszahlen. Wir sprechen von einer Macht, die auf dem Apparat der Feldhüter beruht, der, wie wir schon wissen, Don Giuseppe, seiner Frau und der ganzen Familie Lumia-Caico dazu dient, ihr eigenes Gesetz unter den Schwefelminenarbeitern, Banditen und Viehräubern durchzusetzen, ohne auf das Gesetz des Staates zurückgreifen zu müssen. Wir finden hier sehr viele der Elemente und der Akteure, die wir als typisch für die Mafia bezeichnet haben, auch wenn man das Ganze zurückführen könnte auf das allgemeinere Thema der Machtausübung der herrschenden Klasse in einer Latifundienumgebung. Wenn wir die erzählte Episode aus dem Blickwinkel der Minenarbeiter betrachteten, könnten wir darin eine primitive Form des Klassenkampfs sehen, eine Episode sozialen Banditentums. Es ist schwierig, die Mafia von solchen Bewegungen zu unterscheiden, und noch schwieriger, eine Verbindung herzustellen, die zur heutigen Mafia führt.

Wenn wir dagegen nach Palermo zurückkehren, können wir mit größerer Klarheit etwas sehen, das uns erlaubt, deutlichere Verbindungen zwischen Vergangenheit und Gegenwart zu finden. Wir gehen aus von einem Netzwerk von Beziehungen, das sich von der Hauptstadt bis in die weite Provinz erstreckt. Das erste Glied in der Kette bildet Antonino Giammona, der Mann, der als größter Vertreter der palermitanischen Mafia des 19. Jahrhunderts erscheint und den wir bei verschiedenen Gelegenheiten in unserer Geschichte wiederfinden werden, an der Spitze der *Cosca dell'Uditore* von den 1870er Jahren bis zum Ende des 19. Jahrhunderts. Giammona wird in einem Vorort Palermos um das Jahr 1819 geboren und wird durch die revolutionäre Atmosphäre geprägt; er ist »sehr arm« bis 1848, aber »durch Räuberaktionen unter dem Banner der Revolution« wird er dann Pächter von Plantagen, Eigentümer von Ländereien und Immobilien, die er in den Domänenverkäufen der Zeit nach der italienischen Einigung erworben hat, sowie Besitzer einer Schafzucht: sein ganzes Vermögen wird 1875 auf 150000 Lire geschätzt. In der Zeit des eingeschränkten Wahlrechts kontrolliert er rund fünfzig Stimmen. Seine Karriere erlebt ihren entscheidenden Wendepunkt 1860, als er sich als Hauptmann der Nationalgarde unter den Protagonisten der »Rückkehr zur Ordnung« im Hinterland hervortut; und auch 1866 schlägt er sich auf die Seite der Ordnung. Von diesem Moment an, bemerkt sein Anwalt Francesco Gestivo zufrieden, nutzt er den Mangel einer offiziellen öffentlichen Sicherheit für seine »moralische Autorität«, um sich an die Spitze der »Liga der Besitzenden gegen die Besitzlosen« zu stellen:

> Es wird also in der Umgebung von Palermo eine Art Nationalgarde eingesetzt, und Giammona und andere Besitzer von Plantagen, *gabellotti* und andere, die sich in derselben Lage befinden, haben sich zusammengeschlossen und sind mit ihrer Union dahin gekommen, dass in der Gegend weder Delikte, noch Verbrechen, noch Schmarotzertum mehr vorkommen. Und was ist daraufhin passiert? Sie haben den Hass derjenigen erweckt, die nicht das Gleiche wie sie tun konnten; und von diesen Leuten wurden sie daher denunziert und als gewalttäterische, mafiose, verdächtige Personen bezeichnet.[13]

Von Giammona gehen drei Fäden aus: nach unten – die einfachen Kriminellen; zu denen, die mit ihm auf gleicher Ebene stehen – die anderen Mafia-Anführer; nach oben – »hohe Tiere«, die ihn schützen und die er schützt. Er wird zwar in seinem Gebiet verschiedenen Personen, die sich versteckt halten wollen bzw. müssen, »Zuflucht und Schutz« bieten, aber wenn diese versuchen, Francesco Paolo Morana, den Bruder eines Abgeordneten, oder den Baron Dionisio Maggio zu erpressen, zögert er nicht, unter seinen undisziplinierten Gästen ein Blutbad anzurichten.[14]

Der Faden, der von Giammona nach oben geht, führt vor allem zum Baron Nicolò Turrisi Colonna, einem großen Landbesitzer mit nicht sehr altem Adelstitel, modern und aufgeklärt in der Führung seiner Betriebe, agronomische Studien betreibend, Patriot vor der Staatseinigung und dann maßgeblicher Vertreter der gemäßigten Linken, Senator und

Bürgermeister von Palermo. Dieser Mann bildet das zweite Glied in unserer Kette. 1860 finden wir ihn an der Spitze der städtischen Nationalgarde, in der Giammona Hauptmann ist. Und die Beziehung bleibt auch in der Folgezeit stabil: 1875 stellt der Senator dem Mafia-Chef Bescheinigungen seiner Verdienste aus, als Giammona zum ersten Mal Probleme mit der Justiz bekommt. In Castelbuono, dem Dorf im Binnenland, wo sein Vater *gabellotto* gewesen ist, lässt Turrisi auch »Gewalttäter« *(facinorosi)* für sich arbeiten. Mindestens drei seiner Feldhüter sind in einer Mafiosi-Liste aufgeführt, die die Unterpräfektur von Cefalù erstellt hat. 1874 dringen Ordnungskräfte auf der Suche nach einer Bande von polizeilich gesuchten Personen in eines seiner Güter ein, aber er protestiert dagegen, weil er sich als Opfer einer politischen Verfolgung sieht. Nach dieser Episode vertraut der Präfekt dem uns schon bekannten Franchetti an, er wüsste, »dass er von Palermo weggehen müsse, da er den Fehler begangen habe, die Feldhüter des Senators anzurühren«.[15] Einige Jahre später sollte Domenico Farini, Präsident des Senats, sich daran erinnern, wie ihm 1876 die Abgeordneten Morana und La Porta anvertraut hätten, Turrisi sei der »Kopf der Mafia«.[16]

Andrea Guarneri gibt 1875 zu, dass es vielleicht ein Fehler war, 1860 »die Polizei auf der *maffia* zu begründen«, wie man es in Palermo getan hat; aber er gibt gleichzeitig zu bedenken, dass es schwierig gewesen wäre, etwas anderes zu tun in einer ehemaligen Hauptstadt mit 200 000 Einwohnern, die von sehr starken politischen und sozialen Spannungen erschüttert wurde. Im Gebiet um Agrigent, wo er 1860 Präfekt gewesen war, konnte man dagegen direkt eine »Polizei der Landbesitzer« einrichten. Wir wissen auch, dass in der palermitanischen Umgebung von Termini und im angrenzenden Gebiet von Agrigent die nachrevolutionäre Normalisierung in den Händen von bewaffneten Gruppen lag, die von wenigen Vertretern der herrschenden Klasse kontrolliert wurden; unter diesen sind die Nicolosi von Lercara zu nennen und die Guccione von Alia, Bürgermeister, Landbesitzer und Pächter ganzer Latifundien›staaten‹ in verschiedenen Gebieten der Provinz Palermo. Aber auch hier wirken die Prozesse der revolutionären Bewegung, und besonders die Aufstände von 1860 und 1866, als wichtige Momente in den Biographien großer Briganten sowie verschiedener Mafiosi.

Auch der Lebenslauf von Angelo Pugliese, genannt Don Peppino der Lombarde, der größte Bandit der nachrisorgimentalen Zeit, wird durch den Aufstand von 1860 maßgeblich beeinflusst, da die Aufständischen ihn aus dem Gefängnis befreien, wo er eine lebenslange Zuchthausstrafe verbüßen sollte und wo er, wie er selbst sagt, viele herausragende Patrioten kennen gelernt habe, weshalb er sich später auch gerne als »Garibaldiner« bezeichnete. Nach der Flucht versteckt er sich im palermitanischen Vorort *Uditore* und trifft hier auf einen Plantagenanbauer namens Giammona, von dem ich glaube, dass er identisch ist mit dem uns bekannten Mafiaboss, und der ihn an einen einflussreichen Mann weiterempfiehlt, der ihm wiederum einen Platz als Aufseher bei der Familie Guccione verschafft. Und hier beginnt die Brigantenkarriere des ehemaligen Zuchthäuslers.[17] Die Familien Nicolosi und Guccione sind beide an den Unternehmungen von Don Peppino interessiert, beschaffen ihm aus ihren Klientelen Kumpanen und Helfer und helfen ihm, die Einnahmen aus der Raubwirtschaft zu »waschen«. Im Gegenzug verpflichtet sich der Bandit dazu, ihre Besitztümer zu respektieren und ihren Konkurrenten das Leben schwer zu machen. Die Familien Guccione und Nicolosi werden vor Gericht bestellt nach den Geständnissen, die Don Peppino selbst in Untersuchungshaft gemacht hat, später aber wieder zurückzieht. Sie gehen erwartungsgemäß unbestraft aus dem Prozess hervor, der 1868 dagegen schwere Strafen über den Kern der Banditen (einschließlich Don Peppinos) verhängt, »wenige arme, zerlumpte Kerle, die als Sündenbock für die unbestraften Reichen ins Gefängnis mussten!«, so der – im gleichen Jahr noch versetzte – Staatsanwalt Giuseppe Borsani, zukünftiger Präsident der parlamentarischen Untersuchungskommission von 1875. Wir sind hier an einem wichtigen Knotenpunkt: Bis in die 1920er Jahre hinein kann man den Namen der Guccione immer wieder finden im Zentrum aller Streitereien um die Komplizenschaft zwischen großen Besitzern und Briganten, und man kann ebenfalls sehen, wie sich schon kurz nach dem Prozess die Banditennetze von Don Peppino wieder erneuern und daraus die Banden von Leone und De Pasquale entstehen.

Die Kette hat also vier Hauptglieder: den Mafiaboss Giammona, den Brigantenführer Angelo Pugliese (Don Peppino), die Großpächterfamilie Guccione, den mächtigen Baron und Landbesitzer Turrisi. Um sie herum eine große Zahl von Wächtern, Räubern, Erpressern, Banditen, Polizisten. Es fehlt auch nicht der Anwalt, der im Fall von Francesco Gestivo ebenfalls ein Politiker ist, dem es zufällt, eine ideologische Rechtfertigung der Mafia zu leisten. Die Quästoren schließen oder öffnen die Augen, gerade wie es gewünscht wird. Dieses Netzwerk, das sich über eine ganze Provinz erstreckt, hat wenig zu tun mit dem kleinen Netz an verwandtschaftlicher, klientelischer oder freundschaftlicher Solidarität, das nach Meinung vieler Sozialwissenschaftler der Mafiagruppe eines Dorfes entspricht.

Während sich die Ereignisse von 1848, 1860 und 1866 immer weiter entfernen, entfernt sich auch die Mafia immer mehr von dem Typ der Vereinigung, den bisher fast alle im Kopf hatten, nämlich der politisch-subversiven. Wie lässt sich die große Gruppe der Mafiabrüder und Beschützer um Don Peppino politisch einordnen, wenn zu ihr sowohl Crispi-Anhänger als auch Anhänger der Bourbonen gehören? Und dennoch beeinflussen die großen Ereignisse des Risorgimento selbst die Organisationsmodelle der Mafia, wenn auch auf verschlungenen Wegen.

Wichtige Hinweise dazu gibt uns derselbe Baron Turrisi Colonna, in einer Schrift von 1864 – zwei Jahre nach der anfangs erwähnten Komödie *I mafiusi di la Vicaria* und ein Jahr vor dem ebenfalls erwähnten Gualterio-Bericht –, die das Problem beginnend von der Zeit des Risorgimento analysiert. Obwohl Turrisi Liberaler und Sizilianer ist, unterscheidet sich seine Sicht der Dinge nicht sehr von derjenigen der bourbonischen und neapolitanischen Funktionäre. Turrisi gibt in der Tat die bourbonische Meinung wieder, dass eine Beziehung zwischen ›Gewalttätern‹ und Liberalen bestehe, und er erklärt dazu selbst, dass von 1848 an die Revolution jeden nötig hatte, der Waffen tragen konnte, und dass 1860 »die ganze Sekte der alten Räuber [...] unter Waffen stand; ebenfalls unter Waffen standen alle jungen Männer, die den Beruf der Feldwachen ausübten, sowie die große Schar von Schmugglern des palermitanischen Gebiets«.[18] Der Schmuggel ist ein wichtiges Element der palermitanischen Mafia wie auch der neapolitanischen Camorra und verweist auf das frühere Regime, das solche Schmuggeleien unter der Bedingung, dass nicht gleichzeitig auch Diebstahl, Erpressung oder Ähnliches begangen werde, tolerierte, wofür die Anführer der Mafia die Verantwortung trugen. In diesem Toleranzraum, der auch unter der liberalen Regierung weiter bestand, sollten sich eine Reihe von Transaktionen zwischen »Gewalttätern«, Geschäftsleuten und örtlicher Verwaltung abspielen; verwickelt in den Schmuggel waren private Wachleute, die die Waren durch ihre Gärten oder Felder passieren ließen, ein Teil der Polizei und Zollwächter, die man oft anklagte, mit Mafiosi oder Schmugglern unter einer Decke zu stecken.

In der Schrift von Turrisi erscheint noch nicht das Wort »Mafia«, aber von zentraler Bedeutung ist der von ihm gebrauchte Begriff »Sekte«, ursprünglich gebildet von Viehräubern. Dieser müssen sich Schmuggler und Wächter aus Palermo, Feldhüter und Großpächter von Latifundien sowie Händler legaler und illegaler Geschäfte aller Art anschließen. Die Sekte kontrolliert die Insel, fürchtet nicht die Justiz, bietet Schutz an und erhält Unterstützung. Daneben erwähnt der Baron andere Schlüsselwörter wie *camorra* und *infamia*, und wir treffen auch wieder auf den zentralen Begriff der *umiltà*:

> *Umiltà* (Demut) bedeutet Respekt und Ergebenheit gegenüber der Sekte und die Verpflichtung, alles zu unterlassen, was direkt oder indirekt den Mitgliedern schaden kann. [...] Wer einige Zeit auf dem Land um Palermo gelebt hat, weiß, wie die Sekte oft große Versammlungen abhält, um über das Verhalten einzelner Mitglieder zu diskutieren. [...] Alle Mitglieder der Versammlung entscheiden danach zusammen.[19]

Ich glaube wirklich nicht, dass jeder den Ablauf solcher Versammlungen kannte, die wir im Laufe der Geschichte wiederfinden werden. Ich bin eher der Meinung, dass Turrisi über sie Informationen aus erster Hand haben musste. Er präsentiert sich in seiner Schrift als Gegner der Regierung, die unfähig sei, ihre Funktion als Ordnungshüterin auszuüben; als Liberaler, der sich mit einiger Sympathie an die bourbonischen Waffenkompagnien erinnert; als Wissenschaftler, der quasi von außen Ereignisse betrachtet, an denen er doch persönlich teilhatte und noch teilhat; als moderner Landbesitzer, der sich mit dem Verbrechen einlassen muss im höheren Interesse der landwirtschaftlichen Produktion, der erste einer langen Reihe von Theoretikern aus der herrschenden Klasse Siziliens, die von einem »Zustand der Notwendigkeit« sprechen. Ich glaube nicht, dass Turrisi »der Kopf der Mafia« war, sondern vielmehr der Beschützer einiger der wichtigsten Mafiosi, der Vertreter einer sozialen und politischen Gruppe, die eine Verbindung mit den »Gewalttätern« eingegangen ist und beschlossen hat, sich ihrer auch nach der Revolution zu bedienen.

Die historische Verbindung zwischen Mafia und Freimaurerei soll nun noch vertieft werden. Während der risorgimentalen Verschwörung gab es ein geheimes Netz, das von der Freimaurerei inspiriert war und als ihr Ableger gelten kann, nämlich die Karbonari-Bewegung. Folgt man einem Dokument von 1818, besteht der Unterschied zwischen Freimaurern und Karbonari in der sozialen Zugehörigkeit ihrer Mitglieder: Die Karbonari-Bewegung ist auch für die unteren Schichten offen, für den »guten Handwerker, den ehrlichen Bauern« und vielleicht auch für »einfaches Gesindel«. Nach Meinung von Giuseppe Giarrizzo begann das Netz der Karbonari-Sekten schon bald nach 1824 »seine kulturellen oder politischen Motivationen zu verlieren«, und übrig blieben »lokale Machtstrukturen«.[20] In der Tat macht es die allgemeine und politische Gewalt, die in der ganzen Periode von der Restauration bis 1866 so überaus verbreitet war, schwer, klar zu unterscheiden zwischen revolutionärer Mobilisierung, lokalem Machterhalt und bloßem Verbrechertum. Der ganze Prozess lässt sich eben nur mit der Formel von Franchetti zusammenfassen, der »Demokratisierung der Gewalt«. Zwar kann man sicherlich nicht sagen, dass die Revolution eine bloße Vorgeschichte zur Mafia darstellt, aber umgekehrt kann man die Mafia als *Abfallprodukt* von ihr bezeichnen, das genau in dem Moment ans Licht kommt, in dem die Revolution zu Ende geht, nämlich zwischen 1861 und 1866; und analog dazu kann man sagen, dass das Mafiaritual ein Ablegerprodukt des Rituals der Freimaurer und Karbonari darstellt.

Die erste Beschreibung, die ich von dem Mafiaschwur kenne, findet sich in einem Bericht der palermitanischen Polizei über die von Giammona angeführte *Cosca dell'Uditore*: Der Pate sticht dem Neuling in den Zeigefinger, malt mit dem austretenden Blut ein heiliges Bild und verbrennt dieses dann, um zu symbolisieren, dass dem neuen Mitglied, falls es Verrat üben sollte, die Vernichtung droht.[21] Wie Nino Recupero geschrieben hat, sind die Schauder erregenden Drohungen gegen die Verräter, »das Eintreten in einen geheimen Raum mit verbundenen Augen (Symbolik der Wiedergeburt), das Schwören am Feuer mit dem eigenen Blut [...] eine grobe Verdichtung bestimmter Aspekte der freimaurerischen Rituale, die von den Karbonari übernommen worden sind«.[22] Dann gibt es noch die Erkennungsriten. Wenn ein Mitglied ein anderes, ihm unbekanntes aus einer anderen Gruppe trifft, beklagt es Schmerzen an einem Zahn; darauf folgen Sätze, die die Herkunftsgruppe identifizieren und merkwürdige religiöseAnklänge enthalten: »Wen soll man anbeten? – Die Sonne und den Mond. – Und wer war euer Gott? – Ein *Ariu.* – Und zu welchem Reich gehört ihr? – Zu dem des Zeigefingers.«[23]

Wir stehen also, wie Turrisi sagen würde, einer Sekte gegenüber, oder einer Gesamtheit von Sekten, die untereinander durch dieselben Rituale verbunden sind. Eine solche Homogenisierung von verschiedenen lokalen Organisationen lässt sich mit der Politik, aber auch mit dem Zwangsaufenthalt in Ustica und Favignana und mit dem palermitanischen Gefängnis *dell'Ucciardone* erklären, das eine »Universität des Verbrechens« darstellt, oder – wie es 1866 der Marchese von Rudinì, der spätere Ministerpräsident, ausdrückt – »eine Art Regierung«[24] der Mafiagruppen. Hier werden auch Schwüre geleistet und Neulinge in die Geheimnisse der Organisation eingeführt. Im Übrigen war das Gefängnis schon in bourbonischer Zeit ein Treffpunkt von politischen und gemeinen Häftlingen gewesen, was uns wiederum zu Berührungspunkten von Risorgimento und Kriminalität führt; ebenfalls in diesem Gefängnis spielt die schon erwähnte Komödie *I mafiusi di la Vicaria*, in der ein großer Patriot (vielleicht Crispi?) die »Gewalttäter« dazu ermahnt, ihren Organisationswillen zum allgemeinen Nutzen zu wenden und eine Gesellschaft der gegenseitigen Hilfe zu gründen.

Tatsächlich lehnt die Mafia sich an das verbreitete Phänomen der Vereinsbildung im Volk an, deren Ursprünge oft in konspirativen Sekten liegen. Und vor Geheimbünden wie dem der »posa«, der mit terroristischen Methoden die palermitanischen Mühlenarbeiter zur Vereinigung zwingt, um so eine monopolistische Kontrolle über Preise und Löhne zu erreichen, lädt die Quästur aus Palermo dazu ein, eine Gesellschaft zur gegenseitigen Hilfe zu gründen. Auch später werden wir oft sehen, wie die Mafiagruppen sich mit schon bestehenden Institutionen verbinden, die typisch sind für ein in Expansion begriffenes Vereinsbildungswesen: die *Fasci siciliani* [1891 in Sizilien sich erhebende sozialrevolutionäre Bünde aus Schwefelminen- und Landarbeitern, von

Crispi 1893/94 mit äußerster Härte unterdrückt], die landwirtschaftlichen Kooperativen und in Amerika auch die Gewerkschaften. Aber das Gebiet, wo man am besten eine Mafia »aus dem Volk« feststellen kann, sind die Provinzen von Agrigent und Caltanissetta, wo das Ambiente der Latifundien durch das der Schwefelminen überlagert wird.

Der Minenarbeiter des 19. Jahrhunderts ist allerdings nicht so sehr ein Proletarier, der einer Unternehmenshierarchie und -disziplin unterworfen ist, als vielmehr ein kleiner Grubenchef, der einen Stollen gepachtet hat (vielleicht noch im Zusammenschluss mit anderen) und Hilfsarbeiter, oft noch in jugendlichem Alter, befehligt, die die eigentliche harte Grubenarbeit verrichten. Für diesen »Kleinstunternehmer« gehört Gewaltausübung zum beruflichen Alltag. Und das »Berufsdelikt« wird als »Arbeitsunfall« deklariert: Es dient dazu, die Konkurrenz zwischen den »Parteien« zu regeln, die sich um die Minenstollen streiten. Solche kleinen Grubenchefs bilden die Mehrheit der Mitglieder der »Bruderschaft« *(Fratellanza)* von Favara, die 1885 als Mafiagruppe vor Gericht kam und durch dieselben Rituale gekennzeichnet war, die wir schon bei der *Cosca dell'Uditore* kennen gelernt haben und die hier von einem Richter als »merkwürdige Mischung von Mystizismus und Kabbala, von heiligen Konzepten und geschmackloser Vulgarität« bezeichnet werden.[25]

Der Fall der »Fratellanza« zeigt uns, dass die mafiosen Organisationsmodelle schon in den 1870er und 1880er Jahren provinzübergreifend waren. Favara und die anderen Dörfer der Provinz Agrigent sollten auch in Zukunft Zentren darstellen, von denen aus das Phänomen in andere Orte ausstrahlte, auch wenn sie – meiner Meinung nach – immer etwas weniger wichtig waren als die Dörfer der Provinz Palermo und Palermo selbst. In den Schwefelgegenden haben wir auch eine niedrigere soziale Schichtung der Mafiosi als anderswo. Als Franchetti die Mafiosi als »Gewalttäter *(facinorosi)* der Mittelklasse« bezeichnet hat, dachte er an den sozialen Stand der Mafiabosse der Provinz Palermo und auch an ihre größere Fähigkeit, als Vermittler zwischen gemeiner Kriminalität und den höheren Klassen zu fungieren. In der Provinz Palermo können wir, dank der »außergewöhnlichen Ballung« der Mafiagruppen, d.h. ihrer Fähigkeit, gleichzeitig ihr eigenes Territorium zu besetzen als auch mit anderen Gruppen Kontakt zu halten, die Umrisse einer Organisation horizontalen Typs erkennen, die definiert ist durch das System der untereinander verbundenen Mafiagruppen; das schließt nicht aus, sondern setzt sogar voraus, dass es auch eine vertikale Struktur gibt, eine Reihe von Netzen, die die Mafiosi auch mit den oberen Klassen verbinden.

Fassen wir zum Schluss noch einmal zusammen. Von Palermo aus herrscht die mehr oder weniger neue Aristokratie des 19. Jahrhunderts über die großen Landbesitze des westlichen Sizilien und kontrolliert den Markt der Verpachtungen, aber in den Dörfern und in der Umgebung der Hauptstadt muss sie sich mit der großen Vielzahl an »Gewalttätern« auseinander setzen. Nach der italienischen Einigung bildet sich ein Gegensatz zwischen dem östlichen und dem westlichen Teil Siziliens heraus, Ersterer ist »ruhig«, Letzterer »kriminell«: den größten Teil dieses Westsiziliens bildet eben die Provinz von Palermo, in der sich 1871 auch 1265 der 1877 flüchtigen Personen der Insel aufhalten.[26] Palermo ist die »Stadt der Revolution«, aber sie ist auch eine Stadt, wo – so die böswillige Interpretation der bourbonischen Funktionäre – »40000 Proletarier leben, deren Überleben vom Zufall abhängt oder von den Launen der Großen«.[27] Diese »Großen« versuchen, den Revolutionsprozess zu steuern und die eigene Rolle im neuen Staat zu bestimmen, ohne und oft gegen Catania und Messina und Ostsizilien im Allgemeinen: Wie man in den Revolten von 1820/21 und auch in der von 1866 sieht, versteht Palermo sich als die Interessenvertreterin ganz Siziliens. Sucht man schließlich das entscheidende Element für die historischen Ursprünge der Mafia, so findet man es in den Beziehungen zwischen den palermitanischen Großgrundbesitzern und den »Gewalttätern«, Beziehungen, die, wie wir gesehen haben, in der Revolutionszeit begonnen haben, aber auch danach noch lebendig blieben.

3. Öffentliche Ordnung oder Unordnung?

Im Jahr 1875 legt die Regierung dem Parlament einen Gesetzesentwurf vor, der der Exekutive ermöglichen soll, »außergewöhnliche Maßnahmen zur öffentlichen Sicherheit« dort anzuwenden, »wo Vereinigungen von Banditen, Räubern, Messerstechern, Camorristen oder Mafiosi bestehen«. Praktisch diskutiert man dabei nur über Sizilien. Der Gesetzesentwurf ermächtigt die Regierung dazu, ohne Zustimmung der Justizbehörde verdächtige Personen in Haft zu nehmen, Hausdurchsuchungen durchzuführen und Vereinigungen aufzulösen, auch wenn sie nach dem Strafrecht noch nicht belangt werden können; innerhalb einer bestimmten Frist können die Inhaftierten der ordentlichen Justiz überstellt oder zum Zwangsaufenthalt an einem von der Polizei bestimmten Ort verordnet werden, nach vorherigem Urteil einer eigens eingerichteten Kommission. Ministerpräsident Minghetti präsentiert diese Gesetzesvorlage in einer äußerst schwachen Position, denn der Entwurf ist in der Kommission schon einmal zurückgewiesen worden. Mit einer äußerst knappen Mehrheit wird das Gesetz angenommen und schafft in Sizilien einen wachsenden Unmut, der sich erst mit dem Sturz der Regierung Minghetti im März 1876 wieder legen soll.

Der große Zusammenprall zwischen der Rechten und der Linken äußert sich auch als scharfe regionalistische Kontroverse; um auf die vielen dadurch aufgeworfenen Fragen zu antworten, ist in der Zwischenzeit eine parlamentarische Untersuchungskommission über die »soziale und wirtschaftliche Lage Siziliens« gebildet worden, unter der Präsidentschaft von Giuseppe Borsani. Damit steht uns heute ein Material von außerordentlichem Wert zur Verfügung, das ein helles Licht auf das Phänomen Mafia wirft. An die Protokolle der parlamentarischen Diskussion und an die reiche Dokumentation als Anlage zur Präsentation des Gesetzes zur öffentlichen Sicherheit schließen sich zahlreiche Interviews und der Schlussbericht der Untersuchungskommission an, unterschrieben von Romualdo Bonfadini. In Gegenüberstellung dazu gehen fast gleichzeitig auch die Bände in Druck, die die Ergebnisse einer »privaten« Untersuchung enthalten, von Franchetti und Sonnino. Unter weiteren Publikationen zu dem Thema ragen vor allem die zwei *Lettere meridionali (Briefe aus dem Süden)* hervor, in denen Pasquale Villari über Camorra und Mafia schreibt.[28] So haben wir in dem kurzen Zeitraum von nur zwei Jahren (1875–76) gleich mehrere Dokumente, die uns Wissen (und Meinungen) über die Mafia mitteilen, über ihre Stellung in der Politik, in der Wirtschaft und in der Gesellschaft des neuen Siziliens und des neuen Italiens.

Es empfiehlt sich, mit dem Bericht von Bonfadini zu beginnen: nicht so sehr wegen der Definition der Mafia als »instinktive, brutale und parteiische Solidargemeinschaft« als vielmehr wegen ihrer Unterscheidung von »drei Arten« der Bedrohung: 1. eine Neigung zu »Gewaltverbrechen«, die die ganze Insel vereint; 2. »das Räuberunwesen auf dem Land«, verbreitet vor allem in den Provinzen von Agrigent, Caltanissetta und Palermo; 3. »die Vereinigungen von Übeltätern«, die »zur überwiegenden Zahl« in dieser letzten Provinz verbreitet seien.[29]

Mancher sizilianische Intellektuelle versucht das Problem des Banditentums als ›Importware‹ auszugeben und beruft sich dabei auf die kalabresischen Wurzeln des ersten und berühmtesten Briganten der nachrisorgimentalen Zeit, des schon erwähnten Angelo Pugliese, genannt Don Peppino der Lombarde, der 1868 vor Gericht kam und dessen Bande die Keimzelle vieler nachfolgender Banden bildete. Aber das Problem ist historisch fest verwurzelt in Sizilien wie anderswo in Süditalien, und zwischen der bourbonischen und der nachrisorgimentalen Zeit zeigt sich eine beachtliche Kontinuität in den Methoden, den Charakteristiken und den Einflussgebieten, die von Westsizilien aus den Osten nur in den Grenzgebieten berühren. Sehr aktiv sind die Gruppen Rocca-Rinaldi zwischen Cefalù, Mistretta und Nicosia; die Gruppe Leone zwischen Termini und Cefalù; Capraro-De Pasquale zwischen Sciacca, Corleone und Termini; Vaiana zwischen Agrigent und Bivona.[30] Die Banden sind auf den ersten Blick klein (drei bis zehn Personen), aber sie vergrößern sich kurzfristig, »wenn sich ihnen einige Bauern anschließen, um an einer fetten Beute teilzuhaben, und danach ihr Gewehr wieder an die Wand hängen und zur Feldarbeit zurückkehren«, während jemand anders, »der nicht direkt an der Ausführung der Verbrechen beteiligt ist, heimlich die Mittel dazu bereitstellt, die Unterschlüpfe sichert und die Verstecke bewacht«.[31] Die Briganten bewegen sich auf Gebieten, in denen es mehr oder weniger viele staatliche Ordnungskräfte, berittene Garden und Privatmilizen gibt. Sie begehen Raubüberfälle, Viehraub oder entführen Personen, und sie als »Gesprächspartner« brauchen, um ihre Beute für sich zu behalten oder sie in den Verkauf zu bringen. In einigen Gegenden durchstreifen die Banditen bewaffnet das Land, in anderen beschränken sie sich darauf, im Geheimen zu agieren und sich versteckt zu halten.

Im Unterschied zum neapolitanischen, d.h. kontinentalen, steht das sizilianische Banditentum also nicht für sich allein da, sondern lebt notwendigerweise in einem dichten Netz zwischen Verbrechern und Bevölkerung, das man interpretieren kann als offene Komplizenschaft, als klientelische Beziehungen oder »gute Nachbarschaft«, als Symptom der Vorsicht oder der Angst; es ist eine Verwicklung, die in ihrer Gesamtheit von den Autoritäten *Helfershelfersystem* genannt wird. Helfershelfer sind sowohl die Personen, die den Banden ihren logistischen Apparat ermöglichen und daraus Vorteil ziehen, als auch die armen Bauern, die dazu gezwungen werden, den Banditen Unterschlupf zu gewähren, und die der staatlichen Gewalt nur widerstrebend Informationen geben. Helfershelfer sind die angesehenen Bürger, die

Grundbesitzer, die mit den »Gewalttätern« Beziehungen unterhalten aus der berechtigten Angst um ihr Leben und ihre Güter oder aus Feigheit oder um zu beweisen, dass ihre eigene *Autorität* über dem allgemeinen Gesetz steht.

In seiner Unbestimmtheit spiegelt das Wort »Helfershelfersystem« den Charakter der Tatsachen und Beziehungen wider, die tausend Ambiguitäten, die sich aus einem Ambiente ergeben, das die Unterscheidung zwischen Notwendigkeit und freier Wahl schwierig macht. Präfekten, Quästoren, Beauftragte der Öffentlichen Sicherheit, Militärs, Funktionäre niedrigen und hohen Rangs, alle zusammen von der Rechten, bezichtigen die Reichen der Feigheit, wenn nicht gar Komplizenschaft; die Linke und ein großer Teil der öffentlichen Meinung geben die Anklage zurück und werfen den Behörden vor, dass sie nicht in der Lage seien, die elementaren Bürgerrechte zu garantieren, und dass sie stattdessen die Opfer von Erpressungen und Einschüchterungen kriminalisierten. Als Gegenmittel gegen Mafia und Banditentum wird von vielen Seiten das Konzept der bewaffneten Selbstverteidigung durch den Besitzstand gefordert, ein ideologisch wichtiges Element für einen Klassenstaat, der erst kürzlich gebildet wurde und eine noch unbestimmte Zukunft hat. Es werden Belobigungen ausgesprochen und Medaillen verliehen an alle, die sich »bewaffnet bis an die Zähne« auf die Jagd nach den Banditen machen.[32] Gegenüber dem Militärapparat, den die Latifundienbesitzer bzw. -pächter bereitstellen, gibt es übertriebene Hoffnungen, wie die eines Offiziers vom Festland, der meint: »Wenn Sizilien sich gegen einen ausländischen Feind verteidigen müsste, könnte es ein Heer auf die Beine stellen, das aus perfekt ausgerüsteten Leuten für einen Krieg in den Bergen bestünde, mit Rückladegewehren mit doppeltem Lauf, die sehr zielsicher sind«.[33]

Aber es ist klar, dass die Praxis der privaten Selbstverteidigung dieselben Verhandlungen ›von Macht zu Macht‹ zwischen Reichen und Räubern impliziert, die einer der Kernpunkte des Problems sind.

> Die Ablehnung des Banditentums durch die lokalen Prominenten wird ein wichtiges Element der Staatstreue [...]. Und dennoch ist die Anerkennung des staatlichen Gewaltmonopols nur theoretisch, und zwar sowohl auf seiten der Eliten als auch auf seiten der Regierungsfunktionäre selbst: Der Staat verlangt und lobt eine Mitwirkung der Bürger an Aktionen, die gegen die Banditen gerichtet sind, und lädt zu einer bewaffneten Selbstverteidigung ein; dadurch wird aber tatsächlich das Problem einer Pluralität der Machtquellen wieder neu geschaffen, deren Legitimität sich auch vom Gebrauch der Gewalt ableitet.[34]

Die Idee der Souveränität des Gesetzes hat also noch Schwierigkeiten, sich durchzusetzen. Und dieselben Funktionäre, die repressive Maßnahmen gegen die Kriminalität fordern, benutzen in leichtfertiger Weise eben diese Kriminalität beziehungsweise die Mafia als Instrument der »lokalen Regierung«. Diese These wird von dem neapolitanischen Abgeordneten der Linken, Diego Tajani, der von 1868 bis 1872 auch Generalstaatsanwalt in Palermo gewesen war, im Parlament vertreten und der öffentlichen Meinung so »an den Kopf geworfen«, dass sie ein enormes Echo hervorruft, größer als die Beiträge der Führer der Linken, Crispi und Depretis. Die Mitglieder der Opposition hatten – nicht ohne ein gehöriges Maß an Rhetorik und zur Schau gestellter Indignation über die Verleumdungen gegenüber Sizilien – die Betonung auf die illegalen Handlungen der Regierung gelegt und das Problem der Mafia mehr oder weniger übergangen. Tajani dagegen gab ruhig zu, dass vor allem in Palermo, aber auch in Agrigent und Trapani, die Existenz der Mafia zu verneinen hieße, »die Existenz der Sonne zu verneinen«; dass die Mafia nämlich etwas sei, »das man sieht, hört und fühlt«. Laut Tajani ist auf Sizilien das Verbrechen »eine ständige Transaktion«.[35] Solche *Transaktionen* finden zwischen Grundeigentümern und Mafiosi, aber auch zwischen Mafiosi, flüchtigen Personen und den staatlichen Behörden statt; dabei kommt es sogar so weit, dass die Behörden den Briganten sicheres Geleit geben, damit sie auf welche Weise auch immer andere Briganten ausschalten. Aber die Verwicklung zwischen Ordnungshütern und Räubern geht noch weiter: Im Jahr 1870 wurde auf Betreiben des Staatsanwaltes und einer privaten Ermittlungsgruppe eine Bande aufgedeckt, die Aufsehen erregende Diebstähle begangen hatte, und zwar unter direkter Mitwirkung von verschiedenen Polizisten, darunter ein persönlicher Referent des Quästors, ein gewisser Ciotti, in dessen Haus ein Teil der Beute gefunden wurde.

Die Verwicklung der Ordnungskräfte in verbrecherische Handlungen war vor allem unter den berittenen Milizen eine verbreitete Praxis. Diese waren gehalten, bis zu einer bestimmten Höhe Entschädigungsleistungen an Opfer von Diebstählen in ihrem Bezirk zu zahlen; daher hatten sie Interesse daran, Verbrechen zu vermeiden oder gegebenenfalls ihre Wirkungen abzudämpfen; sehr viel weniger Interesse hatten sie daran, die Täter zu fassen, vor allem, wenn diese in andere Zonen »umgeleitet« werden konnten, für die die Milizen keine Verantwortung mehr hatten. Seit der italienischen Staatsgründung war das Corps der berittenen Milizen mehrere Male umstrukturiert, fast abgeschafft und dann wieder neu zum Leben erweckt worden. Filippo Cordova und andere Vertreter der Linken verlangten seine Abschaffung, die Rechte wollte stattdessen seine Reform. Zwischen den Mängeln dieser Institution und seiner Nützlichkeit angesichts der Ineffizienz von Carabinieri, Wachen der Öffentlichen Sicherheit und dem Heer nahm Bonfadini für sie Partei, indem er daran erinnerte, dass die Erfolge im Kampf gegen das Banditentum vor allem auf die Milizen zurückzuführen seien:

> Der berittene Milize [...] stellt zum gegenwärtigen Zeitpunkt die einzige Kraft dar, die in der Lage ist, die Schicht des Misstrauens zu durchbrechen, die zwischen der Bevölkerung und den Behörden liegt. Der Milize ist kein ›Kontinentaler‹, repräsentiert nicht verhasste Funktionen [...] und arbeitet nicht für die Steuereintreibung. Die Informationen, für deren Erhalt ein *brigadiere* der Ca-

rabinieri eine Woche benötigen würde und die ein Hauptmann der Bersaglieri vielleicht nie erhalten würde, bekommt der Milizionär in einer Viertelstunde im vertraulichen Gespräch mit den Klatschbasen seines Dorfes oder den Trinkbrüdern seiner Osteria.[36]

Die Beschreibung ist sehr schönfärberisch, da die Informationen der Milizen nicht von »Klatschbasen und Trinkbrüdern«, sondern von Banditen und Feldhütern herstammen. Es ist außerdem schwierig, zwischen öffentlicher und privater Sicherheit zu unterscheiden: So brüstete sich Pietro Landolina, Baron von Rigilifi, zum Beispiel damit, einmal die Entführung des Barons Sgadari verhindert zu haben dank der Informationen, die er von einem gewissen Herrn A erhalten habe, sowie seiner eigenen Fähigkeit, die von einem großen Freund von ihm kommandierten Milizen in Alarmbereitschaft versetzt zu haben; bei einer zweiten Gelegenheit sei die Aktion allerdings nicht gelungen, da sich der Präfekt von Caltanissetta, Fortuzzi, ein »kontinentaler Hardliner«, in sehr dummer Weise eingeschaltet habe. Die Aktionen der Milizen konnten also in ihrer Wirkung verstärkt werden durch den Druck, der von der politischen Kraft (der Präfekt) und der sozialen Kraft (die Besitzer) ausging bezüglich der Verhaftung eines Banditen oder des Schutzes einer Sache bzw. einer Person; auch die unterlassene Opposition gegen die Banditen war Teil des Beziehungssystems zwischen Landbesitzern, Banditen und Wachleuten. Im Allgemeinen deckten die Wachleute die Banditen, die auf seiten der herrschenden Partei eines Dorfes standen, und ließen sie gegenüber den Mitgliedern der Opposition frei gewähren.

Das geschah auch in Monreale, wo nach der öffentlichen Meinung die Verbrechen mit Billigung eines gewissen Lo Biundo begangen wurden, eines Kommandanten der Nationalgarde, und einer Bande aus Personen, die alle strategische Posten in der Verteidigung der »Ordnung« besetzten. 1869 erklärten sich zwei flüchtige Personen bereit, die Situation anzuzeigen; aber bevor sie von der Justizbehörde vernommen werden konnten, kamen sie in einem Hinterhalt ums

Leben, wohl organisiert von Lo Biundo und seinen Leuten. Im Einverständnis mit dem Staatsanwalt Tajani richtete der Prätor Salvatore Barracco seine Ermittlungen gegen diese Gruppe, aber der (mit der Mafia verbündete) Quästor Albanese bestellte ihn zu sich ein und forderte ihn auf, die Ermittlungen nicht fortzuführen, da die beiden Toten »grobe Gewalttäter« gewesen seien, sodass »Gründe der öffentlichen Sicherheit die Behörden dazu veranlasst hätten, ihren Tod zu veranlassen«.[37] Diese Episode zog einen Haftbefehl gegen den Quästor wegen Mordanstiftung nach sich, der aber wegen unzureichender Beweise wieder freigesprochen wurde. Später folgte der Rücktritt des Staatsanwalts, der in der Diskussion von 1875 dann diese Verbindungen zwischen Mafia und öffentlichen Behörden anklagen sollte. Die Quästur gab Leuten wie Lo Biundo einen Auftrag und freie Hand, und nur wenn diese dann übertrieben, rief sie diese zurück.

Schon vor der Rede von Tajani hatte der Präfekt von Palermo, Rasponi, geurteilt, das System, »das in Palermo von Maniscalco bis zum Quästor Albanese gedauert habe, müsse unbedingt abgeschafft werden«; folgt man seinen Worten, so hatte der Minister Cantelli, als er ihn zur palermitanischen Präfektur entsandte, dazu beauftragt, die Polizei in einen Zustand »der zivilen Völker« zurückzuführen, d.h. »mafiose Elemente« auszuschließen. War die Mafia eine Art »Geheimpolizei«? Dieser Terminus wurde gebraucht. Die Ausdrücke »offizielle Mafia« und »hohe Mafia« zeigen, dass es eine diffuse Wahrnehmung der Verbindung der Mafia mit einem Ordnungszweck oder mit der Kontrolle der Unordnung gab, der die fünfzehn Regierungsjahre der Rechten umfasste. Filippo Cordova von der Linken meinte dazu:

> Es ist von einigen Zeitungen gesagt worden, dass wir das Ausnahmegesetz nicht wollten, weil wir Freunde der Mafia seien, in anderen Worten: ihre Helfershelfer [...]. Aber, ihr Herren von der Regierung, das Zentrum der Mafia sitzt in den Reihen eurer öffentlichen Ordnungskräfe, und, natürlich ohne es zu wissen, die Helfershelfer seid ihr selbst.[38]

4. Unter dem Blickwinkel von Franchetti

Die Untersuchungskommission unter dem Vorsitz von Borsani und Bonfadini, obzwar in der Hand der gemäßigten Liberalen, löscht die Niederlage, die die Rechte 1875 erlitten hat, nicht aus. Sie zielt darauf ab, die internen Risse in der herrschenden Klasse zu kitten, und gibt der Forderung der sizilianischen Linken nach, die über Häfen, Eisenbahnen und andere Erfordernisse einer im Aufschwung befindlichen Gesellschaft sprechen will. Das Räuberunwesen, die Mafia, der Polizei- und Justizapparat bleiben zwar im Zentrum der Aufmerksamkeit, aber das überaus reiche gesammelte Material wird nicht veröffentlicht, und der Bericht von Bonfadini stellt nur eine schwache Zusammenfassung dar.

Eine Replik auf den Bonfadini-Bericht finden wir in der »privaten« Untersuchung zweier junger toskanischer Intellektueller, Leopoldo Franchetti und Baron Sidney Sonnino. Baron Sydney Sonnino (1847-1922) wurde später ein einflussreicher Politiker, der unter Crispi auch das Amt des Schatzministers bekleidete. Beide waren Sympathisanten der Rechten, aber überzeugt davon, dass man die Fragen nach der unvermeidlichen Niederlage der Regierung Minghetti neu stellen müsse und dass die absolute Unzulänglichkeit der herrschenden Schicht Siziliens, und damit der mehrheitlich aus dem Süden stammenden Linken, die aus den Wahlen 1874 deutlich erstarkt hervorgegangen war und seitdem eine ernst zu nehmende Opposition darstellte, »wissenschaftlich« bewiesen werden könne. Sonnino behandelt die Bauernfrage, kritisiert die agrarrechtlichen Bedingungen als ungerecht und schlägt die Halbpacht wie in der Toskana als obligaten Weg vor, um die Kriminalitätsrate zu senken und die Konflikte in den Beziehungen zwischen den Klassen zu vermindern.[39] Franchetti geht das Problem der Mafia nicht sofort an, sondern kommt erst auf die allgemeinen Probleme der lokalen Politik und Verwaltung zurück: einer herrschenden Klasse, die daran gewöhnt sei, die Institutionen als Unterdrückungsinstrument zu gebrauchen und unfähig, einen *modernen* Staatsbegriff zu übernehmen, in dem die Ausübung der Macht an die Unpersönlichkeit des Gesetzes gebunden ist und die Egoismen der höheren Schichten im Zaum gehalten werden durch eine väterliche Sorge um die Interessen der unteren Schichten. Wegen seines verspäteten und unvollständigen Austritts aus dem Feudalsystem sei Sizilien nicht in der Lage, sich einen solchen Staatsbegriff wirklich zu eigen zu machen, und das der Insel auferlegte Rechtssystem entspreche einem höheren Stand der historischen Entwicklung als dem, auf dem Sizilien sich gegenwärtig noch befinde: Von hier rührt die Verschränkung der zwei in den Bänden der Untersuchung behandelten Thematiken, der politisch-institutionellen und der wirtschaftlich-sozialen.

Zum Begriff der Mafia sagt Franchetti dann:

> Das Substantiv *Mafia* kam einer Klasse von Gewalttätern gerade recht, die nur auf ein Substantiv gewartet hat, das sie selbst bezeichnet, und die aufgrund ihres Charakters und ihrer besonderen Bedeutung in der sizilianischen Gesellschaft zu Recht einen anderen Namen trägt als die gewöhnlichen Verbrecher anderer Länder.[40]

Aber der Begriff stellt nicht »ein komplettes soziales Faktum« dar, sondern nur die »Teilmanifestation« eines allgemeineren kulturellen Phänomens, des »mafiosen Verhaltens«, die eigentliche »*Wesensart* dieser Gesellschaft«. Indem er das Adjektiv *mafios* nicht nur auf Kriminelle bezieht, sondern auf jedes Individuum, das »die eigenen Rechte anerkannt haben will«, gibt der junge toskanische Gelehrte die allgemeine Meinung der Sizilianer wieder. Man denke an den Marchese von Rudinì, der zu dieser selben Zeit eine oder mehrere verbrecherische und »schlechte« Mafias von einer »guten« Mafia unterscheidet, »einem Geist der Tapferkeit und einer Haltung, die sich nicht unterkriegen lässt«, Eigenschaften, die allen Sizilianern gemein seien.[41] Und der uns schon bekannte palermitanische Ethnologe Pitrè reduziert die Mafia auf ein »Nicht-dulden-Können der gewalthaberischen Anmaßung eines Anderen«.

In Palermo sollte mancher sogar zu Franchetti sagen, er sei selbst ein Mafioso, natürlich im Sinn eines Mannes mit einem starken Selbstbewusstsein. Das entnehme ich den Reisenotizen von Franchetti, die kürzlich veröffentlicht worden sind und Licht auf viele Aspekte werfen: besonders darauf, dass die von ihm gesammelte »Meinung der Sizilianer« nicht nur die der herrschenden Klasse ist, sondern auch zu einem großen Teil die der Mafia selbst oder der Personen, die mit ihr eng verbunden sind. Auf ihrer Reise ins Landesinnere sprechen die beiden toskanischen Herren in Alia mit Guccione und in Valledolmo mit Runfola, das heißt mit den zwei größten »helfershelferischen« Großpächtern, die mit ihm über die Ineffizienz der öffentlichen Sicherheitskräfte und über die Beziehungen zwischen Mafia und Briganten reden. In Palermo treffen sie Raffaele Palizzolo, den Abgeordneten, den wir im Zentrum der engsten Beziehungen zwischen Mafia und Politik wieder finden werden und der zugibt, keine Probleme mit den Banditen auf seinen Ländereien in Alia zu haben dank der guten Beziehungen, die »sein Bruder« mit ihnen unterhalte; überdies brüstet er sich mit seiner Freundschaft zu dem Präfekten und General Giacomo Medici und nennt den (mit der Mafia verbündeten) Quästor Albanese einen Schurken – dem er im Übrigen, wie auch alle anderen Interviewten, die Schuld gibt für die Anklagen von Tajani. Aber die Hauptquelle der Untersuchung ist jener Anwalt Gestivo, den wir schon als Apologeten von Giammona kennen gelernt haben. Gestivo bezeichnet Albanese als Mafioso und Medici nur als unehrlich und stellt ihr Handeln in den allgemeineren Kontext der nachrisorgimentalen Geschichte, beginnend mit dem Mord an Corrao und weiter mit den Aufständen von 1866, die er für die Spitze aller durch die Regierung begangenen Illegalitäten hält. Deutlich weniger emphatisch, verglichen mit seinen Erklärungen vor der parlamentarischen Kommission, fällt seine Verteidigung von Giammona aus, der laut Gestivo unter Beschuss durch die Regierungsbehörden steht, weil er Haupt-Wahlmann der Linken in Monreale ist und Feind Licatas im Raum Palermo. Hier, gibt Gestivo ruhig zu, blühen Mafiavereinigungen, die das Pacht- und das Wachwesen unter ihr Monopol bringen wollen und »Statuten und Filialen« besitzen. »Viele aus Palermo dehnen ihren Aktionsradius bis nach Termini aus oder haben in diesem Dorf verbündete Vereinigungen«. Sehr aufschlussreich ist Gestivos Darstellung der sozialen Herkunft der Briganten, die aus dem Mittelstand stammen, und sein Urteil über den Adel, »das eigentliche Fundament der Mafia«, das nicht in wirklichem Kontrast steht zu der These, dass Großpächter und Mafia die Handlungsfreiheit der Großgrundbesitzer einschränken.[42] Ganz der Wahrheit entspricht schließlich seine Aussage über die Beziehungen zwischen der Familie Nicolosi und Don Peppino dem Lombarden und über das politisch-juristische Komplott, das in Gang gesetzt wurde, um Erstere zu retten und Letzteren zu verurteilen.[43]

Wie man sieht, verneint niemand die Existenz der Mafia, was man doch eigentlich vermutet hätte. Jeder gibt dem Reisenden seine eigene Interpretation, mehr oder weniger instrumentalisierend: Die Mafia ist ein harmloser kultureller Kodex, oder es handelt sich zwar um eine gefährliche Organisation, die aber von *anderen* genährt wird, und insbesondere von der Regierung. Nach Meinung der beiden Männer von der gemäßigten Linken, Turrisi und Gestivo, wären Licata und Albanese Mafiosi, aber Giammona nicht, und Helfershelfer wären die Nicolosi, aber auf keinen Fall die Landeigentümer, die dazu »gezwungen« seien, den Briganten zu helfen. Das bestätigt mich in der Auffassung, dass die Mafia immer, von ihren Ursprüngen an bis zu den gegenwärtigen *Pentiti*, eine Interpretation von sich selbst gibt und dabei oft unterstellt, dass die Abwesenheit des Staates eine ›gute‹ Mafia verlange, die die Schwachen verteidigt und schützt, und die man der schlechten, gesetzlosen und blutrünstigen Mafia entgegenstellen müsse. In der Phase des 19. Jahrhunderts, über die wir gerade sprechen, wird das

Bild dadurch komplexer, dass Gestivo und Turrisi eine außerordentliche Fähigkeit besitzen, sozusagen von außen ein Phänomen zu beurteilen, in das sie in Wirklichkeit doch tief verwickelt sind.

Ich weiß nicht, wie viel Franchetti darüber weiß, welche Rolle die von ihm interviewten Personen innerhalb der Mafia spielen. Sicherlich aber ist sich der Reisende über den instrumentalen Charakter jeder ihm vorgetragenen Analyse im Klaren. Daher rührt seine Überzeugung, dass im Falle Siziliens die Moralität und das Recht nur von der Gewalt herstammen können: gegen diese kann sich zwar eine andere Gewalt erheben, aber sie ist immer mit dem Individuum, der Partei oder der Klientel verbunden. Er macht sich so die These zu eigen, die ihm vorgeschlagen wurde, nach der nämlich »Mafia« hauptsächlich in einem bestimmten Verhalten besteht, aber Franchetti zeigt nicht die übliche Nachsicht gegenüber ihrer angeblich gutartigen Form. Franchettis Text ist daher so bedeutend, da er das Fundament für alle nachfolgenden sozio-anthropologischen Erklärungen darstellt, die im Übrigen alle deutlich unter ihrem Modell bleiben, da sie zwar das Konzept übernehmen, dass das Mafiaphänomen eine Konsequenz aus dem kulturellen Background darstellt, aber die notwendige *Unterscheidung* zwischen dem einen und dem anderen unterlassen.

Die Dialektik zwischen mafiosem Verhalten und Mafia erklärt für Franchetti die ideologische Solidarität, die die Verbrecher und die Bevölkerung in Opposition zur staatlichen Autorität aneinander bindet; in der Bevölkerung ist auch die Klasse der Besitzenden (oder Mittelklasse) eingeschlossen, die im ganzen übrigen Europa die Basis für die liberalen Institutionen bildet. Warum rebelliert diese Klasse in Sizilien nicht gegen einen Zustand, der letzten Endes ihre Macht verringert, wo es doch, zumindest dem Anschein nach, genügen würde, wenn sie »sich für drei Tage zusammenschließen und einheitlich handeln würde, um dem Banditenunwesen den Garaus zu machen«? Das ist das zentrale Thema der Diskussion von 1875. Franchettis Analyse von der »Demokratisierung der Gewalt« zeigt in ihrer Substanz, wie er sich sehr wohl bewusst ist, dass die Schlüssel zu der Frage nicht mehr alle in den Händen der traditionellen herrschenden Klasse liegen. Er konzentriert sich im Gegenteil in seiner Analyse auf die Provinz, auf die Rolle, die im postfeudalen und nachrisorgimentalen Sizilien eine ländliche Elite spielt, die sich auf die Kontrolle der lokalen Ressourcen stützt, sowohl wirtschaftlicher Art (Domänengüter und aus früheren Feudalgütern entstandener Privatbesitz) als auch politischer Art (das nationale und lokale Wahlsystem). Über diese Themen hat Franchetti uns so scharfsinnige Analysen hinterlassen, dass er damit einen *Topos* im Streit um den Süden Italiens eingeleitet hat. Hier stehen wir jedoch vor einem generell süditalienischen Problem, das nur schwer *direkt* mit der Mafia in Verbindung zu bringen ist; spezifischer für das mittlere und westliche Sizilien ist die Funktion einiger ländlicher Eliten in der Kontrolle des Pachtwesens und des Banditentums, von der ein gemeinsames Interesse und eine viel engere Verbindung, nämlich ein Verhältnis von gegenseitigem Schutz zwischen »Gewalttätern« und Landeigentümern, seien es Aristokraten oder nicht, ausgehen kann. »Es bilden sich fast unter den Augen der Öffentlichkeit neue Besitztümer mithilfe des Helfershelfersystems und der Komplizenschaft im Viehraub«[44], notiert Franchetti, ohne die Namen seiner Gesprächspartner zu nennen. Die Guccioni, Runfola oder auch Nicolosi, mit vollem Recht Vertreter der herrschenden Klasse auf lokaler oder provinzieller Ebene, die – wie uns heute Mangiameli bestätigt[45] – aus dem Verbrechen heraus- und in die Politik eintritt, als Gesprächspartner für den General Medici oder auch für die Opposition.

Will man Franchettis Arbeit abschließend beurteilen, kann man feststellen, dass er an einem intellektuellen Konstrukt arbeitet, das, wie es oft vorkommt, groß ist, weil es einseitig, wenn nicht gar parteiisch ist. Darin muss die Mafia, alarmierend und abstoßend, als enthüllendes Element für einen sozialen Kontext erscheinen, der völlig ungeeignet ist für die liberalen Prinzipien, auf denen die zivile Welt basiert. Hierin offenbart er sich bis in den Grund hinein als Epigone der alten Rechten, die zwar die Theorie der »Verwaltungsdezentralisierung« und der Selbstregierung der Landeigentümer gepredigt, tatsächlich aber den Zentralismus durchgesetzt hatte, weil sie überzeugt war von der politischen Unreife der herrschenden Klassen, vor allem derjenigen aus dem Süden; eine Unreife, die 1874-75 noch offensichtlicher wurde, dem Moment, in dem diese Klasse eine volle Partnerschaft in der Regierung der Nation für sich beanspruchte. Franchettis *Untersuchung* stellt also eine »Neuauflage« – auf anderem Niveau – der mit den Gesetzen zur öffentlichen Sicherheit gemachten Operation dar. Nur dass Franchetti für Sizilien keine außergewöhnlichen »Heilmittel« empfiehlt, sondern eine andere Form der Regierung, klar und schrecklich wie jede reaktionäre Utopie. Die Sizilianer »jeder Klasse und jeder Schicht [...] sind gleichermaßen unfähig, das Gesetz des Rechtes anzuerkennen«. Sie müssen wie Kranke behandelt werden, die über ihr Leiden klagen, aber »sich nicht über das Wie und Warum« ihrer Krankheit bewusst sind; in der Tat können sie nicht »den letzten Zweck der ergriffenen oder zu ergreifenden Maßnahmen verstehen«. Der Staat darf keinen der Kommunikationskanäle benutzen, die diese ›infizierte‹ Gesellschaft bereithält; sein Personal darf auf keiner Ebene aus Sizilianern rekrutiert werden; und, natürlich, um »Sizilien auf das Niveau eines modernen Volkes zu heben«, darf die Regierung »in keinem Fall« auf die Wünsche, Vorschläge und vor allem nicht die Proteste der öffentlichen Meinung und der sizilianischen Abgeordneten hören.[46]

Diese vorgeblichen »Heilmittel« bergen das Risiko, dass die Diskussion auf dem Stand von Juni 1875 verharrt. In Sizilien kann die *Antwort auf das schreckliche Buch von Leopoldo Franchetti*[47] nur feindlich sein, und das nicht nur aus Konservatismus oder aus Zustimmung zu den »Werten« der mafiosen Kultur, sondern auch deshalb, weil die offensichtliche politische Intention des Autors als Schlussergebnis der inzwischen schon langen Geschichte der Instrumentalisierung der Kriminalität durch die Rechte erscheint. Wer beginnt, über das Problem der Mafia nachzudenken, riskiert, in den Strudel der ideologischen Überladung des Themas zu geraten: So geht es dem Polizeigesandten Giuseppe Alongi, der seine Gedanken einem Prätor vorträgt und sich dann den Vorwurf anhören muss, er sei ein Anhänger des »fantastischen Romans« von Franchetti, der ihm in Wirklichkeit völlig unbekannt ist.[48] Und dennoch nähert sich die Analyse von Franchetti in manchen Momenten derjenigen von Tajani, zum Beispiel, wenn er anerkennt, dass die Systeme à la Albanese die Glaubwürdigkeit von Institutionen, die ohnehin schon schlecht angenommen werden, an der Basis untergraben. Aber die beiden legen unterschiedliche Akzente, ihrer unterschiedlichen politischen Intention folgend. Franchetti behauptet, dass die Staatsethik hier dem unseligen Einfluss eines regionalen Kollektivs weichen muss, und schlägt daher als (irrealistischen) Ausweg vor, jeden Kontakt mit diesem Kollektiv zu vermeiden; für Tajani ist die Mafia ein gefährlicher Feind, den man aber schlagen kann und der erst dann unbesiegbar wird, wenn er Instrument der Regierung wird. Franchetti sieht den Ursprung der »Infektion« also in der Gesellschaft, Tajani in der Politik.

Die Lage entwickelt sich ganz anders, als Franchetti erhofft hat. Die Rechte stürzt und an die Macht kommt eine mehrheitlich von Süditalienern aus dem Besitzstand geprägte Linke, die eine erste Angleichung zwischen den regionalen Sektionen der herrschenden Klasse jenseits der nachrisorgimentalen Risse erreicht. Der Süden findet seinen Staat. Vor allem für die politische Klasse Siziliens beginnt eine einflussreiche Periode, die ihren Höhepunkt 1887 erreicht, als der Führer der sizilianischen Demokratiebewegung seit den Unternehmungen Garibaldis, Francesco Crispi, zum Ministerpräsidenten Italiens gewählt wird. Aber der Wendepunkt in der Geschichte ist 1876, als nach dem Sturz der Rechten die neue Regierung Depretis, wie vorherzusehen war, darauf verzichtet, das Gesetz zur öffentlichen Sicherheit anzuwenden. Im Laufe dieses Jahres jedoch erleidet die öffentliche Ordnung in Westsizilien eine erneute Verschlechterung, sogar mit internationalen Komplikationen, die aus der Entführung des englischen Kaufmanns Rose durch Antonino Leone erwachsen, dem Erben von Don Peppino an der Spitze der Banditenwelt. Der Innenminister Nicotera, einer der führenden süditalienischen Linken, beruft daraufhin einen seiner Vertrauten, Antonio Malusardi, in die Präfektur von Palermo.

5. Mafiosi und Banditen

Zwischen den Methoden von Malusardi und denen von Gerra, dem letzten Präfekten der Rechten, besteht auf den ersten Blick kein großer Unterschied: Verwarnung und Zwangsaufenthalt, Militäraktionen auf breiter Basis, Illegalitäten und Prügel. »Das, was Gerra nur gegen große Hindernisse aus der [linken] Partei tun konnte, konnte Malusardi in voller Freiheit machen«, schreibt Giacomo Pagano, ein Vertreter der Rechten, aber Bewunderer des neuen Präfekten, der damit auf die Widersprüchlichkeit einer Linken aufmerksam machen wollte, die sich nun nicht mehr als unbeugsame Hüterin der Regeln benahm. Malusardi kann so einen Beweis seiner Fähigkeiten geben und die staatliche Gegenoffensive zu Ende führen, die schon seit Mitte der 1870er Jahre begonnen hatte und unter anderem dazu geführt hatte, dass die Banditen Capraro, Valvo und Di Pasquale verhaftet bzw. getötet bzw. ermordet wurden. Die Effizienz der Operationen in den ersten sieben Monaten von 1877 ist beispiellos: Auslöschung zahlreicher Banden, Tötung von fünf der berühmtesten Banditen, darunter auch Leone.

Diese Ergebnisse erreicht man dank einer Strategie der Umzingelung. Wie wiederum Pagano bemerkt: Wegen der Struktur des sizilianischen »Räuberunwesens« konnte das

Hauptziel »nicht sein, die Banditen auszulöschen, die von Zeit zu Zeit das Land beherrschten, sondern das Netz zu zerstören, auf dem sie operierten«.[49] Nach Meinung der Polizei entspricht die Mafia genau diesem Netz. Wir können uns darüber ein Bild machen, indem wir für die Bezirke von Cefalù und Termini die 1877 aufgestellten Listen von Mafiosi vergleichen, die 123 bzw. 96 Personenakten enthalten.[50] Die mutmaßlichen Helfershelfer sind sehr zahlreich, aktiv im Schutz und in der Unterstützung der Banditen wie auch in der zeitweiligen Teilnahme an Wegelagerei, Viehraub und Personenentführung. In diesem Sinn ist die Liste von Termini klar definiert, einer sehr stark von Banditen frequentierten Zone. Hier findet man zum Beispiel 40 Anhänger des Briganten Leone gegenüber 11 aus dem anderen Bezirk, und im Allgemeinen ist hier die kriminelle Natur der aufgeführten Personen offensichtlicher – ein Aspekt, den es präsent zu halten gilt, wenn man den möglicherweise willkürlichen Charakter solcher Listen bedenkt, die sich auf den Ruf des Verdächtigen stützen, auf den guten (oder schlechten) Willen des Funktionärs und vor allem auf seine Beziehung und die der Regierung, die er vertritt, zu den örtlichen Parteien: ein häufig entscheidendes Element dafür, ob jemand auf die Liste gesetzt oder von ihr gestrichen wird. Den Daten können wir entnehmen, auf welche Weise die mutmaßlichen Mafiosi im Lauf ihres Lebens mit der staatlichen Repression in Kontakt gekommen sind, insbesondere mit der Verwarnung und dem Zwangsaufenthalt, da die reguläre Rechtsprechung in jedem Fall hinterherhinkt: Die in den Listen von Termini Aufgeführten sind in der Mehrzahl wenigstens einmal von Maßnahmen zur öffentlichen Sicherheit getroffen worden, während unter denen von Cefalù weniger als ein Viertel diese Erfahrung gemacht hat und mehr als ein Drittel, obwohl in der »öffentlichen Meinung« als Mafioso bekannt, bei keiner Gelegenheit in Kontakt zur Justiz gekommen ist. Das kann für Cefalù bedeuten, dass die Information einen gewissen tendenziösen Charakter hat, oder aber, dass sich das Mafia-Phänomen in den Falten der Gesellschaft besser versteckt; auf jeden Fall ist das Banditentum stärker in Termini vertreten, wo auch die »öffentliche Meinung« den Mafiosi im Durchschnitt schwerere Verbrechen zuschreibt.

Bisher haben wir uns auf die Mafiosi der sogenannten »zweiten Kategorie« bezogen, die die Ersteller der Listen von denen der »ersten Kategorie« unterscheiden; dabei entspricht die höhere Stufe in der kriminellen Hierarchie *exakt* der in der sozialen Hierarchie besetzten Stufe, sodass unter die »erste Kategorie« Landbesitzer und Großpächter, Notabeln und Vertreter höherer Berufe fallen. Die Wahl ist interessant und gibt eine Antwort auf die Debatte über die »hohe Mafia« oder die Mafia »in weißen Handschuhen«, auch wenn man darauf hinweisen muss, dass mit dem sozialen Status der aufgelisteten Person auch das Risiko der politischen Instrumentalisierung der Mafia-Anklage steigt. Sehr viel heterogener ist natürlich die soziale Herkunft in der »zweiten Kategorie«, die eine Kriminalität in den unterschiedlichsten Schichten umfasst und in der die Gefährlichkeit des Einzelnen oft daran gemessen wird, wie er die Mitglieder der eigenen Klasse, oder eine nicht näher definierte Gruppe von Anhängern, »beeinflussen« kann. Viele der aufgelisteten Personen sind plötzlich zu Reichtum gekommen, was darauf schließen lässt, dass das Verbrechen »zahlt«, wenigstens in der Sicht der Polizisten, die daran gewöhnt sind, zwei Faktoren für symptomatisch zu halten: den »Wechsel des sozialen Status« und die Gabe, sich auf generell unsicheren Landstrichen ohne Gefahr bewegen zu können.

Nehmen wir zum Beispiel einen Giuseppe Sansone, genannt *Chiariano*, Auftragnehmer öffentlicher Arbeiten in Termini Imerese, der nach unseren Informanten »ein echter Mafioso im vollsten Wortsinn ist«. 1863 ist er wegen eines Straßenraubs verhaftet und dann wieder freigesprochen worden, danach stand er unter Verdacht, an einer Reihe von Entführungen beteiligt gewesen zu sein. Auf diesen (oder anderen?) Wegen hat er »plötzliche Güter« angesammelt. »Man sieht ihn oft und auf verdächtige Art das Land durchstreifen, wo er, wie man versichert, Beziehungen mit Kriminellen unterhält, sowohl mit Banden als auch mit Einzelnen«. Er beschäftigt in seinem Unternehmen »viele verdächtige Personen«, versteckt Flüchtige und fungiert auch als Verbindungsstück für die Rekrutierung neuer Bandenmitglieder. Er soll »öffentlich versprochen haben, die Mafiosi zu beschützen, die eine gute Karriere machten, und hinzugefügt haben, dass die Mafia groß sei und er sich bemühen würde, dem Bandenchef Leone einen gewissen Matteo Neglia zur Seite zu stellen, einen gefährlichen Flüchtigen«.[51] Wir stehen hier vor Figuren von »Geschäftemachern« und Vermittlern, die sich zwischen Land und Dorf, zwischen einem Dorf und dem anderen bewegen und deren Aktionsradien weit über die lokale Ebene hinausgehen: so auch jener Käsehändler aus Termini, der sich oft nach Palermo begibt, wegen seiner Handelsaktivitäten, aber auch, »um mit den Mafiosi dieser Stadt zu sprechen und vielleicht auch, um sich falsche Geldscheine zu beschaffen, die er dann in verschiedenen Orten verteilt«;[52] wie wir noch sehen werden, ist die Herstellung von Banknoten eine wichtige Aktivität der palermitanischen Mafia.

Malusardi übt auf die mafiose Infrastruktur einen energischen Druck aus, wie es die große Zahl der in der »zweiten Kategorie« der Liste von Termini aufgeführten Personen zeigt, die im Laufe des Jahres 1877 verhaftet werden oder sich verstecken müssen, um der Haft zu entgehen. Es verstecken sich aber auch Aufgelistete aus der »ersten Kategorie« wie Giuseppe Torina, um der Verwarnung zu entgehen, und Giovanni Nicolosi. Torina und sein Bruder vertreten nach Meinung des Beauftragten für die öffentliche Sicherheit von Caccamo »die Partei der hohen Mafia«; sie sind Helfershelfer, auf deren Ländereien Leone »Unterkunft und jedwede Hilfe« findet, da die Mitglieder der Bande »Schäfer oder Wächter von ihnen [den Torina]« gewesen sind. Im Dorf vereinigen sich Unternehmer und öffentliche Angestellte mit Feldhütern und reichen Bauern, um eine Gruppe um sie [die Torina] herum zu bilden, die die öffentliche Verwaltung kontrolliert. Also ein Mix aus Geschäften, lokaler Politik, Klientelismus, Kriminalität. Es ist interessant zu bemerken, dass die Initiative zum Angriff auf Torina aus Rom kommt, von demselben Nicotera, der paradoxerweise auch derjenige ist, der vertrauliche Informationen weitergibt, seine Untergebenen in Palermo darüber informiert, wer der Chef der Mafia in Caccamo ist. Sein Ziel ist es, Infiltrationen in den öffentlichen Institutionen zu verhindern, aber auch, die Macht der Regierung zu vergrößern; diese lässt Torina verwarnen und droht Raffaele Palizzolo mit einer Verwarnung; Torina und Palizzolo sind die beiden Konkurrenten im Wahlkreis von Caccamo bei der Wiederholung der nationalen Wahlen, die für das Frühjahr 1877 vorgesehen ist, nachdem die Wahlen von November 1876 wegen Wahlmanipulation annulliert worden waren. Malusardi schreibt an den Unterpräfekten von Termini:

> Man muss schnell machen, damit die Vorladung Torinas vor den Prätor Raffaele Palizzolo dazu bringt, seine Kandidatur öffentlich zurückzunehmen, [...] da es der Wunsch der Regierung ist, dass weder der eine noch der andere Abgeordneter wird, denn die Wahl des einen oder des anderen wäre nicht Ausdruck des legitimen Willens der Wähler, sondern vielmehr des [unlesbar] und der Vormachtstellung der Mafia.[53]

Palizzolo gehört zur regionalistischen Gruppe aus Palermo, aber er hat Interesse an Caccamo als Provinzialrat und als Erbpächter des ehemaligen Kirchenlehens San Nicola, Eigentum des erzbischöflichen Seminars und parzelliert als Folge der neuen Gesetze nach der italienischen Einigung. Seine Referenten in der Wahlkreiszone sind Figuren wie Domenico Nuccio, ein kleiner Landbesitzer, schon des Mordes beschuldigt, zweimal verwarnt, Anhänger und Komplize von Leone; von Malusardi wird er wegen Entführung verfolgt und flieht später nach New York. Sehen wir uns das Bild an, wie Palizzolo in das Dorf Ventimiglia einzieht (in einer Beschreibung von 1872):

> [...] Gefolgt von circa 50 Personen zu Pferd [...], alles angeblich zivile Leute, an deren Spitze der berühmte Domenico Nuccio mit seiner Familie ritt, wo Palizzolo schon Gastfreundschaft genossen hatte; und die dann folgenden Personen waren nichts anderes als eine Mischung von Mafia, Räubern und intrigantenhaften Bittstellern, jeder von ihnen. [...] Ziel des Besuchs von Herrn Palizzolo in Ventimiglia und Ciminna ist es, Stimmen zu sammeln, um zum Provinzialrat ernannt zu werden.[54]

Im Jahr 1877 zieht Palizzolo in der Tat seine Kandidatur zum Parlament zurück und weicht so der Verwarnung und der Auseinandersetzung mit der Regierung aus. Nicht einmal diese sucht im Übrigen die Auseinandersetzung. Zum Verständnis kann uns der Fall von Giuseppe Anzalone helfen, ein Landbesitzer von Lercara, früherer Helfershelfer von Don Peppino, der Einzige unter den Notabeln, der wegen Mordauftrag im Gefängnis sitzt: Im Falle eines Freispruchs, bemerkt besorgt der Verfasser seiner Personenakte, müsste man darauf verzichten, ihn mit einer Verwarnung zu bestrafen, sondern ihn besser sofort in den Zwangsaufenthalt schicken, um zu vermeiden, dass er sich aufs Land begibt und sich an die Spitze krimineller Banden setzt. Hier, abgesehen von den wiederholten Erklärungen über die »moralische« Gefährlichkeit des Helfershelfertums, wird deutlich, dass sich die größte Angst der staatlichen Behörden auf das militante Banditentum richtet. Das Ziel von Malusardi und Nicotera ist es nicht, die Verbindung zwischen diesem Banditentum und den Notabeln zu verstärken, sondern sie zu zerreißen; nicht die herrschende Klasse auszutauschen, sondern sie auf die Ordnung schwören und den Schwur mit der Auslieferung der Banditen besiegeln zu lassen. Das ist keine Neuigkeit, und die Grundeigentümer, sogar die mafiosesten unter ihnen, sperren sich auch nicht gegen die Mitarbeit. Die Li Destri in Gangi, die Cannizzo in Partinico, sogar die Valenza in Prizzi stellen immer ihre Bemühungen gegen das Banditentum heraus. Das erklärt, warum Palizzolo, angeklagt als Helfershelfer, Jahre später als Vorbild an Moralität und als vorbildlicher Vertreter der Liga gegen das Banditentum von den Abgeordneten Salvatore Avellone, einer im Übrigen sehr zweifelhaften Figur, bezeichnet werden kann.[55] Wie aus einigen der Personalakten hervorgeht, versuchen – dem vermuteten Ehrenkodex der *Omertà* zum Trotz – sogar die Mafiosi der »zweiten Kategorie«, die Verwarnung zu vermeiden oder einem Gegner zu schaden, indem sie Geheimnisse und Straftaten dem Sicherheitsbeauftragten ihres Dorfes preisgeben; umso mehr haben es also die großen Notabeln nötig, gute Beziehungen zu den Behörden aufrechtzuerhalten, um ihre Macht ausüben zu können. Leonardo Avellone, Verwandter des genannten Salvatore und Bürgermeister auf Lebenszeit in Roccapalumba, Chef einer großen Klientel und Beschützer von Mafiosi, hat einige Male der öffentlichen Sicherheit beste Dienste erwiesen. Giovanni Nicolosi, der nach Meinung der Polizei während seiner Bürgermeisterzeit (1875–76) die Verbrecher schützte und Verbrechen organisierte, sorgte in einigen Fällen dafür, dass die Behörden im Voraus in Kenntnis gesetzt waren, sodass diese die glücklosen Verbrecher auf frischer Tat ertappen konnten, und so stellte er sich als Helfer des Amts für Öffentliche Sicherheit dar. All diejenigen, die Leone fassen wollen, wenden sich an den »höheren Stand« in der Provinz, an die Nicolosi, Guccione, Cerrito, Runfola, Torina. Hinter der Verwarnung gegen diesen Letzteren, hinter dem Druck auf Palizzolo steht der Wunsch, den Kopf von Leone zu bekommen. Die sensationellste Episode unter denen, die den Inspektor Michele Lucchesi zum Protagonisten haben [einen der Hauptmitarbeiter des Präfekten Malusardi, oft wegen Illegalitäten angeklagt], findet 1877 im Hause Guccione statt, wo der Inspektor plötzlich bei einer Razzia der Carabinieri entdeckt wird: wir sind hier mitten in der Geschichte, die, nachdem sie zum Mord an Di Pasquale durch die Hand Leones geführt hat, darin gipfelt, dass Letzterer von der Polizei getötet wird.

Hier endet die Geschichte der Banden der nachrisorgimentalen Periode. 1877 verstärkt der Staat seine Fähigkeit, gleichzeitig Beziehungen mit der Gesellschaft aufrechtzuerhalten und ihr gegenüber autonom zu sein. Man darf auch nicht das spektakuläre Signal der Wende übersehen, das mit der Auflösung des Corps der berittenen Milizen und mit der Verurteilung von hundert (sic!) von ihnen zum Zwangsaufenthalt erfolgt ist. »Das klassische Banditenwesen ist definitiv zu Ende«; sollte Alongi 1886 schreiben[56]; aber die Mafia nicht. Angesichts des neuen Einklangs zwischen Staat und herrschenden Klassen sollte die Personenentführung, symbolisches Verbrechen für den Konflikt zwischen »Gewalttätern« und den höheren Schichten, stark abnehmen und fast ganz aufhören. Die Mafia sollte sich auf die Kontrolle des Pachtwesens und der Wächterstellen auf Ländereien und Plantagen stützen, und auch hier (wie wir noch sehen werden) sollte sich der Staat ab der zweiten Hälfte der 1870er Jahre fähiger zur Kontrolle oder auch zum Angriff zeigen, als er das früher getan hatte. Die Bürger von S. Mauro Castelverde danken Malusardi für die »wiedergewonnene Ruhe«, die sie von der Spirale der Parteienkämpfe und der Fehden befreit: »Das Banditenwesen bei uns war ein Mythos, dem man sich leichter als jeder anderen Kraft beugte. Der Mythos ist heute verschwunden«. Der Dank ist vielleicht ehrlich gemeint, auch wenn S. Mauro weiterhin ein Banditenzentrum erster Güte bleiben sollte; mehr im Allgemeinen, bemerkt Pezzino, »merkt man, dass sich nicht viel geändert hatte«, wenn man beobachtet, wie die Danksagungen an den Präfekten auch von den Notabeln unterschrieben werden, die in die größten Mafiafälle verwickelt sind.[57]

Die Mafia auf Provinzebene taucht verstärkt ab 1877 auf, am Ende der langen risorgimentalen Veränderungsprozesse, akzentuiert ihre Rolle als Ordnungsmacht und offenbart die Komplexität ihrer Struktur. Wer die Mafia *nur* auf die Dimension kleiner Kommunen beschränkt, begeht ein großes Missverständnis. Wir haben, auf der einen Seite, Orte, von denen aus sich die »Infektion« verbreitet, anders könnten wir nicht verstehen, wie Dörfer wie Alia oder S. Mauro Banditen mit einem Prozentsatz und einer Kontinuität hervorbringen, die ohnegleichen ist: wenn auch die Protagonisten wechseln, so sind doch die Banditen aus S. Mauro vom Ende der 1860er Jahre bis zum Ende der 1920er Jahre aktiv. Auf der anderen Seite haben wir Gebiete der Expansion und der Bewegung der Banden, bestimmt von der Notwendigkeit, den verschiedenen territorialen Apparaten der staatlichen oder privaten Sicherheit aus dem Weg zu gehen, oder auch von der Nützlichkeit, ihre Wege zu kreuzen. Wie ein Volksspruch sagt: »Der Brigant kommt in S. Mauro zur Welt und wächst in Gangi auf«. »Was heißt das?«, fragt sich Cutrera. »Es heißt, dass er in Gangi mächtige Beschützer findet« wie die Barone Sgadari und Li Destri, deren Namen so oft in den Chroniken des Helfershelfersystems des 19. und 20. Jahrhunderts wiederkehren.

Kurz, das Problem der Mafia muss im Zusammenhang mit Kräften gesehen werden, die mindestens auf Bezirks- oder auf Provinzebene agieren: der Großgrundbesitz und die Großpacht, der Markt des Landverkaufs und des Pachtwesens, der die Kommunen miteinander in Kontakt bringt und ihre Mitglieder zueinander in Konkurrenz setzt; das politisch-administrative System, das nicht nur kommunal ist, sondern auch die Ebene des Wahlbezirks und des Postens des Provinzabgeordneten berührt, eine Institution, an deren Kontrolle viele mafiose Notabeln (Palizzolo, Torina, Francesco Nicolosi) interessiert sind; und schließlich, wie wir gesehen haben, der Aktionsradius der Banden, der eine entsprechende Ausdehnung der Netze des Helfershelfersystems impliziert. Am Netzwerk der Gegend von Termini erkennt man besonders deutlich, dass es von *Stabilität* und *Überörtlichkeit* geprägt ist. Ist die starke Präsenz von Briganten die Ursache hierfür oder vielmehr die Wirkung davon? Betrachten wir den Mechanismus der Entstehung einer Bande aus der anderen, von Don Peppino zu Leone, aufgedeckt von dem Richter und Reporter Giuseppe Di Menza; vergleichen wir ihn mit dem Mechanismus, wie er aus den Listen hervorgeht. Die kleinen und großen Helfershelfer von Leone sind zumindest zum Teil dieselben, die schon in die Geschichten von Don Peppino verwickelt waren. Denken wir zurück an das, was wir früher gesagt haben über die Briganten als Artikulierung der lokalen Parteien: Im vorliegenden Fall stehen wir nicht vor Briganten *in den* (örtlichen) Parteien, sondern vor der (subprovinziellen) Partei *der* Briganten, dem Mafianetz, das das stabile Element darstellt, mit dem sich Wächter und Räuber auseinander setzen müssen. Hinter der Verlangsamung der Banditenaktionen von 1874–75, die man als Versuch betrachtet hat, die Sondergesetze zur öffentlichen Sicherheit abzuwenden, und hinter der erfolgreichen Einschaltung von Helfershelfern aus dem »höheren Stand« für die Ausschaltung von Leone können wir einen Mechanismus entdecken, der sich nicht auf die mediterrane Anthropologie des Zublinzelns und Augenzwinkerns reduzieren lässt, mit dem die Mafiosi angeblich untereinander kommunizieren, zumindest nach der – hier ausnahmsweise einmal einstimmigen – Meinung der Beobachter vom Kontinent und der mit der Mafia in Verbindung stehenden Sizilianer.

6. »Gewalttäter« der Mittelklasse

Während Palermo langsam sein Gesicht einer Hauptstadt des *Ancien régime* verliert, verstärkt sich seine Rolle als Motor der Umwandlung des Hinterlands. Dieser Prozess hat schon im 18. Jahrundert begonnen mit der Ausdehnung der Stadt über die Stadtmauern hinaus und mit dem »großen Villenbau«, d.h. mit dem neuen Drang auf seiten der Aristokratie, in Bauprojekte und Grund und Boden zu investieren. Um die Adelsvillen herum oder rund um die Straßen, die in die Stadt führen, bilden sich die Vororte, die 1861 schon 27000 der 200 000 Bewohner Palermos beherbergen, Arbeitskräfte, die in der intensiven Landwirtschaft des Weinbaus, des Gemüseanbaus und der Zitrusplantagen beschäftigt sind. Partinico, Bagheria und Monreale erleben den gleichen Umwandlungsprozess; vor allem das riesige landwirtschaftlich genutzte Gebiet des letztgenannten Dorfes stellt eine direkte Fortsetzung des palermitanischen Anbaugebiets dar. Die immergrüne Landschaft nimmt ein charakteristisches Gesicht an, mit den Bewässerungsanlagen, den Hütten für die Wächter der Landwirtschaftsbetriebe und für die Aufbewahrung der Ernte, und mit den vielen kleinen Straßen und Wegen, die zwischen den hohen Umfassungsmauern der Plantagen verlaufen, ein Labyrinth, das im Volksmund den passenden Namen *firriato*, d.h. »Gitter«, bekommt.

Die Landschaft stellt also einen einzigartigen Kontrast zu den kahlen Latifundien dar, die sich nicht weit von ihr erstrecken, diese Oase, deren Bildung ohne die Nähe der Stadt nicht denkbar wäre, vor allem wegen des Markts, den die Stadt darstellt, aber auch, weil nur durch ein großes Handels- und Hafenzentrum Waren wie die Zitrusfrüchte ihre fernen Ziele erreichen können: Nordeuropa und vor allem die Vereinigten Staaten von Amerika. Die »Goldene Muschel« [so der Name für Palermos Bucht] bildet so das Bild heraus, das sie traditionell für Reisende bietet, nämlich das eines Edens an Schönheit und Fruchtbarkeit, geschaffen sowohl von der Natur als auch von der menschlichen Hand. »Aufgepasst jedoch«, bemerkt sarkastisch Sonnino:

> Lassen wir uns nicht von zu viel Enthusiasmus hinreißen und diese Wunder nicht von zu nahem unter die Lupe nehmen, denn sonst könnte uns auf einem schönen Spaziergang plötzlich aus Versehen, trotz der vielen Carabinieri-Stationen und der vielen Patrouillen, ein Gewehrschuss treffen, ein Rache- oder Warnschuss, den der unschuldige Bauer aus dem sicheren Versteck hinter der Umfassungsmauer dieser schattigen Plantagen auf seinen Herrn abfeuert [...]. Denn dies ist das Reich der *Mafia*, die ihre Nester in den Städten und Vororten hat, die um Palermo herum liegen, im Gebiet der Hügel, in Monreale, Misilmeri und Bagheria.[58]

Der Widerspruch ist groß und man könnte an das Bild vom Paradies denken, das von Dämonen bewohnt wird, wäre dieses Paradies nicht selbst von seinen Bewohnern geschaffen worden. Hier steht die Verbreitung der Mafia im Widerspruch zu der offensichtlich fruchtbaren und »glücklichen« Landschaft, wo die Leute eine ordentliche Arbeit finden, deren Produkte leicht verkäuflich sind und hohe Preise auf einem breiten Markt erreichen, und in der der Boden fünzigmal mehr wert ist als der der trockenen Felder, eben dieser Latifundien, die in der Tat in den Augen der eben entstehenden, positivistischen Soziologie für soziale Missstände, aus denen dann das Verbrechen erwächst, verantwortlich sind. Man betrachte den Widerspruch in der Debatte zwischen dem Senator Simone Corleo, Stratege der Besteuerung der Kirchengüter, und Carlo De Cesare, Mitglied der Untersuchungskommission von 1875 und Vorläufer der Sozialwissenschaften in Italien. Ersterer vertritt die These, dass der Großgrundbesitz, Überbleibsel des unseligen Feudalismus, die Landflucht und die Proletarisierung der Massen die mafiose »Infektion« hervorrufen; aber er muss zugeben, dass die Situation in der Landschaft um Palermo »eine Ausnahme« darstellt. De Cesare antwortet ungehalten: »Hören Sie, Professor, diese Theorien stimmen zwar in der Wissenschaft, aber in Sizilien kommen Phänomene vor, die einen nicht mehr an die Wissenschaft glauben lassen. [...] In Monreale sind praktisch alle Eigentümer, jeder hat sein Stück Land. Und doch gibt es kein anderes Dorf, in dem es um die öffentliche Sicherheit schlechter bestellt ist als hier.« Worauf Corleo, als ehrlicher Positivist, nur antworten kann, dass »das den Geist der Wissenschaft verwirrt«, eine Verwirrung, die auch Personen von größerer intellektueller Statur empfinden, wie Pasquale Villari und Napoleone Colajanni.[59]

Aber nicht alle behelfen sich einfach damit, Sizilien als Ausnahme von den sozialen »Regeln« anzusehen. Tajani unterscheidet die wirtschaftliche Dynamik von der »moralischen« Krise der Jahre nach der italienischen Einigung. Franchetti tendiert zu der Meinung, dass sich in Palermo die Gesamtheit der Probleme des postfeudalen Siziliens widerspiegelt, aber er bemerkt dann, dass die in Palermo gebotenen Gelegenheiten von Profit und sozialer Mobilität, die im ganzen Süden Italiens sehr selten seien, wohl zwangsläufig Anreize bieten müssten für die »Industrie« der Gewalt[60]; Chancen, die besonders reizvoll sind für ein Palermo, das durch die italienische Einigung an Prestige und Reichtum verloren hat.

Die Kontrolle der Landwirtschaftsbetriebe des palermitanischen Hinterlands bildet ein wichtiges Vehikel für den sozialen Aufstieg, insbesondere für die Mafiosi, deren Interessen das Bewachungswesen, die Verpachtungen und die Geschäftsvermittlung sind. Wir haben schon den Fall Giammona gesehen. Als Personen aus gutem Haus, Kinder von Landeigentümern werden mit einiger Übertreibung die Brüder Amoroso genannt; als wohlhabend galten die Licata. In all diesen Mafiosi können wir leicht die »Gewalttäter der Mittelklasse« ausmachen, die laut Franchetti das typische Modell des palermitanischen Mafiachefs darstellen.[61] »Mittelklasse-Leute« und daher repräsentativ für ein soziales Umfeld, das viel heterogener ist als das des Landesinneren, und in dem zwar auch Aristokraten und Großpächter vertreten sind, aber daneben auch Händler, Handelsvermittler aller Art, Vertreter höherer Berufe, selbstständige Bauern und verschiedene andere Personen: Personen »aus Grenzräumen«, wie auch die Eigentumsfrage selbst, die oft nicht ganz klar ist: wegen der alten Erbpachtverträge, wegen der Schwierigkeiten bei Erbstreitigkeiten und der daraus folgenden Zerstückelung der Höfe, und wegen der widerrechtlichen Inbesitznahme der Güter der sehr zahlreichen juristischen Personen. Die Umgebung von Palermo, Misilmeri und Monreale sind unter den nicht sehr vielen Gebieten, wo die nach der italienischen Einigung erfolgte Umverteilung der Kirchen- und Domänengüter zugunsten des privaten und öffentlichen Reichtums gewirkt hat, was aber nicht auch die vermutete Wirkung auf die soziale Harmonie hatte, sondern im Gegenteil eine Verschärfung der Konflikte hervorgerufen hat. In Monreale schaffen es die Behörden nicht, die

Abgaben aus Erbpachtverträgen einzuziehen, die Usurpatoren von den Erbpächtern und diese von den vollgültigen Besitzern zu unterscheiden. Eine permanente »Revolution« sieht als Gegner den Prinzen Pietro Mirto Seggio und die »Dörfler«, die viele Hektar Land aus dem ehemaligen Besitz des Benediktinerklosters gepachtet haben; das führt den Prinzen dazu, die Ordnung durch zwei ehemalige Banditen »und ihre schreckliche Mafia«[62] zu erhalten. Mirto ist der liberale Bürgermeister, den die Regierung für politisch akzeptabel hält in einem Dorf voller Wucherer, bourbonischer Monarchisten und September-Reaktionäre. Außerdem handelt es sich bei ihm um den einzigen Großgrundbesitzer, der auch von Zeit zu Zeit im Dorf wohnt und der weit über der Gruppe von »Gewalttätern« aus der Mittelklasse steht, die im Dorfrat sitzen, darunter der Sohn des Mafiachefs Simone Cavallaro, Giuseppe. Auch der Chef der anderen Mafia-Partei, Pietro Di Liberto, ist ein wohlhabender Besitzer, Verwalter erzbischöflicher Güter.

Schon vor der Reform von 1882, in Zeiten sehr eingeschränkten Wahlrechts, kontrolliert Giammona etwa fünfzig Stimmen; die Amoroso und die Badalamenti arbeiten bei den Parlamentswahlen für den Abgeordneten Valentino Caminneci, bei den Provinzwahlen (so scheint es jedenfalls) für Palizzolo. Dieser beschäftigt in seiner Villa in Malaspina eines der wenigen Mitglieder der Gruppe Amoroso, der aus dem Prozess von 1883 unbeschadet hervorgehen sollte, Giacomo Lauriano, genannt *Jacuzzo*: Der umstrittene Palizzolo, der bei dem Prozess als Entlastungszeuge geladen war, sagt aus:

> Ich erfuhr später, dass er verschiedene Male verhaftet und vor Gericht gestellt wurde; aber angesichts der Tatsache, dass die Anzeige jedes Mal wieder zurückgezogen wurde und dass er immer die Erlaubnis zum Führen von Waffen besaß, dachte ich, dass er nichts anderes als ein Opfer irgendwelcher Verfolgung sei.[63]

Das Argument klingt paradox angesichts der Tatsache, dass es Palizzolo selbst ist, der in verschiedenen brenzligen Momenten der Karriere von Lauriano einschreitet, um ihm die Lizenz zum Waffentragen wieder zu beschaffen oder um andere Gefallen zu erreichen. Es ist der klassische Austausch, der zwischen den großen Landeigentümern, den mit der Mafia verstrickten Politikern und den Notabeln jeden Typs stattfindet. Don Michele Serra ist der Direktor von »L'Amico del Popolo«, einer linken Zeitung, die aber zu seiner Zeit vom General Medici finanziert wird, der einen großen Einfluss in der Piana dei Colli ausübt und dabei vor allem zwischen Mafiosi wie den Biondo und der Quästur vermittelt: »Die *Hohe Maffia* kommandiert«, schreibt einer, der von diesem Netzwerk ausgeschlossen ist. »Mit dem Schutz, den sie haben, können sie veranlassen, dass wir entweder verwarnt werden oder dass wir auf eine Insel in die Verbannung geschickt werden, aber am leichtesten können sie uns töten lassen.«[64] Die Beziehungen zwischen Männern der staatlichen Institutionen und Mafiosi können auch noch direkter sein. Durch seine privilegierte Beziehung zum Quästor Biundi erhält Andrea Licata Verwarnung und Zwangsaufenthalt für seine Gegner und Straffreiheit für seinen Vater und seine Brüder. Giacomo Pagano, ein typischer Vertreter eines angesehenen Berufs, der gleichzeitig Landeigentümer ist, wendet sich an denselben Quästor, um die Diebstähle anzuzeigen, die auf seiner Zitrusplantage vorkommen, und erhält das Versprechen, dass der Feldhüter Licata sich darum kümmern werde. Bestürzt ist er, als er entdeckt, dass die Urheber der Diebstähle die »Verbrecher« aus der Licata-Familie sind; daraus folgert er, dass »weder der Quästor noch die Polizeibeamten und auch keiner vom Personal der Öffentlichen Sicherheit über die Verbrecher Bescheid weiß«[65], aber er weiß auch gut, dass sich das Problem nicht stellen würde, wenn er gute Beziehungen zu Biundi oder zu Licata selbst hätte. Es ist die Klientel, die den Schutz garantiert, und es ist die Klientel, die entscheidet, ob der »Gewalttäter« die Rolle des Ordnungshüters übernehmen oder die des Banditen beibehalten soll. Allerdings stehen sich nicht immer Hauptkontrahenten wie Turrisi und Giammona gegenüber; manchmal sind die Streitgegner in einer Seitenlinie des Beziehungsnetzes angesiedelt. In einem solchen Fall müssen die Landbesitzer »etwas verlieren, um nicht noch mehr zu verlieren«: etwa auf die direkte, eigene Bewirtschaftung der Plantagen zu verzichten und sie zur Pacht zur Verfügung zu stellen, selbst in einer Phase hoher Preise; oder jemanden mit der Bewachung von Einrichtungen und Ernten zu beauftragen und gleichzeitig einen *akzeptablen* Prozentsatz an Diebstahl zu tolerieren. Aber auch die Diebe müssen sich Selbstbeschränkungen auferlegen und die Regeln eines nicht einfachen und vor allem wandelbaren Spiels einhalten, denn jede gegenseitige Garantie betrifft nur *einige* »Gewalttäter«, *einige* Landbesitzer, *einige* Funktionäre und schließt andere aus, diejenigen, die (um es mit Gestivo zu sagen) »nicht das Gleiche wie sie tun konnten« und die mit der Situation unzufrieden sein können. Der Konflikt ist immer latent.

Kommen wir zu einem konkreten Fall. 1872 beginnt Gaspare Galati, angesehener Arzt und wohlhabender Grundbesitzer, sich um die Verwaltung einer vier Hektar großen Plantage zu kümmern, die »zum großen Teil« seiner Schwägerin Marianna Fiorentino gehört und im Gebiet Malaspina liegt, nahe dem palermitanischen Vorort Uditore. Eine Zitrusplantage von diesen Ausmaßen ist schon ein beachtliches Unternehmen, noch dazu ausgestattet mit einer Dampfdruckpumpe für die Bewässerung, und daher ist Galati verwundert über die nur geringen Einnahmen; bald kann er dem Wächter Benedetto Carollo Diebstahl nachweisen, vor allem während des Verkaufs der Zitrusfrüchte. 1874 hält er die Gelegenheit für gekommen, sich des »untreuen« Wächters zu entledigen, und entlässt ihn endlich. Damit beginnen seine Probleme aber erst. Carollo ist nämlich Teil der Mafia *dell'Uditore*, an deren Spitze Giammona selbst steht: Nach den üblichen Drohungen wird der neue Wächter umgebracht, sein Nachfolger wird verletzt und eingeschüchtert und Galati selbst muss mit der Familie nach Neapel fliehen, nachdem er einen neuen Wächter ernannt hat.[66]

Bei verschiedenen Gelegenheiten wendet Galati sich an Biundi, immer mit wenig zufriedenstellenden Ergebnissen. Offensichtlich ist Galati nicht Teil des richtigen Netzwerks, weder auf der Ebene der institutionellen Beziehungen noch auf der der lokalen, da er Unstimmigkeiten mit einem Eigentümer von Malaspina hat, der der *Cosca* von Giammona verbunden ist, der Notar Francesco Sardofontana. Dieser ist nämlich der Stiefbruder von Marianna Fiorentino und ist von seiner Mutter enterbt worden, und zu diesem Erbe hatte u.a. die Plantage gehört, die Schauplatz der beschriebenen dramatischen Ereignisse war. In diesem Fall wie in anderen analogen Fällen ist die Frage des rechtmäßigen Eigentums nicht ganz unstreitig, und die öffentliche Meinung sah gerade Galati als Urheber der »Suggestionen« an, die die Mutter veranlasst hätten, ihren Sohn zu bestrafen *für seine Beziehungen zur Mafia dell'Uditore*.

Wir stehen hier vor zwei miteinander verbundenen Konflikten, bei denen die Gegner auf der einen Seite die Eigentümer, auf der anderen Seite die Wächter sind. Die Dinge stehen aber nicht notwendigerweise immer so. Die Initiative kann auch von der unteren Sektion der klassenübergreifenden »Partei« *Landbesitzer/Funktionäre/Wächter/»Gewalttäter«* ausgehen, in der Logik der Mafia, d.h. in dem Bemühen, ein Monopol zu erreichen, wobei der Kampf zwischen Konkurrenten abläuft. Es ist dieser Kampf um die Wächterämter, der den palermitanischen Boden mit Blut färbt und 1874 34 Opfer in Uditore fordert, einer Ortschaft mit 800 Einwohnern, und der schreckliche Bandenkriege wie den zwischen den Badalamenti und den Amoroso hervorruft. Der Riss zwischen diesen beiden Gruppen, die ursprünglich zu »einer einzigen Gemeinschaft« gehörten, äußert sich am Anfang in einer Reihe von gegenseitigen Diebstählen und in der blutigen Bestrafung der Diebe, so als ob jeder der beiden Zweige des Sicherheitsapparats sich effizienter als der andere erweisen wollte; das beunruhigt den Politiker Caminneci, der nicht weiß, auf welche Seite er sich schlagen soll, und auch den Quästor Sant'Agostino, der 1880 sogar veranlasst, dass die Anführer der beiden »Parteien« eine Friedenserklärung unterschreiben, und zwar in der Quästur selbst! »Transaktionen, sicherlich nicht ehrenwert, mit denen, die sie selbst [die Quästur] am Tag davor und am Tag danach für gefährliche Verbrecher erklärt hat«.[67] In einem anderen Fall kann der Zeitungsdirektor Serra eine Vermittlung zwischen gegnerischen Gruppen versuchen und den Wächter einer Zitrusplantage, Andrea Ajello, davon überzeugen, den Posten der Konkurrenz zu überlassen, wenn er seine Haut retten wolle; aber die Geschichte endet dennoch tragisch mit dem Tod dieses Wächters in einem Hinterhalt, gelegt von Giuseppe Siino, Statthalter von Giammona und Wächter einer Plantage von Turrisi.[68]

Ajello ist aber auch kein Heiliger. Seine Söhne sind im Gefängnis und er selbst macht sich auf die Suche nach einem Killer, der seine Feinde töten soll. Alle im Wachtdienst Tätigen gehören zur Welt der »Gewalttäter«, da es einen Filter gibt, der den Zugang zu diesem Beruf für Außenstehende verhindert. Der Konflikt kommt danach, von der Regelung der gegenseitigen Beziehungen. Die Quellen tendieren dazu, diesen Punkt zu vertuschen, und geben eine vereinfachte Sicht der Dinge wieder, in der einige unbescholtene Bürger von wilden Verbrechern verfolgt werden; und wieder einmal ergreifen die Regierungsbehörden damit, wenn auch nur ideologisch, Partei für *eine* Seite, zu Lasten der anderen. Der von den Amoroso ermordete Wächter Sedita, beschrieben als ein ehrlicher Mann, der sich den Drohungen der Mafia widersetzt, war in Wirklichkeit ein Mitglied der Mafiagruppe Badalamenti. Antonio Lo Cascio, der erste der von Galati neu ernannten Wächter, ist sicherlich keine unbescholtene Person, sonst »hätte er sich nicht an Carollos Platz setzen lassen wollen«[69]; Gaetano Cusumano, der zweite, ist Bruder von dem Giovanni Cusumano, der auf Veranlassung von Giammona umgebracht wurde und der Cusumano sein müsste, den der Herzog von Cesarò unter den Mafiosi-

Patrioten nennt; der dritte, Francesco Paolo Mazzara, ist selbst eine gefährliche und fragwürdige Person, »schon wegen Schmuggel und Revolte angeklagt«, und Mitglied »einer mächtigen Mafiagruppe«, die sich zuerst zwar bereit zeigt, die Autorität von Giammona anzuerkennen, ihm später aber mit dem Tod droht im Laufe eines dramatischen »Gipfeltreffens« der beiden Parteien.

Die Behörden, Galati, Pagano u. Ä. sind Teil dieser Kämpfe, was ihnen mehr oder weniger bewusst ist; aber es liegt in der Logik des Kampfs um das Monopol, sich unkontrollierbar zu zeigen. Sie können eng miteinander verflochten oder unabhängig voneinander sein: die Konflikte, die die Landbesitzer austragen, und diejenigen, die die »Gewalttäter« austragen, sind verschieden in ihrer Form und in ihrem Ausgang. Dieses Element, das die zeitgenössische Debatte nicht aufzeigt, erscheint mir dennoch als absolut zentral. Die nicht mit der Mafia in Verbindung stehenden Landbesitzer sind Druck und Zerstörungen unterworfen, können ihre Angestellten nicht frei wählen, müssen die Plantagen an die richtigen Personen verpachten und manchmal auch verkaufen, aber nur, weil sie einer Art Boykott unterliegen, der um sie herum Leere entstehen lässt. Das Leben aber riskieren andere Leute. Das erklärt, weshalb über die politische Wende von 1875-77 hinaus eine Phänomenologie überlebt, die zerstörerisch ist für die Interessen einzelner Besitzer, aber die für fast unschädlich gehalten wird für die herrschende Klasse in ihrer Gesamtheit, vor allem wenn sie in Beziehung gesetzt wird zur Praxis der Personenentführung, die die Welt der »Gewalttäter« und diejenige der Besitzer in frontalen Gegensatz zu bringen drohte. Die Mafiosi aus dem palermitanischen Raum, unter denen viele wegen dieses Typs Verbrechen vorbestraft sind, ziehen sich daraus immer mehr zurück: Als jemand den Amoroso vorschlägt, den Besitzer Catalfamo zu entführen (1879), antworten sie, dass solche Operationen zu riskant seien und nur wenig einbrächten; sie würden sie zwar nicht verbieten, wollten aber nicht selbst daran teilnehmen.

Daher rührt die Unterbewertung der Gefährlichkeit der Mafia von seiten der (bürgerlichen) öffentlichen Meinung, die das Problem für ein internes zwischen verbrecherischen Gruppen hält, eine Sichtweise, die wir in jüngsten Zeiten wieder finden werden und die geschickt ausgenutzt wird vom Anwalt Lucifora, dem Verteidiger der Amoroso im Prozess von 1883:

> Was kümmert es uns unbescholtene Leute, wenn die Amoroso und die Badalamenti sich untereinander abschlachten? Wen kümmert es [...], wenn die zwei gegnerischen Parteien in einem Gebiet sich um die Vorherrschaft streiten? [...] Wenn davon das Eigentum anderer Personen und diese selbst in Mitleidenschaft gezogen würden, dann stünde unser Interesse auf dem Spiel, dann wären unsere Güter in Gefahr und unsere lieben Verwandten, alle wären dem Karabiner und dem Dolch des Mörders ausgesetzt. Aber stattdessen waren die Ermordeten und die Mörder der Sektion Botanischer Garten alles Banditen, *sie brachten sich untereinander um.*[70]

7. Das öffentliche Urteil

Der Schutz durch hoch stehende Persönlichkeiten und das Bild eines völlig unbescholtenen Bürgers bewahrt Giammona doch nicht davor, nach einer fast dreißigjährigen Karriere in die Kriminalgeschichte einzugehen, sodass er am Ende doch nicht eine ruhige bürgerliche Achtbarkeit erreicht. Es ist hier ein Mechanismus am Werk, den wir auch in ganz anderen Epochen und Verhältnissen wieder finden. Diese Mafiosi vermitteln zwischen »Gewalttätern« und der politisch-sozialen Herrschaft und versuchen dabei, sich beider zu versichern, aber jeden Moment riskieren sie, von der kriminellen Dimension wieder ganz eingefangen zu werden: durch die Konfrontation mit anderen Gruppen in erster Linie; durch die Proteste der vom Netz der Patronage ausgeschlossenen Personen, die den guten Zusammenhalt und den Schutz aus dem Gleichgewicht bringen können, den die Mafia in der Peripherie genießt, indem sie das Zentrum des politischen Systems mobilisieren, vor allem in einem bewegten Moment wie dem von 1875–76.

Angesichts der Passivität der Quästur und der palermitanischen Justiz ist es dann der Innenminister, der die Gelegenheit der Denkschrift ergreift, mit der Galati im August 1875 *Die Fälle von Malaspina (I casi di Malaspina)* anzeigt. Und es ist der Minister, der herausstellt, dass die Bluttaten in Uditore keinerlei Maßnahme gezeitigt hätten und nicht einmal der Mitteilung für wert befunden worden seien, »obwohl sie doch wegen ihrer Schwere und ihrer Häufigkeit einen völlig abnormalen Zustand darstellen, sodass es angebracht gewesen wäre, mich darauf aufmerksam zu machen«.[71] Unter der Leitung eines tüchtigen Polizisten aus der Emilia Romagna, Ermanno Sangiorgi, geht also die Untersuchung los und bestätigt auf einmal Situationen, die mit aller Wahrscheinlichkeit schon bekannt waren. Die Antwort darauf folgt einem bekannten Muster. Man versucht, Mazzara als unglaubwürdig hinzustellen, und lässt ihn sogar verhaften mit einer falschen Anklage der Militärdienstverweigerung. Man dringt nächtens in die umstrittene Plantage ein und man verschickt indirekte Botschaften, so zum Beispiel, als Benedetto Carollo wieder um die Genehmigung bittet, in der Plantage auf die Jagd gehen zu können zusammen mit dem ersten Präsidenten des Appellationsgerichtshofes von Palermo, S. Schiavo, »während es doch nicht sein kann, dass man nicht mehr weiß, welche blutige Tragödie sich auf dem besagten Grund abgespielt hat [...], veranlasst von Carollo selbst«.[72] Die Mafia trägt ihr schützendes Netz zur Schau: Denn wenn die Anklage sich auf den »Ruf« und auf die »öffentliche Meinung« stützt, muss auch die Verteidigung analog vorgehen und herausstellen, dass ihre Mandanten das Vertrauen herausragender Persönlichkeiten genießen. Serafino Siino, der mit den anderen zur Verwarnung vorgeschlagen wird, zieht durch das palermitanische Hinterland in Begleitung seines Beschützers Nicolò Morana, dem Bruder des Abgeordneten Morana, und sammelt Unterschriften, die seine »bekannte« Ehrlichkeit bezeugen: »Aus Ehrerbietung gegenüber dem Herrn Morana auf der einen Seite und aus Furcht vor Siino auf der anderen ist jeder schnell bereit zu unterschreiben.«[73]

Giammona versucht einen anderen Weg. Durch den Abgeordneten Morana lässt er den Grafen Giovanni Codronchi, einen Mann des Ministerpräsidenten Minghetti, wissen, dass er, um der Verwarnung zu entgehen, »zu Enthüllungen bereit wäre«. Die Operation kommt aber zu keinem guten Ende, weil Gerra [der letzte Präfekt der Rechten], obwohl er von Codronchi gedrängt wird, nichts von der Idee hält, dass ein Abgeordneter sich dazu hergibt, verwarnte Personen zu schützen. Also präsentiert auch Giammona die Unterschriften von einflussreichen Persönlichkeiten, deren Schicksale, wie wir schon gesehen haben, sich mit den seinen kreuzen: die Barone Turrisi und Di Maggio, der Abgeordnete Morana und dessen Bruder Nicolò, andere Landbesitzer und »Händler«. Eine Eingabe der Verteidigung wird von Gestivo vorbereitet, der wie üblich die Mafiaproblematik als Selbstverteidigung einer Klasse umdeutet und es dabei auch nicht versäumt, Giammona und seinen Sohn Giuseppe als Opfer darzustellen, verfolgt wegen »der doppelten und unverzeihlichen Schuld, vom eigenen Besitz zu leben und dafür gesorgt zu haben, sich nicht bestehlen noch sonst wie unterdrücken zu lassen«.[74]

Der Quästor, der Präfekt und die palermitanische Justiz würden sich gerne auf die Verwarnung beschränken, die im Dezember 1875 an die Giammona ergeht, während Gestivo fordert, sie vor Gericht zu bringen, »ohne sie von ihren natürlichen Richtern zu trennen«. Die Provokation sei anzunehmen, meint der Innenminister Cantelli, der sich darüber im Klaren ist, dass das Instrument des Rechtsstaats das öffentliche Urteil ist:

> Die Idee eines Prozesses wegen krimineller Vereinigung [...] kommt von mir. Sie ist nicht absolut, wird aber vorgeschlagen,

um mit diesem Mittel, wenn möglich, diese Landstriche mit einem einzigen Schlag zu säubern. [...][75]

So versucht man, einem (vermuteten) Wunsch der öffentlichen Meinung und der Situation vor Ort zu begegnen, einer Situation, die sich nicht nur in Uditore so darstellt, sondern auch auf der anderen Seite des palermitanischen Gebiets, in Monreale: Hier gibt es die »Sekte« der *stoppaghieri*, von der wir – folgt man der Rekonstruktion der Behörden – ein Geburtsdatum haben, 1872, und einen »Vater«, Giuseppe Palmeri di Nicasio, einen Anhänger Mazzinis. Dieser hat einen Bruder, Paolo, welcher der lokale Beauftragte für die öffentliche Sicherheit ist, und da er weiß, dass sein Bruder den Gefahren der Mafia ausgesetzt ist, bildet er »eine Gegenpartei (eine Art Gegenmafia)«, der sich alles anschließt, »was es an schrecklichen und traurigen Gestalten in der Unterwelt gibt«. In einer ersten Periode leisten diese Leute »manchen nützlichen Dienst für die öffentliche Sicherheit«, aber dann verkommen sie zu Räubern und Mördern.[76]

»Stoppagghiere« ist in der Tat ein abfälliger Ausdruck, der im Gefängnis benutzt wird und »Spion« bedeutet. Die Mitglieder der Sekte selbst nennen sich untereinander »Freunde« *(compari)*. Die Polizei gibt zu, eine »Ordnungsmafia« gebildet zu haben und das Prinzip der »*similia similibus* der Homöopathen« angewendet zu haben in dem Monreale, wo der Quästor Albanese Ende der 1860er Jahre dasselbe gemacht hatte mit den Mitgliedern der Nationalgarde. Diese sind die Vertreter einer »alten Mafia, der so genannten Mafia der Edelmänner [...], die sich bereichert haben durch ihre dunklen Machenschaften«; ihnen gegenüber stehen »die jungen Mafiosi, die sich mit denselben Künsten eine Position schaffen möchten«.[77] Ein Verbindungselement stellt Salvatore Marino dar, ein mafioser Geheimagent der Quästur und Hauptinformant von Albanese in Monreale, den wir unter den *stoppaghieri* wieder finden und der flüchtig wird, nachdem er seine Akte beim palermitanischen Gericht verschwinden gelassen hat.[78] Die »alte« Mafia hat großes Interesse, die Unterstützung der behördlichen Autorität wieder zu erlangen, zum Beispiel auch dadurch, dass man die Gegner als »Internationalisten« anklagt. Auch hierin zeigt sich die Besonderheit von Monreale, das seit 1848 ein führendes Zentrum der politisch-verbrecherischen Mobilisierung war: Einige der *stoppaghieri* haben an den Aufständen von 1866 teilgenommen und noch in den 1870er Jahren gibt es im Dorf Vereinigungen zwischen Anarchisten und Legitimisten. Der Sicherheitsbeauftragte Negri, der Nachfolger des oben genannten Palmeri, versucht, Informationen über Marino von einem gewissen Caputo zu erhalten, einem anderen Mitglied der »Sekte« der *stoppaghieri*, dessen Nachforschungen jedoch durch einige Gewehrschüsse beendet werden. Das ist der Überraschungscoup. Mit Negri und mit seinem Nachfolger Bernabò werden die »alten« Mafiosi wieder Freunde der Institutionen und Kollaborateure, die »jungen« dagegen rutschen ganz in den Verbrecherstand ab und erweisen sich als Verfechter der eisernsten *Omertà*.

Giuseppe Palmeri, der »Vater« der *stoppagghieri*, antwortet auf die Anklagen mit subtiler Ironie und stellt die eigene »soziale Qualität« heraus, die nur schlecht dazu passe, dass er in polizeiliche Machenschaften verwickelt sei: »Ich habe es nicht nötig, mein Gewissen und mein Leben zu belasten, um meine Bedürfnisse erfüllen zu können. Ich lebe vom Besitz und nicht von bezahlter Arbeit, und sowohl mein Charakter als auch meine Erziehung haben mich immer fern gehalten von einer Einmischung in so ernste oder traurige oder tiefgründige Dinge wie die Erzählung Ihres billigen Romanciers«.[79]

Die Affäre *stoppagghieri* ist ein großer Mix von möglichen Lügen und möglichen Wahrheiten. Bernabò behauptet, es handle sich ursprünglich um eine Gesellschaft für gegenseitige Hilfe, die im Ort 150 Mitglieder habe, die in Sektionen aufgeteilt seien; diese Organisation habe sich dann in die Vororte und die nahen Dörfer ausgebreitet. Aber dafür gibt es in den Quellen keinen Beweis. Andere Aspekte des »Theorems« von Bernabò stützen sich auf solidere Elemente, und vor allem auf das Zeugnis eines »Reumütigen«, Salvatore D'Amico di Bagheria, ein Verwandter von Caputo und so mitverwickelt in die interne Spaltung der Organisation. D'Amico, verurteilt wegen Mordes und inhaftiert im Gefängnis von Palermo, war zu seiner Zeit nämlich mit einem komplexen Ritual in die Sekte aufgenommen worden, »inmitten der höchsten Vertreter des Banditentums von Bagheria, San Giuseppe, San Lorenzo, Altarello, Misilmeri, Borgetto«[80] und natürlich Monreale.

D'Amico kann nicht mehr im Prozess aussagen, der in Palermo im Mai 1878 abgehalten wird: einen knappen Monat davor wird er ermordet. Vor Gericht gebracht und verurteilt wegen krimineller Vereinigung und wegen der einzelnen Morde werden nur zwölf Personen, unter ihnen *nicht* der mutmaßliche Bandenchef Di Liberto. Ein Formfehler führt jedoch zur Wiederholung des Prozesses 1880, der wegen berechtigten Verdachts in Catanzaro abgehalten wird und mit einem allgemeinen Freispruch endet. Einen anderen Ausgang nimmt der Prozess gegen die *fratuzzi* aus Bagheria und vor allem der gegen die Mafiagruppe von Piazza Montalto (Prozess Amoroso), der letzte der Serie (1883), der mit der Überführung der Vereinigung und zwölf Todesurteilen wegen Mordes endet.

Gegen die Amoroso und ihre Anhänger war schon 1875 ermittelt worden, aber 1878 geschieht etwas Neues. Herkommend von Amerika, präsentiert sich dem italienischen Konsul von Zaragoza ein gewisser Rosario La Mantia aus Monreale, vorbestraft wegen Raubüberfall, der sich bereit erklärt, sehr wichtige Fakten zu enthüllen. Nach Verhandlungen, die Tajani führt, zu dieser Zeit Justizminister und Siegelbewahrer, kommt er nach Rom, wo er verhört wird. Er erzählt, dass er in New Orleans einen Landsmann, der Obsthändler war, getroffen habe, der ihm nach einiger Zeit bekannt habe, Salvatore Marino zu sein, »der sich ins Ausland habe begeben müssen [...], aber der Kameraden zuhause gelassen habe, die weiterhin jede seiner Anweisungen ausführten«. Marino hat sich inzwischen das Gelbfieber zugezogen, und kurz bevor er stirbt, bittet er seinen Landsmann, einige Briefe zu verbrennen – was La Mantia sich jedoch hütet zu tun. Die Briefe kehren so nach Palermo zurück: Ihre Autoren sind herausragende Persönlichkeiten wie Michele Amoroso und Giuseppe Giammona, und in einigen dunklen Formulierungen glauben die Ermittler, chiffrierte Verbrechenspläne zu lesen.[81] Diese Dokumente und der Zeuge werden nicht zum zweiten Prozess gegen die *stoppaghieri* herangezogen, aber sie werden im Prozess gegen die Amoroso gebraucht, zusammen mit den Enthüllungen eines anderen »Reumütigen«, der es dieses Mal auch schafft auszusagen. Aus der Affäre La Mantia bestätigt sich die These der engen Zusammenarbeit der Mafiagruppen, die schon Franchetti zu der »außergewöhnlichen Agglomeration« der Mafiosi im Gebiet von Palermo in Verbindung setzte. Salvatore di Paola und Giuseppe Maraviglia, Mitglieder der Gruppe aus Piazza Montalto, begeben sich nach Marseille, um den Informanten abzufangen und zu töten, was im Übrigen seine Geschichte eines zufälligen Zusammentreffens mit Marino noch unglaubwürdiger macht: La Mantia musste schon seit langem in die Geheimnisse der Mafia und der Quästur eingeweiht sein. Nachdem er ein paar Jahre lang für die Ermittler gearbeitet hat, verschwindet er gerade in dem Moment ins Ausland, als er als Zeuge hätte aussagen sollen.

Die Regie der Polizei erscheint in himmelschreiender Art und Weise in jeder Phase der *stoppaghieri-* und Amoroso-Prozesse. Nehmen wir den Widerruf eines anderen Angeklagten, dessen Geständnis nach einem Monat heimlicher und illegaler Haft in der Quästur erfolgt war: Als die Verteidigung diesen Punkt beanstandet, antwortet der Quästor Taglieri darauf: *»salus patriae suprema lex esto.« (Das Heil des Vaterlands soll das höchste Gesetz sein).*[82] Die Zeugen, die den entgegengesetzten Parteien angehören, urteilen unterschiedlich über die »verbrecherische Fähigkeit« der Angeklagten, über ihren guten oder schlechten Ruf, aber niemand hat etwas wirklich Entscheidendes über die fraglichen Verbrechen zu sagen; die Anklage wird von den Regierungsfunktionären erhoben, die erzählen, was ihnen im Geheimen anvertraut worden ist. Man kann also eine Richtung erkennen, die typisch bleiben soll für Mafiaprozesse, wo die Behörden der Öffentlichen Sicherheit mehrere Rollen gleichzeitig einnehmen: Zeuge, Streitpartei und Staatsanwaltschaft, wobei die Sicherheitsbeauftragten ihr Ergebnis erreichen, indem sie es im Gerichtssaal schaffen, »die Anklage so gut zu vertreten, dass sie die Geschworenen von der vollen Schuld [der Angeklagten] überzeugen können«.[83] Vor allem der Beweis der Zugehörigkeit zu einer kriminellen Vereinigung stützt sich hauptsächlich auf die öffentliche Meinung und auf die Art, in der die Sicherheitsbeamten diese interpretieren: In einem späteren Prozess gegen eine bescheidene palermitanische Diebesbande sollte als außergewöhnlich die Tatsache bezeichnet werden, »dass der Beweis [...] nicht nur aus den Aussageprotokollen der Funktionäre und Agenten der Öffentlichen Sicherheit entnommen wurde, sondern auch aus expliziten Erklärungen von privaten Bürgern«.[84] Dieses Letztere fehlt im Allgemeinen in Mafiaprozessen, aber zweifelhaft ist auch die Glaubwürdigkeit von Funktionären, die sich absolut weigern, die Quelle ihrer wesentlichen Informationen zu nennen. Im Fall der *stoppaghieri* wie in dem der Amoroso schützt das Gericht dieses »Amtsgeheimnis« – das dem »Staatsgeheimnis« ähnelt, das die Funktionäre der Geheimdienste in jüngerer Zeit in den Prozessen wegen terroristischer Anschläge für sich geltend gemacht haben – und widersetzt sich den Anträgen der Verteidigung, die fordert, Bernabò wegen Verletzung der Anzeigepflicht selbst vor Gericht zu bringen, und auch allen Anfechtungen gegen Taglieri. Der Gipfel wird erreicht, als der Quästor selbst zugibt, dass ihn in jeder Phase der Untersuchungen über die Amoroso eine einflussreiche Persönlichkeit, »über jeden Tadel erhaben«, an der Hand geführt habe, deren Namen er aber natürlich nicht nennen könne noch wolle.

So wandeln sich die Prozesse über den Ruf der Mafiosi in Urteile über den Ruf der Polizisten um, das heißt über die

Glaubwürdigkeit von ihnen und von ihren geheimnisvollen Informanten, die alle offensichtlich jemanden »ausliefern«, um jemand anderen zu decken. Vom Krieg der Mafia erscheint immer nur ein Protagonist: Wenn die Vereinigung der Amoroso eine kriminelle ist, fragt sich der Anwalt Marinuzzi, »warum klagt man dann nicht auch die Badalamenti an?«[85] Der *stoppaghiere*, der Simone Cavallaro tötet (der mal als Chef der »alten Mafia« bezeichnet wird, mal als hervorragender Edelmann), wird am selben Abend seinerseits ermordet; aber davon werden wir nichts erfahren, noch von den anderen Delikten, die seine Partei begangen hat. Wir wissen dagegen sicher, dass der Sicherheitsbeauftragte Cicognani, der abgesandt wurde, um den Prozess von Catanzaro zu verfolgen, in diesen eingreift und die Geschworenen zu beeinflussen sucht. Wenig glaubwürdig sind die Funktionäre und wenig glaubwürdig ist die Regierung, die sie unterhält. Die Verteidiger vertreten diese These vor allem im Prozess der *stoppaghieri* und für ihre Sache, da in zwei verschiedenen Fällen, zu den Zeiten von Albanese und von Palmeri, die Polizei eingestandenermaßen die »Erweckerin« von verbrecherischen Vereinigungen ist. Das Plädoyer von Marinuzzi in Catanzaro beginnt mit den von Tajani angezeigten Verbrechen und verbindet sie mit den jüngeren Verbrechen, beurteilt dann die Anklagen gegen die *stoppaghieri* als Teil eines Versuchs von seiten der Rechten, dem Sondergesetz zur öffentlichen Sicherheit wieder mehr Kredit zu verschaffen, und schließt endlich mit einer prosizilianischen Verteidigungsrede, die die kalabresischen Geschworenen gänzlich überzeugt: Mit seinem Verdikt erteilt er »eine andere strenge und verdiente Lektion an jeden, der als *Sohn* oder *Gast* unseres lieben Siziliens dieses ungestraft niederdrückt und verkennt«.

Der Rückgriff auf ein regionalistisches Register von seiten des Crispi-Anhängers Marinuzzi und in noch unverschämterer Weise von seiten des bekannten Gestivo hat aber keinen Erfolg mehr und wird sogar nicht einmal mehr ernsthaft probiert im Laufe des nächsten Amoroso-Prozesses kaum drei Jahre später, aber in einem stark veränderten Klima. Der Gerichtspräsident bemerkt, dass die Vereinigung, um die es hier gehe, nicht politischer Natur sei, »wie vielleicht jemand glauben könnte«, und kommt so jedem möglichen Missverständnis im Namen des liberalen Rechtsstaatsdenkens zuvor. Die Anschuldigungen drehen sich um die Existenz und die Natur einer Vereinigung, die gegründet wurde, um zu töten, nicht zu stehlen, entstanden 1874 und untätig für vier Jahre, da das erste ihr zur Last gelegte Verbrechen von 1878 stammt: ein merkwürdiges Faktum, argumentiert der Anwalt Cuccia, »da die kriminellen Vereinigungen, wenn sie bestehen, notwendigerweise auch aktiv sein müssen«. Dieses Mal erscheint die Antwort von Taglieri überzeugend: »Die Basis der verbrecherischen Gesellschaft« ist das Wachwesen[86]; die Vereinigung – möchte ich hinzufügen – bedroht nicht das Eigentum, sondern verteidigt es, und die Morde werden in den Momenten verübt, in denen es einen Konflikt um das Schutzangebot gibt.

Die Wächter wohnen nicht immer auf dem Grund, den sie bewachen sollen, denn oft reicht schon ihr Ruf, um Übelgesinnte von ihrem Vorhaben abzubringen; und wenn sie in den Vororten oder in der Stadt bleiben, können sie auch im Zentrum eines Händlernetzes stehen. Der Wächter hat nämlich keineswegs unwichtige Funktionen im komplexen und bewegten Kreislauf des Warenaustauschs, was diese Mafia der Zitrusplantagen ziemlich von der der Latifundien unterscheidet. Die »Diebstähle«, über die man wacht, sind z.B. oft an den Verkauf der Zitrusfrüchte gebunden, wo sich eine Abmachung zwischen Wächter und Käufer als schädlich für den Verkäufer auswirken kann. Carollo, der Wächter des Doktor Galati, verlangt für sich selbst zwanzig Prozent des Preises, den er mit den Käufern aushandelt, »was ein üblicher Betrug der Mafia im Allgemeinen ist«; sehr viel schwerer wiegt die Tatsache, dass er dazu noch heimlich etwas von den Früchten stiehlt, »die schon gekauft und bezahlt worden sind«, aber noch nicht geerntet; das geht schwer zulasten des Käufers und »bringt den ganzen Besitz in schlechten Ruf, sodass für die Zukunft die Käufer langsam ausbleiben«. In diesem Fall sabotiert der Schieber-Wächter den Mechanismus, den er doch garantieren müsste. Galati versucht, sich davon zu befreien, indem er das Grundstück zur Pacht anbietet, aber er findet keinen einzigen Interessenten, da Carollo alle möglichen Anwärter vergrault, indem er drohend erklärt, »diese Plantage würde niemals verpachtet, noch verkauft werden«.[87]

Daneben gibt es noch einen anderen Wächterstand, der über das Wasser wacht, die so genannten *fontanieri* (»Brunnenwächter«), die in den kritischen Jahreszeiten, wenn sie wollen, die in die Bewässerungsanlagen eingelassene Wassermenge reduzieren können, um dann den Rest heimlich weiterzuverkaufen, und die damit die Zerstörung (oder die Rettung) einer Ernte, den Ruin (oder das Geschäftsglück) eines Unternehmers hervorrufen können: Für eine intensive Landwirtschaft wie die im palermitanischen Gebiet ist das Wasser eine unersetzlich knappe Resource und damit sicherlich von strategischer Bedeutung, ein typischer Fall von Monopol für die Besitzer der Brunnen und für die Brunnenwächter, die sie in der Praxis verwalten. Für die Anbauer von Zitrusfrüchten »gibt es keinen Weg, sie [die *fontanieri*] zur Pflicht zu rufen, weder auf juristischem Weg, weil ein Gerichtsverfahren kostet, noch auf wirtschaftlichem Weg, weil es finstere Gestalten sind, die gefährlich und kompromittierend sein können«[88]; aber die Mafiaorganisation kann es tun, vor allem in dem Fall, dass ein Brunnenwächter der falschen Gruppe Wasser zukommen lässt, wie es Felice Marchese tut, der (nach Meinung Bernabòs) im Auftrag von Di Liberto ermordet wird.

Die Brunnenwächter, bemerkt der Ökonom Ferdinando Alfonso, »befinden sich im besten Einvernehmen« nicht mit den Landbesitzern, sondern vielmehr mit den Bewirtschaftern der Plantagen, d.h. den Großpächtern und Zwischenhändlern, denjenigen also, die im Boom des Zitrusfrüchtemarkts nach der italienischen Einigung »alle Früchte der Plantagen von den Eigentümern aufkaufen und sich dann zusammenschließen, um die Preise zu erhöhen«, welche die großen Exporteure bezahlen, die die Ware dann ins ferne Amerika schicken. Diese Verbindung von hohen Preisen und niedriger Produktion führt zu einer Konkurrenz unter den Käufern und zu immer vorzeitigeren Käufen, die schon vor der eigentlichen Erntesaison abgeschlossen werden, sowie zum Vorschuss großer Summen von seiten der Zwischenhändler mit der Perspektive drohender Rückgabeforderungen, falls die riskante Transaktion kein gutes Ende nehmen sollte. Die Verkaufsverträge sind bewusst mehrdeutig formuliert, um Raum zu lassen für eine »gütliche« Einigung, die den Fortgang der Geschäfte und die Zufriedenheit aller sichern soll, vorausgesetzt, es gibt einen Gesprächspartner, dessen Autorität beide Seiten anerkennen. Die Kontrolle dieser Handelsmakler, die den Wert der Produktion abschätzen und denen die Rolle des Garanten und oft auch des Wächters des Produkts nach Abschluss der Verträge zufällt, ist daher eines der Aktionsfelder der Mafia. Die Amoroso werden gleichermaßen als Plantagenbewirtschafter oder als Händler bezeichnet; viele der Ermordeten, wie Caputo oder Gaspare Amoroso, werden unter dem Vorwand des Zitrusfrüchtehandels in die Abgeschiedenheit einer schattigen Plantage gelockt. »Alle [...] sind Spekulanten, die als Spekulationsmittel Pulver und Blei gebrauchen«.

So zeichnet sich der Charakter der Mafiaorganisation also folgendermaßen ab: Ausgangspunkt ist die ursprüngliche Notwendigkeit der öffentlichen und privaten Sicherheit; es gibt dann ein enges »Einverständnis« zwischen Feldhütern, Brunnenwächtern, Großpächtern, Zwischenhändlern und Handelsmaklern; und es gibt schließlich ein Vertrauensverhältnis mit den Landbesitzern, das die »gewalttäterischen« Wächter in Geschäftemacher und Besitzende verwandelt. Die Zeit der Prozesse wegen verbrecherischer Vereinigung von 1875 bis 1883 hat den Vorteil, diese Realität mit etwas mehr Klarheit ans Licht zu bringen, verglichen mit den 1860er Jahren, als die juristische Aufarbeitung des Themas noch in den Kinderschuhen steckte; jedoch gibt es auch hier

(1875ff.) immer noch genug Illegalitäten und Klientelverhältnisse zwischen Angehörigen der Mafia und denen des Staates.

1 Franchetti, *Condizioni politiche e amministrative* cit., passim; diese These ist auch später breit wieder aufgenommen worden, z. B. von P. Pezzino, *Una certa reciprocità di favori. Mafia e modernizzazione violenta nella Sicilia post-unitaria*, Mailand 1990.

2 Vgl. z. B. den Beitrag von Gambetta in der Debatte mit Lupo, Pezzino und Tranfaglia in: »Passato e presente«, 1994, 31, Ss. 24–25.

3 G. Fiume, *Le bande armate in Sicilia (1819–1849). Violenza e organizzazione del potere*, Palermo 1984, passim.

4 E. Sereni, *Il capitalismo nelle campagne*, Turin 1980 (1. Ausg. 1946), Ss. 145ff.

5 Bericht vom 3.8.1838, in: E. Pontieri, *Il riformismo borbonico nella Sicilia del Sette e dell'Ottocento*, Rom 1945, Ss. 222–25.

6 Zit. in: Fiume, *Le bande armate in Sicilia* ... cit., S. 75.

7 Zit. in: G. Fiume, *La crisi sociale del 1848 in Sicilia*, Messina 1982, S. 64.

8 Unter der neueren Literatur vgl. z. B. G. Giarrizzo, *La Sicilia dal Cinquecento all'Unità d'Italia*, in: G. Giarrizzo, V. D'Alessandro, *La Sicilia dal Vespro all'Unità d'Italia*, Turin 1989, passim; und P. Pezzino, *La tradizione rivoluzionaria siciliana e l'invenzione della mafia*, in: »Meridiana«, 1990, 7–8, passim.

9 V. Maggiorani, *Il sollevamento della plebe di Palermo e del circondario nel settembre 1866*, Palermo 1866, S. 6.

10 Beitrag des Herzogs von Cesarò in: *Inchiesta Bonfadini.*

11 G. Petix, *Memorie e tradizioni di Montedoro*, Montedoro 1984, I, Ss. 241–42.

12 *Inchiesta Bonfadini*, Ss. 462–63.

13 ASPA, GP, 1876, b. 35, f. 6, der Quästor an den Staatsanwalt, 21.9.1875, Ss. 14–15 u. 15–16.

14 L. Franchetti, *Politica e mafia in Sicilia. Gli inediti del 1876*, hg. von A. Jannazzo, Neapel 1995, S. 190. Der Protestbrief von Turriti findet sich in der Zeitung »L'Amico del popolo«, 24.8.1874. Die Mafiosi-Liste aus Cefalù in: ASPA, GP, 1877, b. 39.

15 D. Farini, *Diario di fine secolo 1896–1899*, Rom 1961, II, S. 909.

16 R. Mangiameli, *Banditi e mafiosi dopo l'Unità*, in: »Meridiana«, 1990, 7–8, Ss. 73–117.

17 N. Turrisi Colonna, *Cenni sullo stato attuale della sicurezza pubblica in Sicilia*, Palermo 1988 (1. Ausg. 1864), Ss. 29–39.

18 Ebenda, S. 48.

19 Giarrizzo, *La Sicilia* cit., S. 700.

20 Bericht des Quästors, 28.2.1876, in: ASPA, GP, b. 35.

21 N. Recupero, *Ceti medi e »homines novi«. Alle origini della mafia*, in:

»Polis«, 1987, 2, S. 313.

22 Bericht des Quästors, 28.2.1876, in: ASPA, GP, b. 35.

23 Zeugnis Rudinì, in: *Inchiesta Fabrizi*, S. 118.

24 T.V. Colacino, *»La Fratellanza«*, in: »Rivista di discipline carcerarie«, 1885, zit. in: Pezzino, *Una certa reciprocità* cit., Ss. 212ff.

25 Die Zahlen beinhalten *nicht* Militärdienstverweigerer und Deserteure: Bericht der Depretis-Kommission in: APCD, 1874–75, Dokumente, Gesetzesentwürfe, 24 A, S. 21.

26 Bericht von Calà Ulloa, 25.4.1838, in: Pontieri, *Il riformismo* cit., S. 217.

27 Heute in einer Ausgabe hg. von F. Barbagallo, Neapel 1979 (1. Ausg. 1875).

28 Ich zitiere aus dem Entwurf von Bonfadini, Sitzung vom 25.3.1876, in: *Inchiesta Bonfadini*, S. 156.

29 Vgl. Fiume, Le bande armate cit., Ss. 159–69.

30 APCD, 1874, Dokumente, Bericht des Ministers Cantelli über die Maßnahmen zur öffentlichen Sicherheit, S. 2 u. 4.

31 Interview des Colonels und Kommandanten von Agrigent, in: *Inchiesta Bonfadini*, S. 580.

32 E. Fincati, *Un anno in Sicilia, 1877–78*, Rom 1881, S. 76.

33 Mangiameli, *Banditi e mafiosi cit.*, S. 98.

34 APCD, 1874–75, Diskussionen, 11.6.1875, S. 4126.

35 Schlussbericht in: *Inchiesta Bonfadini*, S. 1158.

36 Plädoyer von Tajani mit Zeugenaussage von Barraco in: *Antologia della mafia*, hg. von N. Russo, Palermo 1964, S. 163.

37 APCD, 1874–75, Diskussionen , 11.6.1875, S. 4114.

38 S. Sonnino, *I contadini in Sicilia*, in: Franchetti-Sonnino, *Inchiesta* cit., II.

39 Franchetti, *Condizioni politiche* cit., S. 93.

40 Interview Rudinì, in: *Inchiesta Bonfadini*, S. 951.

41 Ebenda, Ss. 36, 46, 49.

42 Ebenda, S. 196.

43 Ebenda, Ss. 33–34.

44 Mangiameli, *Banditi e mafiosi cit.*, passim.

45 Franchetti, *Condizioni politiche cit.*, Ss. 218–39; die Zitate sind den Seiten 219, 221, 222 und 224 entnommen.

46 So der Titel eines Pamphlets von R. Conti, Catania 1877 *(Risposta all'orrendo libello di Leopoldo Franchetti)*.

47 Alongi, *La maffia nei suoi fattori cit.*, S. 9.

48 Ebenda, S. 41.

49 Die Listen finden sich in ASPA, GP, 1877, b. 39.

50 Akte Nr. 50, Termini.

51 Akte über G. Demma, Nr. 52, Termini.

52 Brief vom 17.2.1877, in: ASPA, GP, 1877, b. 39.

53 Bericht des Sicherheitsbeauftragten, Oktober 1872, in ASPA, GP.

54 Zeugenaussage im Prozess Notarbartolo, wiedergegeben von G. Marchesano, *Processo contro Raffaele Palizzolo & C. Arringa dell'avv. G.M.*, Palermo 1902, S. 309.

[55] Alongi, *La Mafia* cit., S. 299.
[56] Ebenda.
[57] Sonnino, *I contadini* cit., S.
[58] Das Interview von Corleo in: Iachello, *Stato unitario* cit., Ss. 259–60. Identisch die Töne von Villari, *Le lettere meridionali* cit., S. 56; wenig überzeugend N. Colajanni, *La delinquenza in Sicilia e le sue cause*, Palermo 1885, Ss. 35ff.
[59] Franchetti, *Condizioni politiche* cit., S. 95.
[60] Ebenda, Ss. 97-99.
[61] So ein Anonymer am 22.3.1879, Ss. 2–3, in: ASPA, GP, b. 61.
[62] *Processo Amoroso*, S. 160.
[63] Ein Anonymer in: ASPA, GP, 1880, b. 51.
[64] Interview Pagano in: *Inchiesta Bonfadini*, S. 477.
[65] Ich zitiere aus Galatis Denkschrift, *I casi di Malaspina e la mafia nelle campagne di Palermo*, in: *Inchiesta Bonfadini*, Ss. 999–1016, vor allem S. 1000.
[66] Plädoyer des Anwalts Siracusa, *Processo Amoroso*, S. 218.
[67] Der Quästor an den Präfekten, 10.10.1875 in: ASPA, GP, b. 35.
[68] Galati, *I casi di Malaspina* cit., S. 1001.
[69] *Processo Amoroso*, S. 238 (Kursive von mir).
[70] Der Minister an den Präfekten, 18.9.1875, S. 3, in: ASPA, GP, 1875, b. 35, f. 6.
[71] Der Quästor an den Präfekten, 26.10.1875, S. 11, in: ASPA, GP, 1875, b. 35, f. 6.
[72] Ebenda, S. 10.
[73] Eingabe vom 29.12.1875, in: ASPA, GP, 1875, b. 35, f. 6.
[74] Der Minister an den Präfekten, 12.8.1875, Ss.u. 4, in: ASPA, GP, 1875, b. 35, f. 6.
[75] Bericht des Quästors an den Staatsanwalt, 29.9.1876, in: ASPA, GQ, b. 7 (1880), mit sehr reichhaltiger Dokumentation. Vgl. auch Cutrera, *La Mafia* cit., Ss. 118ff.
[76] Der Sicherheitsbeauftragte Bernabò an den Quästor, 16.9.1876, S. 3, in: ASPA, GQ, b. 7 (1880).
[77] Der Staatsanwalt von Palermo an den Minister, 18.1.1879, in: ACS, Giustizia, MAP, b. 49.
[78] Brief an das »Giornale di Sicilia«, 28.5.1878.
[79] Di Menza, *Cronache* cit., S. 238.
[80] Dokumentation in: ACS, Giustizia, MAP, b. 49; der Text der Briefe findet sich in: *Processo Amoroso*., Ss. 148–50.
[81] *Processo Amoroso*, S. 56.
[82] Prozess wegen Mordes an der Ehefrau gegen einen palermitanischen Mafioso: Bericht des Präfekten vom 23.8.1914, S. 3, in: ACS, Polizia giudiziaria, b. 144.
[83] Bericht des Präfekten, 16.6.1912, S. 2, in: ACS, Polizia giudiziaria, b. 374.
[84] Ebenda, S. 203.

[85] Ebenda, S. 40.

[86] Galati, *I casi di Malaspina* cit., S. 1000.

[87] E. Arnao, *La coltivazione degli agrumi*, Palermo 1899, S. 373.

[88] F. Alfonso, *Trattato sulla coltivazione degli agrumi*, Palermo 1875, S. 463; und Interview des Exporteurs F. Puglisi in: Iachello, *Stato unitario* cit., S. 200.

Wächter und Geschäftemacher

1. Mafia und Politik

Am 1. Februar 1893 wird in einem Eisenbahnwaggon auf der Fahrt von Termini nach Palermo Emanuele Notarbartolo aus San Giovanni ermordet, Spross einer der bekanntesten sizilianischen Adelsfamilien und Vertreter der historischen Rechten, aber eine Persönlichkeit, die über den Parteien stand und durchweg geschätzt wurde wegen ihrer moralischen Geradlinigkeit und wegen seiner Arbeit als Bürgermeister von Palermo (1873–75) und als Generaldirektor der Banco di Sicilia (1875–90).

Es handelt sich dabei nicht um politischen Terrorismus wie in der Zeit nach der italienischen Einigung. Ein Banditenüberfall scheint auszuschließen zu sein. Der Mord wird mit einem Messer ausgeführt, das besser zu einem Leidenschaftsverbrechen als zu Auftragsmorden passt. Wir haben hier nicht einen Kampf zwischen Gleich und Gleich um die Verpachtungen oder die Wächterstellen vor uns: Wir wissen, dass die Mafiosi aus dem Palermitaner Raum normalerweise nicht Landbesitzer töten, und schon gar nicht so herausragende Persönlichkeiten. Und doch nimmt die »öffentliche Meinung« ein Mafiadelikt an, genauer noch, ein Delikt der »hohen Mafia«, wobei als Ausführende zwei Vertreter der Mafiagruppe von Villabate genannt werden, Matteo Filippello und Giuseppe Fontana, und als Auftraggeber Raffaele Palizzolo. »In den öffentlichen Orten, auf den Straßen, überall sagte man: *Drahtzieher* muss Palizzolo gewesen sein.«[1]

Dieses Delikt stellt einen qualitativen Sprung dar, aber in gewisser Hinsicht bleibt es ein isolierter Spitzenfall, ein Signal für zukünftige Entwicklungen. Um es richtig einordnen zu können, halte man sich bewusst, dass die Mafia für mehr als ein Jahrhundert es nur in diesem Fall gewagt hat, so hoch zu greifen. Notarbartolo ist das erste der sehr prominenten und hoch stehenden Mafiaopfer und bleibt auch für fast achtzig weitere Jahre das letzte, bis zum Tod des Generalstaatsanwalts Pietro Scaglione 1971. Auf ein großes Verbrechen folgt auch eine große Reaktion. Das Ereignis ruft nicht nur in Sizilien, sondern in ganz Italien einen »Mafia-Notstand« hervor, auch dank der Tatsache, dass die drei Prozesse zum Fall Notarbartolo wegen berechtigten Verdachts nicht in Sizilien, sondern in Mailand (1899–1900), Bologna (1901–02) und Florenz (1903–04) abgehalten werden; und weil die Presse, indem sie den Debatten breiten Raum einräumt, das dunkle Objekt Mafia »nationalisiert«, und zwar viel mehr, als es die parlamentarische Diskussion von 1875 getan hatte. Begonnen mit dem, was der Marchese von Rudinì die »Bühne von Mailand« nennt, erleben alle Italiener ein sensationelles Schauspiel, in dem als Komparsen die Hunderte von Zeugen aus Sizilien auftreten, die in seltsame Gewänder gehüllt sind und deren Sprache nur durch gerichtlich ernannte Dolmetscher verstehbar wird.

Im ersten Prozess erscheinen nur zwei Angeklagte, die Eisenbahner Garufi und Carollo, die als Mordkomplizen angesehen werden; keine Anklage wird vorgebracht gegen Palizzolo und Fontana. Die Lösung gefällt der Familie Notarbartolo nicht und vor allem nicht dem Sohn des Toten, Leopoldo, der nur mit geballter Faust die Zögerlichkeiten und Widersprüchlichkeiten bei den Ermittlungen erträgt. In einer Reportage der Zeitung »Avanti!« lesen wir:

> Ich kann euch nicht das gespannte Zittern beschreiben, das Luftanhalten der Richter, der Geschworenen und des Publikums bei diesen Worten; auf unwiderstehliche Weise band eine scharfe, fast schmerzhafte Aufmerksamkeit das Gericht an die schnellen, prägnanten und sicheren Worte dieses achtundzwanzigjährigen jungen Mannes, der Rache forderte gegen den mächtigen Mann und mutmaßlichen Mörder seines Vaters.[2]

Unter dem Druck der Zivilklage verwandelt sich der Prozess in eine »öffentliche Ermittlung«, die der offiziellen Ermittlung gegenübersteht. Der Inspektor der Öffentlichen Sicherheit Cervis beschuldigt seinen Kollegen Di Blasi, Kreatur von Palizzolo, die Untersuchungen in die Irre geleitet und Beweise zerstört zu haben. Di Blasi wird im Gerichtssaal verhaftet. Eine vom Präfekten aus Palermo veranlasste Untersuchung bringt ein Schreiben ans Licht, mit dem der angeklagte Inspektor kaum einen Tag nach dem Mord *von sich aus* darum gebeten hatte, mit den Ermittlungen betraut zu werden, und in dem er gleichzeitig schon fantastische »Spuren« aufgezeigt hatte; im Untersuchungsbericht schließt man daraus: »Sein [Di Blasis] enges Verhältnis zum *commendatore* Palizzolo lässt daran zweifeln, dass ihm das Interesse fern lag, die Fäden der Sache in der Hand zu haben, um seinen Freund und Beschützer zu retten«.[3]

Cervis gibt zu verstehen, dass die Palizzolo-»Partei« Komplizenschaft in Ballabio, dem Quästor von Palermo von 1893, gefunden habe. Als dieser Di Blasi gegenübergestellt wird, explodiert er in einer Nervenkrise und bezeichnet Di Blasi als »Lügner und Feigling, der Unehre über die Quästur von Palermo gebracht hat.« Der General Mirri, 1899 Kriegsminister der Regierung Pelloux und Chef der Öffentlichen Sicherheit in Sizilien in der Zeit des Belagerungszustandes, beschuldigt die Justiz der »größten Unbekümmertheit, Nachlässigkeit, ja Schuldigkeit«. Und der nachfolgende Quästor, der ehemalige Inspektor Lucchesi, tönt: »Eine magische Hand, mysteriös aber mächtig, hat in diesem Prozess mitgewirkt! Nur so erklärt es sich, dass er erst nach sechs Jahren abgehalten wird, wo doch gerade vier Monate ausgereicht hätten.« All diese und viele weitere Personen bezeugen die »verbrecherischen Fähigkeiten« von Palizzolo und seine Beziehungen zur Mafia.

Wie sich herausstellen wird, haben sowohl der General als auch der Quästor Dreck am Stecken und leisten so ihren Beitrag zu einem »riesigen und ausufernden« Skandal, der, wie Pelloux und Sonnino besorgt bemerken, sogar die politischen Gleichgewichte in Frage stellt.[4] Auf der Bühne von Mailand spielen die »Schauspieler« ein so subversives Stück, dass das örtliche Militärkommando seinen Offizieren den Besuch des Gerichtssaals verbietet; aber allen, sowohl den beim Prozess Anwesenden als auch den Abwesenden, zeichnen die Sonderkorrespondenten der verschiedenen Zeitungen ein Bild von staatlichen Institutionen, die sie der Komplizenschaft bezichtigen, und von sich gegenseitig Schuld zuweisenden Politikern. Über bestimmte Episoden, gibt der Generalstaatsanwalt von Mailand zu, muss man das Urteil »der öffentlichen Meinung« überlassen, »welche oft nicht irrt und Lob und Tadel an den Richtigen verteilt, wie es die Gerechtigkeit gebietet«.[5] Aber für die öffentliche Meinung verteilt sich die Verantwortlichkeit auf Richter, Quästoren und Präfekten, einschließlich der Regierungen, unter denen die Ermittlungen versandet sind.

Unter diesen Regierungen ist paradoxerweise auch die unter dem Vorsitz des Marchese di Rudinì, eines persönlichen Freundes von Emanuele Notarbartolo und Führer seiner politischen Richtung, der Rechten. Es sind die Jahre des Regionalkommissariats für Sizilien (1896–97), womit Rudinì Giovanni Codronchi betraut, dessen offizielle Aufgabe es ist, die Klientelnetze zu zerschlagen; aber die wirkliche Aufgabe, bemerkt sarkastisch Sonnino, ist es, ein »Wahlkommissariat« zu schaffen, das die Partei von Crispi zerschlagen und den gemäßigten Flügel für die Regierung zurückgewinnen soll. Zu diesem Zweck ist Codronchi der richtige Mann: Vertreter der Rechten und verhasst bei der sizilianischen Linken seit 1875, aber 1889–90, als Präfekt von Neapel, ein zuverlässiger Vollstrecker der Politik Crispis.

Im April 1896, noch vor seiner offiziellen Ernennung zum Regionalkommissar, sagt Codronchi:

> Alle wissen, wer der Mordbeauftragte war, und wer der Auftraggeber. Die Justiz hat vor irgendeinem großen Tier Halt gemacht, einem Freund von Crispi. [...] Ich habe Rudinì gesagt, dass ich nicht vorhabe, mich auch vor seinen Freunden zu er-

> geben, vor dem Abgeordneten Palizzolo zum Beispiel. Rudinì hat mir geantwortet: In Ordnung, Palizzolo ist ein Lump.[6]

Codronchi überschätzt sich. Die Wiederaufnahme des Falls ergeht wahrscheinlich auf Anweisungen von Rudinì, Anweisungen, denen allerdings nicht leicht beizukommen ist, da die Indizien nicht die Crispi-Anhänger belasten, sondern Palizzolo, der, mag er auch ein »Lump« sein, doch eine der Säulen der Rechten darstellt. Und andererseits hat der Abgeordnete Palizzolo die Unterstützung der Regierung dringend nötig, denn zu dem Verdacht im Fall Notarbartolo kommt noch ein weiterer, der Mordfall eines gewissen Francesco Miceli; Palizzolo schreibt dies einer gegen ihn gerichteten Kampagne durch Giolitti zu und sieht sich als Opfer einer politischen Verfolgung:

> Kaum passiert ein großes Verbrechen in der Provinz, werden im Kabinett des Präfekten die ersten Prozessakten abgefasst und der Präfekt verschmäht nicht das Werk irgendeines gelehrten Beraters, der ein Kandidat für ein Regierungsamt bei den nächsten Wahlen sein könnte. [...] Diese Berater nehmen als Urheber jeden Verbrechens oder Delikts immer den Kandidaten der Opposition an und als mehr oder weniger notwendige Komplizen seine Freunde und Unterstützer.[7]

Man muss sich also nicht wundern über die unangenehme Situation, in die Leopoldo Notarbartolo gerät, als er Codronchi in heimlicher Übereinkunft mit Palizzolo findet. In den folgenden Monaten entspinnt sich ein täglicher Austausch zwischen dem Graf aus Imola und dem palermitanischen Abgeordneten, in dem Codronchi Anweisungen für die hohe Politik gibt und Palizzolo sich um die lokalen Angelegenheiten kümmert: Auflösung von Gemeinderäten, Parzellierung von Domänengütern, Stundung der Schulden irgendwelcher Gesellschaften, Auswahl der Apotheker für den Dienst an den Armen von Palermo, Zusammensetzung des Corps der Zollaufsicht. Besonderes Augenmerk legt

Palizzolo auf die Wahl der Sicherheitsbeamten: Er protestiert gegen die Versetzung des Sicherheitsbeauftragten Olivieri von Palermo weg, den er als »meinen treuen Wähler« bezeichnet, »der mir in hohem Maße nützlich sein könnte«, während »man in dieser [Provinz] und in meinem Wahlbezirk andere Funktionäre belässt, die mir nicht wohlgesonnen sind!«; er interveniert zugunsten eines ehemaligen Sicherheitsbeauftragten, eines gewissen Francesco Saitta, und ruft damit aber den Unwillen des hohen Kommissars hervor, der schreibt: »Dieser Saitta wurde verurteilt und seines Amtes enthoben; und man empfiehlt ihn mir zur Ernennung als Chef der Feldhüter!« Ganz besonders bemüht sich Palizzolo darum, die Ernennung zum Assessor der städtischen Polizei zu erlangen:

> Ich habe zahlreiche Freunde, deren Rechte man mit den Füßen getreten hat und die höchst interessiert daran sind, dass ich, auch nur für einen Monat, Teil der Exekutivmacht werde. [...] Amato müsste wohl von den weisen Ratschlägen Eurer Exzellenz abhängen sowie von denen der Freunde, ohne die er keine 48 Stunden Bürgermeister [Palermos] bleiben könnte«.[8]

Um zu verstehen, um welche »Freunde« es sich handelt, sei bemerkt, dass vor den Gemeinderatswahlen von Palermo eine Reform des Wahlsystems verabschiedet worden ist, die den Kandidaten aus den Vororten ein überproportionales Gewicht gibt: Nach De Felice werden so in Mafiaverdacht stehende Personen mit wenigen Dutzend Stimmen gewählt, während im Zentrum von Palermo Kandidaten der Opposition durchfallen, die mehr als tausend Stimmen erhalten haben. Unter den auf diese Weise Gewählten findet sich auch ein Salvatore Licata, Sohn des Andrea Licata, den wir in den 1870er Jahren schon kennen gelernt haben. Nur Palizzolo kann solche Personen unter Kontrolle halten. Es kann daher nicht überraschen, dass Codronchi sich 1897 von der Unschuld Palizzolos überzeugt erklärt und stattdessen die Crispi-Anhänger Figlia und Tenerelli in Verdacht nimmt.

Der Quästor von Palermo ist Lucchesi, den der hohe Kommissar für einen »äußerst fähigen Mann« hält, »der alles und alle kennt«; aber trotzdem sieht sich Codronchi gezwungen, Lucchesi entfernen zu müssen, weil er ein »Tunichtgut« sei. Wirklich einzigartig sind die Anweisungen, die der Quästor seinen Untergebenen im Sommer 1896 gibt: Sie sollten keinen Anzeigen gegen die Mafiosi in Villabate nachgehen, »um zu verhindern, dass Personen, denen schwere Verbrechen vorgeworfen werden, flüchtig werden und damit die öffentliche Sicherheit gefährden«.[9] Das ist der Mann, der den Fall wieder aufnehmen soll, mit dem neuen Generalstaatsanwalt, Vincenzo Cosenza. Man entscheidet, auf die »Verbreitungen« eines Häftlings zu setzen, eines gewissen Bertolani, dem zufolge Fontana (zu der Zeit im Gefängnis in Venedig wegen Verbreitung von Falschgeld) sich damit gebrüstet haben sollte, Notarbartolo umgebracht zu haben; als Auftraggeber nennt Bertolani – und interpretiert dabei die Wünsche seiner Beschützer in extensiver Weise – keinen Geringeren als Crispi. Das erlaubt die Revision der Ermittlung und die Beschuldigung von Garufi und Carollo, aber nicht von Fontana, dessen Alibi auch deshalb unangreifbar scheint, weil der Generalstaatsanwalt Cosenza es versäumt, Lucchesi den Eisenbahner Diletti gegenüberzustellen, der dem Quästor anvertraut hatte, den Mafioso, also Fontana, am Tag des Verbrechens im Zug erkannt zu haben. So nimmt der Zeuge zunächst seine Aussage zurück und wird erst im Prozess Fontana wieder beschuldigen.

In den Jahren 1896–97 laufen also merkwürdige Mechanismen ab: Codronchi ist gewillt, den Auftraggeber des Mordes an Notarbartolo zu finden, aber als alle Spuren auf Palizzolo hindeuten, zieht er daraus keine Konsequenzen, sondern nimmt nur Fontana ins Visier; aber auch das scheitert am Widerstreben von Cosenza. Im Übrigen bleiben sowohl der hohe Kommissar als auch sein noch höherer politischer »Inspirator« davon überzeugt, dass ihr ehemaliger Verbündeter nicht schuldig sei, oder dass er wenigstens nicht der einzige Schuldige sei. Rudinì schreibt im Dezember 1899 an Codronchi:

> Ich kann nicht für Palizzolo garantieren. Die allgemeine Meinung, die sich gegen ihn gebildet hat, sagt, dass er zu Verbrechen fähig ist. Aber [...] die Verbissenheit, die man ihm gegenüber in der ersten Ermittlung an den Tag gelegt hat, zeigt beinahe, dass man absichtlich versucht hat, die Justiz abzulenken und damit von der richtigen Spur abzubringen.[10]

Der Brief ruft zur Ruhe auf in den hektischen Tagen des Prozesses von Mailand, in dem alle versuchen, Palizzolo zu entlasten. Rudinì wiederholt seine Meinung, dass der wahre Skandal in der unterlassenen Beschuldigung von Fontana bestehe und dass also, »wenn es etwas Faules gebe«, dieses beim Staatsanwalt und den Richtern gesucht werden müsse. Codronchi lässt sich nur sehr eingeschränkte Zugeständnisse über die »verbrecherischen Fähigkeiten« Palizzolos entlocken. Lucchesi dagegen tönt gegen die Justizbeamten, aber auch gegen Palizzolo, ohne zu merken, dass er damit seine Beschützer in Schwierigkeiten bringt: »Dieses Verhalten von ihm«, bemerkt verärgert Rudinì, »erscheint mir sehr verwunderlich!« Die Erklärung für das Verhalten des früheren Quästors ist einfach, findet der palermitanische Präfekt De Seta: »Er richtete seine Handlungsweise nur an eigenen Nützlichkeitserwägungen aus: es schien opportun, sich hart zu zeigen gegenüber Palizzolo, während er in anderen Zeiten sein Freund gewesen war«.[11]

In Palermo erzeugen die Ereignisse bei den Justizbeamten große Besorgnis; Cosenza protestiert gegen den breiten Raum, den das mailändische Gericht dem »unwürdigen und ekelhaften Schauspiel [...] einer privaten Rache« einräumt.[12] Die untypische Prozedur wird vom Zivilkläger gerechtfertigt als revolutionäre Anstrengung gegenüber den palizzolianischen Einflüssen gerade auf den Staatsanwalt, der auf schmerzhafte Weise gezeigt hat, dass man von ihm nicht den Triumph der Wahrheit und der Gerechtigkeit erwarten kann. Wenn Palizzolo auf den Justiz- und Polizeiapparat von Palermo setzt, benutzen die Notarbartolo ihr Netz an Beziehungen im Feld der Gemäßigten und Aristokraten, vor allem in den Monaten des Mailänder Prozesses, dank der Unterstützung, die ihnen König Umberto I. selbst zuteil werden lässt (auf Bitten des Prinzen von Camporeale) und dank der persönlichen Beziehungen, die der Onkel von Leopoldo Notarbartolo, der Major Baron Gaetano Merlo, mit dem Regierungschef General Pelloux unterhält.

Die Affäre verzeichnet aber eine noch nicht dagewesene Vermischung zwischen diesem Block aus konservativ-gemäßigten Kräften und der äußersten Linken, die eine wichtige Rolle in der Prozessführung spielt: Leopoldo Notarbartolo hat sich zwei sozialistische Anwälte genommen, Carlo Altobelli und Giuseppe Marchesano, und Letzterer bildet die Brücke zum palermitanischen Sozialismus von Aurelio Drago und vom Prinzen Alessandro Tasca di Cutò. In den Jahren der Bankskandale ist dieses Zusammenfallen von Rechts und Links weniger paradox, als es erscheinen mag; zwischen beiden politischen Richtungen besteht ein Berührungspunkt darin, dass man die Verfilzung zwischen der Geschäftswelt, der Politik und der Verwaltung anklagt und dass man die Entartung des repräsentativen Systems beklagt, das zur Benutzung der Mafia führt: »Was müsste die Regierung machen?«, fragt sich Drago. »Die Mafia bekämpfen? Und wer soll dann die Wahlen machen? Also muss man sie organisieren. Und die Regierung organisiert sie, bewaffnet sie und bezahlt sie«.[13]

Sozialisten und Radikale haben es außerdem nötig, ins politische Spiel zurückzukehren, aus dem sie der Belagerungszustand von 1894 ausgeschlossen hat, und in einer gemeinsamen anticrispinischen Position versuchen sie eine Annäherung an die Anhänger von Rudinì schon mit Codronchi; diese Avancen finden aber keine Antwort.

Der Prozess von Mailand folgt auf die gewaltsame Niederschlagung der Aufstände von 1898 und auf die erste Phase der parlamentarischen Obstruktion gegen die »freiheitstötenden« Gesetze von Pelloux (Juni 1899); die letzten beiden Monate dieses Jahres und der Anfang des folgenden Jahres erleben die Linke in der Offensive gegen eine

Regierung, die sich so hart gegen die Sozialisten und so nachgiebig gegenüber den Mafiosi zeigt. Wie ein Abgeordneter bemerkt, hat die italienische Politik »zwei Gesichter: auf dem einen ist die Symbolfigur Palizzolo, auf dem anderen ist das Bild der [sozialistischen] Abgeordneten De Ambris, Chiesi, Turati, auf Listen gesetzt und überwacht von der Öffentlichen Sicherheit«; nach einer sehr harten Rede von einem der Protagonisten der parlamentarischen Obstruktion muss Pelloux zugeben, dass aus Mailand »eine Lektion« kommt, »eine harte Lektion für alle«.[14] Die Skandalwelle trifft im Übrigen auch die Regierung in der Person des Generals Mirri, der zurücktreten muss, als der Generalstaatsanwalt Venturini, den er in Mailand hart angegriffen hat, der Zeitung »Il Tempo« einige Briefe von 1894 zukommen lässt, in denen der General die Freilassung des Mafioso Saladino, der zu den Crispi-Anhängern gehört, aus dem Gefängnis verlangt.[15] Am 8. Dezember 1899, als sich das Gerücht über eine Flucht ins Ausland von Palizzolo verbreitet (der sich aber in Sizilien aufhält), unterbricht Pelloux die telegraphische Nachrichtenübermittlung zwischen Rom und Palermo und erreicht – unter Missachtung der normalen Prozedur –, dass das Parlament unverzüglich seine Zustimmung zur Verhaftung von Palizzolo gibt, die sogar ohne richterliche Anordnung durchgeführt wird.

Das ist ein großes Problem, bedenkt man die palermitanischen Beziehungen des inhaftierten Abgeordneten. Wie schon so oft in der Vergangenheit fällt auch hier wieder die fehlende Übereinstimmung zwischen Polizei und Justiz auf, wobei Letztere, wie das »Giornale di Sicilia« schreibt, »anstatt die natürliche Verbündete und Unterstützerin der Öffentlichen Sicherheit zu sein, deren Handlungen behindert und sie machtlos und lächerlich macht«. Der Sicherheitsbeauftragte Lancellotti, angeklagt wegen Amtsmissbrauch, nachdem die Mitglieder der Mafiagruppe, gegen die er ermittelt hat, wieder freigesprochen worden sind (»wie üblich« aus Mangel aus Beweisen), sagt, dass einer von diesen ihm ins Gesicht gesagt habe, er fühle sich mehr als sicher, solange es in Palermo den Richter Pezzati gibt, einen Freund von Palizzolo. Palizzolo im Gefängnis sagt wiederholt, dass er »alle seine Hoffnungen, all sein Vertrauen« in den Generalstaatsanwalt setze. Die Widerstände, die Cosenza dem Druck des Justizministers Gianturco von der neuen Regierung Saracco entgegensetzt, beschwören einen Konflikt zwischen Exekutive und Judikative herauf, vor allem in dem Moment, als der Staatsanwalt die Anklagerede an sich zieht, da er der Anklagekammer nicht traut, die von der Schuld Palizzolos überzeugt ist. Am Ende muss Cosenza doch das Hauptverfahren gegen Palizzolo und Fontana eröffnen, aber er tut das mit Begründungen, die schon fast wieder ein Plädoyer zu ihren Gunsten darstellen. In diesem Klima der Spaltungen, des Druckmachens, der Paradoxe und neuer und schwererer Verdächtigungen gelangt man zum Prozess in Bologna.

2. Der Abgeordnete Palizzolo

»Palizzolo war von mildem Charakter, gutmütig und herzlich, ein Dichter in den Mußestunden, ein bisschen eitel, sehr gesprächig, unfähig, ein Geheimnis zu halten, und daher auch unfähig, einem anderen den Auftrag zu einer Bluttat zu geben«:[16] Das ist das Bild, das seine Verteidiger von ihm malen. In der Tat handelt es sich bei ihm um eine relativ farblose Person, deren altmodische Rhetorik schon fast lächerlich wirkt, zumindest in den Ohren eines mailändischen Zeitungsreporters, der ihn im Prozess von Bologna anhört: »Er spricht, auf einen Stuhl gestützt, mit tragischer Geste und vielen Handbewegungen, verändert seine Stimme, lässt sie mal süß, mal streng, dann wieder wuchtig klingen und sucht ganz offensichtlich den Effekt.« Der Ton des Angeklagten wird leiser, wenn er den eigenen Einfluss erklärt: »Ich allein war der zugängliche Abgeordnete für die Wähler [...]. Ich ging unters Volk, lebte mit ihm und versuchte, sein Berater und Freund zu sein. Und das Volk fühlte Dankbarkeit.«[17]

Wie die Verteidigung ohne Scham zugibt, hat sich Palizzolo, Verwalter von ›frommen Stiftungen‹, Mitglied einer Unzahl von Kommissionen, kommunaler und Provinzabgeordneter, eine Klientel geschaffen, die Personen aller Art umfasst, also auch manchen Mafioso, dessen er sich in den Wahlen bediente, ähnlich wie andere Abgeordnete. In einigen Punkten fällt diese Interpretation zusammen mit der von Gaetano Mosca, der sie der Nachwelt folgendermaßen überliefert hat:

> Er war sehr populär, wenn die Popularität darin besteht, leicht zugänglich zu sein für Personen jeder Klasse, jeder Schicht und jeder Moral. Sein Haus war ohne Unterschied offen für Edelmänner und Gauner. Er empfing alle, versprach allen etwas, schüttelte allen die Hand, plauderte unermüdlich mit allen; allen las er seine Verse vor, erzählte von seinen rednerischen Erfolgen in der Kammer und gab durch geschickte Anspielungen zu verstehen, wie viele und welche sehr mächtigen Beziehungen er habe.[18]

Für Mosca hätten wir hier also nicht einen Verbrecher vor uns, sondern eine typische Kreatur des erweiterten Wahlrechts, einen der *Parvenüs*, die aus der Politik einen Beruf machen und gewohnt sind, sich die Zustimmung der Wähler durch die Praxis der kleinen Gefallen zu sichern. Aus praktischer Sicht reduziert Mosca den Chef einer Mafiagruppe auf den Patron einer Klientel, um damit die offensichtliche Kompromittierung von Rudinì und Codronchi mit Palizzolo akzeptabler zu machen.

Palizzolo hat sich in der Tat ein Vermögen geschaffen mit dem Kauf von Domänengütern, aber er ist kein Parvenü aus dem Kleinbürgertum, wie es der Ehrentitel »cavaliere« *(Ritter)* anzeigt, der seinem Nachnamen vorangestellt wird. Er tritt ins Parlament 1882 ein, Symboldatum für die Erweiterung des Wahlrechts, aber es handelt sich bei ihm nicht um einen Crispi-Demokraten, sondern um einen Regionalisten, einen Vertreter der *palermitanischen* Partei, die, wie wir wissen, mit nachrisorgimentalen »Erschütterungen« zu kämpfen hat. Gräbt man ein bisschen in seiner Karriere, gelangt man zum entscheidenden Moment von 1876–77, der jedem schönfärberischen Bild widerspricht und stattdessen das Bild eines Helfershelfers der Briganten Valvo, De Pasquale und Leone zeichnet und des erzwungenen Kollaborateurs der Quästoren Lucchesi und Malusardi. Auch in der Folgezeit sieht man Palizzolo involviert in Banditenunternehmungen, wie die der Entführung Emanuele Notarbartolos 1882. Viele Fäden führen zu Palizzolo. Die Heeresuniformen, mit denen die Banditen sich verkleiden, beschafft ein Klient von ihm. Nach der Zahlung des Lösegelds verschanzen sich die Banditen in einem Grundstück, das an einen Besitz von Palizzolo in Villabate anschließt; durch mysteriöse Erleuchtung gelingt es dem wohlbekannten Inspektor Di Blasi, den Unterschlupf zu entdecken.

Helfershelfer der Bande ist ein Giuseppe Fontana (aus Rosario), der 1882 in Villabate und in einem Gebiet, das bis zur Grenze der anschließenden Provinz Messina reicht, einen unangefochtenen Einfluss ausübt. Im Jahr 1866 wurde er verwarnt, 1873 kam er ins Gefängnis wegen Mordes und wartete vertrauensvoll auf seine Freilassung dank einiger Personen, die sich durch ihre gesellschaftliche Position auszeichnen; in den 1880er Jahren wurde er einmal in die Verbannung nach Ventotene geschickt und zweimal nach Ustica, wo ihn Palizzolo besuchte und seine Freilassung erreichte. Es handelt sich bei ihm um einen Cousin des Giuseppe Fontana (aus Vincenzo), der für den Killer von Notarbartolo gehalten wird. Eine andere Kontaktperson zwischen Palizzolo und der Mafiagruppe von Villabate ist Matteo Filippello aus Caccamo, der schon Helfershelfer von Leone war. In seinem Bericht schreibt der Quästor Sangiorgi über die *Cosca* von Villabate:

> Das Aktions- und Einflussgebiet dieser Verbrechergesellschaft reduziert sich nicht nur auf das Territorium von Villabate, sondern erstreckt sich auch noch auf die nahen Vororte von Paler-

> mo, auf Ficarazzi und Misilmeri, und ihre zahlreichen Missetaten sind fast immer ungestraft geblieben wegen der Angst, die sie den Zeugen und auch den geschädigten Personen einjagt, die fürchten, sich dem sicheren Tod auszuliefern und es daher lieber vorziehen, zu schweigen und zu leiden.[19]

Wer für die Entführung von 1882 verantwortlich ist, kann man nach der »territorialen Logik« insofern vermuten, als nämlich der Ort der Entführung (Caccamo) und der Ort, an den die Banditen sich zurückziehen, nachdem sie das Lösegeld erhalten haben (Villabate), nur die *Patronage* von Palizzolo wahrscheinlich machen. Im Jahr 1892 ist diese Zone nicht Teil seines Wahlbezirks; vor allem Albergheria, das Viertel in Palermo, wo er die meisten Stimmen erhält, liegt in der Altstadt, wie Mosca und die Verteidigung mit der Intention unterstreichen, die Beziehungen zur Mafia zu widerlegen, die, wie wir wissen, ihren Wahlsitz in den Vororten hat. Das Thema verweist noch einmal auf die Kandidatur Palizzolos in Caccamo. In Caccamo wie im Gebiet südöstlich von Palermo, in Mezzomonreale, in Ciaculli und Villabate besitzt er Ländereien und hat also Beziehungen zu den Kreisen der Feldhüter, der Großpächter und der Brunnenwächter. Wir könnten hier schon deshalb auf eine Verbindung zur Mafia verweisen, weil Palizzolo von seinem Landbesitz allein die vielen festen Angestellten, die er unterhält, gar nicht bezahlen könnte: »[...] Man könnte fast sagen, er hat diese Stücke Land nur, um darauf Vorbestrafte zu halten!«[20]

Weitere Aufschlüsse zu diesem Thema kann uns der Mordfall Miceli geben, als dessen Urheber Palizzolo gleichzeitig mit dem Fall Notarbartolo angeklagt wird. Das Szenarium des Verbrechens ist der große Landwirtschaftsbetrieb »Rocca di Monreale«, dessen Besitzerin Marianna Gentile 1873 gestorben ist und als hauptsächlichen, aber nicht einzigen Erben ihren Enkel hinterlassen hat: eine sehr verzwickte Situation, weil es nicht weniger als 500 Verwandte gibt, die an dem Erbe interessiert sind; einigen von ihnen hat sie beachtliche Legate vermacht, andere dagegen fechten die Gültigkeit des Testaments an. Palizzolo kauft sich die Rechte über einen großen Teil der Erbschaftsanteile und investiert eine unverhältnismäßig hohe Summe angesichts des Defizits, den der Betrieb abwirft, und des Chaos, in dem er sich befindet. Und dennoch schafft er es nicht, die ›Säuberung‹ abzuschließen, wegen »der Verwaltungs- und Gerichtsausgaben, der Habgier der vielen, die von dem Erbe schon Besitz ergriffen haben, und wegen der Beschränktheit seiner Mittel«; also ändert er seine Strategie, versucht ein paar Einigungen und verhindert unterdessen, dass ein Francesco Di Liberto in den Betrieb eintritt, der vom Gerichtsverwalter zum Pächter ernannt worden war; in Anbetracht der »vielen Beziehungen« des Abgeordneten zieht sich Di Liberto »um des guten Friedens willen« wieder zurück.[21]

Palizzolos Absichten entgegen stellt sich Francesco Miceli, Verwalter der Villa Gentile, »eine Person mit Mut, Stärke und starker Hand gegenüber den Bauern«, der schon aus Familientradition nicht leicht einzuschüchtern ist, handelt es sich doch um den Sohn jenes Turi Miceli, der 1848, 1860 und 1866 die Kampftruppen von Monreale anführte. Palizzolo erklärt, »die Mafia von Miceli« nicht zu fürchten, und kündigt an, »er werde auf seinem Land Personen einstellen, die ihn [Miceli] in die Schranken verweisen könnten«.[22] Unter diesen sind zwei üble Burschen wie Nicolò Trapani und Filippo Vitale, Ersterer als Verbannter unter Malusardi vorbestraft, Letzterer Mafiachef von Altarello di Baida. Miceli fährt fort, die Betriebsführung von Palizzolo und seinen Schützlingen zu kritisieren, und überzeugt überdies einige Miterben davon, nicht zu verkaufen; er zeigt sich auch unbeeindruckt, als Palizzolo sich seiner früheren Beziehungen zu dem Banditen Leone brüstet, und weicht auch dann nicht von seiner Linie ab, als ihm ein Revolverschuss knapp am Kopf vorbeigeht. Besiegt wird er erst durch die Schusssalven, die ihn am 17. Juli 1892 töten. Nach seinem Tod haben die Männer von Palizzolo freie Hand und machen aus dem Landgut Gentile einen Knotenpunkt für den

Tabakschmuggel und den Viehraub, auf der Strecke, die vom Landesinnern nach Palermo führt; hier werden zum Beispiel 1889 Tiere wieder gefunden, die man in Sciara geraubt hat, 30 km östlich von Palermo. Und hierher wird auch ein entführtes Mädchen gebracht, das durch die Vermittlung von Palizzolo wieder freigelassen wird. Der Betrieb wird also zu einem strategischen Punkt für kriminelle Handlungen. Man kann auch nicht sagen, dass Palizzolo nur mit den Mafiosi verhandelt, weil er als Großgrundbesitzer oder Politiker dazu gezwungen ist, sondern er kommt vielmehr erst zum Besitz und zur Politik, weil er ein wichtiges Verbindungselement zwischen den verschiedenen Mafiagruppen ist, ein großer Koordinator auf subprovinzieller Ebene. Schon seit langem bezeichnet es die Polizei als »sichere« Sache, dass Palizzolo »der Mäzen der Mafia des palermitanischen Gebiets und vor allem seines südlichen und östlichen Teils« ist, aber erst im Prozess von Mailand und noch mehr in dem von Bologna offenbart sich seine Figur ohne Schleier und werden letzte Unsicherheiten ausgeräumt. Neben der Initiative der Zivilklage gebührt ein großes Verdienst für dieses Resultat Ermanno Sangiorgi, dem alten Verfolger der *Cosca dell'Uditore*, den Pelloux im August 1898 zum Quästor von Palermo ernannt hat, um zusammen mit dem Präfekten Francesco De Seta den Kampf gegen Palizzolo und die Mafia zu führen.

In der Quästur erheben die Anti-Palizzolianer wieder ihren Kopf. Es ist Sangiorgi, der die Verhaftung Palizzolos vornimmt, noch bevor der widerstrebende Staatsanwalt Cosenza einen Haftbefehl ausstellt, und er ist es auch, der den Verzögerungen bezüglich der Verhaftung Fontanas ein Ende macht; Fontana war vom Prinzen di Mirto angestellt worden, um auf seinen Ländereien im Binnenland den Banditen Varsalona zu bekämpfen; Sangiorgi bestellt nun den adligen Herrn in sein Büro ein und droht ihm sogar selbst mit einer Verhaftung; also ergibt sich Fontana, aber nicht dem Polizisten, sondern dem Gentleman, d. h. er ergibt sich im Haus von Sangiorgi, nicht in der Quästur, und fährt im

Wagen des Prinzen vor, begleitet von seinem Rechtsanwalt. Das Ritual erinnert an eine Verhandlung zwischen Mächten von Gleich zu Gleich. »Dieser Prinz hat Besitztümer und Latifundien in verschiedenen Provinzen Siziliens, und die Verhaftung Fontanas wäre sehr schwierig geworden [...]«, rechtfertigt sich De Seta. »Hier ist es nicht unschicklich, dass auch ein ehrlicher Landbesitzer seinen Besitz mithilfe von mafiosen Wächtern schützt.«[23] Und es ist wiederum Sangiorgi, der sowohl in Mailand als auch Bologna die »verbrecherischen Fähigkeiten« von Palizzolo bezeugt und aus den Archiven seines Büros Dokumente herausholt, die beweisen, wie Palizzolo zugunsten zahlloser Mafiosi Druck ausgeübt hat – Beweise, die das stärkste Argument in den Händen des Zivilklägers darstellen. Quästor und Präfekt lösen in der Zwischenzeit »Kommissionen und Verwaltungsräte auf, an denen Palizzolo teilhatte«, leiten die Parlamentswahlen von 1900, in denen der inhaftierte Abgeordnete kandidiert, »getragen von seiner zahlreichen und interessierten Klientel«, und unterstützen mit Erfolg den Rechtsanwalt Giuseppe Di Stefano Napolitano, den siegreichen Kandidat, der alle richtigen Eigenschaften hat: »jung, reich, geschätzt im Gericht und in der Stadt, und neu im politischen Leben«.[24]

Die öffentliche Meinung sieht schon seit langem Beziehungen zwischen dem Fall Notarbartolo und anderen Verbrechen und fragt sich, wie man all das erklären könne, ohne auf den Gedanken einer verbrecherischen Vereinigung zurückzukommen. Der alte Quästor Farias hatte schon Untersuchungen eingeleitet; der neue nimmt alte Kontakte auf und »unter Amtsgeheimnis« erhält er Informationen über Falschgeldherstellung, die er aufdeckt, konfisziert und die Fälscher verhaftet. Derselbe Informant bietet ihm zu diesem Zeitpunkt den Schlüssel zur Lösung anderer Verbrechensfälle. Und es erscheint wieder, wie zur Zeit der Amoroso- und *stoppaghieri*-Prozesse, der *Deus ex Machina*, der Superinformant, die »zuverlässige«, aber anonyme Quelle, der man »absoluten Glauben schenken darf und muss« und die die Behörde an der Hand führt, um den »finsteren Verein«

aufzudecken, der den einzelnen Verbrechen zugrunde liegt. Die Gelegenheit des Falls Notarbartolo führt Sangiorgi zu dem Versuch, mit einem einzigen großen Schlag die Macht der Mafia zu zerschlagen, indem er Hintergründe offenbart, die wegen ihrer Vollständigkeit und Genauigkeit als einmalig anzusehen sind. In 31 handgeschriebenen Berichten auf insgesamt 485 Seiten, abgefasst zwischen November 1898 und Februar 1900, zeichnet der Quästor das Bild einer großen Organisation, seiner Hierarchien und seiner Verbrechen.

Die uns wohlbekannten Namen Giammona, Siino, Bonura und Biondo bilden die Führerschaft der Organisation. Wir finden auch Gaetano Badalamenti, den wir schon als Protagonisten der Fehde mit den Amoroso kennen gelernt haben. Der »leitende Kopf« ist noch Antonino Giammona, »welcher die Richtung vorgibt durch Ratschläge, die an seiner langen Erfahrung als alter Vorbestrafter ausgerichtet sind, und Anweisungen erteilt, wie man die Verbrechen auszuführen habe und wie man sich eine Verteidigungsposition schafft«.[25] Die operative Leitung wird den Jüngeren überlassen, Giuseppe Giammona für Passo di Rigano, Francesco Siino für Malaspina. Letzterer fungiert auch als Chef der Organisation in ihrer Gesamtheit, die, wie es scheint, etwa 670 »Elemente« zählt, verteilt auf die Gruppen, die in den südwestlichen Vororten von Palermo sitzen. Die Quästur kann aber nicht zeigen, dass die Organisation ihre Autorität auch auf die Provinz erstreckt. Auch nehmen die Anführer der Mafiagruppen in der Zone, die vom Südosten Palermos bis ans Meer reicht, nicht an den Versammlungen der anderen teil und werden auch nicht in ihre blutigen internen Konflikte miteinbezogen. »Draußen« bleiben vor allem auch die Mafiosi von Villabate, d.h. die Gruppe um Palizzolo.

Durch die Aktivitäten von Sangiorgi wird die Mafia für eine kurze Zeit zum Schweigen gebracht. Der Prozess wegen krimineller Vereinigung von 1901 endet jedoch mit vielen Freisprüchen und wenigen leichten Verurteilungen, was Sangiorgi zu einem Kommentar bewegt, über dessen konkrete Hintergründe wir aber leider nichts Genaueres wissen: »Es konnte nicht anders sein, wenn diejenigen, die sie am Abend anklagten, sie am Morgen wieder verteidigten.«[26] Wenn es keinen »Reumütigen« gibt, der bereit ist, vor Gericht auszusagen, kann die Realität der mafiosen Vereinigung nicht bewiesen werden.

3. Die düstere Vereinigung

Dem Quästor Sangiorgi zufolge handelt es sich um eine zentralisierte Organisation, besser könnten wir sagen, um eine Föderation zwischen den Mafiagruppen der einzelnen Vororte Palermos. In diesem speziellen Fall übertreibt die Quästur vielleicht darin, der mafiosen Infrastruktur eine Dimension auf Provinzebene zuzusprechen, aber sie hat Recht damit, die Verbindung zwischen den Gruppen der westlichen Zone des palermitanischen Gebiets zu unterstreichen, die sich tatsächlich aus der Gesamtheit der erzählten Ereignisse und aus der Geschichte der Mafia der Vororte seit 1875 ergibt. Einiges Erstaunen könnte der sehr formalisierte Charakter dieser kriminellen Vereinigungen hervorrufen: Die »Mitglieder« überweisen regelmäßig einen Geldbetrag und beschließen in Versammlungen gemeinsam die wichtigsten Entscheidungen; manchmal wird als Verräter Verdächtigten die Möglichkeit gegeben, sich vor dieser Versammlung zu rechtfertigen; das Ritual der Tötungsdelikte wird, wo immer es technisch möglich ist, vom Kollektiv verübt; es gibt eine Wahl der Anführer, Unteranführer und des obersten Chefs. Hier ist die Ähnlichkeit zu beachten zwischen dieser Struktur und derjenigen, die sich aus den Aussagen der »reumütigen« Mafiosi (Buscetta, Contorno, Calderone u.a.) für die Jahre 1960–80 ergibt. Der [1992 von der Mafia ermordete] Richter Falcone und der Quästor Sangiorgi können beide feststellen, dass es eine Koordination zwischen den Leitern von Organisationen mit derselben territorialen

Basis über hundert Jahre hinweg gibt. Die Führung benötigt eine Vollmacht und also einen Wahlmechanismus und einen Komplex von Normen. Natürlich sind die Gleichgewichte instabil und dieses »Rechtssystem« ist noch anfälliger als andere, mit Gewalt verletzt zu werden: Einigung und Konflikt stellen die beiden zyklischen Phasen, die organische und die kritische, im Leben der einzelnen Mafiagruppen und noch mehr in der Koordination zwischen verschiedenen Gruppen dar. Auch in diesem Punkt sind Ende des 19. Jahrhunderts ähnliche Mechanismen am Werk wie in den 1970er Jahren. Der Mafiakrieg bestimmt neue Gleichgewichte, indem er alte Allianzen zerbricht: hier im konkreten Fall zwischen den Gruppen Giammona und Siino.

Der Konflikt bricht im Dezember 1896 auf, als die Entdeckung einer ersten heimlichen Druckerei wirtschaftliche Schwierigkeiten und gegenseitiges Misstrauen schafft; und die Situation wird auch nicht erleichtert durch die blinde Rache an der jungen Tochter der verdächtigten Verräterin, der Schankwirtin Giuseppa Di Sano. Das Ansehen von Francesco Siino sinkt ziemlich tief und seine Führerschaft wird angefochten von den Giammona, den Biondo und den Bonura, den Anführern der Mafiagruppen von Passo di Rigano, Piana dei Colli und Perpignano, »die als reiche und in der Mafia sehr angesehene Leute die Überlegenheit von Siino schlecht ertragen konnten«. Dieser ruft in einer im Januar abgehaltenen Versammlung aus: »Also gut, wenn man mich nicht mehr respektiert, wie es sein muss, dann soll jede Gruppe in Zukunft für sich selbst denken und handeln.« So beginnt eine Phase der gegenseitigen Provokationen und der Grenzüberschreitungen. »Unter den Regeln der Mafia«, bemerkt Sangiorgi, »gibt es die des Respekts vor der Rechtsprechung des anderen, und das Brechen dieser Regel stellt eine persönliche Beleidigung dar«. Nachdem jeder Versöhnungsversuch, wie ernst gemeint auch immer, gescheitert ist, beginnt ein »ungleicher Kampf an Mitteln und Macht«, in dem die Giammona die Überhand haben aufgrund ihrer größeren wirtschaftlichen und militärischen Ressourcen, der großen Zahl der zu ihrer Partei haltenden Personen und des nicht genauer präzisierten Protektionsnetzes, über das sie verfügen. »Wir haben uns gezählt«, muss Francesco Siino nach dem Mord an seinem Neffen Filippo konstatieren, »und wir haben die anderen gezählt: wir sind 170, darin eingeschlossen die Neuanwärter, und sie sind 500. [...] Wir müssen Frieden schließen«.[27] Die Kapitulation wird sanktioniert durch den Rückzug der Siino-Partei von der »Front« der von ihr kontrollierten Wächterstellen und durch die Flucht des Clanchefs selbst nach Livorno.

Der letzte Teil des Konflikts ist mit den Polizeirazzien verbunden, die vor allem die Partei Giammona treffen. Einige der Informationen von Sangiorgi können allerdings nur von Internen stammen, was die Art und Weise beleuchtet, in der »die Quästur [...] sich still und leise in den Organismus der palermitanischen Mafia einschlich«.[28] Auch die Identität des geheimnisvollen Informanten können wir vermuten und stehen hier wieder vor dem gewohnten Schema der Parteilichkeit, das Angehörige der Mafia und solche des Staates miteinander verbindet. Vom Moment des Bruchs an beschuldigt die Gruppe Giammona Francesco Siino, sich mit der Quästur eingelassen zu haben: »Ich weiß, dass der Grund für die Verfolgung so vieler Söhne, die ihren Müttern lieb sind, dieser üble Scherge und niederträchtige Kerl von Francesco Siino ist,« brüllt ein soeben verhafteter Mafioso, »aber, beim Blut der Madonna, wir werden keine Ruhe geben, bis seine ganze üble Rasse ausgemerzt ist«.[29]

Die Auseinandersetzung ist nicht über die Maßen blutig: vier Tote und einige Verletzte, alle von der Gruppe Siino, das ist nur ein kleiner Teil der Verbrechen, die Sangiorgi der Organisation zugeschrieben hat. Diese sind dem »täglichen Brot« der Mafiagruppen geschuldet, nämlich der Kontrolle der wirtschaftlichen Transaktionen, die sich auf dem Territorium der palermitanischen Vororte *(borgate)* abspielen, wobei die Mafia im Wesentlichen über Personen und Dinge entscheidet: über die »Gutsverwalter, die Wächter, die einfachen Arbeiter, die Pachtverträge und die Preise für den

Verkauf der Zitrusfrüchte und der anderen Produkte des Bodens.« Unter den 218 Mafiosi der *borgate*, die der *Sangiorgi-Bericht* detailliert auflistet, ist die zahlenmäßig größte Gruppe die der *Festangestellten*, die mit der Bewachung oder Leitung eines landwirtschaftlichen Betriebs betraut sind: es sind 45, darunter Plantagenbewirtschafter, Wächter und Gutsverwalter, zu denen noch die sechs Mechaniker hinzugezählt werden müssen, die die Dampfdruckpumpen für die Bewässerung am Laufen halten sollen. Sodann finden wir 26 Personen aus dem *Besitzstand*, Eigentümer von Zitrusplantagen, Immobilien oder Landgütern, die oft ihren Status erst kürzlich erworben haben (was die Quästur immer hervorhebt), oder Personen aus dem Bürgerstand, die einen Bildungsabschluss besitzen. Andere 25 Personen kann man unter dem Stichwort *Mittelsmänner* zusammenfassen: Händler, Handelsmakler, Kaufleute, Industrielle und Großpächter. 27 weitere Personen sind Tagelöhner, Bauern und Kuhhirten. Die elf Ziegenhirten und sieben Fuhrleute stellen eine typische Kategorie der Verbindung zwischen dem Zentrum, dem palermitanischen Hinterland und dem dahinter liegenden Binnenland dar. Es folgen dann Vertreter des Kleinhandels und Lohnarbeiter: Schankwirte, Bäcker, Nudelhändler, Kurzwarenhändler, Schuster, Laufburschen, Maurer, Steinhauer usw.

Schaut man sich die palermitanische Mafia noch mehr aus der Nähe an, kann man Unterschiede zwischen dem westlichen Teil des städtischen Hinterlands (der »Goldenen Muschel«) und dem östlichen Teil (Villabate, Monreale usw.) feststellen. Vor allem scheint es, dass im ersten Fall der starke Organisationsgrad, der von der Mafia selbst geschaffen und »verwaltet« wird, eine andere Realität darstellt als diejenige, die im zweiten Fall der große politische »Broker« schafft. Man beachte, dass Villabate und Monreale im Gegensatz zu den westlichen Vororten autonome Kommunen sind, wo die mafiose *Partei* sich direkt um die lokale Macht kümmern kann, während innerhalb des großen palermitanischen Zentrums die Mafia-Organisation sich mit komplexeren politischen Interessen und Gruppierungen auseinander setzen muss. Die Gruppen des östlichen Teils des Hinterlands zeigen daher einen geringeren Grad an territorialer und krimineller Spezialisierung und haben ausgedehntere Beziehungsnetze, wenigstens auf der Linie, die von Caccamo und Sciara über Ciaculli und Monreale nach Palermo führt. Diese Dörfer leben von einer reichen intensiven Landwirtschaft und bilden das Tor zum Binnenland, während der nächstliegende Bezugspunkt der ›Goldenen Muschel‹ die Stadt ist. Eine vergleichende Analyse der beiden kriminellen Zentren, des im Osten und des im Westen der Hauptstadt, zeigt, dass wir im Ersteren eine größere Anzahl an »allgemeinen« Verbrechen haben (Raubüberfälle, Entführungen, Viehraub), während im Letzteren die »Ordnungsfunktionen« überwiegen (Wachwesen, Handelsvermittlung).

Es ist vielleicht kein Zufall, dass es weder die Gruppe Siino noch die Gruppe Giammona ist, die Notarbartolo umbringt. Die Geschichten, die uns der *Sangiorgi-Bericht* erzählt, beschreiben eine Mafia, die »an ihrem Platz« bleibt. Die Mafia der westlichen Vororte Palermos, Endpunkt einer reichen Wirtschaft, lebt ihre Beziehungen zwischen Kleinverbrechern, Mittelklasse und Oberschicht, wo der Kontakt zwischen der Sphäre der »Gewalttäter« und derjenigen der herrschenden Klasse sich auf bestimmte Bereiche beschränkt. Wir finden keinen Fall eines Mitglieds der Oberschicht, das ermordet wird; nur ein Anwalt, der versucht, Entschädigung für nicht gezahlte Pachtzinsen zu erhalten, wird durch Gewehrschüsse verletzt. Die Antwort auf den zu unabhängigen Grundbesitzer ist immer der Boykott oder die Kette von Verbrechen, die um ihn herum Leere entstehen lassen. Als der Senator Eugenio Olivieri einen Cousin von sich zum Verwalter ernennt, um die Diebstähle des mafiosen Gutsverwalters zu beschränken, versucht die Mafiagruppe, den Eindringling mit verschiedenen Tricks in schlechten Ruf zu bringen, und erreicht, dass er für mehrere Jahre keinen Wächter findet, aber ihn selbst rührt sie nicht an: Wenn es ein Plantagenpächter statt eines Vertreters aus dem höheren

Bürgertum gewesen wäre, hätten wir einen anderen Ausgang erlebt. Die gleiche typische »Botschaft« der Zerstörung von Bäumen kann nur einmal für jede Plantage »versendet« werden, weil sie, würde sie wiederholt, vom Eigentümer als Beleidigung empfunden würde und nicht vom Pächter oder Wächter; eine Spitzfindigkeit des Rituals, die noch einmal auf die Vorsicht verweist, mit der die Mafiosi aus der Unter- und Mittelschicht sich der Oberschicht nähern.

4. Die Bank und der Brief

Zwei herausragende Männer Palermos, Notarbartolo und Palizzolo, stehen mit den niedrigen Mafiosi von Villabate und deren Verbrechen in engster Verbindung. Warum wird der ehemalige Direktor der Banco di Sicilia ermordet? Die Antwort auf diese Frage ist entscheidend, und nicht nur für die Lösung dieses Falles. Wir stehen hier vor einer grundlegenden Wende in der Geschichte der palermitanischen Mafia: Die Einbeziehung eines höchst angesehenen Mitglieds der herrschenden Klasse in die gewaltsamen Auseinandersetzungen, die bisher immer nur zwischen den »Gewalttätern« untereinander stattgefunden hatten, bedeutet einen epochalen Wandel. Und auch Palizzolo stellt einen für seine Zeit besonderen Fall in der Beziehung zwischen Politikern und Mafiosi dar. Es bleibt nun herauszufinden, wo das Feld liegt, das diesen beiden so verschiedenen Personen gemein ist.

Vor allem wäre hier Palermo im Jahre 1873 zu nennen, als die Stadtregierung wechselt und die klerikal-regionalistische, in der Palizzolo Assessor des Getreideamts war, von der liberalen abgelöst wird, die Notarbartolo anführt. Danach fordert der neue Bürgermeister den Ex-Assessor brüsk auf, 3625 Lire zu bezahlen, die er der Verwaltung noch wegen eines Mehlkaufs schulde. Aber seit 1875 ist Notarbartolo an der Spitze einer großen öffentlichen Bank, scheinbar in Sicherheit vor den gefährlichsten Strömungen des politischen Systems. Auf diese Position hievte ihn der letzte Präfekt der Rechten, Gerra, und er wird auch nach der »parlamentarischen Revolution« auf der Stelle belassen wegen seiner Verdienste bei der Sanierung des Geldinstituts, das sich in großen Schwierigkeiten befunden hatte.

Gemäß der Satzung steht dem Generaldirektor, der von der Regierung ernannt wird, ein Aufsichtsrat von 50 Personen zur Seite, der sich aus den Repräsentanten der Provinzen und der Handelskammern zusammensetzt, ein Instrument, das die Instanzen der Gesellschaft vertreten sollte und das sich in der Tat als politisch-klientelische Gegenmacht zur Verwaltungsstruktur der Bank darstellt. Wie Notarbartolo 1889 in einem Brief an den Landwirtschaftsminister der Regierung Crispi, Luigi Miceli, schreibt, wird es immer »schwieriger, wenn nicht gar unmöglich, die Bank so zu führen, dass ihre Interessen geschützt sind«, weil der Aufsichtsrat darauf aus ist, »die Generaldirektion und die Kommissionen zu beherrschen [...] und alle Felder für sich einzunehmen«.[30] Die Mitglieder des Aufsichtsrats haben keine Fachkenntnisse im Bankwesen, sondern sind diejenigen, »die am meisten Wind machen in den Provinz-, Kommunal- und Handelskammerwahlen«.

Die Probleme des Generaldirektors spitzen sich nach 1887 weiter zu, als im Süden die Wirtschaftskrise die Genossenschaftsbanken trifft und damit indirekt auch die Banco di Sicilia und die Banco di Napoli, die diese stützen sollen. Man riskiert so, zu den Schwierigkeiten von 1875 zurückzukehren, mit dem Unterschied, dass es nun nicht mehr ein einziger großer Gläubiger ist, sondern eine Reihe kleiner Banken, deren Direktoren auch im Aufsichtsrat der Banco di Sicilia sitzen, d.h. also in der doppelten Weste des Kontrolleurs und des Kontrollierten stecken.

Wenige Tage nach dem ersten Brief kommt Notarbartolo in einem zweiten Brief an Miceli noch einmal auf das Thema zurück:

> Im Aufsichtsrat macht man eine persönliche Opposition, die man nicht anders nennen kann. Der mehr oder weniger verhoh-

lene Kampf dauert nun schon viele Jahre. [...] Tatsächlich haben von den vier Aufsichtsratsvorsitzenden drei (der Marchese Ugo, der *commendatore* Palizzolo und der Anwalt Figlia) immer gegen die Vorschläge der Geschäftsführung gestimmt.[31]

Notarbartolo bemühte sich um eine Reform der Satzung, die den Aufsichtsrat verkleinern und das Auswahlsystem seiner Mitglieder verändern und im Gegenzug die Autonomie der von ihm geschaffenen Gruppe von Funktionären aufwerten sollte. Allerdings konnte die Unterstützung, die er von Miceli, Minister in der Regierung Crispi, erhielt, ihm, dem Rudinì-Anhänger, nicht ausreichen, um den Einfluss von treuen Crispi-Anhängern wie Figlia, Muratori und Tenerelli zu verringern, sondern Notarbartolo musste die eigene politische Isolierung erleben. Am 23. April 1889 wurden die beiden »persönlichen« Briefe vom Schreibtisch des Ministers entwendet und tauchten auf Betreiben Palizzolos in einer Kopie wieder auf, und zwar in der Sitzung des Aufsichtsrats vom 19. Mai, in der der Direktor nicht anwesend war. Als Tenerelli darum bat, die Originale sehen zu dürfen, war es Muratori, der sie nach einigem Zögern herausgab. Also »griff Palizzolo Notarbartolo an und nannte ihn unfähig, über ihn und die Kollegen zu urteilen, bezichtigte ihn der Amtsuntreue wegen der Anklagen gegen Aufsichtsräte, die schon seit Jahren ihr Amt bekleideten, und schlug ein Misstrauensvotum vor, das angenommen wurde.«[32] Das Misstrauensvotum wurde vom Ministerium annulliert (der Generaldirektor hing nicht vom Vertrauen des Aufsichtsrats ab), und es begann ein Strafverfahren wegen des Briefdiebstahls, aber es wurden dennoch nicht die Maßnahmen ergriffen, die Notarbartolo verlangt hatte. Vielmehr wurde am 6. Februar 1890, nach Monaten der Unsicherheit, von Crispi per Dekret die Auflösung der Geschäftsführung der Banco di Sicilia angeordnet, zusammen mit der der Banco di Napoli.

Die Lage, in der sich beide Geldinstitute befanden, war eigentlich angesichts der schwierigen Zeitumstände ziemlich gut; die Maßnahme der Regierung kam daher unerwartet und erschien ungerechtfertigt. Der Direktor der Banco di Napoli erklärte vor der Kammer: »Es kommt mir vor, in einem Land von Banditen zu sein und einen Dolchstich versetzt bekommen zu haben [...]. Diese Dekrete haben den Anschein eines Verbrechens!«[33] Crispi eliminierte zwei Vertreter der alten Rechten, Giusso und Notarbartolo; paradox war die Anklage exzessiver Ausgaben, wo es doch die Regierung gewesen war, die darauf gedrungen hatte, dass der Kredit oder die Emission nicht verringert werde. Bei anderen Gelegenheiten hatten im Übrigen die beiden süditalienischen Banken ihre Unterstützung angeboten, wie im Fall des von Miceli favorisierten Projekts einer italienisch-britischen Schifffahrtsgesellschaft, die den Agrarprodukten des Südens den Weg auf den englischen Markt sichern sollte, nach dem Abbruch der Beziehungen mit Frankreich.

Notarbartolo hatte einige Schwierigkeiten gehabt, diese Operation im August 1889 auszuführen: Er habe »allen Grund zu glauben«, schrieb er an den Minister Lacava, »dass die Versammlung nicht bereit ist, dem Willen des Ministers zu folgen«.[34] Im Übrigen trug die Sache auch nicht zur Popularitätssteigerung des Direktors in seiner Stadt bei. In Bari, Catania und Neapel war das Projekt begrüßt worden wegen der Exportinteressen; aber in Palermo gab es die nationale italienische Schifffahrtsgesellschaft *(Navigazione Generale Italiana, NGI)*, die sofort um ihr Monopol fürchtete, wie es die scharfen Attacken bewiesen, denen die Banco di Sicilia gleich von seiten der dem Reederei-Trust nahe stehenden Presse ausgesetzt war. Indem er Miceli unterstützte, stellte Notarbartolo sich der städtischen Lobby direkt entgegen, die aber bei weitem mächtiger war als er.

Von dieser Lobby, die sich von Palermo aus nach Genua erstreckt und überall dorthin, wo die *Navigazione Generale Italiana* ihre Interessen hat, ist Raffaele Palizzolo ein Instrument, zusammen mit dem Crispi-Anhänger Rocco de'Zerbi (eine andere umstrittene Person). Eingesetzt wird dieses Instrument in den Parlamentskämpfen für die staatlichen

Subventionen und gegen die antimonopolistischen Reformen, die in regelmäßigen Abständen begonnen werden und in Giolitti ihren bedeutendsten Fürsprecher finden sollen. Wenn er im Parlament die Interessen der *NGI* vertritt, mit historischen Vergleichen und gelehrten Zitaten, nimmt Palizzolo die nationalistischen ›Labour-Töne‹ an, die typisch sind für viele Gruppen, die protektionistischen Druck ausüben. Im Februar 1893, wenige Tage nach dem Mord an Notarbartolo, setzt sich Palizzolo noch einmal für die Subventionen an die *NGI* ein und malt apokalyptische Szenarien für den Fall aus, dass die Zahlungen blockiert werden:

> [...] werden wir sehen, wie an einem einzigen Tag 106 Dampfschiffe die italienische Flagge einholen und sechstausend Familien, d. h. vierundzwanzig- oder fünfundzwanzigtausend Personen ohne Brot dastehen, und Abermillionen [Lire] werden aufhören, in unserem Vaterland zu zirkulieren; [...] es wäre ein nationales Desaster.[35]

Vielleicht wäre auch ein Erfolg der italienisch-britischen Schifffahrtsgesellschaft ein Desaster gewesen. Aber zum Glück wird nach der Entmachtung Notarbartolos die Haltung der Banco di Sicilia gegenüber dieser Gesellschaft immer kühler (was nicht der letzte Grund für ihr Scheitern ist), vor allem seit Giulio Benso Herzog von Verdura, ein sehr treuer Crispi-Anhänger und Aktionär der *NGI*, die Direktion der Bank übernimmt (Februar 1891). Von diesem Moment an werden die Beziehungen zwischen der größten sizilianischen Bank und dem Reederei-Trust immer enger. Im Juli, als gerade eine harte politische Diskussion über die Erneuerung der Subventionsverträge im Gang ist, kurbelt der Direktor eine Aufkaufsaktion von 6 950 Aktien der *NGI* an, für den sehr beträchtlichen Wert von 1 800 000 Lire (was heute mehreren Milliarden entspricht), mit dem Ziel, »ihren Preis in den Börsen von Mailand und Genua zu stützen«.[36] Der erste Anteil (3 000 Aktien) wird von Ignazio Florio gekauft, einem großen Reederei-Unternehmer, der die palermitanische Lobby für die *NGI* anführt; der Kauf bleibt zunächst aber »unter der Hand«, einen schriftlichen Kaufauftrag dafür gibt Florio erst zu Beginn des folgenden Jahres, als einer der Aufsichtsräte, die von der Regierung ernannt sind, der Herzog von Craco, seine und die Perplexität anderer Funktionäre äußert, die solche Spekulationen bei einer öffentlichen Bank für illegal halten. Craco und seine Anhänger gehören zu einer von Notarbartolo gebildeten Truppe, die ihm noch treu geblieben ist, was auch ihre Gegner wissen, die seit 1889 gegen die »notarbartolianische Bande« gewettert hatten.

Diese »Bande« informiert Notarbartolo über die neue Phase des *NGI*-Geschäfts: Die Käufe von 1892 werden nicht mehr von Florio getätigt, sondern, ohne echte Sicherheiten, seitens anderer, weniger seriöser Personen, wie eines gewissen Salvatore Anfossi. Daraufhin wird dem Schatzminister Giolitti ein vertraulicher Bericht zugeschickt, auf den wiederum eine Inspektion folgt, von der man nicht zu Unrecht vermutet, sie sei inspiriert durch Notarbartolo, und die anfängt, Licht in die ganze verwickelte Angelegenheit zu bringen. Anfossi, Intimus von Palizzolo, fungiert als Strohmann: Der Abgeordnete steckt als Aufsichtsrat derselben Bank und als guter Kenner der *NGI* mit drin in der Operation der Wertsteigerung der *NGI*-Aktien, und er hat sich dazu entschlossen, das schon wenig korrekte Geschäft, das Florio und der Herzog von Verdura mit den öffentlichen Geldern begonnen haben, zum eigenen Vorteil zu wenden. Die Inspektion von oben birgt das Risiko, alles zunichte zu machen; hinter ihr zeichnet sich der Schatten von Notarbartolo ab, der morgen wieder von neuem der Generaldirektor sein könnte, in einer Phase, in der die Regierung des Landes zwischen Crispi, Rudinì und Giolitti wechselt und Letzterer vorhat, die Übermacht des Reederei-Trusts zu beschränken.

»Anfossi«, sagt der staatliche Inspektor, »der ein Wechselmakler ist, nicht eingeschrieben in das Händlerverzeichnis der Handelskammer, hat für sich selbst sehr wenig Wert und lässt viel zu wünschen übrig, was seine Moral angeht«; und daher sei es undenkbar für die Banco di Sicilia, große Summen zu riskieren und sich dabei nur auf das Wort einer solchen Person zu verlassen. Mit dieser Analyse bleibt der Inspektor vielleicht mehr an der Oberfläche, als es Antonino Cutrera tut, der Abgeordnete und Kriminologe, den die Quästur auf die Versen von Anfossi heftet und der entdeckt, dass die Sicherheit des Wechselmaklers von den Banken auch für große Summen akzeptiert wird, da er als Person bekannt ist, »die alle dunklen Geschäfte des Handels managed«. Er hat keine eigenen Mittel, aber fungiert als Vertrauensmann einiger englischer Import-Export-Firmen für die Finanzierung der Zwischenhändler des Zitrusfrüchtehandels; dabei hortet er die Schecks derselben Händler, deren Schecks er wechseln soll, und erhält dafür gute Provisionen. Anfossis Maklertätigkeit ist wirklich strategisch, denn er schafft es, Personen wie Antonio Rizzuto, genannt *Perez*, und Pietro La Mantia in Exporteure zu verwandeln, beides Helfershelfer und ehemalige Verbannte, die schwer vorbestraft sind wegen Mafiatätigkeiten und durch Intervention Palizzolos durch die ›Maschen‹ der Justiz gefallen sind; und es sind ihre Geschäfte mit Zitrusfrüchten, denen sie mit Fontana eben in dem Winter, in dem Notarbartolo ermordet wird, in Tunesien nachgehen, die dem Killer ein wunderbares, fast perfektes Alibi liefern.

Anfossi spielt in der mafiosen Geschäftswelt dieselbe Rolle des Verbindungsmanns zu Palizzolo, wie es Filippello in der mafiosen Banditenwelt tut. Die Macht der palermitanischen Mafiagruppen bleibt in der territorialen Kontrolle der Vororte verankert, aber die Netze der Beziehungen und Geschäfte der Mafiosi erreichen eine viel weitere Ausdehnung. Diese Ausdehnung verdankt sich vor allem ihrer Funktion als Vertrauensmänner der großen Händler oder der großen Landbesitzer.

Die Wirtschaft und die Politik, aber vor allem die Beziehung zwischen diesen beiden Sphären, und die Geschäftemacherei vom Ende des 19. Jahrhunderts brechen die Klassenstruktur der palermitanischen Machtapparate und auch der Mafia, die mit Palizzolo und seinen engen Beziehungen nach oben und unten zum ersten Mal eine große Chance erblickt und versucht, sie zu ergreifen. »Wer Interesse daran hatte, einen Bericht vom Schreibtisch eines Ministers verschwinden zu lassen, und dabei viele Tausend Lire bezahlte, wird dieses Mal das Doppelte bezahlt haben, um Notarbartolo zu ermorden«, behauptet ruhig ein Mafiachef, als er mit dem Sicherheitsinspektor Cervis spricht[37]; und in der Tat kann wohl derjenige, der den Tisch des Ministers erreicht, auch den lästig werdenden Spross einer alten Adelsfamilie beseitigen. Wir haben also ein Motiv, das die verschiedensten Szenarien miteinander verbindet: die von Banditen beherrschten Landstriche im Inneren Siziliens, die Zitrusplantagen von Villabate, die Strände von Tunesien, die Schalter der Banco di Sicilia, das Büro von Anfossi und die viel luxuriöseren Büros der *Navigazione Generale Italiana*, die Börse von Mailand und die Säle des Palazzo Montecitorio, des Sitzes der italienischen Regierung in Rom. Alles bekommt eine Logik, angesichts dieses Siziliens und dieses neuen Italiens am Ende des Jahrhunderts, in dem Geschäftemacherei, Mafia und Politik eine Kettenreaktion hervorrufen, die von der Bankenfrage ausgeht, dem zentralen Punkt für die Modernisierung des Landes.

5. Moralische Revolte

Am 31. Juli 1902 verurteilte das Schwurgericht von Bologna Palizzolo und Fontana zu dreißig Jahren Haft, aber wegen eines Formfehlers annullierte das Berufungsgericht das Urteil und ordnete die Wiederaufnahme des Prozesses an, der dann in Florenz stattfand.

Inzwischen waren viele Jahre seit dem Verbrechen vergangen und auch seit dem Ausbruch des Skandals in Mailand; die rege Anteilnahme der Öffentlichkeit an den früheren Debatten war nur noch eine blasse Erinnerung. Die

Beweise »fielen einer nach dem anderen zu Boden wie die Steinchen eines zerlegten Mosaiks, und es fehlte die tragische Seele, die ihnen Leben gegeben hatte in Bologna«. Ein einziger wichtiger neuer Zeuge, Filippello, wurde vom Zivilkläger vorgeladen, der es verdächtig fand, dass Filippello von der Verteidigung in Bologna nicht genannt worden war. Tatsächlich stellte der Gutsverwalter von Palizzolo den einzigen möglicherweise schwachen Punkt in der Mauer der *Omertà* dar. 1896 war er bei einem Attentat verletzt worden, nach der »öffentlichen Meinung« wegen eines Streits mit seinen Verbündeten über die Aufteilung des Mordgeldes. Wenige Tage vor dem Datum, an dem er vor Gericht hätte aussagen sollen, fand man ihn erhängt in einer florentinischen Pension: Selbstmord, befand die Untersuchungsbehörde. Es folgte ein allgemeiner Freispruch wegen unzureichender Beweise, und der Fall Notarbartolo wurde geschlossen (23. Juli 1904).

Palizzolo kehrte auf einem Dampfschiff der *Navigazione Generale Italiana* nach Palermo zurück, wo er wie ein Triumphator empfangen wurde:

> Das Martyrium des Opfers, das seit der ersten Verleumdung durch die feigen Denunzianten begonnen hatte, musste schließlich, Schritt für Schritt, zum Triumph des Gerechten führen. Und es triumphierte Raffaele Palizzolo, nach 56 Monaten qualvollen Martyriums: Er triumphierte umgeben vom glänzenden Nimbus seines Schmerzes und seiner Tugend. [...][38]

Das Paradox dieser überbordenden Rhetorik des Martyriums und der Verfolgung stieß unter anderem Gaetano Mosca sauer auf, der urteilte, die Apotheose »beleidige den Sinn für Moral«: »Gewiss konnte man dem Angeklagten an den Morden Miceli und Notarbartolo nichts beweisen, aber der Mann erschien doch im schlechtesten Licht, wenn nicht selbst Verbrecher, dann doch zumindest Beschützer von Verbrechern und sogar im Verdacht, mit den Banditen Beziehungen zu unterhalten.«[39] Eine Bewegung, die seine Unschuld propagierte, hatte sich schon deutlich vor dem Urteilsspruch aus Florenz aus den Reihen der Klientel von Palizzolo gebildet und trug den Namen »Pro-Sizilien«. Die Bewegung gewann Kräfte und Zustimmung weit über das Gebiet von Palermo hinaus, aber je weiter man sich von Palermo entfernte, desto weniger ging man auf den spezifischen Fall von Palizzolo ein und konzentrierte sich mehr auf die Themen *Norden und Süden*, auf die Polemiken der Anhänger des Freihandels bezüglich des »Kolonialmarktes« und auf die anderen Motive des süditalienischen Protestes; nicht anders, als es auch durch den »Nasismus« geschah, die andere und noch größere Sizilien-Bewegung, die sich für Nunzio Nasi einsetzte, einen aus Trapani stammenden Minister, der der Korruption angeklagt war. In diesen ersten Jahren des 20. Jahrhunderts griff die herrschende Klasse aus Sizilien immer öfter auf das regionalistische Register zurück, weil sie die großen nationalen Funktionen verloren hatte, die in der Phase zuvor Crispi und Rudinì ausgeübt hatten, und sie nun besorgt war wegen der neuen Kräfteverhältnisse, die drohten, die Insel auch wirtschaftlich zu benachteiligen.

Dreh- und Angelpunkt der Liga für Palizzolo stellte die Tageszeitung »L'Ora« dar, die der Industriellenfamilie Florio gehörte, Beweis für eine fortdauernde politische Beziehung ungeachtet aller Wechselfälle der Prozesse. An der Spitze des Komitees, das im Jahr 1900 den in Untersuchungshaft befindlichen Abgeordneten dem Parlament wieder für seinen traditionellen Wahlkreis vorschlug, stand die *Signora* Florio. Der Sozialist Giuseppe Marchesano, der Anwalt Leopoldo Notarbartolos, der im selben Wahlkreis kandidieren wollte, wurde, wie es scheint, davon überzeugt, es sich anders zu überlegen, indem man ihm eine Wahlfinanzierung von seiten des Reedereihauses versprach: eine einzigartige Transaktion zwischen den beiden konkurrierenden Gruppierungen, die man vielleicht mit der darauf folgenden Zuwahl Marchesanos in die Rechtsabteilung der *NGI* erklären kann.

Florio wurde in Bologna (im Rahmen eines Rechtshilfeersuchens) als Entlastungszeuge angehört. In der sozialistischen Zeitung »La Battaglia« aus Palermo lesen wir:

> *Zeuge:* Die Mafia? Ich habe nie ihren Namen gehört. – *Staatsanwalt:* Ja, die Mafia, eine Organisation, die Personen- und Eigentumsdelikte begeht und derer man sich manchmal auch in den Wahlen bedient. – *Zeuge* (springt auf): Es ist unerhört, wie man Sizilien verleumdet! Die Mafia in den Wahlen! Niemals, niemals! – *Staatsanwalt:* Also schließen Sie aus, dass man die Wahlen in Sizilien mit der Mafia und mit Geld macht. – *Zeuge:* Also, um genau zu sein, muss ich sagen, dass kürzlich, im September des vergangenen Jahres, die Sozialisten Hunderttausend ausgaben, um die monarchistische Liste zu schlagen, aber sie hatten keinen Erfolg.[40]

So finden wir den Dialog in keiner anderen Quelle und können ihn daher als Satireübung betrachten, die sich allerdings aus dem politischen Verhalten des großen Reeders rechtfertigt, der es auf wunderbare Weise schafft, sich immer aus dem Getümmel herauszuhalten; er wird nie mit einem Mafiadelikt in Verbindung gebracht. Jedes Mal, wenn der nicht gerade unbekannte Name Ignazio Florio auftaucht, übergehen die Quellen klug bestimmte Einzelheiten: So finden wir in den Prozessberichten, im Plädoyer von Marchesano und in den *Erinnerungen* von Notarbartolo junior nicht die kleinste Erwähnung der *NGI* als Teil des Kräfteblocks, der dem Ermordeten [Notarbartolo senior] feindlich gesonnen war, oder wenigstens als politische Verbündete von Palizzolo; während wir doch gesehen haben, wie und wie oft der Reederei-Trust in der Geschichte wiederkehrt.

Florio unterhielt Beziehungen mit Leuten aller politischen Couleurs, Sozialisten inbegriffen; im Allgemeinen beschränkten sich die Anhänger der »Pro-Sizilien«-Bewegung jedoch auf Angehörige des gemäßigten Lagers. Seit 1875 war viel Zeit vergangen. Während damals regionalistische Apologetik Sache der Linken gewesen war, wurde sie jetzt von den gemäßigten Kräften betrieben; und der Kampf gegen die Mafia, früher Bravourstück der historischen Rechten, wurde jetzt integrativer Bestandteil des »Waffenarsenals« der Linken. Gewiss, es handelt sich hierbei um politische Kräfte, die sich ganz anders als früher definieren: Es ist die extreme Linke, radikal oder sozialistisch, die aus ideologischer Sicht die entscheidende Rolle in der Reaktion auf die Affäre Notarbartolo spielt. Allerdings sind fünf Jahre Diskussionen nicht umsonst vergangen, und die Öffentlichkeit, der Mann auf der Straße, der sich durch die Presse informiert, kann in der Zwischenzeit denken, dass hinter den düsteren Geheimnissen Siziliens einer der Schlüssel zum Verständnis der Geschichte Italiens liegt, das in seinen Grundfesten erschüttert ist durch den Ausbruch der Polit- und Bankenskandale.

Als Instrument der Innovation erweist sich die moralische Frage als effektiv. In ganz unterschiedlichen Situationen mit ganz unterschiedlichen Protagonisten sind die politischen Wechsel in der Geschichte Palermos nach der italienischen Einigung immer mit Antimafia-Bewegungen verbunden: Die Offensive des Quästors Malusardi hatte die Machtübernahme durch die Linke bezeichnet; mit der Operation Mori sollte der Faschismus versuchen, die Mechanismen der politischen Repräsentanz und des Verhältnisses zwischen Staat und Gesellschaft zu verändern. In einer analogen Verwicklung zeigt auch der Fall Notarbartolo, dass die Mafia in einer Atmosphäre der »Normalität« prosperiert, aber in Frage gestellt wird in einem Klima der politischen Veränderung – was im Übrigen auch noch in jüngsten Zeiten so geschehen ist. »Es ist der Moment der moralischen Rebellion gekommen«, meint De Felice im Jahr 1900.[41] Die moralische Frage ist die einzige, die am Anfang des neuen Jahrhunderts dem städtischen Sozialismus Süditaliens neuen Atem geben kann, sowohl in Palermo als auch in Neapel in jenem Kampf gegen die verschiedenen Mafias und Camorras, der zu den Untersuchungen über die »städtische Missregierung« in den großen Städten des Südens führt, auf die sich die Operationen zur Erneuerung des lokalen politischen

Personals in der Ära Giolitti maßgeblich stützen. In Sizilien, im Besonderen, beginnt die Zeit der »Volksblöcke«, das neue »offene« System der Allianzen, mit dem die extreme Linke kandidiert, um eine führende Rolle im politischen Kampf des beginnenden 20. Jahrhunderts einzunehmen. Auf diese Weise versuchen die »demokratischen und sozialistischen Elemente der Insel« das Werk der »Trockenlegung des sozialen Bodens« zu Ende zu führen, das ihnen die Führer der sozialistischen Partei nach dem Urteil von Bologna zugeteilt hatten.

In Wirklichkeit sollten die zum Sozialreformismus konvertierten Ex-Subversiven im Laufe der »Volksblock«-Erfahrung nicht sehr viel mehr moralisches Profil zeigen als ihre politischen Gegner; wie auch die Regierungen der Giolitti-Ära, zumindest im Süden, nicht durch besondere Korrektheit glänzen sollten, wenn sie auch (im Gegensatz zur herrschenden Meinung) immer noch besser dastehen sollten als ihre Vorgängerinnen. Radikale und Sozialisten aus dem Norden schwanken zwischen der Anerkennung des komplexen Verhältnisses zwischen Staat und Gesellschaft einerseits und der Dämonisierung der Gesellschaft des Südens andererseits. Sie sind besorgt, vor allem seit der Erfahrung der repressiven Reaktion in der Crispi-Ära, dass ihr ziviles und fortschrittliches Italien der Ansteckung durch ein barbarisches, korruptes und korrumpierendes Italien ausgesetzt sei, was das ganze Land in seiner Entwicklung bremse. Und hier erhebt sich eine zentrale Frage: Ist die moralische »Krankheit« des Südens einfach auf ein »niedrigeres« Niveau von Zivilisation zurückzuführen oder auf eine nationale Verwicklung des Machtsystems? Und wie dem auch sei, kann die Korruption der herrschenden Klassen ein negatives Urteil über eine gesamte Gesellschaft rechtfertigen?

Der Fall Notarbartolo bietet Gelegenheit, über diese Fragen nachzudenken. Gegenüber der ausgewogenen Position von gemäßigten Zeitungen wie dem »Corriere della Sera« gibt die radikale Presse oft Zeichen von Maßlosigkeit: so definiert Alfredo Oriani, der imperialistische Republikaner, der ein Vorläufer des Faschismus werden sollte, in einem Artikel mit dem Titel *Die Stimmen der Kloake (Le voci della fogna)* Sizilien als »ein Paradies, das von Dämonen bewohnt wird«, »ein Krebsgeschwür am Fuß von Italien, [...] eine Provinz, in der weder Sitten noch Gesetze zivilisiert sein können«.[42] Die Antwort, die von einer unverdächtigen Person wie Napoleone Colajanni kommt, betont wieder die Verantwortung des Staates mehr als die der Gesellschaft: »Die Sizilianer sind es leid, von Leuten wie den Govone, den Serpi, den Pinna, den Medici und den Bardesono als unzivil dargestellt zu werden. In der Kloake haben die Ballabio, die Venturini, die Codronchi [...] und die Mirri fröhlich herumgeplanscht, die doch jenseits des Tronto geboren und aufgewachsen sind.«[43]

Die Frage der Mafia stellt nur einen der möglichen Anlässe zu militantem Lokalpatriotismus dar. Auch aus Neapel, dem eigentlich die separatistischen Traditionen Siziliens fehlen, können wir ein Beispiel der Polemik der süditalienischen Gemäßigten gegen Sozialisten und Norditaliener anführen (Hintergrund ist der Selbstmord eines Politikers – Pietro Rosanos – und die von der äußersten Linken geäußerten Vorwürfe der Geschäftemacherei und der Verbindungen zur Camorra):

> Nichts bindet uns mehr an diesen Staat, den wir mit unserem besten Blut genährt haben. Das Band der nationalen Solidarität ist in uns zerrissen; *wir sind diejenigen, die untergehen müssen.* Und um unseren Todeskampf zu beschleunigen, haben unsere Brüder aus Italien die sozialistische Horde auf uns gehetzt, die sich auf uns gestürzt hat, den Mund voller Schlamm und im Herzen überschäumend vor schrecklichem Hass. [...] Es ist ein regelrechter Krieg, in dem wir stehen; geführt gegen eine Herde von Schafen, die nicht reagiert, die den Kopf unter das Messer des Bruders beugt und sich klaglos schlachten lässt.[44]

Die Vermischung der Polemik zwischen Rechts und Links mit einem militanten Lokalpatriotismus erschwert die Bewertung der komplexen Beziehungen, die sich in diesen Jahren zwischen Politik, Finanzwelt, Korruption, gewöhnlicher Kriminalität und mafioser Kriminalität bilden. Das Hauptproblem liegt in den »Abfallprodukten« des Modernisierungs- und Demokratisierungsprozesses des Landes, der in den Bereich der Macht führt, mit neuen Mechanismen und neuen sozialen Subjekten. Das Risiko einer Debatte dieser Art besteht darin, dass man in den Augen der Leute den Prozess selbst dämonisiert und nicht nur seine schlechteren Auswirkungen.

Das öffnet wieder den Weg zu einer Position, die derjenigen der alten historischen Rechten ähnelt und die sich langsam den Weg bahnen sollte angesichts der Unmöglichkeit, das politische System anders zu verändern als durch die langsamen Anpassungen des Giolittismus. In den *Erinnerungen* von Leopoldo Notarbartolo, die er in den Jahren des Großen »regenerierenden« Krieges [d. h. des I. Weltkriegs] geschrieben hat, sollten die Figur des Vaters mit seiner strengen kantianischen Moral und die des Sohnes auf der verzweifelten Suche nach Gerechtigkeit *isoliert* dastehen und notwendigerweise Geschlagene sein in einer historischen Phase, die ganz von den perversen Auswirkungen des »Parlamentarismus« gezeichnet ist, der sich nicht so sehr im mafiosen Palizzolo äußert als vielmehr im unehrlichen Cosenza, im niederträchtigen Crispi, im aalglatten Rudinì, im feigen Giolitti. Überhaupt keine Erwähnung, außer in wenigen rein persönlichen Äußerungen, finden die Kräfte, die sich gegen die Mafia geschlagen haben: Marchesano und die anderen Sozialisten, Sangiorgi, die öffentliche Meinung in Mailand, Bologna und (manchmal) auch in Palermo, die Zeitungen der radikalen Presse und die der gemäßigten, darunter die größte Tageszeitung der Insel, »Il Giornale di Sicilia«. Das Italien des ausgehenden 19. Jahrhunderts, gespalten in ein konservatives und ein progressives Lager, welches auch dadurch in der Lage ist, die dunklen Seiten der Macht zu kritisieren, dass es Masseninformationsmittel und eine breite politische Debatte gibt, die zum ersten Mal wirklich frei sind, sollte ein unförmiger Haufen von Bestochenen und Bestechern werden, ein Land, in dem es »Schlamm regnete und man mit Schlammbällen spielte« und in dem »jeder Platz zum Pranger wurde; und Vollstrecker jeder kleine Zeitungsverkäufer, der wie eine Waffe das schmutzige Blatt vor sich herschwenkte, das aus den dreckigen Werkstätten der Erpressung kam«.[45]

Dies ist die Interpretation von einem, der sich vielleicht schon auf die Suche nach einem *Duce* [»Führer« = Mussolini] gemacht hat, dem er die eigenen Schicksale anvertrauen kann.

6. Kulturen: innerhalb und außerhalb der Organisation

Im Vergleich zu den Prozessen gegen die *stoppaghieri* und die Amoroso bezeichnet der Prozess Palizzolo-Notarbartolo einen enormen Fortschritt wegen der logischen Verkettung der Fakten und wegen des Verschwindens der offensichtlichsten Aporien in der Anklageführung in Mafiafällen. Verwundert darüber, dass man in Bologna nicht mit einem Freispruch wegen unzureichender Beweise geendet habe, schreibt der Korrespondent der »Times« am 1. August 1902): »Das Urteil der Geschworenen scheint mehr auf den allgemeinen Eindrücken zu basieren [...] als auf dieser oder jener konkreten Tatsache.« Und die »allgemeinen Eindrücke« werden hervorgerufen durch die einzig sichere Tatsache in Mailand und Bologna (die aber in Florenz schon nicht mehr so brisant erscheint): die Rolle der Institutionen bei der Deckung von Palizzolo und mehr im Allgemeinen bei der Genese und der Fortdauer des Mafiaphänomens; eine Rolle, die von der Anklage angezeigt wird und nicht mehr in instrumentalisierender Weise von Verteidigern wie Marinuzzi und Gestivo. Das große Verbrechen wirft Licht auf bestimmte Tatsachen, wie es auch schon die politische Wende von 1875-76 getan hatte. Mit seinem erfolgreichen Pamphlet *Im Reich der Mafia (Nel regno della mafia)* rekonstruiert Napoleone Colajanni eine Geschichte, in der sich die Regierungen der Rechten und der Linken vom Risorgimento an auf eine Linie von trostloser Kontinuität mit den jüngeren Regierungen stellen. Auch das beruht auf der Debatte. Man betrachte die entrüstete Reaktion der Öffentlichkeit in Bologna auf die Enthüllung der Verhandlungen zwischen Palizzolo und Malusardi-Nicotera im Jahr 1877: »Diese Wahlen, bei denen man über dem Haupt der Kandidaten das Damoklesschwert der Verwarnung schweben ließ, werfen ein wahrlich trauriges Licht auf die Kandidaten einerseits, aber auch auf die Handlungsweise der Regierung«.[46] Die Verantwortung der Institutionen ist sogar in den Werken der zwei Funktionäre Cutrera und Alongi präsent, die in dieser Zeit gedruckt oder wieder aufgelegt wurden und auch reich an anderen Bemerkungen von großem Interesse sind. In den Tageszeitungen erscheinen viele Artikel, von denen einer aus dem »Giornale di Sicilia« es verdient, zu den besten Essays zu dem Thema gezählt zu werden: Man beklagt hier den parteiischen Charakter der Beziehung zwischen den Mafiagruppen und der Polizei, Personen wie Albanese, Bardesono und Lucchesi, die sich »eines Teils der Mafia« bedient hätten, »um die Streiche der anderen aufzudecken«. Der Artikel schließt damit, dass auf palermitanischem Gebiet die »geheimen Beziehungen« zwischen »Wächtern, Verwaltern und ähnlichen Leuten eine riesige Organisation« darstellen. Das ist das Thema, wie wir wissen, des *Sangiorgi-Berichtes*.

Die Begriffsverwirrung bleibt jedoch groß:

> Anlässlich des Palizzolo-Prozesses wimmelte es vor Gericht wie in der Presse und sogar im Parlament vor Mafiadefinitionen, die sich auf wundersame Weise vermehrten, und die Bandbreite reichte von der kompletten Verneinung jeglichen illegalen Charakters bis hin zur Zurechnung von allem und jedem, sodass für die einen die Mafia und die Mafiosi nicht existieren, während für die anderen ganz Sizilien und die Sizilianer nichts anderes als ein großes Mafianest sind.[47]

In der Tat geht jede Erkenntnis unter im Wust einer chaotischen und ausufernden politisch-journalistischen Debatte, die einerseits unfähig ist, das Thema genau abzugrenzen, andererseits zu gierig nach Erklärungen zur *Natur* der Mafia verlangt.

Das ist der Typ Frage, die in den drei Etappen des Prozesses von den »kontinentalen« Richtern sehr vielen Zeugen gestellt wird, so wie sie auch in den vorhergehenden Jahren den Befragten von den parlamentarischen Kommissionen gestellt wurde. Es ist die Frage, die man einem Volkspsychologen stellen muss, d.h. einem Ethnologen, per definitionem Experte der Besonderheiten, des »Volksglaubens« und der »Vorurteile« des sizilianischen Volks. Giuseppe Pitrè, der in Bologna als Entlastungszeuge angehört wird, vertritt die These, dass das Wort *Mafia* ursprünglich eine Idee von »Schönheit, Anmut und Vortrefflichkeit« bezeichnet habe; und in den modernen Zeiten bezeichne es »das Bewusstsein, *manchmal* ein übertriebenes, der eigenen Persönlichkeit, der eigenen Überlegenheit, der eigenen Würde, die Übergriffe jedweder Art nicht duldet« und die »zum Verbrechen führen« *könne*. Pitrè bemüht sich, den Begriff mit einem Brauch der Sizilianer gleichzusetzen, der ursprünglich positiv gewesen sei und als solcher zu rechtfertigen, so wie es auch zu seiner Zeit der Abgeordnete Morana gemacht hatte: »Wenn man unter Mafia die Leute verstehen wollte, die nicht bereit sind, Übergriffe, Gewalttätigkeiten und Beleidigungen zu ertragen [...], dann sind alle in Sizilien Mafiosi.« Mit Franchetti *(mutatis mutandis)* denkt Oriani hingegen, dass alle Insulaner für die Zivilisation verloren, d.h. Mafiosi seien. Die dritte Position, eine dazwischen liegende, ist die von Rudinì, die Mosca ausdrückt mit seiner Unterscheidung zwischen Verbrechertum und »Mafiageist«, hier *sympathisch* genannt statt [wie bei Pitrè] *gutartig*, aber immer angeblich allgemein verbreitet auf der Insel. Die drei Theorien, und vor allem die beiden extremen, stimmen auf einzigartige Weise darin überein, dass sie voraussetzen, dass die Mafia nicht etwas von der regionalen Kultur *Verschiedenes* sei und dass sie ein Phänomen darstelle, das nicht eingrenzbar, für sich allein nicht erkennbar und praktisch unbesiegbar sei, auch weil die Identifikation aus allen Sizilianern Verteidiger der Mafia selbst mache: es ist das Schema der Bewegungen vom Typ »Pro-Sizilien«.

In seinem Plädoyer von Bologna bezeichnet Marchesano Pitrè als »hervorragenden Folkloristen, aber sehr schlechten Zeugen. Befragt zur Mafia, hat er, statt zu sagen, was diese sei, gesagt, was der Ursprung des Wortes ist.« Dieses Zurückgreifen auf eine ursprünglich gute, immer nur angenommene, aber nie konkret in Aktion gesehene Mafia, diese fortwährende Suche nach einer Definition als Diesheit *(haecceïtas)* des Phänomens, das in seinen (unerforschlichen) Tiefen gesellschaftspsychologisch untersucht werden muss, stellt in der Tat ein sehr schlüpfriges Terrain dar. Eine Sammlung der zahllosen Zitate Dritter, die sich auf die wenigen Seiten beziehen, die Pitrè der Mafia gewidmet hat, ergäbe eine zuverlässige Liste der Naiven und der mit der Mafia Verbündeten vom Ende des letzten Jahrhunderts bis heute; sie alle bemerken nicht (oder tun so, als bemerkten sie nicht) den offensichtlich apologetischen und in die Irre führenden Charakter von Pitrès Ausführungen, sie alle glauben (oder tun so, als glaubten sie) vor einer *objektiven* Quelle zur Kultur der Sizilianer zu stehen. Es existieren jedoch sehr konkrete Elemente, anhand derer man die Position des Ethnologen bewerten kann: seine enge Mitarbeit im Stadtrat und in der Leitung von Unternehmen und »frommen Stiftungen« zusammen mit Palizzolo, »einem wahren Edelmann, [...] einem überaus korrekten und ehrlichen Verwalter«; seine Ablehnung der Einladung durch die Regierung, selbst im Wahlkreis von Palizzolo in Palazzo reale zu kandidieren; seine aktive Teilnahme, auch als Ideologe, an der »Pro-Sizilien«-Bewegung.

Zwischen einer alten und positiven Bedeutung und einer neuen – gemeinen und ungenauen, die etwas Negatives bedeuten *könnte* – bezieht Pitrè sich auf ein unergründliches *Etwas* (»es zu definieren ist beinahe unmöglich«) und unterscheidet sich also nicht sehr von den Angeklagten und Verteidigern in den Mafiaprozessen, die alle vorgeben, nicht zu wissen, was das Wort bedeuten solle. Dies ist auch die Antwort, die Carmelo Mendola, ein Mitglied der Gruppe Amoroso, dem Richter gibt, der ihn fragt, ob er der Mafia angehöre: »Ich weiß nicht, was das Wort bedeutet.«[48] Diese Worte sollte der deutsche Soziologe Hess für so aufschlussreich halten, dass er sie als Motto vor sein Buch stellte, und auch Sciascia sollte sie mehrere Male zitieren: Angeblich wisse der Mafioso tatsächlich nicht, was die Mafia sei, da die Legalität für den Sizilianer ein abstraktes Konzept darstelle, das von einem gänzlich fremden Staat eingeführt worden sei, und da das, was wir »mafios« nennen, das einzig mögliche Verhaltensmodell in dieser Gesellschaft sei. Im Übrigen handelt es sich hierbei nicht um das einzige Beispiel, in dem die Befragten des Amoroso-Prozesses als etwas extreme Bestätigung der sozioanthropologischen Theorien erscheinen, zum Beispiel zum Familiensinn der Süditaliener. Als er gefragt wird, ob die Mitglieder der Mafiagruppe seine Freunde seien, antwortet Caravello: »Ich bin nur meiner Frau und meinen Kindern Freund [...], draußen kenne ich niemanden«; und auf die Frage nach den »parteibedingten« Objekten seines Hasses gibt Emanuele Amoroso zur Antwort: »Meine Partei sind meine Frau und meine Kinder.« Auf dieser Linie übertreiben die Angeklagten schließlich, indem sie die »wirkliche« Familie (die Hausgemeinschaft) der Blutsfamilie gegenüberstellen, wie als einer der Amoroso vorgibt, gar keine Beziehungen zu seinen Brüdern zu unterhalten, damit man nicht glauben soll, dass er einen Racheplan gegen die Badalamenti aushecken könne, die einen seiner Brüder umgebracht haben.

Hess hat eine furchtbar subjektive und manipulierte Quelle, wie sie die Gerichtsprotokolle darstellen, so interpretiert, als könnte sie die Kultur »der Sizilianer« *widerspiegeln*, und dabei kam ihm nicht in den Sinn, dass die Sizilianer je nach Vorteilhaftigkeit etwas sagen oder auch nicht sagen könnten: politisch-ideologische Vorteilhaftigkeiten (oder andere?) für Pitrè, und ein verzweifelter Versuch, die eigene Haut zu retten, für die Protagonisten eines Prozesses, der mit so vielen Todesurteilen enden sollte. Als Giuseppe Amoroso, ein Onkel der Angeklagten, Umstände offen legt, die diese des Mordes an seinem Sohn (ihrem Cousin) anklagen, fordert ihn der Angeklagte Emanuele Amoroso auf, bei der Seele des Vaters zu schwören, der der gemeinsame Großvater des Opfers und der im Verdacht stehenden Mörder darstellt. Der Gerichtspräsident bemerkt dazu perplex: »Hier gibt es nur einen einzigen Schwur, und zwar den, den das Gesetz vorsieht«, aber der Anwalt Marinuzzi beharrt darauf: »Dieser Gesetzesschwur taugt hier nicht, [...] weil das Volk nicht an ihn glaubt«, sodass man schließlich den Zeugen so schwören lässt wie von der Verteidigung verlangt.[49] Für Hess wäre das der erneute Beweis der soziokulturellen Distanz, die den italienischen Staat von den Sizilianern trennt, und der »Kluft zwischen Gesellschaftlichkeit und staatlicher Moral«, die das mafiose Verhalten hervorbringe. Mir scheint es sich dagegen eher um eine geschickte Inszenierung von Marinuzzi zu handeln, der versucht, vor den Augen der Geschworenen (und vielleicht auch des Zeugen selbst) seine Mandanten als zu Unrecht angeklagte Personen hinzustellen, die an die gleichen Familienwerte glauben wie das einfache Volk und die daher nicht die kaltblütigen Mörder eines engen Verwandten sein können. Aber es ist klar, dass eine solche Instrumentalisierung der traditionellen Kultur einen deutschen Soziologen nur mittels einer komplexen akademischen Vermittlung in die Irre führen kann – eine Vermittlung, in der eben Pitrè eine zentrale Rolle einnimmt und zu deren Verbreitung auch die Verteidiger der Insel beitragen.

Diese Kultur nimmt sich an erster Stelle vor, unter dem »folkloristischen« Aspekt den der komplexen Organisation zu verbergen, der angeblich »eine Chimäre« sei, »ein Traum der verwirrten Fantasie eines Sicherheitsbeauftragten«, das »geheimnisvolle Etwas«, der »falsche Schluss«, den die Verteidiger der *stoppaghieri* und der Amoroso beklagen. Der

Kampf zwischen den Mafiagruppen wird reduziert auf Familienstreitigkeiten, in einer Welt, die absichtlich als primitiv dargestellt wird und in der wohlhabende Händler wie die Amoroso als »einfaches Volk« hingestellt werden und ein Fontana, der Zitrushandel von einem Kontinent auf den anderen betreibt, als Analphabet. Nachdem der erste große Skandal verflogen ist, sollte sich die öffentliche Wahrnehmung der Mafia in dieser Weise festigen, d.h. auf den »volkstümlichen« und traditionellen Aspekt reduziert werden, und dabei sollte unter anderem die Verbindung mit dem großen Thema der Bankenskandale verloren gehen, die dem Mafiaphänomen für einen Moment eine ganz anders »moderne« und gefährliche Dimension verliehen hatte.

Weil ihm klar ist, welchen Vorteil die Diskussion über das *Wesen* der Mafia der Verteidigung bietet, eröffnet Marchesano sein Plädoyer der Anklage mit der Erklärung, nur über konkrete kriminelle Handlungsweisen sprechen zu wollen; ein Vorsatz, den er dann aber doch nicht ganz durchhält:

> Was ist heute die Mafia? Eine Organisation, wie einige glauben, mit Anführern und Unteranführern? Nein. Das existiert nur in den Träumen von irgendwelchen Quästoren. Also ist das nicht die Mafia, sondern ein natürliches Gefühl, ein spontanes Konzert, eine Solidarität, die alle vereint, die gegen die Gesetze der zivilen Gesellschaft sind. [...] Die Mafiagruppen haben untereinander ein ideales Band, das gemeinsame Interesse, und haben auch ihre Beschützer gemein.[50]

Obwohl die Quästur für den Zivilkläger doch eine sehr wertvolle Alliierte gewesen war, werden die von ihr angebrachten Daten hier fast lächerlich gemacht. Die Beziehung zwischen den Mafiagruppen wird reduziert auf die bloße Gemeinsamkeit der Beschützer und man greift auf Konzepte von nicht sehr großem heuristischen Wert zurück wie das »natürliche Gefühl«. Indem er die alte und oberflächliche Definition von Bonfadini wieder aufgreift, unterbewertet Marchesano die umfangreiche Dokumentation über die Verbindungen zwischen Taten und Personen, die von Bonfadini selbst und von Sangiorgi zusammengetragen wurde und von der man etwas ganz anderes als das »spontane Konzert« ableiten kann. Noch einmal führt hier die Prozessstrategie zu einer Vereinfachung, ohne damit aber am Ende das Resultat zu erreichen. Pitrè und Palizzolo verlieren die einzelne Schlacht, aber sie bereiten sich darauf vor, den ganzen Krieg zu gewinnen: Die Mafia sei »weder Sekte noch Vereinigung« und habe »weder Regeln noch Statute«; sie äußere sich in einem Verhalten und in einer Kultur. Ich glaube dagegen, dass es eine mafiose Ideologie gibt, die die kulturellen Kodizes widerspiegelt, aber vor allem um sie zu deformieren, sich ihrer zu bemächtigen und daraus einen Regelkomplex zu machen, der darauf gerichtet ist, das Überleben der Organisation zu garantieren, ihren Zusammenhalt und ihre Fähigkeit, Konsens zu finden und nach innen wie außen Schrecken zu verbreiten.

Die Gefängnislieder drücken Verachtung aus für »den Mann, der viel spricht und sich mit seinem Mund selbst ins Verderben bringt«. Rosario La Mantia wird sogar von seiner Familie verleugnet. Die Bezeichnung »Spitzel« stellt für den Bezichtigten ein schweres Verdikt dar und gleichzeitig eine Rechtfertigung für den, der tötet, also eignet sie sich gut dazu, in Parteikämpfen als Waffe gebraucht zu werden: Als sie Damiano Sedita töten, rufen die Amoroso aus: »Jetzt ist Schluss mit seinem von der Polizei bezahlten Waffenschein«; Cusumano wird als »abscheulicher Spitzel« bezeichnet. Gegen Frau Di Sano, Schankwirtin und vermutete Polizeiinformantin, wird den Dorfbewohnern von der Organisation Boykottpflicht auferlegt, bevor man ihr nach dem Leben trachtet. Indem er Filippo Siino anklagt, sich mit der Quästur eingelassen zu haben, macht Giuseppe Biondo nur »das, was er machen musste, um selbst zu bestimmen«, das heißt, den Gegner vor den Augen einer öffentlichen Meinung abzuqualifizieren, die von Neuanwärtern und Mitläufern gebildet wird. Die *Omertà*, verstanden als »moralische« Verweigerung gegenüber dem Rechtssystem, stellt vielleicht einen allgemeinen Wert dar, ein ideales Verhaltensmodell der sizilianischen Bevölkerung und im Besonderen der weiten Verbrecherwelt; aber sicherlich ist sie keine Führerin für die Handlungen der Mafiosi, die, wie wir des Öfteren gesehen haben, mit der Polizei zusammenarbeiten, wann und wie es für sie gerade günstig ist. Man darf auch nicht vergessen, dass die Organisation zwischen Staat und Verbrechern vermitteln und daher für beide Seiten gleichermaßen glaubwürdig sein muss. Die Behörden wissen oft, wer die Urheber der Verbrecher sind, weil die Mafiosi ohne irgendein ideologisches Vorurteil *sprechen*, auch wenn sie es nicht öffentlich als Zeugen im Gerichtssaal tun: von hier, nicht von irgendeiner allgemeinen Gesellschaft, rührt die so häufig zitierte »öffentliche Meinung« her. Und dann gibt es noch den Fall des verlierenden Mafioso, der sich an die Polizei wendet, um Hilfe und Schutz zu erhalten, und der dann zum Beispiel einen Pass für Amerika bekommt, wie es dem Gutsverwalter Santo Vassallo geschieht, der wegen Verrats von seiner Mafiagruppe zum Tode verurteilt war. In dem konkreten Fall wird der Arme aber bis nach New Orleans verfolgt und umgebracht. Leute wie Vassallo, oder schlimmer noch wie La Mantia und D'Amico drohen die Mafiagruppe den Gefahren der Kollaboration durch ihre Mitglieder und ihre Feinde auszusetzen. Auf die »Verbreitung«, die die Existenz der Organisation selbst in Gefahr bringt, antwortet man mit Terror, damit jeder die Wahrscheinlichkeit von Repressalien auch über lange Zeitabstände oder Entfernungen hinweg einkalkulieren möge. Wie Sangiorgi meint: »Alle, von den wohlhabendsten Grundbesitzern bis zu den ärmsten Bauern, von den Notabeln bis zu den obskursten Individuen, schweigen, weil sie Angst haben«[51]; aber die schon unterstrichene Tatsache, dass nicht alle dieselbe Sanktion, nämlich den Tod, fürchten, gibt der an die Welt der »Gewalttäter« gerichteten Mahnung eine unterschiedliche Effizienz.

Wenn die Mafiosi sich jedoch nicht zu einem Spitzel herablassen wollen, wenn sie ihre Autonomie gegenüber den Behörden erhalten oder noch unterstreichen wollen, müssen sie es schaffen, den Zusammenhalt der Vereinigung mit anderen Methoden zu schützen und dabei ihre Treue zu garantieren, wie Filippello, der, obwohl er von seinen Komplizen verlassen und bedroht worden war, es vorzog, Selbstmord zu begehen statt im Prozess gegen Palizzolo auszusagen.

Offensichtlich reichen die Blutsbande nicht aus, um alle Allianzen zu garantieren, wenn sie auch (in dieser wie in jedweder anderen Gesellschaft) den stabilsten Kern darstellen: Mazzara kann sich Giammona entgegenstellen, weil er gestärkt ist durch »die aktive Solidarität der Mitglieder seiner Familie«[52]; die »Partei« Siino hat eine ausgeprägt verwandtschaftliche Physiognomie. In einem familiären Rahmen wie dem auf der Insel entscheidet der Kontext darüber, ob das Einigkeitspotential, das in der Institution der Familie enthalten ist, voll genutzt wird: Die Soziologen Schneider haben zum Beispiel mit genauer Analyse gezeigt, wie die Beziehung zwischen Brüdern, die nur schwach ausgeprägt ist in den Tagelöhner-Familien des bei Agrigent gelegenen Dorfes Sambuca, dagegen eine sehr wichtige Rolle spielt in den Unternehmen der Schafhüter, aus denen die Mittelschicht der Großpächter stammt, da dieser Typ von Aktivität in besonderer Weise ein Vertrauensverhältnis zwischen seinen Mitgliedern erfordert. Diese Erfordernis ist natürlich am größten in einem kriminellen Zusammenschluss, auch wenn dann der Verwandtschaftsbogen nicht immer ausreicht, um die Mafiagruppen zu versorgen: Die Patenschaft, ein künstlich nachgebildetes Verwandtschaftsverhältnis, bildet die Brücke zu komplexeren Beziehungen, bei denen, wie wir wissen, auch verschiedene »Bindemittel« wirken, die den Modellen der Karbonari-Bewegung oder der Freimaurer aus der Zeit des Risorgimento nachgebildet sind.

In vielen Fällen, zum Beispiel dem der »Bruderschaft« von Favara, verspricht der Initiand, von den gemeineren Verbrechen wie dem Diebstahl abzulassen, und bereitet sich so auf die Rolle des Ordnungsmanns, des angesehenen Bürgers oder wenigstens des Geschäftsvermittlers vor. So präsentiert sich die Mafia gern, auch wenn die Realität nüchterner aussieht, und wie schon Alongi bemerkt, liegen die Dinge im tatsächlichen Fall komplizierter: Wer die Ordnung garantiert, handelt im Allgemeinen in enger Verbindung zu dem, der sie verletzt, und dieses Schema weitet sich von seinem ursprünglichen Kontext der Feldhüter auf eine große Zahl von kriminellen Handlungen aus. Die *»frommen Männer« (santoni)*, die den palermitanischen Kutschern die Rückgabe der geraubten Kutschen versprechen gegen Summen, die, »wie sie zu verstehen geben, von den ›kleinen Mafiosi‹ *(picciotti)* gefordert wurden«, sind mit diesen schon einig über die Aufteilung der Prämie.[53] Die »Ordnungsmafia« stellt vor allem ein ideales Modell dar, das den herrschenden Klassen dargelegt werden kann und auch für die »gemeine« Kriminalität reizvoll ist. Als der Chef einer Bande von Einbrechern und Taschenräubern aus Albergheria, die man 1904 aufdeckte, von der Polizei verhört wurde, versuchte er, sich deutlich über die gemeinen kleinen Verbrecher zu stellen: »Als geschickter und erfahrener Mafioso benahm er sich wie ein beleidigter Ehrenmann [...]. Er sagte in der Tat, dass er in Fälle von Mord oder Körperverletzung hätte verwickelt sein können, und er ist wegen Letzterem auch vorbestraft, aber er zeigte eine olympische Verachtung für die Diebe.«[54]

Der Verhaltenskodex der Mafia ist also an zwei Dinge gebunden: die Notwendigkeit, ihren inneren Zusammenhalt zu erhalten, und die öffentliche Anerkennung ihrer Fähigkeit, Schrecken zu verbreiten bei den potentiellen Konkurrenten und bei den Spitzeln und Verrätern. Der effizienteste der Wächter ist derjenige, der durch seinen bloßen Ruf, nicht so sehr durch seine physische Präsenz, die Diebe abhält, gemäß dem Sprichwort »Angst bewacht den Weinberg«. Die Archivdokumente wie auch die Schriften von Alongi und Cutrera führen uns in eine Welt, in der ein Zitronendiebstahl eine Beleidigung darstellen kann, die mit Blut vergolten werden muss, und wo auch ein noch so kleines Vergehen gegen einen Mafioso als »Schmach« *(sgarro)* bewertet wird, als Verminderung seiner Autorität, als rituelle Provokation, auf die man immer in angemessener Weise reagieren muss. Wie in jeder Art von Fehde »besteht die Schwere eines Verbrechens nicht so sehr in der Tat selbst, sondern im Angriff auf das Prestige des Opfers«.[55] Es ist die Symbolik so vieler uns schon bekannter Episoden, gut ausgedrückt in der Erzählung, in der der Sohn eines Landbesitzers, der dazu gezwungen wurde, seine Zitrusplantage an einen Mafioso zu verkaufen, eigensinnig jeden Abend das Spielchen macht, ein paar Zitronen von dieser Plantage zu stehlen, bis schließlich das Spiel seinen blutigen Ausgang findet. Aber ohne Ethnologe oder Literat zu sein, benutzt schon Sangiorgi das Doppelkonzept des wirtschaftlichen *Schadens* und der der Mafiagruppe zugefügten *Beleidigung*, um zu erklären, wie die Verweigerung einer Wasserlieferung an die Cousins Vitale zum Tod des Brunnenwächters La Mantia führen konnte; und er sagt, man solle sich nicht wundern, »dass aus diesem Grund, *der dem Anschein nach und in einem anderen Umfeld nicht schwerwiegend genug wäre,* die Vitale und ihre Kumpanen beschließen konnten, wie sie es auch taten, zu töten«.[56] Die Unfähigkeit, auf eine Beleidigung zu antworten, ist entehrend, und die Gegner bringen das immer wieder ins Gedächtnis. Der Aufseher Ajello, der von dem landwirtschaftlichen Anwesen vertrieben wird, das er jahrelang betreut hat, wird jede Nacht von einer »Serenade« verfolgt, die lautet: »Du hörst das Wasser und stirbst doch vor Durst«, will sagen: du bist nahe an der Quelle der Legitimierung, der Macht und des Reichtums, aber du kommst doch nicht ganz heran; was Ajello zur Verzweiflung bringt und zum entscheidenden Fehler, der seinen Tod bedeutet. Sein Leichnam wird vor die Fenster des palermitanischen Gefängnisses *Ucciardone* geschleppt und seinen inhaftierten Söhnen gezeigt, als letzte Schmach.

Im Übrigen weicht die Ehre, die die Mafiosi einander zuschreiben, in wichtigen Punkten von der Ehre ab, wie sie normalerweise verstanden wird, in der süditalienischen Gesellschaft und anderswo. Es wäre nicht nötig, daran zu erinnern, wie viele Verbrechen man mit vorgeblichen, aber inexistenten Fragen sexueller Ehre bemäntelt hat, wenn hinter einem von diesen nicht die »hohe Mafia von Ciaculli« stecken würde, in den Personen von Salvatore und Giuseppe Greco: Diese verordnen im Dezember 1916 den Mord an dem Priester Giorgio Gennaro, dessen Schuld es ist, in der Sonntagspredigt die Einmischung der Mafia in die Verwaltung der kirchlichen Einnahmen beklagt zu haben; aber natürlich erzählt man herum, dass es sich um die Rache eines betrogenen Ehemanns handle. Der Großpächter Gaetano Cinà wird dagegen beiseite geschafft durch ein Komplott, hinter dem zwei Leute stecken: sein eigener Bruder Luigi, der in seine Schwägerin verliebt ist, und der Mafiachef Giuseppe Biondo, der den bestrafen will, der ihm die Kontrolle über eine Plantage entzogen hat: Brüder, die ihre eigenen Brüder umbringen und sich mit »Außenstehenden« verbünden, Leidenschaften und Eigeninteressen, die brutal durchgesetzt werden, jedem Familiensinn zum Trotz. Es fehlen auch nicht Morde an Frauen, wie in dem Fall der Dienerin, die von einem der Brüder Amoroso verführt worden war, oder in dem Fall der Tochter Di Sano. Da ist der Killer von Monreale, der, als er es nicht geschafft hat, die Feinde seines Mafiachefs zu finden, ein kleines Kind von ihnen tötet, um nicht mit leeren Händen nach Hause zurückzukehren. In Extremsituationen stellen aber auch die Mafiosi selbst den Unterschied zwischen der »echten« Ehre und derjenigen heraus, mit der sich die Mafiagruppen bemänteln. Während Antonio Badalamenti nach einer Hebamme eilt, da seine Frau gerade in den Wehen liegt, fällt er unter den Schüssen der von den Amoroso beauftragten Killer und flucht gegen seine Feinde, die »hinterrücks töten«. Auf die »fairen Edelmänner von Piazza Montalto« bezieht sich in sarkastischer Weise der Autor eines Fortsetzungsromans, der durch diese tragischen Ereignisse angeregt wurde.[57]

Das Modell des fairen Streits, wohlpräsent in der Volkskultur und noch anzutreffen in den Messerduellen der *Camorristi* oder in den Duellen der Degenkämpfer *(spataioli)* aus Palermo, Catania oder Messina, ist Welten entfernt von den Hinterhalten der Mafiakiller, die mit einem Gewehr bewaffnet hinter den Einfassungsmauern der Plantagen lauern und dem Opfer gar keine Möglichkeit der Verteidigung lassen. Der Gedanke von Arlacchi, dem zufolge die Hierarchien unter den Mafiosi durch einen »freien Wettstreit um die Ehre« entschieden werden, der sich in »Herausforderungen und Kämpfen« abspielt, spiegelt vielleicht eine Divergenz zwischen der *»ndrangheta«* und der »traditionellen« Mafia wider, aber vor allem basiert er auf einer literarischen Überlieferung, die sehr, ja zu weit von der Realität entfernt ist. Bei der echten Mafia ist die Ausschaltung der Feinde im Allgemeinen begleitet von »Beweisführungen«, Falschaussagen und vorgeblichen Abmachungen, die nur dazu dienen, die Wachsamkeit der zukünftigen Opfer herabzusetzen. So wird der Mord an Filippo Siino, dem eine feierliche Versöhnung der beiden Parteien in der Kirche vorausgegangen war, ermöglicht durch den Verrat eines Freundes des auserkorenen Opfers, der es an den Ort des Hinterhalts führt; der Mord wird also von »Meineid« und »Verrat« begleitet. (Diese Begriffe gebraucht Francesco Siino.[58]) Die ehrbare Aufforderung zum Duell kann auch nur in instrumentaler Weise benutzt werden. Antonino D'Alba, den die Mafiagruppe von Falde zum Tode bestimmt hat, ist gewarnt und hütet sich davor, sich außer Haus von den Feinden überraschen zu lassen. Erst als ein Gegner ihn zu einem Duell *vis à vis* herausfordert, verlässt er das Haus mit einem Revolver bewaffnet; aber am Ort der Verabredung trifft er auf ein Dutzend Personen, die ihn mit Schüssen durchbohren. Dem Ritus des individuellen Wettstreits, der sich auf Mut und Geschicklichkeit stützt, stellt sich das Ritual der kollektiven Exekution gegenüber, was die Tatsache unterstreicht, dass es die Organisation als ganze ist, die die schwerste Strafe verhängt hat, und dass ihre Mitglieder gemeinsam und solidarisch die Verantwortung dafür übernehmen, so wie es das Exekutionskommando des Staates tut, dessen Modell die Mafia folgt.

Der oben erwähnte Angeklagte Mendola [und die anderen wissen sehr wohl, was die Mafia ist; nur ist es für sie nicht günstig, es zu sagen.

1 Zeugenaussage im Prozess von Mailand vom Quästor aus Messina Peruzy, dem früheren Sicherheitsinspektor von Palermo, in: »Giornale della Sicilia«, 23./24.11.1899.

2 »Avanti!«, 18.11.1899.

3 Bericht des Präfekten De Seta vom 15.5.1900 in: ACS, PS, AAGGRR 1879–1903, b. 1, fasc. 1/11, S. 4.

4 S. Sonnino, Diario *1866–1912*, hg. von B. F. Brown, Bari 1972, I, S. 423, 428.

5 Brief des mailändischen Generalstaatsanwalts an den Justizminister, 14.2.1900, S. 6, in: ACS, Giustizia, MAP, b. 125.

6 Farini, *Diario* cit., II, S. 908.

7 Rede von Palizzolo am 8.7.1896, in: APCD, Discussioni,, S. 7349.

8 Undatierte Briefe in: BCI, Carte Codronchi, Commissariato civile per la Sicilia, cat. 16, Processo Notarbartolo, b. 8217. Die Bürgermeisterzeit von Amato-Pojero sollte in einer Untersuchung über die Stadt von 1900–1901 als »eine der traurigsten und unseligsten Perioden« bezeichnet werden; zit. in: Cancila, *Palermo* cit., S. 205.

9 *Rapporto Sangiorgi*, Anlage zum XVI. Bericht, S. 16.

10 Brief Rudinìs an Codronchi, 5.12.1899, in: BCI, Carte Codronchi, Commissariato civile per la Sicilia, cat. 16, Processo Notarbartolo, b. 8217.

11 Bericht des Präfekten De Seta vom 15.5.1900 in: ACS, PS, AAGGRR 1879–1903, b. 1, fasc. 1/11, S. 5.

12 Cosenza an Gianturco, 1.4.1901, S. 4, in: ACS, Giustizia, MAP., b. 126.

13 Drago, *La maffia è necessaria*, in: »Avanti!«, 5.12.1899.

14 In: APCD, Discussioni, 1.12.1899, Ss. 344 u. 383.

15 *Attorno al Processo Notarbartolo*, in: »Il Tempo«, 2.1.1900; und der Kommentar von G. De Felice, *Sempre le lettere del generale Mirri*, in: »Avanti!«, 4.1.1900.

16 *Memoria in difesa di R. Palizzolo*, Palermo 1904, S. IX.

17 »Corriere della Sera«, 1./2.10.1901.

18 G. Mosca, *Palermo e l'agitazione pro-Palizzolo*, in: Ders., *Uomini e cose di Sicilia*, Palermo 1980, S. 52.

19 *Rapporto Sangiorgi*, XXIV. Bericht, Ss. 4–5.

20 Marchesano, *Processo* cit., S. 332.

21 Ebenda, S. 28.

22 Erklärung der Zeugen Accardi und Barabbino, ebenda, Ss. 30 u. 32; Pezzino, *Una certa reciprocità* cit., S. 161.

23 ACS, Interni, AAGGRR, 1879–1903, b. 1, fasc. 1/11, Telex vom 18.12.1899.

24 Der Präfekt an den Ministerpräsidenten, 24.10.1900, Ss. 3 u. 4, in: ASPA, GQ, b. 20.

25 *Rapporto Sangiorgi*, S. 193.

26 »Corriere della Sera«, 30./31.10.1901.

27 Ebenda, Ss. 335–36.

28 Alongi, *La mafia* cit., S. 301.

29 *Rapporto Sangiorgi*, XXVII. Bericht.

30 ACS, Carte Crispi, b. 420, Brief v. 8.4.1889, abgedruckt im Anhang von R. Giuffrida, *Il Banco di Sicilia*, Palermo 1973, II, Ss. 320–28.
31 Abgedruckt im Anhang von Giuffrida, *Il Banco di Sicilia* cit., Ss. 329–32.
32 *Per l'assassinio del comm. Notarbartolo* cit., S. 126.
33 Zit. in: L. De Rosa, *Il Banco di Napoli e la crisi economica del 1888–1894. Tramonto e crisi della gestione Giusso*, in: »Rassegna economica« 2 (1963), Ss. 349–431, hier S. 430.
34 Zit. in: G. Barone, *Crisi economica e marina mercantile nel Mezzogiorno d'Italia (1888–1894)*, in: »Archivio storico per la Sicilia orientale«, I, 1974, Ss. 45–111, hier S. 82.
35 R. Palizzolo, *Sulle convenzioni marittime*, Rom 1893, S. 30.
36 Zeugenaussage von P. Bazan in Mailand, in: »Giornale di Sicilia«, 25./26.11.1899; vgl. aber die scharfsichtige Rekonstruktion von Marchesano, *Processo* cit., Ss. 452ff.
37 »Giornale di Sicilia«, 30.11./1.12.1899.
38 »Calpurnio«: *Dai ricordi dal carcere del comm. Raffaele Palizzolo*, Rom 1908, S. 10.
39 Mosca, *Perché offende l'assoluzione di Palizzolo*, in: Ders., *Uomini e cose di Sicilia* cit., S. 58.
40 »La Battaglia«, 10.11.1901.
41 De Felice, *Maffia e delinquenza* cit., S. 43.
42 In: »Il Giorno«, 8.1.1900.
43 N. Colajanni, *Nel regno della mafia*, S. 39.
44 In: »Il Mattino«, 13.11.1903, zit. in: F. Barbagallo, *Stato, Parlamento e lotte politico-sociali nel Mezzogiorno*, Neapel 1976, S. 169.
45 L. Pirandello, *I vecchi e i giovani*, Mailand 1913 (1. Ausg. 1905), S. 7.
46 »Corriere della Sera«, 2./4.10.1901.
47 Alongi, *La mafia* cit., S. 12.
48 *Processo Amoroso*, S. 39.
49 Ebenda, S. 120.
50 Marchesano, *Processo* cit., Ss. 294–95.
51 *Rapporto Sangiorgi*, S. 191.
52 Der Quästor an den Präfekten, 10.10.1875 in: ASPA, GP, b. 35, S. 5.
53 *Il processo contro i rapinatori di carrozze*, in: GDS, 7.7.1928. Für einen Fall dieser Art siehe den Bericht der Präfektur, 11.10.1916, in: ACS, PG 1916–18, b. 236.
54 Bericht von G. Alongi vom 13.5.1904, in: ASPA, QAG, b. 1434, S. 12.
55 J. Amery, *Sons of the Eagle: a Study on Guerrilla War*, London 1948,
56 *Rapporto Sangiorgi*, XXVIII. Bericht, S. 9, Hervorhebung von mir.
57 *Processo Amoroso*, S. 47; E. Scalici, *Cavalleria di Porta Montalto*, Neapel 1885.
58 *Rapporto Sangiorgi*, S. 45.

Demokratisierung, Totalitarismus, Demokratie

1. Von Sizilien nach Amerika

Im Jahr 1890 wird in New Orleans der örtliche Polizeileutnant Hennessy in einen Hinterhalt gelockt und ermordet. Angeklagt werden 18 Sizilianer, die vor Gericht jedoch freigesprochen werden. Den Hintergrund für dieses Verbrechen bildet der für Mafiosi typische Konflikt um die Kontrolle über die Docks und den Obsthandel, der hier zwischen den Provenzano und den Matranga ausgetragen wird. Ebenso vertraut ist uns das Schema, dass eine der Parteien eine Allianz mit der Polizei eingeht (die Provenzano), was offenbar zum Vergeltungsschlag gegen Hennessy führt. Der Abschluss des Falles ist hingegen so amerikanisch wie *Applepie*: Zehn der Freigesprochenen werden von der Menge gelyncht, die anscheinend von denen aufgewiegelt wurde, die einen Zusammenschluss von Iren und Italienern und deren Absicht, die Kommunalverwaltung zu erobern, verhindern wollen.

Die »Mafia« tritt in Louisiana in Erscheinung, und von dort breitet sich die Theorie einer »ausländischen Verschwörung« aus, die in unterschiedlichen Varianten immer wieder auftauchen soll. Nichts scheint diese Theorie besser zu bestätigen als eine mysteriöse und »umstürzlerische« Organisation. Diese geht, so vermutet man, auf die sizilianische Vesper zurück und hat ihren denkenden Kopf auf der Insel sowie Anhänger überall.

Das angloamerikanisch dominierte Amerika jedoch duldet die »Abschottung« der italienischen Bevölkerungsgruppen nicht, weil dadurch die Beharrlichkeit schlechter Bräuche, zu denen auch der mafiose gehört, gestärkt wird. Doch dieses Prinzip überzeugt hier nicht. In den Vereinigten

Staaten verliert die Mafia ihren regionalen Charakter und kreuzt sich mit anderen Formen der Kriminalität; hier verbindet sie sich mit einer *neuen,* multiethnischen Problematik. Dieselben Angloamerikaner, die sich darüber empören, dass die italienischen Einwanderer sich nicht in den *Melting Pot* integrieren lassen, verstärken die internen Bindungen der *Little Italies,* indem sie sich bestimmter Italo-Amerikaner als Mittelsmänner bedienen, die die Immigranten kontrollieren sollen und aus der Vermittlung ihrer Landsleute ein florierendes Geschäft machen. Das organisierte Verbrechen stellt in diesem Fall eine Variante des politischen oder geschäftlichen Cliquenwesens dar. Seit den zwanziger Jahren sind viele amerikanische Wissenschaftler, oft italienischen Ursprungs, funktionell an dieses Thema herangegangen und haben die Verbindung zwischen dem Verbrechen und den politisch-klientelwirtschaftlichen Apparaten der großen Städte offen gelegt. Protagonisten dieser »Apparate« sind, je nach der jeweiligen Phase des Einwandererzyklus, Deutsche, Iren, Juden, Italiener – dieselben, die sich auch in der Führungsspitze des »organisierten Verbrechens« abwechseln, das als Zwischenglied zwischen den Institutionen (Lokalpolizei, Stadtobrigkeiten) und der Unterwelt des Glücksspiels, der Prostitution und des Schmuggels fungiert. Wie Albini hervorgehoben hat, geht die angloamerikanische Fremdenfeindlichkeit davon aus, dass »die unschuldige, hilflose amerikanische Öffentlichkeit Opfer ausländischer Übeltäter ist, die sie insgeheim ihrer moralischen Jungfräulichkeit berauben«.[1] In Wirklichkeit aber weist die amerikanische Gesellschaft, indem sie nach diesen mehr oder weniger illegalen Gütern und Dienstleistungen verlangt, ihrerseits krankheitserregende Keime auf. Ebenso wie in Sizilien findet sich auch in der Neuen Welt das Dreieckssystem aus politischer Klasse, Polizei und Verbrechen.

Dennoch enthält die Theorie des Kriminalitätsimports ein Körnchen Wahrheit. Aus sizilianischer Sicht zeigt der Fall Hennessy nicht viel mehr als die Ausdehnung des geschäftlichen Netzwerkes von palermitanischen Mittelsmännern, die alle mehr oder weniger im Dunstkreis der Mafia anzusiedeln sind. Um die Jahrhundertwende ist New Orleans für den Handel mit sizilianischen Zitrusfrüchten der zweitwichtigste Hafen in den Vereinigten Staaten, den die kleinen Unternehmer frequentieren, die sich von der großen Handelsorganisation Palermo-New York emanzipieren wollen. Hier war zwölf Jahre vor dem Verbrechen an Hennessy Salvatore Marino gestorben; und hier hat man Vassallo, den man als Spion einer palermitanischen *Cosca* verdächtigte, aufgespürt und ermordet.

Marino war Obsthändler, Händler und Importeure sind auch die Provenzano und die Matranga – Letzterer ein Nachname, der im Laufe des Krieges zwischen den Badalamenti und den Amoroso in den sechziger und siebziger Jahren des neunzehnten Jahrhunderts häufig wiederkehrt. Bedeutend ist die Tatsache, dass die beiden Gruppen, die in Louisiana miteinander im Zwist stehen, mit den uns wohlbekannten Begriffen *Stoppaghiere* und Plantagenbewirtschafter bezeichnet werden.

Allein zwischen 1901 und 1914 kommen mehr als 800.000 Sizilianer in die Vereinigten Staaten. Während Sizilien durch seine Menschen nach Amerika kommt, tritt Amerika in jedem kleinen Dorf Siziliens in der Gestalt des »Emigrationsagenten« auf, der die Fahrkarten für die Dampfschiffe bezahlt und jenseits des großen Ozeans Arbeit besorgt. Selbstverständlich findet man in der Neuen Welt vorbestrafte, verwarnte, flüchtige Sizilienstämmige, ebenso wie wir in Sizilien Rückkehrer finden, die versuchen, sich in das örtliche Gefüge wieder zu integrieren und dabei »beträchtliche Geldsummen verdächtiger Herkunft mitbringen« und manchmal sogar ihr Leben lassen.[2] Wie natürliche Familien, so trennen sich auch die Mafiafamilien und finden wieder zusammen, in diesem Netzwerk aus Verbindungen, das sich beiderseits des Ozeans entspinnt.

Es ist hervorgehoben worden, dass die »mano nera«, deren Name sich von dem Siegel auf zahlreichen Erpresserbriefen herleitet, keine Organisation, sondern eine Methode des Verbrechens darstellt, das nicht speziell von Sizilianern, sondern Italienern im Allgemeinen, verübt wird, die mehr nach dem Modell der Camorra als nach dem der Mafia vorgehen. Unabhängig davon wird man nicht ausschließen können, dass die sizilianischen Mafiosi in einem zuwanderungsstarken Zentrum wie New York eine wichtige Rolle in der Unterwelt bekleiden, noch ehe sie ein eigenes Netzwerk bilden.

Dies ist die Hypothese, von der 1908 die New Yorker Verwaltung – in der Person des Stadtrates Theodore Bingham – ausgeht. Grundlage hierfür ist der Bericht eines »Experten«, der absolut überzeugt ist, dass die »italienische Einwanderergemeinde in der Regel nicht erst in Amerika zu Kriminellen wird«, und dass die »mano nera« aus Kriminellen besteht, »die bereits in Italien solche waren und die sich, wenn sie hier nach Amerika kommen, mit anderen vom gleichen Schlag zusammentun«.[3] Das amerikanische Rechtssystem – wird hinzugefügt – ist nicht dafür gerüstet, diese Leute zu bekämpfen, da es an den polizeilichen Mitteln (Verwarnung, Zwangswohnsitz) fehlt, die in Italien das einzig wirksame Mittel darstellen. Man kann die Unerwünschten nur dann ausweisen, wenn man beweist, dass sie frühere Strafverfahren verheimlicht haben und folglich illegal in die Vereinigten Staaten eingereist sind.

Bingham stellt nun also eine »geheime« Operation auf die Beine, von der die Presse jedoch sofort berichtet. Um Nachforschungen auf der Basis der Strafregisterauszüge anzustellen, wird der ursprünglich aus Padula stammende Polizeileutnant Joe Petrosino nach Italien geschickt, ein gefürchteter Verfolger der Mitglieder der »mano nera«, der für die Rückführung zahlreicher illegaler Immigranten verantwortlich ist. Da man die italienischen Behörden der Komplizenschaft oder zumindest der Unfähigkeit verdächtigt, lehnt der New Yorker Polizist, abgesehen von einigen informellen Kontakten, jede Zusammenarbeit mit den örtlichen Behörden und sogar die diskrete Eskorte, die man ihm bei seiner Ankunft in Palermo zur Verfügung stellen will, ab. Wie

Polizeichef Ceola später bemerken wird, »schloss er sich gänzlich dem Vorurteil jener Sizilianer an, die glauben, man sei besser geschützt, wenn man sich statt an die Behörden und die Justiz an irgendeinen bekannten und gefürchteten Verbrecher wendet, der Autorität und Einfluss besitzt«.[4] Petrosino folgt der Tradition der palermitanischen Polizei, ohne sich jedoch darüber im Klaren zu sein und vor allem, ohne die geringste Verhandlungsgrundlage, mit Ausnahme vielleicht von ein paar Dollars, mit denen er die Informanten bezahlt, oder dem leisen Schatten einer überseeischen Autorität. Derart unbewaffnet und mit einer »Unvorsichtigkeit, die bei einem so gefeierten Detektiv geradezu unerklärlich ist«[5], tritt er in das klassische Dreieck Polizei-Mafia-Verbrechen ein. Am 12. März 1909 wird er auf der mitten im Zentrum gelegenen Piazza Marina erschossen.

Das sorgt für scharfe Kritik seitens der amerikanischen Presse, die wieder einmal die Italiener der Komplizenschaft beschuldigt, während diese den Dilettantismus der Operation hervorheben. Die Ermittlungen konzentrieren sich natürlich auf die Achse Palermo-New York. Die Hinweise der üblichen Vertrauensleute wie auch anonyme Briefe aus der amerikanischen Metropole deuten auf den Corleonesen Giuseppe Morello als Drahtzieher hin, den Kopf einer New Yorker Geldfälschergruppe, die 1903 eine geschäftliche Auseinandersetzung mit einem Landsmann per Mord löste und damit Petrosinos Aufmerksamkeit erregte. Zu der Gruppe gehörte jemand, der uns wohlbekannt ist: Giuseppe Fontana, der sich nach seinem Freispruch in Florenz in die Neue Welt abgesetzt hatte, um seine alte Beschäftigung wieder aufzunehmen: die Produktion und Verbreitung falscher Banknoten. Zwei Mitglieder der Gruppe, Carlo Costantino und Antonino Passananti, waren auf einmal zeitgleich mit Petrosino in der Heimat aufgetaucht und hatten mittels verschlüsselter Telegramme mit Morello Kontakt gehalten; vielleicht fürchteten sie, Petrosino könne Morellos Vergangenheit aufdecken, die eine Ausweisung gerechtfertigt hätte. Es gab zahlreiche Gründe, die Costantino und Passananti dazu getrieben haben könnten, zur Tat zu schreiten. Abgesehen von den beiden verhaftete die Polizei fünfzehn weitere Personen, fast alle aus Amerika zurückgekehrt, das gesamte Informantennetz des Detektivs; und schließlich den Mafiaboss Don Vito Cascio-Ferro.

Der Strafregisterauszug dieser interessanten Persönlichkeit zeichnet sich – vor 1914 – durch eine überschaubare Anzahl von Anklagen (Erpressung, Brandstiftung, Entführung) und Freispruch in allen Fällen aus. Gewiss handelte es sich bei Cascio-Ferro nicht nur um eine angesehene Provinzpersönlichkeit. Im Gegenteil, seine Macht gründete auf einem Netz aus Beziehungen, das sich über zwei Kontinente erstreckte, und darüber hinaus auf einem Ereignis von internationaler Bedeutung: der Ermordung Petrosinos, die ihm ein solches Prestige eintrug, dass er »mit sicherer Hand die Leitung der Mafia für das gesamte Gebiet der Provinz Palermo übernehmen konnte«.[6] Cascio-Ferro gehörte, zusammen mit Morello und Fontana, zu der Geldfälschergruppe, die Petrosino 1903 verhaftete. Seinem Aufenthalt in New York, der 1901 begonnen hatte, wurde dadurch ein jähes Ende bereitet. Nach dem Verbrechen nun fand man in seinen Papieren ein Foto von Petrosino und dessen Notiz über Cascio-Ferro, den »hochgefährlichen Kriminellen«. Zu den Plänen des Polizisten hatte eine Reise nach Bisacquino gehört, zum Landgut des Mafiabosses: Hatte er für die gewünschten Informationen ausgerechnet auf ihn gezählt? Diese Theorie wurde zwar nicht aufgestellt, doch sie scheint mir in Anbetracht der Ziele der Operation und der Bemerkung des Polizeichefs über Verbrecher mit »Autorität und Einfluss« logisch. Anscheinend war Petrosino auf eine Passfälscherorganisation gestoßen, deren Spur zu dem berüchtigten Aristokraten Francesco di Villarosa führte, das heißt zu einem Netzwerk, das an der Schwelle zwischen Sizilien und Amerika angesiedelt war. Man beachte, dass bis in die zwanziger Jahre hinein gerade der heimliche Import von Arbeitskräften zu den Hauptbeschäftigungen eines herausragenden sizilianisch-amerikanischen Mafioso wie Salvatore Maranzano zählte. Anscheinend war auch Don Vito in die illegale Auswanderung verstrickt, die von ihm auf Fischerbooten mit Kurs auf Tunesien und von dort weiter auf Dampfschiffen über Marseille nach New York organisiert wurde. Der Mafiaboss tauchte offiziell als »Vertreter des Postbeförderungsunternehmens« Caruso auf: eine andere Bezeichnung für Auswanderungsagent? Vielleicht wollte Cascio-Ferro, indem er den Informanten spielte, sich und seinen amerikanischen Freunden einen Vorteil verschaffen. Jedenfalls soll Don Vito sich viele Jahre später damit gebrüstet haben, den Polizisten »selbstlos« mit eigenen Händen ermordet zu haben.[7]

Alle Angeklagten wurden nach der Untersuchungshaft freigelassen. Cascio-Ferro konnte eine Zeugenaussage des ehrbaren Domenico De Michele vorweisen, bei dem er am Abend des Verbrechens zu Gast gewesen sein soll. Das Alibi ist nicht sehr glaubwürdig, wenn man bedenkt, wie nah die beiden einander standen. De Michele war ein großer Öl- und Getreidehändler, Cascio-Ferro sein »Handelsvertreter«. De Michele war der umstrittene und unabsetzbare Bürgermeister von Burgio wie auch Abgeordneter des Kreises Bivona, Cascio-Ferro sein Wahlmann. Es wäre interessant, herauszufinden, ob De Michele an der Ausweitung des sizilianisch-amerikanischen Handels, der mit dem Auswanderungsphänomen einherging, beteiligt war, denn in dem Falle würde Don Vito mit seinen Reisen nach New York und nach New Orleans auf breiterer Ebene die uns schon bekannte Figur des Mafioso darstellen, der auf den bereits durch die Aktivitäten großer Persönlichkeiten vorbereiteten Wegen sein eigenes Netzwerk aufbaut. Vergessen wir jedoch nicht die beschützende Funktion, die immer mit der geschäftlichen einhergeht. Gebürtiger Palermitaner, hatte sich Cascio-Ferro in Bisacquino niedergelassen, wohin er seinem Vater gefolgt war, der Feldhüter des Barons Inglese – der dafür bekannt war, dass er sich staatliche Ländereien unrechtmäßig angeeignet hatte – gewesen war. Das sind die Auswirkungen der Zentralisierung des Pacht- und Wachdienstmarktes in Palermo: Die Verwaltung zahlreicher Landgüter gelangt in die Hände Palermitaner Mafiosi. Man erinnere sich an Don Peppino den Lombarden, der dank Giammona eine Stelle als Vorsteher in Alia bekam; an den Umzug Don Bartolomeo Badalementis nach Caltagirone, samt seiner Gefolgschaft an »Dienern, Laufburschen und verbotenen Gesichtern, wie man sie nie zuvor gesehen hatte, die kamen und gingen, ohne eine Spur zu hinterlassen«.[8] An die Operation, die der Fürst von Mirto durchführte, als er Fontana in die von dem Briganten Varsalona umkämpften Gebiete, sprich in die Gegend Corleone-Sambuca-Burgio, zwischen der Provinz Palermo und der Provinz Agrigent, verlegte. In Bisacquino also sollte Cascio-Ferro verweilen, ohne jedoch auf häufige Aufenthalte in der Hauptstadt zu verzichten, die offenbar für seine Funktion als Mafiaboss ein strategischer Ort blieb: Lehnsherr und Verwalter für den ehrwürdigen De Michele und den Baron Inglese im Umland von Corleone, eleganter Herr in Palermo.

Wenn wir in Cascio-Ferros Biographie ein wenig zurückgehen, stoßen wir auf eine außergewöhnliche politische Verbindung, und zwar die zu den *Fasci Siciliani* von 1892–93: Und mit einiger Überraschung finden wir Don Vito als Vizepräsidenten des *Fascio* von Bisacquino vor. Als dann die Repression einsetzte, floh Cascio-Ferro nach Tunesien (Dezember 1893), von wo er wenig später »spontan in sein Heimatland zurückkehrte und dem Herren Polizeichef von Palermo und dem Unterpräfekten von Corleone versicherte, dass er sich nie wieder um Politik kümmern würde«.[9] Von da an »verhielt er sich politisch tadellos«, und durch die »freundschaftlichen Beziehungen mit dem Baron Inglese und dem ehrwürdigen De Michele Ferrantelli« erwarb er die Position eines angesehenen Bürgers, schrieb sich im Bürgerverein ein, genoss »die Achtung der Mitbürger« und der Behörden.[10] Wir befinden uns im Dezember 1908, nicht einmal ein Jahr vor dem Verbrechen an Petrosino.

Der Umstürzler wird zu einem Mann der öffentlichen Ordnung, eine Eigenschaft, die durchaus mit der des Mafioso vereinbar ist. Bleibt die Frage nach dem Sinn seines Beitritts zu einer linken Bewegung, die von den herrschenden Klassen und Minister Crispi bekämpft wird. Wenn wir uns mit dieser Frage befassen, werden wir verstehen können, wie sich, nicht nur mit den politisch-klientelwirtschaftlichen Apparaten New Yorks oder Chicagos, sondern auch mit denen Corleones und Monreales, die Mafiaphänomenologie auf – wenn auch verzerrte – Demokratisierungsprozesse bezieht. Und wie sich die Geschicke der Mafia in Amerika, dem Land der unbegrenzten Möglichkeiten, oder in dem post-feudalen Sizilien in ein Bild der gesellschaftlichen Veränderung und der tiefgreifenden historischen Wandlungen einpassen.

2. Ländereien und Dörfer

Am Tag nach der Erklärung des Belagerungszustandes (Dezember 1893) müssen sich viele der Aktivisten der *Fasci Siciliani* vor dem Militärgericht verantworten. Ebenso angeklagt sind Gemeindewächter, Feldhüter, Zolleinnehmer, die, wie wir wissen, ein Glied der mafiosen Kette darstellen und die in vielen Fällen auf die – sozialistische – Menge schießen, um sie zur Auflehnung zu treiben und so ihre Unterdrükkung zu rechtfertigen. So finden sich die *Fasci*, die in der Provinz Palermo und der Provinz Agrigent die Gemeindepolitik, das Steuersystem und die Verwendung von Steuergeldern in Frage stellen oder auch das Problem der Agrarverträge ansprechen, unterdrückenden und korrupten Herrscherklassen gegenüber, die zu jeder Gewalt fähig sind. Es besteht jedoch keine absolute ideologische Inkompatibilität zwischen der Linken und der Mafia: »Wenn die Regierung sie fallen lässt, wird sie sich in den Dienst des Klerus stellen; wenn alle sie fallen lassen, wird sie die Revolution propagieren«[11], bemerkt der Sozialist Drago und bestätigt damit, was wir bereits aus der nachrisorgimentalen Zeit wissen.

Lässt sich bei der Mafia keine gemeinsame politische

Linie annehmen, so kann man noch nicht einmal bei den *Fasci*, die sich in wenigen, bewegten Monaten auf Gemeindeebene herausgebildet haben und über keine wirkliche Koordination verfügen, von einer völligen Homogenität sprechen. Man kann jedoch eine Kontinuität erkennen, in deren Rahmen plötzlich auf lokaler Ebene ein Feuer entsteht. In Misilmeri wird die Organisation von Girolamo Sparti gegründet, einem jungen Studenten, der mit den beiden Familien verwandt ist, die seit Jahren wegen der Kontrolle der Gemeindeverwaltung miteinander verfeindet sind. In Monreale bilden sich gar drei *Fasci*, von denen einer von dem crispitreuen Bürgermeister Rocco Balsano angeführt wird, der plötzlich zum Sozialismus konvertiert, um die Geschicke des Landwirtschaftsvereins zu retten, um den herum er seine eigene Klientel organisiert hat. In Lercara ist der *Fascio* stark, doch es ist nicht zu durchschauen, wer ihn leitet. Die blutigen Unruhen von Weihnachten 1893 werden in gewisser Weise von den als Helfershelfer von Banditen bekannten Nicolosi geschürt und richten sich gegen die Partei der Sartorio, die sich seit 1876 des Rathauses bemächtigt hat. In Marineo genießt der *Fascio* die Unterstützung der Calderone-Partei, die kurz zuvor die Macht verloren hat, nachdem sie sie mehr als zehn Jahre lang mit großem Geschick ausgeübt hat.

In den 1890er Jahren schließlich schafft man in sehr vielen Fällen ein Gleichgewicht zwischen den lokalen Parteien, das bis zum Weltkrieg bestehen bleibt, denn »in den kleinen Dörfern sind die in zivilen Verhältnissen lebenden Familien beinah allesamt miteinander verwandt [...]und nicht nur die einer Partei, sondern auch die der Gegenparteien sind Verwandte, obwohl sie an verschiedenen Fronten kämpfen«.[12] Der Prozess der Ausweitung des Wahlrechts, der 1913 im allgemeinen Wahlrecht für Männer gipfelt, macht neue Instrumente in der Beziehung zwischen herrschender Klasse und Gesellschaft notwendig. Darüber hinaus beginnt der Staat zwischen dem Ende des 19. und dem Anfang des 20. Jahrhunderts auch in kleinen Städtchen und großen

Dörfern mit der Realisierung eines öffentlichen Beleuchtungssystems – zunächst mit Gas, dann mit Elektrizität –, eines Straßennetzes, eines Kanalisationssystems, eines Gesundheits- und eines Bildungswesens. Damit bieten sich neue Geschäfts- und Beschäftigungsmöglichkeiten, die sich zu den traditionelleren der Verwaltung von Staatsgütern oder des lokalen Steuersystems (Was muss man mit einer Steuer belegen? Wer muss zahlen? Wer soll die Steuern eintreiben, und wie?) gesellen und bei den Dorfpolitikern und ihrem Gefolge aus Pächtern, privaten Steuereintreibern, Mietern, Erbpächtern, ruinierten Anwälten, Lehrern, Apothekern, Klienten, Wählern, Cousins, Amtsanwärtern und Intriganten ein starkes Interesse an der Kontrolle der Stadtverwaltungen hervorrufen.

Dies ist die bewegte Welt des südländischen Klientelwesens, wie sie uns der geniale Gaetano Salvemini gezeichnet hat, die Welt, auf die sich die Publizistik und die Quellen der Polizei beziehen, wenn sie den Begriff *Mafia* benutzen. Wer das Konzept der Mafia von dem des *Klientelismus* trennen will, dürfte sich in großen Schwierigkeiten befinden. Sehr oft definieren Abgeordnete der öffentlichen Sicherheit und Polizeichefs »Mafiosi« schlicht als die Gegner der Regierung, in Misilmeri zum Beispiel die Familien Sparti, Scozzari und Di Pisa. Doch die dort von der Regierung selbst bevorzugte Gruppe ist die, die auf Provinzebene von Salvatore Avellone abhängt, einem der wegen seiner Beziehungen zur Mafia umstrittensten Abgeordneten. Dieser Widerspruch ist wohl der Grund für die häufigen Untersuchungen, denen der Präfekt diese Gemeinde unterzieht, und nicht der Versuch, die »Mafia« zurückzudrängen. In Monreale wird die von dem zukünftigen Abgeordneten Balsano angeführte Gemeindepartei beschuldigt, die eigenen Klienten in der Verwaltung der öffentlichen Finanzen und der Verpachtung zu begünstigen; und auch hier schreiten, auf Drängen des Abgeordneten Masi (einem Gegner Balsanos), Präfekturkommissare ein, die die Unregelmäßigkeiten feststellen und nach einer Weile Neuwahlen empfehlen, die jedoch, wie in Misilmeri, die bereits vorher bestehenden Verhältnisse bestätigen. Man beachte, dass der giollititreue Präfekt, den die Geschichtsschreibung als allmächtig betrachtet, nicht aufgrund irgendeines zentralistischen Impulses handelt, sondern um den Abgeordneten darin zu unterstützen, die widerspenstige Gemeinde zu erobern; und wie die Gemeinde-»Mafien« erfolgreich allen beiden Widerstand leisten.

Es lässt sich folglich eine allgemeine doch bedeutsame Verbindung der herrschenden Gruppen mit dem Verbrechermilieu verzeichnen. »Zu den Freunden und Anhängern« der Partei Balsanos »gehören Personen, die verhaftet und verurteilt wurden«.[13] Di Pisa zum Beispiel ist ein blutrünstiger Mensch, der seine Auseinandersetzungen gewöhnlich mit einem Dolchstock löst. Schärfer umrissen ist die Figur des Salvatore Sparti, der, als er das Amt des Bürgermeisters antritt, gerade aus dem Gefängnis entlassen wurde, wo er auf seine Verurteilung wegen Mordes gewartet hat. Letztlich wurde er zwar von diesem Anklagepunkt freigesprochen, verurteilt wird er jedoch wegen Gewalttätigkeit, Drohungen etc. Als »natürlicher Beschützer der Mafia und der Schurken hat er zu Gunsten derer, die verwarnt werden sollten, ausgesagt«.[14]

Zwei Dörfer wie Misilmeri und Monreale, die mit Sicherheit »in der Hand der Mafia« sind, zeigen die Gegenwart der Mafia selbst innerhalb der Gemeindeinstitutionen nicht in der Deutlichkeit, die wir erwartet hätten.

Versuchen wir, die Situation etwas genauer zu betrachten. Es gibt ein Element, das die beiden Dörfer verbindet: die große Anzahl an Staatsgütern, die mehrfach parzelliert werden, ohne dass die Kommunalverwaltungen die entsprechenden Regeln berücksichtigen können oder wollen. Lediglich die nach Auflösung solcher Verwaltungen zyklisch ernannten Präfekturkommissare gehen gegen die Urheber der widerrechtlichen Aneignung »einiger Hundert Hektar« dieser Ländereien vor, denn »aus Angst vor der Vendetta wagt von den Bauern keiner, rechtliche Schritte einzuleiten«.[15] An einem solchen Land hat die Kommunalpolitik anscheinend kein großes Interesse. Vielmehr ist dies eine Erklärung für den Faktionskampf, die uns die Protagonisten selbst liefern. Die größten Gruppen der beiden Orte würden demnach ein landloses Bürgertum darstellen, gegen das sich einhellig die *gesunde* Ansicht der »Behörden«, der »Ordnungskräfte«, der Großgrundbesitzer richten würde.[16] Vermutlich hat ein Teil der herrschenden Klasse tatsächlich ein größeres Interesse an den Gemeindefinanzen, der Verpachtung und den daraus erwachsenden geschäftlichen Vorteilen. Und sie stößt natürlich auf Zustimmung, wenn sie toleriert, dass die Pächter mit der Zahlung der Abgaben für die Gemeindeländereien etwas nachlässig sind, diese zu Niedrigpreisen kaufen, um sie anschließend mit Profit weiterzuverkaufen. Diese Gruppen sind insofern am Land interessiert, als es Geld in die Gemeindekassen fließen lässt (Grundsteuer, Erbpachtzinsen) und dort Ordnungshüter benötigt werden. Damit wären wir wieder beim alten Problem der Feldwächter, das uns geradewegs in die Sphären der Mafia führt. Der Dienst erweist sich »aufgrund mangelnder Disziplin und der Grüppchenbildung innerhalb des Korps«[17], als uneffizient: Zwischen 1903 und 1906 werden in Misilmeri fünf Feldwächter ermordet; 1907 befinden sich acht der 25 Mitglieder des Korps wegen Verbindungen zu Verbrecherbanden auf der Anklagebank, zwei sitzen wegen Mordes im Gefängnis, eines wird wegen Diebstahls verhaftet und wieder laufen gelassen. Hin und wieder kommt es im System der privaten und öffentlichen Wachdienste zu einem Kollaps. Um 1911 gerät Vittorio Calò, Mafiaboss des kleinen Landwirtschaftszentrums des Ortes Molara, mit der Bauernfamilie Sciortino, die anscheinend der Tradition der *Stoppaghieri* verhaftet ist, in Konflikt. Die Sciortino werden massakriert. Im November 1912 wird Giuseppe Cavallaro, Schatzmeister der Gemeinde, auf dem Rückweg von einer seiner Plantagen von einem Unbekannten erschossen, der ihm hinter einer Hecke auflauert – dreißig Jahre nach dem Tod seines Vaters Simone, der auf die gleiche Weise ermordet worden war. Unterdessen perfektioniert Calò »das System der Bereicherung, der Protektion und die Lösegeld- oder Tributerhebungssysteme«.[18]

Wie ein Grundeigentümer von Misilmeri schreibt, ist die kommunale »Clique« verantwortlich für die »vandalischen Verbrechen, wie das Abholzen von Bäumen und Weinstökken, Brandstiftung in Strohlagern und Tennen«, für das »gesellschaftliche Geschwür«, das man »maffia« nennt. Etwas sachlicher bestätigt die Polizei, dass »viele Assessoren und Räte, deren Besitztümer beschädigt wurden, sich aus Angst vor weiteren Repressalien davor hüten, die Vorkommnisse anzuzeigen«.[19] Vielleicht haben wir es hier mit einer Aufteilung der Aufgaben unter Dorfpolizei und dem Land-Erpresserwesen zu tun, zwei unterschiedlichen, einander jedoch äußerst nützlichen Milieus.

Wenn wir uns von dem Gebiet unmittelbar um Palermo abwenden und uns dem inneren und latifundienreichen Teil der Provinz zuwenden oder noch weiter hinuntergehen bis zum sogenannten »Vallone«, wo die Provinz Palermo auf die Povinzen Agrigent und Caltanissetta trifft, finden wir eine völlig andere Situation vor, eine sehr viel engere Beziehung zwischen Dorf und Land. Auch hier drängen die *Fasci* in die Lokalpolitik. 1892 existieren in Burgio drei Organisationen, die die Aufteilung des Ortes in Pfarrgemeinden widerspiegeln (Madonna del Carmine, Maria, S. Nicola) und die »aufgrund der Verbissenheit der Parteien [...]Einfluss auf die Massen ausüben«. 1893 verwandeln sich die ersten beiden in *Fasci*, um dann am Tag nach der Niederschlagung wieder ihre ursprüngliche Form anzunehmen. In Casteltermini schützt sich der als extremistisch betrachtete *Fascio* vor den Übergriffen der Polizei, indem er seine Versammlungen im Palazzo des Großgrundbesitzers Francesco Lo Bue Perez abhält, dem Neffen eines Senators. Der Schlachtruf des *Fascio* lautet: »Es lebe Cavalier Lo Bue, es lebe der Sozialismus, es leben die *Fasci*!«[20] In Contessa Entellina sind es die Lo Jacono, die seit dem späten 18. Jahrhundert abwechselnd die Lokalmacht und den Pachtmarkt kontrollieren, die den *Fascio* gründen; und die ihre eigenen

Ländereien in Halbpacht geben, statt sich an das traditionelle System der Pacht oder Unterpacht zu halten. Mit dieser Aussicht auf Reform der Agrarbestimmungen öffnet sich für die Stadtgemeinde ein Fenster auf das sich weithin erstreckende Land der Feudalgüter. »Die Anführer der *Fasci* in Girgenti – lobenswertes Beispiel S. Maria Belice – sind Landbesitzer. Sie haben den Bauern eingeredet, dass auch der Landarbeiter durch seine Mühen, seine Ersparnisse und seine Kooperation ebenfalls Landbesitzer werden muss.« Bei der Gründung des *Fascio* in S. Stefano Quisquina ruft der Kommunalrat Lorenzo Panepinto: »Es leben der König und Margherita, es lebe das Gesetz!«. Wie die *Fasci* von Prizzi und die von Bisaquino (darunter Cascio-Ferro) aber schließt er sich den Streiks für die Aufteilung der Erzeugnisse an, die von Nicola Barbato und Bernardino Verro, angesehenen Sozialistenführern von Piana degli Albanesi und Corleone, ausgerufen werden. Ziel der Gemäßigten wie auch der Extremisten ist die Einführung der Halbpacht.

Die Krise der 1880er und 1890er Jahre hat die Einnahmen reduziert. Die Folge daraus ist der Einbruch des Pachtmarktes, was die abwesenden Eigentümer, die in Palermo, Rom oder sogar in Madrid leben, in den Augen der regierenden Klasse noch hassenswerter macht, einer Klasse, die auf einmal die Alternative der Halbpacht für sich entdeckt hat und neue Beziehungen zu den Bürgern wünscht, sprich den durchschnittlichen Bauern, die nahezu besessen davon sind, in den Rang eines Großpächters aufzusteigen. Diese bilden das Gerüst der *Fasci*, sind diejenigen, die über die Lehensgüter reiten, um die Arbeiter zu überzeugen, die Großgrundbesitzer zu boykottieren, welche nicht bereit sind, die aufgestellten Forderungen zu akzeptieren, die auch nach Crispis Repression den Sozialismus »des Inneren« lebendig halten – zumindest in einigen ländlichen Gebieten, wo geistige Führer wie die Verro, die Barbaro, die Panepinto auftauchen. Man kann behaupten, dass hier Sozialismus und Mafia auf dieselben gesellschaftlichen Gruppen einwirken, auch wenn sie ihnen zwei verschiedene Modelle der Veränderung und der Beziehung zur Landbourgeoisie und zu den Großgrundbesitzern anbieten. Das Nebeneinander einer erhöhten Steuer für die politische Mobilmachung und einer für die mafiose Mobilmachung innerhalb ein und desselben Gebietes lässt sich nicht durch die widersprüchliche Logik von Reaktion und Gegenreaktion erklären. Die Nachricht, dass Verro in seiner Jugend an einer Art mafiosen Initiation teilgenommen haben soll, fügt sich, ganz gleich, ob sie wahr oder falsch ist, in diesen gemeinsamen Humus ein, der sich am Beispiel der beiden Figuren Verro selbst und Cascio-Ferro, die sich in ihren Ursprüngen so nah, in ihren Zielen so weit entfernt sind, gut erklären lässt.

Die Statuten vieler *Fasci* sehen das Verbot der Mitgliedschaft für skandalträchtige Personen, Vorbestrafte und Mafiosi vor; auch wenn man damit nicht vor dem die Tür verschließt, was Avanti allzu naiv als eine »Mafia« beschreibt, »die ihren großzügigen Ursprüngen treu ist, die einer legitimen Auflehnung gegen jede Form der Vormachtstellung entspringt«.[21] »La Plebe«, eine sozialistische Zeitung aus S. Stefano Quisquina, beschreibt die zufällige Begegnung zweier Gruppen – hier Mitglieder des Bauernverbandes und dort »mafiosi« –, die in einem Schlagabtausch geistreicher Bemerkungen und in der allgemeinen Anerkennung der moralischen Überlegenheit der Verbandsmitglieder endet.[22] In einer Versammlung, die 1902 in Prizzi stattfindet, behauptet Verro, dass, »seit sich der Sozialismus ausgebreitet hat, die Kleinkriminalität abgenommen hat, und wir hoffen, dass mit der Zeit auch der von der hohen Mafia angeordnete Mord nachlassen wird«.[23] Wir haben es hier mit der Theorie der linearen Zivilisierung des gesellschaftlichen Konfliktes zu tun, in deren Verlauf der Sozialismus an die Stelle der Mafia tritt, zumindest die der »niederen« Mafia, indem er ihre Ursachen ausmerzt: Als Cavalier Emanuele Arezzo seine streikenden Bauern beschuldigt, »eine ganz und gar nicht zivile und *absolut mafiose* Haltung an den Tag zu legen«[24], hält Panepinto ihm entgegen, dass die Mafia lediglich das »spontane Produkt« des Lehensgutes darstelle.

Doch derselbe Panepinto, als guter Grundschullehrer überzeugt, dass der Sozialismus eine Form der kollektiven Pädagogik darstellt, muss sich vom Scheitern jeden fortschrittlichen Automatismus überzeugen, als er die Gemeinde seiner nach Florida emigrierten Landsleute besucht:

> Wir nährten Illusionen über unsere Arbeiter in Tampa, doch leider scheint nicht einmal die ferne Umgebung an ihren alten Unschuldigen- oder Kriminellenseelen zu rühren. Zu nichts sind all die Dollars und hohen Löhne gut, wenn dann doch niemand das politische und moralische Bewusstsein dieser Proletarier formt.[25]

Panepintos Reise stellt auch einen Fluchtversuch vor den Schwierigkeiten des Sozialismus in Quisquino dar, dem es nach dem anfänglichen Enthusiasmus der großen Landwirtschaftsstreiks von 1902 aufgrund der ewigen Auseinandersetzungen mit De Michele Ferrantelli nicht gelingt, auf Kreis- oder Provinzebene Fuß zu fassen. Auch Verro, der von den Behörden verfolgt wird, verlässt Corleone und flüchtet sich ins Ausland oder nimmt Parteiaufträge in Messina oder Reggio Calabria an. In den Dörfern des sizilianischen Latifundiums ist es schwierig, eine »Klassen«-Linie zu verfolgen; noch schwieriger aber ist es für Männer wie diese, sich aus dem Gemeindeleben zurückzuziehen.

Mit dem Boom der Kollektivpacht gelingt es der Bauernbewegung Ende des ersten Jahrzehnts des neuen Jahrhunderts aus der Sackgasse herauszukommen. Dank des Sonnino-Gesetzes von 1906 können die Kooperativen bei der Banco di Sicilia Agrarkredite aufnehmen und damit die Latifundien anmieten, um sie in kleinen Parzellen an die Mitglieder weiterzuvermieten. In dieser Phase machen unter anderem die größere Verwendung sich erneuernder Kulturen (Ackerbohnen, Klee) und die erste Einführung chemischer Düngemittel den bäuerlichen Betrieb relativ wirtschaftlich. Nach einer ersten Phase der Feindseligkeit gehen die Großgrundbesitzer dazu über, »das kollektive Eindringen der

Bauern in den Pachtvorgang als natürliche Auswirkung der gesellschaftlichen Entwicklung«[26] zu betrachten, und schätzen insbesondere die Unterstützung der zunächst von der Krise und dann durch die emigrationsbedingte Abwanderung von Arbeitskräften bedrohten Rendite. Die Kooperativen bringen den Pachtmarkt wieder in Gang, an dem nun der einzelne und der »kollektive Großpächter« teilnehmen – wie die Kooperativen genannt werden. Als sich jedoch dieses Nebeneinander in Konkurrenz verwandelt, finden die Kooperativen sich jedoch auf einmal in diesen Wettstreit um das Monopol wieder, der, wie wir wissen, die größten Sanktionen hervorrufen kann.

Diese treffen als Ersten Bernardino Verro, den 1910 ein Attentat zwingt, Corleone zu verlassen. Mit hervorragender Kenntnis skizziert er die Ebenen des mafiosen Netzwerkes: Da wäre im Dorf der Großpächter und Mafiaboss Michelangelo Gennaro; auf Provinzebene die »Clique«, die die Protektion des Unterpräfekten Spata – der mit einer Torina aus Caccamo, Sprössling eines alten Mafiageschlechts, verheiratet ist – und Vincenzo Cascios vom Verwaltungsausschuss der Provinz genießt. Beide sind durch Klientel und Verwandtschaft mit dem Abgeordneten Avellone verbunden, waren Entlastungszeugen von Palizzolo und wie dieser Vertreter der Aushebung Rudinìs, die seinerzeit von der »moralisierenden« Operation von Codronchi vorangetrieben wurde. Es gibt auch eine Verbindung nach Palermo:

> Avellone ist nicht der Anstifter oder Auftraggeber [des Attentats], sondern Kreisabgeordneter, der den Verwandten und seinen Wählern treu bleiben muss. Ich selbst habe ihn im Café des Teatro Massimo in Palermo gesehen, als er sich heimlich mit Gaspare Tedeschi unterhielt, einem Palermitaner, der in Villafrati wohnt, wo er Mafiaboss ist und Giovanni Mancuso versteckt gehalten hat. Das ist einer der beiden, und zwar der, der auf mich geschossen hat und schließlich selbst erschossen wurde, als er in die Klinik von Palermo gebracht wurde. Die wird von Prof. Giuffrè geleitet, dem Bruder des Mafiabosses von

> Caltavuturo, der wiederum von der Verpachtung gewusst hat, wegen der man auf mich geschossen hat. Was für ein Netz! Was für Verwicklungen! Tedeschi ist der palermitanischen Justiz recht gut bekannt, und eines Abends kam er zu mir zur Piazza Bologni, um zwischen mir und der Mafia zu schlichten.[27]

Als nächstes treffen die Sanktionen Lorenzo Panepinto, den Sozialistenführer aus Quisquina, der wieder auf der Bildfläche auftaucht, nachdem er die Finanzierung von der Banco di Sicilia für die Pacht des ehemaligen Großgrundbesitzes von Mailla bekommen hat. »Der ›Umstürzler‹ von 1911 ist für die Herrschaften entschieden angsteinflößender als der ›Umstürzler‹ von 1893«[28], und somit muss die Sanktion härter ausfallen. Am 16. Mai 1911 wird Panepinto vor seiner Haustür ermordet. Seine eindrucksvolle Beerdigung bringt das tiefste, das alte Sizilien zum Vorschein, das dem Korrespondenten von »L'Ora« wie ein »Stamm von Wilden« erscheint, in dem die Forderung nach *Vendetta*, nach Blutrache laut wird. Aber natürlich kann der Sozialismus seinen Gegnern nicht mit deren Waffen gegenübertreten: »Man möchte nicht glauben, dass wir uns im Jahr 1911 befinden«, bemerkt der als *cascittuni* (Spion) bezichtigte Verro untröstlich, unfähig, einen Mittelweg zu finden zwischen »Verbrecher werden, zum Verbrechen anstiften und ermordet werden«.[29]

Als im Frühling des Jahres 1914 die corleonesische Linke in den Verwaltungen triumphiert, muss Verro zurückkehren und das Bürgermeisteramt antreten, auch wenn er sich der Gefahr voll bewusst ist: »Trinken oder ertrinken. [...] Was wäre aus der sozialistischen Bewegung geworden, wenn die Bauern, nachdem sie die Macht in den Händen hielten, darauf verzichtet hätten?«[30] Nicht einmal ein Jahr später wird er mitten im Dorf totgeschlagen. Wieder ein Jahr darauf wird Nicolò Alongi, ein ehemaliges Mitglied der *Fasci*, der – selbst Bauer – die Bauernbewegung in Prizzi anführt, zur Zielscheibe eines Attentats, dem er knapp entgeht. Eine Weile herrscht Ruhe, und dann wird, im September 1919, der Schriftführer des Verbandes, Giuseppe Rumore, erschossen. Von nun an nennt Alongi sich »einen Toten auf Urlaub« und verabschiedet sich von seinen Kameraden: »Ich weiß nicht, ob ich morgen wiederkommen kann, um euch zu umarmen, aber ich bin sicher, dass jemand anders kommen wird, um die Fahne zu schwenken, die man mir entreißen will«.[31] Es vergeht nicht einmal ein Monat, und der Latifundiensozialismus beklagt einen neuen Toten.

Der Ablauf der Kämpfe um die Pacht der Feudalgüter rings um Prizzi – vor und vor allem nach dem Krieg –, zeigt deutlich die Ursache des Verbrechens. Während die Grundeigentümer »bereit sind, abzugeben«, geht die »negative Kraft« einzig und allein von den lokalen Großpächtern aus, und von ihren »auf gegenseitige Unterstützung und Interessen gegründeten mafiosen Beziehungen«.[32] Der Einflussreichste unter ihnen ist Silvestre Cristina, der eine enge Bindung zu Cascio-Ferro hat, und der ebenfalls einige Jahre später umgebracht wird, allerdings in Palermo. Nummer zwei ist Giorgio D'Angelo, Sohn jenes Luciano D'Angelo, den wir in den 1880er Jahren als Mafiaboss und in den 1860er Jahren als Helfershelfer der Bande von Don Peppino, dem Lombarden, angetroffen haben. Der mutmaßliche Mörder Panepintos ist übrigens Giuseppe Anzalone, ein junger Großpächter aus Lercara, der am selben Ort geboren wurde und denselben Namen trägt (ein Neffe also?) wie ein anderer der bekanntesten Helfershelfer der Bande. Eine herausragende Persönlichkeit, dieser Anzalone junior, vor allem wegen seiner Beziehungen, wie seine Ernennung zum »Patensohn« von Camillo Finocchiaro-Aprile, dem Abgeordneten aus Lercara und Justizminister, zeigt. So trägt nach fünfzig, sechzig Jahren Don Peppinos Banditenerfahrung Früchte.

Das Bild der Latifundien-Mafia der ersten zwanzig Jahre des 20. Jahrhunderts ist jedoch komplexer, enger mit dem neuen Bild verknüpft, das am Horizont auftaucht. Der Tod Panepintos fügt sich zwar in das Bild der »Erhebung der Großpächtermafia« ein, doch auch in seine Streitigkeiten mit der katholischen Landkasse, zu der die Mafiosi scheinbar ausgesprochen freundschaftliche Beziehungen unterhalten. Eines der größten Probleme von Verro in Corleone liegt in der Schwierigkeit, zu vermeiden, dass die sozialistische Kooperative Gewinnstreben zum Opfer fällt. Die Polizei ist der Meinung, dass die Mafia auch innerhalb der Kooperative einen Beschützer gefunden hat, und zwar in der Person von Angelo Palazzo, dem Verwalter, der von Verro der Veruntreuung bezichtigt wurde. Es gibt also auf der einen Seite den Versuch, den Kooperativen Einhalt zu gebieten, und auf der anderen Seite, sie für sich zu gewinnen. Der kollektive Großpächter kann ein Instrument zur Neustrukturierung der mafiosen Macht darstellen. Auch in anderer Hinsicht findet durch die allgemeine Verfügbarmachung des Instrumentes der Pacht und der Landkassen gegen Ende des ersten Jahrzehnts in Westsizilien eine Neugliederung des landpolitischen Apparates statt. Man schafft Machtzentren, wie die sizilianische Föderation der Kooperativen, die 1911 unter der Leitung des Radikalsozialisten Enrico La Loggia 313 Organisationen der Provinz Agrigent vereint. So erneuern auch die Priester Michele Sclafani und Luigi Sturzo, Ersterer gemäßigter Kleriker, Letzterer Christdemokrat, die katholische Bewegung.

Nehmen wir den Fall Villalba, ein Dorf im Vallone, das traditionell Schauplatz von Brigantenaktionen ist sowie eines Konflikts zwischen Großgrundbesitzern, die nicht im Dorf ansässig sind, und den Bürgern, die bereits 1875 und dann 1893, 1901 und 1907 Protagonisten aufsehenerregender Streiks sind; abwechselnd geneigt, sich »mit den Großpächtern gegen die Großgrundbesitzer oder aber mit Letzteren gegen Erstere« zusammenzutun.[33] Die Streitigkeiten drehen sich um die beiden Lehensgüter Micciché und Belici, das eine im Besitz der palermitanischen Fürstenfamilie Trabia, das andere ebenfalls von Palermo aus verwaltet, jedoch dem in Paris lebenden Herzog Francesco Thomas de Barberin gehörend. Der festen Kontrolle der Trabia über Ersteres steht die Macht der Mittelsmänner über Letzteres gegenüber. Bei denen wiederum handelt sich um die unvermeidlichen Guccione, die das Gut zu einem Zufluchtsort der Briganten gemacht haben, darunter Antonino Leone. Die in der katholischen Landkasse organisierten Villalbesen ersuchen um die Anmietung eben dieses Lehensgutes Belici und bekommen es 1908:

> Das Ideal war erreicht – wird der Priester Sgarlata, Vorsitzender der Gesellschaft, schreiben – der Wucher beinah verschwunden; die Unterdrücker und die ausbeuterischen Mittelsmänner eliminiert. Mit seiner Freiheit hat der Bauer die Liebe zum Land und zur Arbeit wiedergewonnen. Nun da er Landbesitzer geworden ist und für sich selbst arbeitet [...], weiß er, dass er für seinen vergossenen Schweiß überreichlich entlohnt werden wird.[34]

Doch in den Augen der Bevölkerung kommt das Verdienst für die Operation dem jungen Neffen des Priesters zu, jenem Calogero Vizzini, der wenige Jahre zuvor als Helfershelfer des Banditen Varsalona verhaftet worden war, der jedoch nun, als Gewährsmann des Geschäftes zwischen dem Pariser Besitzer, dem palermitanischen Verwalter, der Kooperative und den Bauern (und den Guccione), den Titel eines *Don* bekommt, der seinen Namen im Laufe einer langen und sinnbildlichen Karriere begleiten wird. Das gepachtete Land wird Vizzini persönlich zugewiesen, gemäß einer bei Geschäften zwischen Großgrundbesitzern und Bauernorganisationen nicht unüblichen Praxis, die aufzeigt, welche zentrale Rolle die *persönliche*, finanzielle oder politische Glaubwürdigkeit spielt. Im vorliegenden Fall behält Don Calogero, oder familiärer Don Calò, einen Teil des Grundbesitzes (290 Hektar) und überlässt den Rest großzügig der Landkasse. Die kollektive Mobilmachung bietet der Vermittlung von Notabeln und Mafia neue Anwendungsgebiete.

Cammarata, 1891. Luigi Varsalona, Sohn eines ehemaligen Bandenmitgliedes von Don Peppino, das im Gefängnis gestorben ist, streitet mit seinen Komplizen um die Aufteilung der Beute aus einem Diebstahl beim Fürsten von Mirto und wird erschossen. Der Prozess gegen die Mörder endet mit einem milden Urteil, unter anderem aufgrund der Aussage eines Entlastungszeugen. Weniger als ein Jahr später gerät dieser in eine tödliche Falle, die ihm Francesco Paolo Varsalona gestellt hat, der Bruder des Toten, der gleich darauf flieht und untertaucht. *S. Mauro Castelverde, 1894.* Der Bauer Mariano Farinella wird von einigen Mitgliedern des Glorioso-Clans, die er beschuldigt hat, eine Kuh gestohlen zu haben, ermordet. Der junge Sohn des Opfers, Vincenzo, wohnt dem Verbrechen bei und nach langem Zögern »bricht er das Schweigen« und wendet sich an die Behörden. Der Prozess endet jedoch mit einem Freispruch, dem die unvermeidliche Eliminierung des »Spions« folgt (1899). Ein paar Monate später werden bei einem nächtlichen Überfall auf einen Bauernhof drei der mutmaßlichen Mörder der Farinella massakriert – gemäß der Ermittler das Werk Antonio Farinellas, Sohn und Bruder der beiden Toten. Zwei weitere Glorioso fliehen also nach Amerika, doch als sie fast vierzehn Jahre später in ihr Dorf zurückkehren, erwartet sie immer noch die Blutrache Farinellas und seiner vier Brüder.

Beide Fälle scheinen einem Buch der Brigantenlegenden entnommen: Verwandter ermordet, Gerechtigkeit verweigert, Blutrache. Doch darüber gehen die Übereinstimmungen zwischen Mythos und Wirklichkeit nicht hinaus. Farinella wird ein typischer Vertreter der hohen Mafia werden, Pächter, Bürgermeister, aber auch Helfershelfer von Melchiorre Candino. Varsalona bleibt mehr als zehn Jahre untergetaucht und verkörpert das, was Inspektor Alongi zufolge den Wendepunkt des Brigantentums darstellt: die Abkehr von der Personenentführung und die Anwendung einer der Küstenmafia entliehenen Erpressungsstrategie im Hinterland, mit der Bildung eines Netzwerkes, das Banditen, Feldhüter, Bauern und Grundbesitzer einschließt, dazu kommt die Eintreibung

> einer neuen Art von Grundstückssteuerzuschlägen, die den Eigentümern und den Großpächtern erlaubt, sich auf dem Land frei zu bewegen [...], in der Gewissheit, zurückzubekommen, was ihnen Kriminelle stehlen, die nicht zur Bande gehören, und die gnadenlos beseitigt werden.[35]

In den Fällen Varsalona und Farinella wird also die Nähe zwischen Mafioso und Brigant deutlich. Der Unterschied besteht lediglich darin, das gegen Letzteren ein Haftbefehl besteht. Candino lebt mehr als dreißig Jahre auf der Flucht, die – laut öffentlicher Meinung – »aufgrund von Diensten, die er der öffentlichen Sicherheit erwiesen hat«[36] toleriert und mit »den Schecks der Großgrundbesitzer« ausgestattet wird und die 1922 mit der beinah surreal anmutenden Sympathiebekundung der angesehenen Bürger von Gangi endet, die sich nach dem Rückzug des »Briganten« ins Privatleben um die Aufrechterhaltung der Ordnung auf den Feldern sorgen.[37] In diesem sizilianischen Szenarium sind wir weit entfernt von der Figur des Rächers des Unrechts, das die Reichen und Mächtigen den Armen angetan haben. Das bekommen auch zwei aus Varsalonas Bande zu spüren, als sie »in einem Moment des Rausches« vorschlagen, einen gewissen G.G. (Guccione), der den Vater eines von ihnen hatte enteignen lassen, zu entführen. Da es sich jedoch um den »großzügigsten Steuerzahler der Vereinigung« handelt, hinterlässt allein die Idee einen so negativen Eindruck auf den Brigantenanführer, dass er über die beiden unvorsichtigen Mitglieder ein Todesurteil verhängt, das *ipso facto* ausgeführt wird.[38] Angesichts der »erschütternd wachsenden Zahl der Viehdiebstähle« wird manch einer die Bestellung der Felder und Feudalgüter aufgeben müssen, klagt Nicolò Lo Jacono, der Bürgermeister von Contessa Entellina, dessen Familie sich dem Druck des Banditen Grisafi ausgesetzt sieht. Allerdings gibt es auch solche, die die guten Beziehungen zu dem Banditen ausnutzen, um Zugang zum Pachtmarkt zu haben: So kann Emanuele Coco, Mafiaboss von Chiusa Sclafani, die Bürgermeisterfamilie Lo Jacono ersetzen. Der Flüchtige wird immer von denselben Personen umgeben: dem *angesehenen Bürger*, der als Mittler mit der bäuerlichen Gesellschaft fungiert, dem palermitanischen Mafioso, den Maklern, den Bauern, der Randgesellschaft. Auch auf der unteren Stufe der gesellschaftlichen Leiter gibt es Opfer und Nutznießer der Landwirtschafts-, Viehzucht-, Handels- oder sogar Industriebetriebe, die der Flüchtige im Kreis seiner Verwandten und seiner Klientel leitet.

Viele Beamte der Öffentlichen Sicherheit »sagen immer wieder, dass die Unterwelt eine derartige Vorherrschaft gewonnen habe, dass jegliche Vorkehrung wirkungslos bleibe«.[39] Eine catanesische Gesellschaft, die eine Eisenbahnlinie baut, vermag nicht zu verhindern, dass ihre Arbeiter (aus Syrakus) voller Entsetzen über den Mord an einem verantwortlichen Ingenieur wie auch über zwölf weitere Tote, die innerhalb eines Jahres im Gebiet Prizzi-Palazzo Adriano umgebracht wurden, die Flucht ergreifen. Die Behörden bemerken ungerührt, dass »an all dem nichts Ungewöhnliches ist, wenn man sich mal die Gegend ansieht«.[40] Und wer hinsichtlich Protektionen und Mittäterschaft ermitteln will, begibt sich auf ein Minenfeld. Zweimal erregt Cutrera das Missfallen seiner Vorgesetzten: Zum ersten Mal, als er als Ermittler versucht, den jungen Baron Peppino Coffari von Cammarata als Helfershelfer Varsalonas in die Mangel zu nehmen, das zweite Mal, als er als Wissenschaftler die Machtlosigkeit der Behörden hervorhebt. Der Makler, dem während des Überfalls auf den Postwagen zwischen Palermo-Camporeale eine große Summe Geld geklaut wird, befürchtet, dass die Lage ewig so bleiben wird,

> mit den Verwicklungen und mit dem Schutz und den Bürgschaften der Ehrwürdigen eines Siziliens, das mit der Mafia einverstanden ist, und wenn der Tag des Prozesses kommt, bedrohen

sie die Geschworenen und werden ungeschoren in die Freiheit entlassen.[41]

Natürlich ist das System weder so allumfassend noch so stabil: Die Protektion hat wie immer Klientelcharakter, manch einer zahlt widerwillig, manch einer widersetzt sich. Hin und wieder erreicht der Protest – in Form einer offenen Anklage oder eines anonymen Briefes – die Autoritäten, die ihre Kräfte in den heißen Gebieten mobil machen: Dann kann man der Flucht der Helfershelfer aus den Dörfern ihres Netzes im Hinterland beiwohnen – im Falle Varsalonas Cammarata und Castronovo –, »bevor die Einsatzkommandos und Beamten die zugewiesenen Orte erreichen – ein spontaner Beweis für die breitangelegte Proselytenmacherei der verbrecherischen Vereinigung«.[42] Die Einsatzkommandos sind mobile Gruppen, die aus Carabinieri und Beamten der öffentlichen Sicherheit bestehen, die mit der Zeit unter der Leitung fähiger Funktionäre, wie die Kommissare Cesare Mori und Augusto Battioni, das Militär zum Schutz des Territoriums ablösen.

Viele Banditen werden auf diese Weise gefangen, doch der hereinbrechende Weltkrieg verschlimmert die Lage noch durch die Rückkehr von Vorbestraften aus Tunesien und Amerika und vor allem durch die Reaktivierung des Kreislaufs *Wehrdienstverweigerung-Flucht-Banditentum*.

> Mehr als die Hälfte der Ländereien blieben unbestellt und bei uns sind Elend und Aufruhr und Revolution synonym. Du fügst hinzu, dass es bereits eine enorme Zunahme von Viehraub und Verbrechen gibt. Über das Land streifen Tausende, zwischen 20 und 30 Tausend, von Deserteuren, die heute Brot verlangen und sich morgen in bewaffneten Banden organisieren: das klassische Brigantentum der schlimmsten Zeiten.[43]

Der Viehraub stellt in der Tat die Hauptbeschäftigung alter und neuer Flüchtiger dar, während die Feldhüter den Herden das Passieren der Feudalgüter gestatten und die Mafiosi die nötigen Papiere fälschen, damit sie durch die Kontrollen kommen. Die mangelnde Verfügbarkeit von Arbeitskräften und Kapital führt zum Rückgang des Getreideanbaus und hin zur Anlage von Weideflächen, denn der Fleischpreis steigt, was mit der mit der Nachfrage des Heeres zusammenhängt, mit der Inflation und der Abschaffung der Weizensteuer, die erst 1924 wieder eingeführt wird. Es handelt sich um die typischen Schwankungen in der Latifundienwirtschaft, die je nach Zyklus den Betrieb auf die Viehzucht oder die Landwirtschaft umstellt. Die Kriegs- und Nachkriegsgesetzgebung blockiert die Pacht, macht darüber hinaus die Großpacht immer attraktiver für diejenigen, denen es gelingt, sich vor den Viehdieben zu schützen, oder besser noch, dafür zu sorgen, dass solche oder andere Schäden die Konkurrenz treffen. »Ein ehemaliges Feudalgut, das von einem Großpächter für elftausend Lire erworben wurde, brachte beinah hundertfünfzigtausend ein. Man musste sich also gegenüber den Eigentümern durchsetzen, damit diese ihre Ländereien zu lachhaften Preisen in Pacht gaben; und damit war das schnelle, sichere Glück gemacht, die ›Baronie‹«.[44]

Die staatliche Antwort auf den Viehdiebstahl muss einem zahlenmäßigen Mangel an Polizeikräften Rechnung tragen, was dazu führt, dass strategisch wichtige Zonen wie das Palermitaner Land geräumt werden müssen. Im Hinterland dagegen agieren »Kommandos zur Prävention und Zurückdrängung des Viehdiebstahls«. Die Kommandos, Gruppen von sieben bis acht berittenen Personen, bewegen sich zwischen den Provinzen, kehren nicht, oder nur selten, zu ihrer Basis zurück und verlassen sich, im Falle eines Konflikts, nicht auf Verstärkungstruppen. Eine riskante Taktik, wie man im Oktober 1916 sieht, als bei Contessa bei der Verfolgung von Grisafi zwei Polizisten erschossen werden. Man darf hier nicht an eine Rückkehr in die Zeit nach der Vereinigung denken, in der man Dörfer besetzte und blind unterdrückte. Die Kommandos bleiben ein Instrument der Polizei, sie bewegen sich unter dem Input eines raffinierten

Informationssystems, dank welchem Mori zwischen Caltanissetta, Agrigent und Palermo die Carlino- und die Grillo-Bande zerschlägt und zu guter Letzt Grisafi ergreift. Dieser hat um sich ein Netz geschaffen, das gut 375 Helfershelfer enthält, darunter 90 aus Caltabellotta, seinem Geburtsort.

Am Ende des Krieges ist die Lage ernst. Östlich von Palermo, in den Madonien, macht die Auflösung des Reiches von Candino seinen Gegnern Platz, wie dem anderen alten Flüchtigen Gaetano Ferrarello, zu dem sich sein Neffe Salvatore Ferrarello, Nicolò Andaloro, die Brüder Dino und Onofrio Lisuzzo gesellen. Ziel ist immer noch die Bildung eines Netzes zwischen Feldhütern und Pächtern und damit die Eintreibung von Eigentumssteuern durch Erpresserbriefe, Viehdiebstahl, Sabotage. Der Obermittelsmann, Baron Sgadari von Gangi, steht für die Vereinbarungen ein: »Im Rahmen eines Vergleichs habe ich sie angewiesen, sich mit achttausend Lire zu begnügen«, schreibt er an den Schwager Leonardo Signorino, der von Erpresserbriefen genötigt wird, »während ihrerseits die Verpflichtungen, die sie in meinem Beisein eingegangen sind, bestehen bleiben«. Doch der Baron muss den Forderungen seines Feldhüters nachgeben, der sogar erklärt, sich darüber im Klaren zu sein, dass eine vorausgegangene Zahlung den Baron »von weiteren Tributen hätte entbinden müssen«. »Ich bitte Sie lediglich um weitere zehntausend Lire«, schreibt Andaloro an Signorino, »geben Sie Acht, lassen Sie sich nicht von irgendeinem falschen Freund, der sich sicherlich an dem Ärger zwischen Ihnen und mir ergötzen will, täuschen, denn ich schwöre Ihnen, dass ich Sie meine größte Verachtung spüren lassen werde«.[45]

Hier wird auf interne Streitigkeiten unter den Anwärtern auf die Ausübung der Schutzdienste hingewiesen; und in der Tat macht das Banditentum Gangis, das in gewissen Momenten koordiniert handelt, auch Phasen interner Konfliktsituationen durch, wie die, die dazu führt, dass im Jahr 1922 Andaloro selbst von Battioni verhaftet wird, der durch einen Hinweis von Andaloros Freund-Feindes Ferrarello auf ihn gestoßen war. Die Regelung der Auseinandersetzungen wird immer schwieriger, verglichen mit den Zeiten, in denen Candino und Varsalona eine für beide Seiten angenehme Vereinbarung zur Aufteilung der Provinz – dem einen der Osten, dem anderen der Westen – getroffen hatten: Das Angebot und die kriminelle Gier werden immer größer. In dieser Zeit beginnt auch die Fehde zwischen den Barbaccia und den Lorello um die Kontrolle des Waldes von Ficuzza, in den die zwischen Corleone und Palermo gestohlenen Viehherden gebracht werden. In dem kleinen Dorf Godrano wird es deshalb zwischen dem Ende des I. und dem Ende des II. Weltkriegs 58 Tote geben. Erschreckend die Überfälle auf Bauernhöfe mit Massakern an gesamten Familien – Frauen und Kinder eingeschlossen –, wie in Burgio und Sclafani 1922. Das Motiv? »Die Vorherrschaft der Mafia in dem Gebiet«.[46]

Das erste Massaker hat seinen Ursprung in einer nicht enden wollenden Fehde, die zu Beginn des Jahrhunderts zwischen Lucca, Sicuala, Bivona und eben Burgio entbrannt ist, und in deren Verlauf eine der Parteien auf die »Unterdrükkung *selbst der Katzen*« der anderen geschworen hat.[47] Das zweite wurzelt in dem Konflikt zwischen der Dino-Bande, die sich von Gangi nach Südwesten (Petralie, Polizzi, Alimena) ausbreitet, und der »alten Mafia«, die von den Mogavero aus Polizzi und den Sorce aus Mussomeli angeführt wird, mit denen sich auch die andere Gruppe aus Gangi verbündet, die von Lisuzzo befehligt wird. Bei all den grausamen Repressalien gegen die jeweiligen Helfershelfer, vorgetäuschten Aussöhnungen, Verrat und Streitereien unter Brüdern, wäre es unsinnig, das Banditentum einer geordneten, vom »Wunsch nach Selbstverteidigung« getriebenen Mafia gegenüberzustellen, denn bei beiden Parteien finden wir »maßlose Gier nach Bereicherung, Raub, Erpressung, Mord«[48]; und das Trachten nach einer *eigenen* Ordnung.

Weniger hart ist die Auseinandersetzung im Osten, in der Nähe von Mistretta. Die Viehdiebe zu verfolgen bedeutet für die lokalen Großpächter und Feldhüter, sich »auf Ferrarellos Territorium« zu begeben: besser, auf einen Mittler zurückgreifen, ihn bitten, »bei Gangi ein paar gute Worte einzulegen«, um den Preis der Erpressung auszuhandeln und so das Vieh zurückzubekommen.[49] Eine große Anzahl an Briefen gleichen Tenors wird im Laufe zweier Durchsuchungen (1925 und 1926) in der Kanzlei des Anwaltes Antonio Ortovela aus Mistretta gefunden, Gemeinderat, Grundbesitzer und Strafverteidiger, der in den Jahren 1901 bis 1913 mit Erfolg Personen, die wegen Viehdiebstahls angeklagt wurden (darunter einer der Farinella), verteidigt hat. Die Briefe zeigen, welche Rolle Ortoleva in dem Mechanismus Viehdiebstahl-Erpressung, in der Beeinflussung der Geschworenen und der Erpressung der Pachtsteuer spielt. Es kommt vor, dass die Eigentümer die für die Flüchtigen bestimmten »Schutzgelder« bezahlen. Es tauchen auch verschlüsselte Anweisungen und Anmerkungen zu Bluttaten auf. Ein ehemaliger Gefolgsmann des Anwaltes meldet, dass Ortoleva einem Mafiagericht vorsitzt, das seit 1913 aktiv ist und das über Geschäfte, aber auch über Leben oder Tod entscheidet; und in der Tat trifft diesen Denunzianten die Hauptsanktion.

Bemerkenswert ist, dass nicht nur aus der Gegend Mistrettas, sondern auch aus der ganzen Provinz Messina und darüber hinaus aus dem Osten und aus dem Westen der Provinz Palermo, aus der Gegend von Caltanissetta und Enna und sogar aus der Provinz Catania an Ortoleva geschrieben wird. Diese Ausdehnung der mafiosen Netze bis ins östliche Sizilien folgt einer Logik der territorialen Nachbarschaft. Nehmen wir den Fall zweier Briefpartner des Anwalts, die Gebrüder Tusa aus Mistretta, die sich zusammen mit ihren Cousins Seminara schrittweise in Richtung Süd-Osten bewegen: 1906 finden wir sie in Leonforte als Gutsverwalter des Fürsten von Gangi, in der Nachkriegszeit sogar bei Catania. »Es ist Familientradition«, behauptet der ehrwürdige Gesualdo Libertini, »hervorragende Leute aus Mistretta als Feldhüter zu haben«[50]: Eine Tradition, die auch 1926 in Kraft ist, als eben dieser Libertini die Tusa und die

Seminara ruft, damit sie das große Feudalgut von Mandrerosse im Gebiet von Ramacca leiten, das schon im Besitz der Gemeinde von Caltagirone gewesen und dank der Vermittlung Luigi Sturzos an den angesehenen Bürger veräußert worden war. Gefestigt wurde diese Tradition dann in den dreißiger und vierziger Jahren, als Sebastiano Tusa – der einzige der Brüder, der nicht in die polizeilichen Ermittlungen involviert war – den Besitz allein weiterverwaltet und auch als ermächtigter Bürgermeister des neu entstandenen Dorfes Libertinia fungiert. Nachdem der Weg vom Osten in den Westen geebnet ist, kann schließlich auch eine entgegengesetzte Bewegung einsetzen und die Flüchtigen aus Ostsizilien in den Schutz der Mafia in die Madonien bringen: Das ist bei dem catanesischen Schmuggler Luigi Saitta der Fall, dessen Geschichte einen bedeutenden Ausgang haben wird.

Weniger friedlich ist die Expansion der Großpächter und Feldhüter aus der Gegend von Mistretta in die Gebiete der alten Mafia: Der catanesische Baron Giuseppe Camilleri, der ihnen seit 1913 seine Ländereien bei Agrigent anvertraut, muss schließlich angesichts des harten Widerstands, auf den er in Canicattì stößt, seine Politik ändern.

Das ausgedehnte Netz an Beziehungen wie auch die gesellschaftliche Anerkennung Ortolevas scheinen schließlich das Niveau der »hohen Mafia« zu erreichen. Die Hauptfiguren des Prozesses von 1928-29 werden den Eindruck haben, zur »interprovinziellen« »Zentrale« vorgedrungen zu sein. Hier das Plädoyer von Angelo Abisso, Abgeordneter aus Agrigent und Vertreter der Zivilkläger:

> Da die Mafia einen Staat im Staat bildet, benötigt sie eine schmückende Person, die sie, beinah wie ein bevollmächtigter Minister, in den diplomatischen Beziehungen mit dem anderen Staat repräsentiert. Anwalt Ortoleva [...] gelingt es, an politischen Schlachten teilzunehmen und die Geschicke zu lenken, mit den staatlichen Autoritäten in Kontakt zu treten und sie zu beherrschen, sich hinterrücks in die Verwaltung der Justiz einzuschleichen und sie zu beeinflussen. Der Talar des Verteidigers

dient hervorragend dazu, die schmutzigen Intrigen und dunklen Beziehungen zu verbergen.[51]

Auf einmal wird uns Mistretta als Hauptstadt der Mafia vorgesetzt, ein Dorf, das sich zuvor kaum für das mafiose Phänomen interessierte.

Ich würde hier zwei Ebenen unterscheiden. Die erste ist das Beziehungsnetz, innerhalb dessen Ortoleva als Mittler für die Zurückgewinnung der gestohlenen Tiere fungiert und das sich über die gesamte Reichweite der Viehherden, Feldhüter und Großpächter erstreckt. Die zweite Ebene ist eine auf den unmittelbaren Raum Mistretta beschränkte Gruppierung, die sich in der Nachkriegszeit vom Milieu der Klientel in das des Verbrechens verschoben hat. Dieser Prozess ist weniger auf eine natürliche Entwicklung zurückzuführen als auf einen Impuls, der von den Madonien ausgeht. Dieser Impuls sorgt in den Grenzgebieten für eine Wiederaufnahme der Territorialsysteme, damit Eigentümer und Mittler sich treffen und verhandeln können.[52] In gewisser Hinsicht zeigt das von Blok anhand von Prozessakten von 1929 rekonstruierte Ereignis von Contessa einen analogen Prozess, nämlich die gewaltsame Marginalisierung der lokalen, von der Familie Gassisi angeführten *Cosca* durch die Cascio-Ferro-Gruppe, die sich längs der Achse Burgio-Bisaquino-Corleone gruppiert. Entgegen der deutlichen Fakten jedoch, die aus seiner Arbeit hervorgehen, behauptet der holländische Anthropologe, dass man beinah ausschließlich der Dimension der Gemeinde Rechnung tragen müsse:

> Es existiert kein lokaler Terminus, um eine Gemeinschaft von Mafiosi in Gebieten, die über die Gemeinde hinausgehen, zu bezeichnen. Jedes Dorf oder städtische Zentrum hatte seine eigene *Cosca*. Ihre Mitglieder operierten auf einem speziellen, begrenzten Gebiet, das sich in der Regel mit der Gemeinde deckte. [...] Die lokale *Cosca* war eine kleine, relativ autonome Einheit.[53]

In dieser historischen Phase jedoch erweist sich im Gegenteil die Vorstellung von der *Cosca* als geschlossenes dörfliches System, das bereits auf das 19. Jahrhundert bezogen wenig realistisch war, als irrig.

4. Erste Nachkriegszeit

Die erste Nachkriegszeit (1919) erfährt außergewöhnliche proportionale Veränderungen, infolge des allgemeinen Wahlrechtes für Männer (1913) und der Rückkehr Hunderttausender von Männern, die entschlossen sind, für ein besseres Leben und für Boden zu kämpfen. Wir befinden uns im vorletzten Akt der hundertjährigen Krise: dem Umbruch der Latifundienwirtschaft, der konjunkturelle Faktoren mit sich bringt wie den Rückgang des Getreideanbaus zugunsten von Weideland, was für die Bauernbewegungen inakzeptabel ist. Sie antworten darauf mit Besetzungen und Bauernaufständen, mit Plänen für eine Agrarreform und fordern die ONC (im Ersten Weltkrieg gegründeter Hilfsfonds für italienische Frontkämpfer) auf, einzugreifen. Der Prozess gipfelt in einer Mobilmachung des Grundstücksmarktes, die bis zur deflationistischen Wende der zweiten Hälfte der 1920er Jahre anhalten wird: Es werden 341 Feudalgüter mit insgesamt 139 802 Hektar verkauft und parzelliert, davon 51 971 Hektar durch Direktverhandlungen, 45 346 durch Privatvermittlung, 41 482 durch Kooperativen.[54] Die beiden letzten Positionen zeigen, wie der Bauernaufschwung – um dieses Resultat zu erreichen – in vielen Fällen einzelner oder kollektiver Mittelsmänner bedarf: Kooperativen, Landkassen, »Arbeiter«-Gesellschaften, aller Formen der Dorfparteien. Der Kontext entscheidet über die eventuelle mafiose Komponente. Bedeutsam sind, auch wenn sie allein dastehen, die Beispiele aus Ostsizilien: Palagonia, wo Bartomoleo Badalamenti die Aufteilung des Feudalgutes kontrolliert, und Adrano, wo ein aus Amerika zurückgekehrter Vorbestrafter das Amt des Bürgermeisters übernimmt und sich in die katholische Landkasse und die Parzellierungsoperation hineindrängt. Ortoleva nimmt zwischen 1921 und 1922 an der Verteilung der Staatsgüter teil, doch wir könnten ihn deshalb schwerlich als Mafioso definieren, würden wir nicht seine Aktivitäten im Bereich des Viehraubs, der Erpressung und seine Beziehungen zu Flüchtigen kennen.

In Ribera existieren zwei Parteien. Die erste gruppiert sich um den Apotheker Liborio Friscia, Onkel des »kämpferischen« Abgeordneten Abisso; die andere um den ehrwürdigen Antonino Parlapiano-Vella, einen gemäßigten Kleriker, sowie seinen Bruder Gaetano, den Bürgermeister des Ortes. Im Sommer 1919 wendet sich die von Friscia geführte Kooperative »Cesare Battisti« an die ONC und bittet für ihre 800 Mitglieder um die Pacht des Latifundiums, das sich über mehr als die Hälfte des Gemeindeterritoriums erstreckt und Don Eristano Alvarez de Toledo gehört, dem Herzog von Bivona, Senator und Grande aus Spanien. Leicht beunruhigt kommt Don Eristano in das Dorf, das er nie zuvor besucht hatte, mit dem Gedanken, alles an die Parlapiano zu verkaufen. Doch die »Kämpfer« entführen den Herzog, halten ihn für drei Tage (26. bis 28. Januar 1920) im Ahnenpalast fest und setzen ihn einem derartigen Druck aus, dass er sich gezwungen sieht, das Land an die »Battisti« zu verpachten. Wieder auf freiem Fuß jedoch macht Seine Gnaden die durch die »Bolschewiken« aus Ribera erlittene Gewalt zu einem Vorfall von internationalem Belang. Und so kaufen schließlich doch die Parlapiano das Latifundium und verpachten es an drei Kooperativen, die aus Feldhütern bestehen, welche zur »lokalen Mafia gehören« und es ihrerseits »zu sehr hohen Preisen« an weitere Mitglieder derselben Genossenschaften weiterverpachten.

Im vorliegenden Fall sind es die Großgrundbesitzer, die nach Einigung mit den finanzpolitischen Mittelsmännern verkaufen wollen. Anders der Fall des Landgutes Polizzello in Mussomeli, das der Fürstenfamilie Trabia gehört. Hier bitten die Genossenschaften »Combattenti« und »Pastorizia« zunächst die ONC um ihre Intervention bei der Enteignung, doch angesichts der Reaktion der Trabia geben sie sich damit zufrieden, einen Status quo beizubehalten, der ihnen die Rolle der Mittlerunternehmen garantiert. Die Mitglieder dieser Unternehmen stellen oft selbst eine Elite dar, die dann die Unterverpachtung leitet. In diesem Bereich startet Giuseppe Genco Russo seine kriminelle Karriere, der als alter ego Calogero Vizzinis betrachtet wird, mit dem ihn in der Tat ein geheimes Einverständnis verbindet. Mitglieder der Familie Genco bekleiden das Amt des Feldhüters in den Betrieben Don Calòs. Die Figur des Genco Russo zeigt jedoch deutlicher eine kriminelle Charakteristik, gerät häufig mit der Justiz aneinander, vor allem wegen des blutigen Konflikts mit verschiedenen (auch untereinander verfeindeten) Gruppen der Familie Sorce, welche sich daran geben, die Dino-Bande aus Gangi in ihre Schranken zu weisen. Nehmen wir nun den Fall Villalba. Hier besetzt die ›kämpferische‹ Kooperative das Landgut Belici und fordert, vorerst, dessen Pacht. Seit 1909 ist das Anwesen in den Besitz Matteo Gucciones persönlich übergegangen, dem neuen Großgrundbesitzer, der – ebenso wie seine Vorgänger – Kooperativen, Provinzkommissionen für unbestelltes Land und »Enteignungs«-Körperschaften wie die ONC nicht besonders schätzt. Dank der Vermittlung Calogero Vizzinis nun, der die ›Combattenti‹ außen vorlässt, wird von der katholischen Kooperative ein Kaufvertrag aufgesetzt. Als es dieser jedoch nicht gelingt, innerhalb der vorgesehenen Frist zu bezahlen, ist es wiederum Calogero, der Guccione überredet, nicht vom Vertrag zurückzutreten. Eine Vereinbarung unter Ehrenmännern, die darauf bedacht sind, ein großes Geschäft nicht zunichte zu machen? Oder aber die Abrechnung zwischen zwei Generationen? Wenn man bedenkt, dass Guccione in dieser Zeit »mit betrügerischen Mitteln« gezwungen wird, Giuseppe Sorce als Teilhaber eines anderen seiner Anwesen zu akzeptieren, können wir den Protektionswechsel auf dem Landgut Belici, von dem Vizzini ein ausgezeichnetes Stück Land für sich herausschlagen wird, durchaus als sinnbildlich betrachten.

Der Vergleich zwischen Mussomeli, Villalba und Ribera

ist aufschlussreich. Genco Russo bleibt vorerst der Mittelsmann zwischen dem Fürsten und der Gemeinde. Vizzini hingegen verfügt bereits, ebenso wie Parlapiano, über die politischen und finanziellen Möglichkeiten, eine gesamte Verkaufsoperation zu steuern. Es handelt sich bei ihm um einen »reichen, mächtigen, gefürchteten Mann«, um einen »*Cavaliere*, mehrfachen Millionär«, der »große Landgüter auch außerhalb der Provinz«[55] besitzt, der in der Leitung und im Erwerb von Schwefelgruben tätig ist; auch wenn ihn, ebenso wie andere »Industrielle« der Schwefelindustrie in der Gegend von Caltanissetta, die Krise ruiniert. Selbst in dieser Lage zeigt er noch Größe: Er erhält große Darlehen von der Banco di Sicilia, debattiert über das Schicksal des Schwefelkonsortiums, nimmt in London neben Persönlichkeiten vom Kaliber eines Donegani, dem Gründer der Montecatini, oder eines Jung, dem zukünftigen Finanzminister, an den Verhandlungen über ein internationales Schwefelkartell teil (1922).

Dieser Vizzini entspricht nicht dem Stereotyp des Onkels auf dem Land, der nie aus seinem Dorf herausgekommen ist, des am Status und nicht am Profit interessierten angesehenen Bürgers, anhand dessen man das Bild der *traditionellen* und *schützenden* Mafia nachbildet. Und wenn die erste Eigenschaft, die der Tradition, falsch ist, da wir es offensichtlich mit einem historischen Bruch zu tun haben, scheint die des »Schutzes« der Gemeinde in der Tat bedeutend. Vizzini, Ortoleva und Genco Russo zeigen, wie die Figur des Mafioso sich in dieser historischen Phase der des angesehenen Bürgers nähert, der sich mit fortschrittlicher Phrasendrescherei, doch mit geschäftlich-klientelistischen Absichten, Demokratisierungsprozesse für seine Zwecke zu Nutze macht.

Und *fortschrittlich* sind die Gruppen, die in den Wahlen von 1919 und 1921 den größten Zuspruch finden: die Galaxie der ›Kämpfer‹, die sich im Inselszenarium ausbreitet; die Radikalen, die Sozialreformisten, die Sozialdemokraten. Die neue Volkspartei – oder auch katholische Partei –

verschreibt sich wie die anderen (oder mehr noch?) dieser politisch-verbrecherischen Strömung, wie man es bereits bei den Parlapiano und bei Vizzini gesehen hat und wie es auch in anderen Fällen geschieht. Die Gassisi aus Contessa Entellina unterstützen Giovanni Lo Monte, einen Eigentümer aus Mezzojuso und »politischen Anführer der Mafia«, womit sie sich gegen den lokalen Großgrundbesitzer Antonio Pecoraro stellen, der seinerseits von der Cascio-Ferro-Gruppe und dem bereits erwähnten Coco, mit dem ihn alte Klientel-Beziehungen verbinden, unterstützt wird. Dieses Bild könnte wie das traditionelle Modell der Beziehungen zwischen herrschenden Klassen und »Gewalttätern« wirken, wäre nicht Pecoraro selbst Antragsteller eines der Agrarreformprojekte (!) sowie Vertreter einer *neuen* Partei. Die blutige Auseinandersetzung, der einige Mitglieder der Familie Gassisi-Lo Voi zum Opfer fallen, ist auf die Größe und die Ausdehnung der Wahlkreise bis auf Provinzebene zurückzuführen, was die Einflussgebiete (und damit die Konfliktbereiche) der mafiosen Gruppen vergrößert. Immer seltener werden Volksabstimmungen und die friedliche Vermittlung des auserwählten Notabeln zwischen allen in einem Wahlkreis vorhandenen Interessen, gemäß dem Modell des Mehrheitswahlsystems, das der größte sizilianische Politiker der Zeit, Vittorio Emanuele Orlando, viele Jahre später nicht ohne Bedauern in Erinnerung ruft:

> Wenn nun dieser Einklang von Gefühlen und Wahlstimmen Personen einschließen würde, die man als Mafia bezeichnet, würde ich deswegen nicht meine Solidarität mit diesen Menschen aufgeben, auch wenn ich deshalb selbst als Mafioso durchgehen sollte.[56]

Demselben Orlando verdanken wie die wiederholte Unterscheidung zwischen einer »schlechten«, weil verbrecherischen, und einer »guten« Mafia, die Ausdruck von Ehre und Treue ist: »Ich bekenne mich dazu, ein Mafioso zu sein, und ich bin froh, es zu sein!«, erklärt er in seiner berühmten

Rede von 1925[57], wobei er an Moranas Worte von 1875 erinnert. In beiden Fällen geht die paradoxe Erklärung sizilianischen Stolzes von einer herrschenden Klasse aus, die sich in einer Notlage befindet, damals wegen der Gesetze der Öffentlichen Sicherheit, nun wegen des Faschismus. Doch das Klarerwerden des Begriffes Mafia in den fünfzig dazwischenliegenden Jahren, und vor allem die um sich greifende Gewalt in der Nachkriegszeit machen das Liebäugeln mit dem Verbrechermilieu – das einen Teil dieses »gefühlsmäßigen Einklangs« darstellt, mit dem man in Partinico einen Abgeordneten wählt – sehr viel deutlicher. Die herrschende Klasse ist derart in den Mechanismus eingebunden, dass sie unfähig scheint, seine Gefährlichkeit wahrzunehmen: Der junge katholische Abgeordnete aus Gela, Salvatore Aldisio, zukünftiger Anführer der Christdemokraten, verteidigt eine scheinbare Freiheit und kritisiert die Regierungsentscheidung, die Waffenscheine einzuziehen, was seiner Meinung nach für das »sizilianische Volk« wie »eine Beleidigung klingt« und einen »wirtschaftlichen Schaden« hervorruft (?!), nur um »alte Legenden« glaubhaft zu machen.[58] Dennoch sollte all das, was in dieser Zeit in seinem eigenen Wahlkreis vorfällt, Aldisio den einen oder anderen Zweifel einflößen: die 109 Ermordeten von Canicattì, allein im Jahr 1919; die täglichen Schlachten in Sommatino, wo gegnerische Gruppen von Schwefelgrubenarbeitern mitten im Zentrum unter Bombenexplosionen und Pistolenschüssen gegeneinander antreten und jeden Abend beim Waffenmeister des Dorfes ihre Munition nachfüllen lassen ...

Auf der Seite der Faschisten sieht die Lage nicht besser aus, wie 1925 der palermitanische Präfekt telegrafiert:

> Der Faschismus zerfällt hier in Gruppen, da einzelne Gemeinden existieren [...] Jede Sektion nimmt in der eigenen Kommune eine besondere Haltung an, je nach zahlenmäßiger Überlegenheit in den Kommunalverwaltungen oder gemäß der Bindungen [mit] mafiosen Personen oder gemäß der persönlichen Vergangenheit.[59]

1924 ist Ortoleva Faschist; in Gangi leiten die Barone Sgadari und Li Destri eine Kommunalverwaltung, die die Polizei als »faschistisch-mafios« bezeichnet; zum Faschismus orientieren sich die Cascio-Ferro-Gruppe in Bisacquino und die Gruppe von Santo Termini, dem umstrittenen Bürgermeister von S. Giuseppe Jato. In vielen Fällen unterstützen die Mafiosi weiterhin angesehene »Mitläufer« der Mussolini-Regierung: so die Farinella, die die faschistische Partei in S. Mauro gründen, jedoch auf Lo Monte setzen, so Ciccio Cuccia, Bürgermeister von Piano degli Albanesi, der bereits zahlreicher Verbrechen, darunter diverse Morde, beschuldigt wurde. In einer nie dagewesenen Verwandlungsorgie versuchen die großen und kleinen Notabeln auf den Karren der Faschisten aufzuspringen, nach Anerkennung heischend, um sie Finocchiaro Aprile und Orlando, der erst 1925 zur Opposition übergelaufen war, entgegensetzen zu können. Der Fall Lo Monte zeigt, dass auch sehr unqualifizierte Leute an Bord genommen werden. Unter den wenigen neuen Männern befindet sich Alfredo Cucco, der palermitanische »Ducino« – der »kleine Führer«, der sich immerhin seiner Beziehungen zum Chirurgen aus Bagheria rühmen kann, Giuseppe Cirincione, den manch einer als »gefürchteten und schrecklichen Anführer, seit dreißig Jahren, der Palermitaner Mafia« bezeichnet.[60]

Wie man sieht, wird *der* »politische« Anführer der Mafia zu oft identifiziert, um glaubwürdig zu sein. Doch das verdeutlicht nur, wie eng politisches System und Kriminalität miteinander verknüpft sind, wie beide Ebenen sich gegenseitig durchdringen. Man beachte den verzweifelten Tonfall eines Mannes, der ausersehen ist, ermordet zu werden, in seinem Appell an den Prokurator des Königs:

> Wenn es also wahr ist, was Pietro Palazzolo sagt, nämlich dass er der Herr nicht nur über Gangi, sondern auch über Italien ist, weil alle seine Untergebenen sind, angefangen beim Minister bis hin zum letzten Polizisten, wenn dieses Unglück in Italien wirklich existiert, wie es mir beinah scheint, dann verzeihen Sie, dass ich Sie gestört habe.[61]

Die anmaßende Behauptung Palazzolos, Statthalter von Ferrarello, spiegelt die allgemeine Einstellung der Mafiosi und der anständigen Leute wider und ebnet somit einer neuen antidemokratischen Polemik der Faschisten den Weg. Damit gewinnt die weitgehend von angesehenen Bürgern getragene Bewegung eine eigene Physiognomie zurück: Wenn die Mafia den »Parlamentarismus« für sich in Anspruch nimmt, muss man sich gegen die Mafia stellen, um die Schwäche und die geringe Attraktivität des Inselfaschismus zu überwinden:

> Wenn man Sizilien retten will [schreibt der Sekretär der faschistischen Partei von Alcamo], muss man diese seltsame Organisation, die die Mafia darstellt, zerschlagen. Wenn der Faschismus sich um Sizilien verdient machen will, muss er dieses Problem lösen, und dann kann er sicher sein, noch stabilere Zelte aufzuschlagen als im Norden, wo er den Bolschewismus bezwungen hat.[62]

Das Pendel der Antimafia schwingt nach rechts, wie in der Zeit nach dem Risorgimento. Während seiner Reise über die Insel im Mai 1924 erkennt Mussolini in diesem Kampf den Prüfstein des »regenerierten« Staates, wobei er mit glücklichem politischen Instinkt die gefährliche Gleichsetzung *Mafia* = Sizilien vermeidet: »Es darf nicht länger toleriert werden, dass ein paar Hundert Übeltäter ein so wunderbares Volk wie das eure überwältigen, ins Elend stürzen, ihm Schaden zufügen.«[63] Am 23. Oktober 1925 wird Cesare Mori mit weitreichenden Vollmachten zum Präfekt von Palermo ernannt.

Wir befinden uns in der Wende. Mori ist gewiss kein Faschist, im Gegenteil, er ist der Nitti-treue Präfekt, der 1921 in Bologna den faschistischen Sturmabteilungen die Stirn geboten und damit den ewigen Hass der Extremisten auf sich gezogen hat. Ihm das Amt zu übertragen bedeutet, die Fäden der staatlichen Aktion der Kriegszeit wieder in die Hand zu nehmen und wie damals auf die Kommandoeinheit und die Mobilität der Streitkräfte im gesamten Westteil der Insel zu setzen. Ein Mann, der persönlich in der Lage ist, einen Briganten zu töten und ein (wenn auch furchtbares) Buch zu schreiben, stellt für eine Regierung, die wirksame Propaganda benötigt, eine gute Investition dar. 1920 hat er in Trapani ein Gleichgewicht schaffen können, indem er die Bauernbewegung unterstützt und gleichzeitig die Ordnung bewahrt hat, was ihm die Anerkennung der Grundbesitzer eintrug. Davor noch hatte er die Anti-Giolitti-Partei Nunzio Nasis so energisch bekämpft, dass man das Motto »Rom sehen und sterben« umwandelte in »vedi Trapani e poi Mori«, »Trapani sehen und dann sterben«[64]: ein Kampf gegen die Kriminalität und gegen die Regierungsgegner ähnlich dem, den Mussolini ihm, auf sehr viel breiterer Ebene, nun anbietet. Doch hier scheint seine Erfolgssträhne vorerst abzureißen. 1925 ist Mori für alle »der kleine Mann, der mit unzureichenden Mitteln einige Monate lang die Mafia beinah in der Hand hatte, bis ein Abgeordneter dafür sorgte, dass er versetzt wurde«[65]: Wie andere ehemalige Nitti-Anhänger, wie Serpieri oder Beneduce, sieht er im Totalitarismus die Möglichkeit, den Fallstricken der Demokratie zu entgehen.

Dementsprechend soll die Aktion eines Präfekten nicht »eine Polizeikampagne in mehr oder weniger großem Stil sein, sondern die Auflehnung des Gewissens, die Revolte des Geistes, der Kampf des Volkes«.[66] Wegen der Unbeliebtheit der Repression und um eventuelle Reaktionen sizilianischer Art zu vermeiden, achtet Mori genauestens darauf, Berührungspunkte zu finden, einen Kommunikationscode mit der wahren oder angenommenen Kultur der Massen. Für ihn, wie für Pitrè, existiert eine gute *Omertà*, die dem Konzept der Männlichkeit entspricht. Die damit verbundene Ehre ist als nationaler und faschistischer Wert zu sehen; es geht lediglich darum, ihre verbrecherischen Auswüchse einzudämmen.

> Die *Omertà* trägt in sich selbst die nötigen Mittel, um die eigene Degenerierung zu bekämpfen. Man muss also an seinen Stolz

> appellieren, um auf die Anmaßung zu reagieren; an den Mut, um auf das Verbrechen zu reagieren; an die Kraft, um auf die Kraft zu reagieren; an den Karabiner, um auf den Karabiner zu reagieren.[67]

Man beachte das Crescendo, das sich bis zu den abschließenden Gleichungen steigert, denen zufolge die Kraft an sich einen Wert darstellt, um von dem Zweck abzulenken, den sie verfolgt. Was Mori meint, von den kulturellen sizilianischen Codes verstanden zu haben, ähnelt sehr, zu sehr, dem, woran der Faschismus glaubt: »Die Kraft, die die Produktion verteidigt«, steht auf den Abzeichen, die der Präfekt den Feldhütern *einzeln* an die Brust heftet, schließlich ist bei Sizilianern der persönliche Kontakt wichtig. Interessant sind die Bemerkungen in solchen Situationen. Mori: »Was tust du, wenn man dich mit diesem Abzeichen einen Sbirren nennt?« – der Feldhüter: »Euer Exzellenz müssen entschuldigen, aber in dem Fall schieße ich«; der Präfekt ist zufrieden (»bravo«), denn offenbar ist er nicht an der Auffassung von Legalität interessiert, sondern nur an der Gewinnung von Treue und Kraft. In gigantischen Versammlungen wird zur individuellen und gesellschaftlichen Selbstverteidigung aufgerufen und der Mut derjenigen – ganz gleich ob Großgrundbesitzer oder Bauern – gepriesen, die nicht klein beigeben, sondern die Waffe zur Hand nehmen, so wie er selbst seinerzeit, als er »die österreichischen Maschinengewehre herausgefordert« hat.[68] Mori rühmt das vorbildliche Verhalten patriotischer, wenn auch korrupter Mafiosi im Krieg; was ein wenig lächerlich ist, wenn man an die Verbindung Banditentum-Wehrdienstverweigerung denkt, die der Vorstellung von einer italischen Gemeinschaft, die über derartige Nebensächlichkeiten hinwegsieht, jedoch zuträglich ist. Es ist nur legitim sich zu fragen, inwieweit die Präfektenrhetorik in der Meinung des Bürgertums realen Konsens schafft, da wo ich doch eher ausschließen würde, dass die paramafiosen Feldhüter bewegt waren. *Mutatis mutandis* erinnert der Lombarde Mori an den Toskaner Fanfani, der während einer Anti-Scheidungskampagne den Bürgern von Caltanissetta das Risiko des Seitensprungs in Erinnerung ruft, um ihre Angst vor der sexuellen Freiheit der Frau zu instrumentalisieren.

1926 ist das Jahr der großen Razzien, von denen eine jede zu Hunderten von Festnahmen führt, mit einer Gesamtzahl, die 1928 auf elftausend Inhaftierte steigt, wovon fünftausend aus der Provinz Palermo stammen. Man beginnt in Gangi, fährt mit Mistretta, Bagheria, Misilmeri fort, den palermitanischen Vorstädten, Monreale, Corleone, Partinico; dann hinunter Richtung Agrigent und Caltanissetta, und noch weiter nach Osten, um auch die Gegend von Enna und Caltagirone und westlich des Ätna mitzunehmen. In dieser Phase wird ein großes Aufgebot an Kräften eingesetzt, die von Ort zu Ort ziehen: In Bagheria zum Beispiel kommen 800 Carabinieri, Militäreinheiten und Beamte der öffentlichen Sicherheit zusammen, die 300 Personen verhaften. Ebenso komplex ist in der ›Goldenen Muschel‹ die Operation gegen die beiden Gruppen der Sparacino und der Gentile – deren interner Krieg zwischen 1923 und 1924 ungefähr 46 Morde und versuchte Morde ergeben hat –, denn viele Gesuchte flüchten sich in unterirdische Verstecke. Das Gleiche geschieht auch in Gangi, das im Januar 1926 militärisch besetzt wird, um das internationale, nationale und lokale Ansehen aufzupolieren. Der Präfekt will den totalen Sieg, und nicht die bereits im Dezember 1925 zwischen Kommissar Spanò und den Banden Ferrarello-Andaloro und mit entscheidender Fürsprache des Barons Sgadari vereinbarte Kapitulation.

Um die Rückeroberung der beim Volke zählender Werte zu erreichen, muss der Staat sich »Respekt« verschaffen und sich mafioser zeigen als die Mafiosi; angefangen bei der harten Rede, die Mori auf der Piazza in Gangi vor einer Menschenmenge hält, die angesichts der Verhaftung von 450 Personen, darunter 300 »Begünstiger«, bestürzt ist. Deshalb die sinnlose Entfaltung der Streitkräfte, die vorgetäuschte Verhandlung, die dem Verrat vorausging, zu dem man sich beglückwünscht, die grausamen Drohungen mit Repressalien gegen die Flüchtigen durch die öffentliche Schlachtung ihrer Tiere, den Verkauf ihrer Güter, die Deportation ihrer Familien und, im Verborgenen, die Vergewaltigung ihrer Frauen. Eine seltsame Art der Propaganda, an die man sich noch viele Jahre später erinnern wird: Bei der Verhaftung seiner Mutter und seiner Schwester behauptet Salvatore Giuliano, es nicht wie »diese elenden Mafiosi von 1926« machen zu wollen, die sich angesichts derartiger Methoden kampflos ergeben hatten.[69] Die Festnahme von 213 Personen, darunter Frauen und Kinder, die 35 im Palermitaner Land Untergetauchte zwingt, sich zu ergeben, ist kein »Spaziergang«, sondern eine terroristische Operation. Für Mori-Javert übrigens können die Verwandten nur »im relativen Sinne« unschuldig sein. Ein amerikanischer Anthropologe, der in diesen Jahren in Sizilien ist, beschreibt die Bewohner von Milocca, wie sie zu Fuß, zusammen mit den Herden und (noch) mit den Familien derjenigen, denen es gelungen war, zu fliehen, von den Carabinieri nach Mussomeli getrieben werden: Mehr als 2500 Einwohner werden im Gefängnis bleiben. Einer von ihnen, ein Bauer, der nach vier Jahren Haft freigelassen wird, erzählt die furchtbare Episode:

> Im Jahre neunzehnhundertachtundzwanzig
> am siebten Januar geschah es
> Alle schliefen wie Lilien im Garten
> in einer Nacht war die Verhaftung
> Die Verhaftung begann in Mussomeli
> nach zwei Stunden war alles vorbei
> manch einer schreit »Sohn«, manch einer »Frau«
> manch einer schreit wer wird der Verräter sein.[70]

5. Mit der Mafia auf Kriegsfuß

Ende 1926 sandte Mori eine dicke Akte über die Vergehen Cuccos, der Nummer Eins des palermitanischen Faschismus, nach Rom. Im folgenden Januar wurde der Parteiverband aufgelöst und dem »Ducino« wurde nach einer blitzschnellen parlamentarischen Genehmigung der Prozess gemacht. Ein weiterer Skandal brach im folgenden Jahr über den ehrwürdigen Antonino Di Giorgio herein, ehemaliger Minister einer Mussolini-Regierung und brillanter Kommandant an den Fronten des Weltkrieges. Es schien, dass man zur »hohen Mafia« vordrang: Hatte der Duce nicht angeordnet, »oben und unten« zuzuschlagen? Di Giorgio wurde in Spanòs Ermittlungen unter seiner Wählerschaft hineingezogen, und obgleich seine Verantwortung nicht bewiesen war, ja, es nicht einmal den Schatten eines Verdachts gab, musste er sich ins Privatleben zurückziehen. Auch Cucco hatte kompromittierende Beziehungen zu Wählern geknüpft, doch er wurde nicht wegen irgendwelcher Verbrechen angeklagt, sondern vielmehr wegen verwaltungsmäßiger und beruflicher Unregelmäßigkeiten und wegen Machtmissbrauchs, wovon er jedoch nach elf langen Gerichtsverfahren freigesprochen wurde. In einem Urteil taucht der Begriff Verschwörung auf und spiegelt damit einen weit verbreiteten Eindruck wider.

Dieser Vorfall spielte sich sehr viel mehr auf politischer Ebene ab als auf der polizeilichen der Operation Mori. Mitte der zwanziger Jahre liquidierte der Faschismus die liberalen Mitläufer, die seinen Sieg erst möglich gemacht hatten. Dann ging man zum Angriff auf die Positionen der Notabeln innerhalb der Partei über, die dazu ausersehen war, sich in den grauen Propagandaapparat eines hyperzentralistischen Regimes zu verwandeln, in dem sich alles innerhalb eingeschworener Kreise und in der Abgrenzung von den »starken« Mächten abspielte: der Kirche, der Monarchie, den staatlichen und nichtstaatlichen Bürokratien, der Confindustria (Confederazione Generale dell'Industria Italiana – Allgemeiner Italienischer Verband der Industrieunternehmer). Schließlich hielt man die Präfekten dazu an, den PNF (Partito Nazionale Fascista – Nationalfaschistische Partei) unter ihre Vormundschaft zu stellen, und unterstützte sie in den häufigen Konflikten mit den Verbandsführern. In ganz

Sizilien, vielleicht in ganz Italien, wurde die Eliminierung unbequemer weil autonomer Personen mit mutmaßlicher Unmoralität oder Geschäftemacherei begründet. In Palermo lautete die Anklage Mafia.

> Die Bezeichnung »mafios« wurde oft vollkommen wider besseres Wissen und in jedem Bereich, einschließlich des politischen, als Vorwand benutzt, Blutrache auszuüben, seiner Wut freien Lauf zu lassen, Gegner zu töten.[71]

Das sind Moris Worte, und er selbst bedient sich auf zynische Weise dieses Begriffs. Der Präfekt weiß sehr wohl, wer ihm die erforderlichen Informationen für die Erstellung seiner Akte gegen Cucco liefert: Roberto Paternostro, Anwalt zahlreicher Mafiosi, der bereits einige Jahre zuvor die Sorge Palermos angesichts der möglichen Ankunft Moris ausgedrückt hatte; eine »italienische Reichs- und Arbeitsbewegung«, die zu einem großen Teil aus Vorbestraften besteht und die die Mafia als vorgebliche »Gewerkschaftsbewegung« verherrlicht; und schließlich der kompromittierte ehrenwerte Lo Monte. Von ihnen wird nur Paternostro für einen Moment wieder Oberwasser gewinnen. Die anderen verschwinden gemeinsam mit dem »Papierkrieg« der politischen Freiheit. Die Gewinner sind andere. Die vom Faschismus vorangetriebene Liquidation des politischen Personals führt zu einer wahren Agrarrevanche, von der die Operation Mori nur eine Komponente ist. »Er wollte zu hoch hinaus und ist in seine Schranken verwiesen worden«[72], schreibt Tina Whitaker über Cucco. Damit drückt sie die Meinung der herrschenden Klassen aus, die die Anschuldigungen zwar nicht glauben, jedoch eine starke Kontrolle des Staates über die Partei wollen. Die Weigerung der Cucco-Anhänger, aus dem Faschismus eine bloße Neuausgabe des Moderatismus zu machen, und die Androhung neuer revolutionärer »Vespern« gegen das Latifundium beunruhigen sie. In Cuccos Beschreibung ist der Mori von 1927 ein »durch und durch aristokratischer Mann«, der »von einem Salon zum anderen geht, von einem Empfang zu einem Fest«, »berauscht« von der großen Welt[73] und bereit, sie aufzuwerten, indem er den Marchese Paternò von Spedalotto und den Herzog von Belsito an die Führungsspitze des PNF setzt. Das ist der »aristokratische« Boden, auf den sich, weit mehr als auf den propagandistischen der Zurückeroberung folkloristischer Werte, die Beziehung zwischen Faschismus und Sizilien gründet, die eine direkte Beziehung ohne Mittler zwischen Staat und Gesellschaftsklassen sein will. Die Mittler par excellence sind die *parasitären* Großpächter; während Mori die *Erzeuger* und die Großgrundbesitzer als Opfer einer Notlage von jeder Schuld entbindet.

Es ist legitim, sich zu fragen, inwieweit diese klare Trennung der Rollen mit den Akten der Großprozesse gegen Verbrecherbanden übereinstimmt, die seit 1927 aufeinanderfolgen und Hunderte von Angeklagten, im Falle der *Bande* von Casteltermini sogar 450, einbeziehen. In den Gerichtsprotokollen schwanken die Rollen vage zwischen Opfer und Mittäter: Die Erpressung verwandelt sich schließlich in Protektion, die Erpresser gar in Steuer- oder Viehzuchtgesellschaften. Es kommt sogar vor, dass die Viehräuber für die Rückgabe der gestohlenen Tiere vom Besitzer kein Geld verlangen, sondern den Diebstahl anderer Tiere. Wer im Krieg seine Stellung halten will, muss die gleichen Mittel anwenden wie sein Gegner. Das wäre ein klassischer Fall von Notwehr, der jedoch auf die unterschiedlichsten Personen angewandt werden könnte.

Nehmen wir den Fall Giuseppe Ortolevas, des Bruders von Antonio, der angeklagt wird, den Priester und Großpächter Filadelfio Versaci, den ehemaligen Bürgermeister von San Fratello, erpresst zu haben. Ortoleva zufolge jedoch hatte der von dem Banditen Russo bedrohte Versaci ihn gebeten, »einen [seiner] Feldhüter zu beauftragen, die Sache zu regeln«. Diese haben die Forderung von 8 000 Lire weitergegeben, die der mit einer Vollmacht ausgestattete Mittelsmann Ortoleva auf 4 000 reduziert und den Betrag aus eigener Tasche vorgestreckt hat. Doch Russo ist nicht zufrieden und beginnt, Versaci mit Viehdiebstählen zu bedrängen, denen wiederum dieselben Feldhüter nachgehen: So werden 3 000 weitere Lire gezahlt, die Tiere jedoch kehren nicht zurück, da der Bandit sich in der Zwischenzeit umbringt (?!). Wie man sieht, gleichen sich Verteidigung und Anklage wie ein Wassertropfen dem anderen. Wie er selbst zugibt, steht dieser andere Ortoleva an der Spitze eines aktiven Apparats, der mit den Flüchtigen eines Gebietes und offenbar auch mit anderen Geschäfte macht. Er hat eine Vermittlerrolle inne, die sich für ihn in barer Münze auszahlt, oder zumindest in der Kontrollmöglichkeit, die er *dann* durch die Erhebung von Gebühren zu Geld machen kann. Die Sache verkompliziert sich durch die eigenständige Variable der Feldhüter, die ihrerseits Geld kassieren können; oder aber durch den Vorteil, den Versaci gegenüber den Konkurrenten gewinnt, wenn er sich an die Kette Ortoleva-Feldhüter-Russo anhängt. Sogar das Ritual der Erpresserbriefe will eine Komplizenschaft zwischen den gegnerischen Parteien herstellen, eine formlose Beziehung vortäuschen und – vor dem Auge des Gesetzes – die Realität durchorganisierter »Industrien« verschleiern. Der Erpresser fordert den Erpressten auf, sich für die Verhandlung an »Vertrauenspersonen« zu wenden. Der also muss aus dem Pool seiner eigenen Beziehungen schöpfen, wie es der von Briganten bedrohte Händler aus Messina tut, der unter seinen eigenen Klienten aus Gangi an einen gerät, der ihm antwortet: »Diese Leute existieren, und es ist nicht richtig, vielmehr äußerst unvorsichtig, sie nicht zufrieden zu stellen. Man muss sich gleich darum kümmern, und ich stehe Ihnen vollkommen zur Verfügung.«[74]

Das ist die »aktive, operierende Mafiagesellschaft«, die dem palermitanischen Generalstaatsanwalt Luigi Giampietro zufolge »an und für sich eine Verbrecherbande« darstellt[75], was nicht erst durch das kriminelle Verhalten eines jeden ihrer Mitglieder bestätigt werden muss. In den beiden Prozessen, in denen Calogero Vizzini als Bandenführer angeklagt wird, ist es nicht nur schwierig, das Ausmaß der

Schuld des Beklagten herauszufinden, sondern den Grund der Klage selbst, was daran liegt, dass die Delikte von den Akkordarbeitern seiner Schwefelmine und den Feldhütern auf seinem Landgut begangen wurden, folglich in Zusammenhang mit einem geschäftlichen Netzwerk, das an sich keine verbrecherische Funktion hat. Die auf Bandenzugehörigkeit lautende Anklage, mit der man bei bedeutenden Großpächtern und armen Bauern schnell bei der Hand ist, bleibt den Großgrundbesitzern hingegen erspart, selbst wenn man sie mit Bluttaten in Zusammenhang bringt: Typisches Beispiel ist Pecoraro, der im Prozess von Burgio gegen Cascio-Ferro & Co. von vielen Zeugen genannt wird, jedoch nicht unter den Angeklagten auftaucht. Das »Giornale di Sicilia« geht sogar so weit, im Brief des sterbenden Gioachino Lo Voi, der der wichtigste Pfeiler des Prozesses ist, den Absatz zu zensieren, der den Großgrundbesitzer betrifft: »... der katholisch ist und alle Verbrecher schützt. Seine Anhänger töten jeden, stehlen immerzu und dieser Schurke beschützt sie, weil er Abgeordneter werden will. Verfluchter Gauner!«[76] Noch aufsehenerregender sind die Fälle von Gangi. Während eines Gesprächs mit Spanò fragt Salvatore Ferrarello naiv oder vielleicht heimtückisch: »Wenn wir uns stellen würden, wer würde dann auf dem Land für Ordnung sorgen?«[77] Eine Ordnung, die zugunsten von Personen wie dem Baron Sgadari aufrecht erhalten wird, der viele Jahre lang die Flüchtigen deckt und durch Vermittlung mit gesellschaftlichen und politischen Autoritäten ihre finanziellen Transaktionen gewährleistet, bis er für sie eines Tages mit dem (falschen) Versprechen der Straffreiheit ihre Kapitulation aushandelt – daher die lautstarken Racheandrohungen in den Gerichtssälen des Prozesses von Termini. Dennoch wird der Bandit Ferrarello, der im Laufe des folgenden Weltkrieges vor der lebenslänglichen Haftstrafe flieht, auf seine Rache verzichten. »Habt ihr je von Ferrarello gehört?«, wird Vizzini Montanelli fragen und ihm die Vorzüge der mafiosen Fürsprache illustrieren, »er hat angefangen wie Giuliano und ist geendet wie ein Pfaffe. Als er aus dem

Gefängnis ausgebrochen ist, hat er sogar darauf verzichtet, den Baron Sgadari zu töten, der ihn reingebracht hatte. Irgendwer wird die Angelegenheit schon für ihn geregelt haben«.[78] Die Verwunderung des englischen Botschafters Graham ist also gerechtfertigt, als er Baron Sgadari, den er für einen »Anführer« der Mafia hält, unter den Koryphäen Moris entdeckt, als er gerade in das Bürgermeisteramt befördert wird. Besonders in Gangi haben wir es mit einem Fall größter Beständigkeit der Lokalmacht im *ventennio*, dem zwanzigjährigen faschistischen Regime, zu tun, die an die reichsten Familien (Li Destri, Sgadari, Mocciato) gebunden ist.

> Der Baron Li Destri wurde zu Zeiten der Mafia stark von den Briganten unterstützt, die nun in Portolongone [Elba] im Gefängnis sitzen. Wenn jemand an seinem Besitz vorbei ging, sagte er eifersüchtig: Geh nicht mehr an meinem Grundstück vorbei, sonst lasse ich dich aus dem Verkehr ziehen. Jetzt, wo die Zeiten sich geändert haben und er gut Freund mit den Autoritäten [...]ist, sagt er: Geh nicht mehr an meinem Grundstück vorbei, sonst schicke ich dich an die Grenze.[79]

Hier scheinen, nicht ohne Grund, Briganten und Grenze miteinander austauschbare Instrumente; unmöglich, die enge Verknüpfung zwischen Klassenmacht und mafioser Macht zu lösen.

Nehmen wir eine Episode, die sich *nach* der großen Razzia von April-Mai 1926 in der ›Goldenen Muschel‹ zugetragen hat. Im Juni 1927 wird Giuseppe Carella in der Villa Adriana, der Residenz des Barons Luigi Bordonaro von Gebbiarossa, ermordet. Geständiger Täter ist Salvatore Sciacca junior, der behauptet, Carella bei einem Streit getötet zu haben. Die Ermittlungen aber bringen eine der Tat vorangegangene Auseinandersetzung zwischen Carella und der Familie Sciacca zum Vorschein, was auf eine sorgfältige Planung der Tat schließen lässt. Als Drahtzieher wird Vater Sciacca, genannt *Cola Innusa*, angeklagt. Seit fast dreißig

Jahren ist Sciacca senior Verwalter der Villa, die als Familiengut betrachtet werden kann: Und tatsächlich hatte im Vorfeld der Schwiegervater von Sciacca senior den Posten inne, jener Giuseppe Biondo, der uns als hohes Tier der Kuppel des ausgehenden 19. Jahrhunderts bekannt ist. Carella wird beauftragt, die Leitung des Betriebes zu rationalisieren. Er rückt die Sciacca bei dem Baron in ein schlechtes Licht und wird dafür bestraft. Klassisch mafioses Schema, aufgrund dessen die Anklage strenge Strafen fordert und durchsetzt. Es sorgt für einen Skandal, dass Don Cola Carella einen »Kollegen« nennt, der ein »Beamter, ein Gentleman« ist: Die Palermitaner sind an das Blut von »Gewalttätern« gewöhnt, an das von anderen weniger. Vater Sciacca hat ein hieb- und stichfestes Alibi: Zum Tatzeitpunkt befindet er sich mit seinem Herrn in der Provinz, der jedoch von der (unerwarteten) Entdeckung des Leichnams erfährt und davoneilt und den Leibwächter auf dem Rückweg nach Palermo allein lässt.

Zur Verteidigung nimmt Sciacca senior die Gestalt des *homo sicilianus* an, rauh, doch demjenigen, der über ihm steht, treu ergeben. In seinem parabelhaften Plädoyer stellt sich Anwalt Ferdinando Li Donni[80] eine Diskussion unter Geschworenen vor: Dem Neapolitaner, dem Lombarden, dem Palermitaner, der als einziger verstehen und den anderen erklären kann, dass Cola ein Mafioso war, »wenn wir unter Mafioso einen Mann verstehen, der das Land liebt, der *omertà* verpflichtet ist, sich um seine eigenen Angelegenheiten kümmert, ein paar Zeugenaussagen besorgen kann. Das schon, Kollege. Plantagenbewirtschafter war er«. Doch »der Vorsitzende hat uns nicht beauftragt, zu überprüfen, ob er ein Mafioso, sondern ob er ein Verbrecher war. Ich aber zeige Ihnen, dass er gezwungen war, gegen das Verbrechen zu kämpfen«. In der Villa Adriana hat es in dreißig Jahren nicht einen Diebstahl gegeben. »Die Verbrecher der Gegend wussten, dass sie den Mitgliedern der Baronenfamilie nichts tun durften, sonst hätte der Plantagenbewirtschafter sie getötet, um die Familie zu beschützen und zu verteidigen«. Nachdem den Profanen das Mysterium erläutert wurde, kommt man zum zentralen Punkt, dem rettenden Band zwischen Mafioso und Baron: Cola wird gerettet sein, wenn sich herausstellen wird, dass er in Allem und vor Allem eine Kreatur seines Herrn ist, fähig, für ihn zu töten, aber nicht für sich selbst. »Der Mann vom Land«, so Anwalt Berna, »bleibt immer primitiv«. Cola hingegen

> reist mit dem Baron Gebbiarossa, kennt Städte, hält sich für längere Zeit dort auf, führt Bankgeschäfte aus, weicht seinem Herren nicht von der Seite. Er wohnt in denselben Hotels wie er, reist im selben Eisenbahnabteil, raucht dieselben Zigarren, wird mit dem Baron zum Mittagessen eingeladen, setzt sich an denselben Tisch im Hause Gangitano. Deshalb ist Cola Innuso durch den Willen des Herren zu Don Cola geworden.[81]

Die Anklage beschreibt eine präfaschistische Welt der gegen den Besitz gerichteten Gewalt, deren Ende durch das Blut des »heldenhaften« Carella besiegelt werde. Die Verteidigung merkt an, dass diese Welt bereits ein Jahr zuvor durch Razzien zum Einsturz gebracht worden sei, dass der Eigentümer sein Vertrauen über jeden Zwang hinaus bestätigt habe und der Mafioso folglich kein Verbrecher *sein könne*.

Hätten die Sciacca sich nicht von ihrer Panik überwältigen lassen, so hätten sie in der Tat in der Villa Adriana eine vielleicht verringerte Macht, die sie gewiss mit Vorsicht hätten ausüben müssen, behalten, doch sie wäre von Dauer gewesen. Das sagt einiges über die Spielräume, die innerhalb der gesellschaftlichen Beziehungen erhalten bleiben, während der Mafia als Vereinigung der Boden entzogen wird. In den Zitrusplantagen wie auf den Landgütern stellt die Fortführung des traditionellen Systems in der gesamten faschistischen Periode eine radikale Ableugnung jedes mutmaßlichen Notstandes dar. Zufrieden verweist Mori auf die Dankbarkeit der Großgrundbesitzer, die den Pachtzins anheben konnten, in manchen Fällen sogar von 10 000 auf 110 000 Lire jährlich. Eine eigens dafür eingerichtete Kommission entscheidet, welches die von den mafiosen Großpächtern »infizierten Zentren« sind, und löst dort die Pachtverträge auf und stellt die glückliche Rückkehr der abwesenden Grundbesitzer zu ihren ländlichen Pflichten und Freuden in Aussicht. Für den Kommissionsvorsitzenden »wurzelt« das System der Steuerpacht »in der Gewalt und im Blut [und] setzt die Einhaltung seiner Vertragspunkte notfalls mit der Flinte durch«.[82] Doch die Dinge liegen anders. Die gewerkschaftlichen Vereinbarungen, die die Abschaffung der Unterpacht vorsehen, werden mit verschiedenen Tricks umgangen: Die Grundeigentümer schaffen es nicht – oder haben nicht die Absicht –, den Mittelsmann völlig auszuschalten, und geben sich damit zufrieden, ihn (vorerst) auf seinen Platz zurückbefördert zu haben.

Die Rettung der Großgrundbesitzer stellt das gemeinsame Element aller Prozesse dar, die ansonsten beträchtliche Unterschiede aufweisen. Einige haben einen recht soliden Beweisapparat: die Briefe Ortolevas und die Lo Vois (Mistretta und Bisacquino), die Zeugenaussagen der geschädigten Parteien und die Hinweise auf Mittäter durch die Beklagten selbst. Um allerdings zu diesen Resultaten zu gelangen, setzt die Polizei Methoden ein, die der englische Botschafter als »energetic and ruthless« definiert, Schläge bis hin zu regelrechter Folter, die in manchen Fällen, wie im Laufe des Prozesses gegen die Bande Sommatinos, ans Licht kommen und die Klägerseite in Misskredit bringen.[83] Dies ist jedoch nur eine der Komponenten, die die *Omertà* brechen, auf die die Großväter sich berufen, wenn sie die Enkel zur Vendetta auffordern – »schließlich gibt es ohnehin keine Gerechtigkeit, und die Geschworenen sprechen sogar dann frei, wenn sie beim Verbrechen dabei waren«.[84] Energisch ist also die allgemeine Kursänderung. Es sprechen vor allem die »Verlierer«: Giuseppe Gassisi, »stellt, nachdem ihm ein Sohn getötet wurde, das Gesetz der Gefühle vor das der *Omertà*«[85]; Giovanni Latino, der dem Massaker an seiner gesamten Familie entkommen ist, erkennt, nachdem er zehn Jahre geschwiegen hat, die Mörder wieder. Die Auseinandersetzungen der Faktionen setzen sich im Gerichtssaal fort; nicht ohne weitere Risiken der Instrumentalisierung, dort wo sich unter dem kriminellen Gefüge das politische abzeichnet. Wir dürfen uns nicht wundern, dass hinter den Beschuldigungen, die den Stadtpfarrer Vincenzo Baiamonte aus Burgio in den Prozess gegen Sciacca verwickeln, der Sohn von De Michele Ferrantelli steckt, sein politischer Gegner und alter Helfershelfer von Cascio-Ferro. Die Anzeigen des Kanonikers Giuseppe Di Prima aus Campofranco gegen den Bürgermeister und ehemaliges Mitglied der Volkspartei Gaetano Bongiorno und verschiedene Geistliche spielen sich in einem rauhen Klima des Opportunismus und der gegenseitigen Erpressung ab. Spanò hält die Anklage des Bürgermeisters von Casteldilucio, Domenico Di Giorgio, in Reserve, für den Fall, dass sein Bruder, General und Exminister, sich als »Zeuge präsentiert, um seine politischen Freunde zu entlasten«.[86] Die Zeugenaussage eines angesehenen Bürgers kann entscheidend sein. Im Prozess von Burgio versucht eine Partei, die Enthüllungen der Frau eines Angeklagten, der zur Gegenpartei gehört, zu behindern: »Wir haben einen guten Mann, den Notar Musso, und mit seiner Hilfe werden wir Ihrem Mann alles denkbar Schlechte antun.«[87] Die Bezeichnung als Mafioso, das wissen wir, ist von der öffentlichen Meinung abhängig: Durch das System der Verleumdung und des anonymen Briefes »fand ein jeder, der seiner Wut freien Lauf lassen oder einen bestimmten Posten bekleiden wollte, in Form einiger vertraulicher Mitteilungen an die Polizei oder in Form von Anzeigen ein breites Feld der unverhofften Möglichkeiten vor«.[88]

Diese Verlagerung des politischen Kampfes an die gerichtliche Front läuft Gefahr, in jedem Dorf Westsiziliens einen Fall Cucco zu reproduzieren. Die Justiz jedenfalls ist vorsichtig, spricht frei oder wendet milde Strafen an im Falle mutmaßlicher Manipulation von Auktionen, mutmaßlichen betrügerischen Bankrotts von Kooperativen oder mutmaßlichen Plünderungen von Gemeindekassen (S. Giuseppe Jato, Partinico, Sancipirrello). Das Spiel wird komplex. Je mehr der Angriff sich nach innen ausdehnt, ordnet er sich dem Geschehen der abwechselnd hinzugewählten, bekämpften und dann wieder in den Regierungskreis aufgenommenen Lokalparteien unter. Die Ambition des Faschismus war es wohl, die Methoden der angesehenen Bürger zur Bildung ihrer Macht zu imitieren, wozu auch die Auflösung von Kooperativen und Vereinen gehören. So in Mistretta mit der Cerere, der ehemals Ortoleva vorsaß; in Sommatino mit dem neuen, an Lo Monte gebundenen Verein; in Corleone, wo die Behörden den Landwirtschaftsverein in »Kasino der Mafia« umtaufen und behaupten, er habe immer schon diesen Namen getragen. In Ribera lehnen sich Abissos Anhänger gegen die Parlapiano auf, doch das Regime löst schließlich ihre Organisationen auf, als Abisso bei ihnen in Ungnade fällt. In Piana dei Greci werden 1927 die drei Kooperativen geschlossen, da sie Parteiinstrumente sind. Darunter ist die von Barbato gegründete sozialistische Kooperative, die Mori unterstützt hatte und der die Landgüter zur Pacht überlassen wurden, die dem berüchtigten Bürgermeister Cuccia weggenommen worden waren. Den Beamten, die die Kooperativen auflösen, auch wenn sie die Korrektheit ihrer Leitung anerkennen, erwidert ein Bauer bitter: »Wenn der Präfekt Mori auch uns angehört hätte – schließlich sind wir doch die Betroffenen –, und nicht nur euer Geschwätz, hätte es nie so viel Aufregung gegeben.«[89] Wie der König und der Duce weiß auch der Präfekt nicht um all das Schlechte, das in seinem Namen geschieht ...

In diesem Fall sind sich die antidemokratische und die eigentümerfreundliche Operation in der allgemeinen Gleichsetzung *Demokratie = Mafia,* die den Faschisten lieb und teuer ist, einig. Es kommt der Verdacht auf, dass in *einigen* der Razzien der einzige gemeinsame Nenner zwischen den Hunderten von Festgenommenen politischer Art ist, und dass diese sich womöglich nur des Vergehens der nicht genehmigten Versammlung schuldig gemacht haben: Da es nur wahrscheinlich ist, dass Leute eines Dorfes, die durch Freundschaft oder Verwandtschaft miteinander verbunden sind, sich zu nicht genauer definierten Zwecken versammeln, kann man den »Nächten von S. Bartolomeo, in denen man, um 50 Schurken zu verhaften, ebenso viele ehrliche Männer in den Abgrund riss«[90], durch das Versammlungsverbot leicht einen rechtlichen Anstrich geben. Soll man wirklich glauben, dass die elftausend Inhaftierten (und wie viele Festgenommene) alle Mafiosi sind?

> Wenn mehrere Individuen miteinander eine Übereinkunft getroffen hatten, hielt man sie für einen Geheimbund, oder zumindest existierte ein vereinsähnliches Verhältnis, das man, glaube ich, nicht definieren kann, aber das letztlich so etwas wie eine Vereinigung war, zumindest sah ich es so.[91]

Diese spätere Erklärung eines der mit dem Fall betrauten Richter verrät einen gewissen Mangel an einem fest umrissenen Konzept. Mori, der mit juristischen Feinheiten nicht bewandert ist, gibt vor, die Beschuldigung »Verbrecherbande« als reines technisches Hilfsmittel zu verwenden und gemeinsam mit Orlando hält er sich daran auf, den mafiosen Tatbestand auf eine entgleiste regionale Kultur zurückzuführen, deren Hauptaspekt im Individualismus liege. Wir haben gesehen, wie die Advokatenkultur alte und neue Figuren mit »Mann vom Land« oder »Mann der Plantage« übersetzt. Die Verteidiger gestehen die Bezeichnung »Mafioso« für Männer wie Cascio-Ferro zu, verbinden sie jedoch mit einem von »anmaßendem Individualismus« geprägten Verhalten, aber gewiss nicht mit Kriminalität.[92] Ist die Mafia ein traditionelles Phänomen – nun, der traditionelle Sizilianer, ebenfalls Individualist, wird sich mit niemandem zusammentun wollen, weder um Verbrechen zu begehen noch für sonst irgendetwas, bekräftigt mit perfekter Spitzfindigkeit der Anwalt Puglia, wobei er an den »wahren und unersetzlichen Kenner der sizilianischen Seele« erinnert, natürlich – Pitrè.[93] Etwas realistischer hingegen beschreibt Giampietro die Erstarkung der Mafia, die sie dahin bringt, die Gestalt einer pseudostaatlichen Einrichtung anzunehmen, sowie einer von »Besitzern« und »Geschäftsleuten« unterzeichneten »Versicherung«, um »die Güter und ihre Personen« zu schützen. Die »Vendetta«, die Blutrache, entsteht aus interner Konkurrenz, und übereinstimmend mit der kollektiven Natur des Phänomens kann sie »transversal« sein, das heißt, »an anderen aus der Familie oder der Bande« verübt werden. Sie wird immer »hinterrücks, aus dem Hinterhalt« und mit besonderer Grausamkeit ausgeführt, »man beleidigt den Leichnam noch, indem man ihn mit Öl einschmiert oder den Kopf abschlägt, oder aber indem man ihn verstümmelt oder zerfleischt und ihn so zum Zeichen der furchtbaren Macht der Mafia macht«.

> Man muss die Seiten der Prozessakten gelesen haben, die die kleinen oder großen Banden betreffen, die Morde, die Plünderungen, die Brandstiftungen, die Gewalttaten, die Vergewaltigungen, die wilden und grausamen Blutrachen ... am helllichten Tag ausgeübt, in der Mittagshitze, auf öffentlichen Plätzen auch in dieser Stadt – die Toten am Boden, die Mörder im sicheren Versteck, ... um eine blasse Vorstellung von den mafiosen Verbrechen zu haben.[94]

Jenseits aller Übertreibungen und Verzerrungen bleibt die kollektive Dimension – die, wenn auch grob, in den Großprozessen der faschistischen Periode herausgestellt wurde – die Grundlage der mafiosen Phänomenologie und damit des Kampfes gegen sie. Die Zuverlässigkeit der Anklage liegt – in unseren Augen als Forscher und nicht als Richter – in den persönlichen Biographien und den Biographien der Familien der Betreffenden begründet, in der historischen Beständigkeit der kriminellen Mächte und in der Logik des Aktion-Reaktion-Mechanismus, die den Tatbestand der Vereinigung deutlich macht, der vor Gericht so schwer nachzuweisen ist. In vielen Verfahren bleibt die Vollmacht, die Zugang zu den (außergerichtlichen) Informationen der öffentlichen Sicherheit verschafft, grundlegend: zum Beispiel bei den Prozessen der Palermitaner Mafia, in denen ehrliche, erpresste, zweckdienliche und falsche Zeugenaussagen, die die Auseinandersetzung zwischen Politik und Parteiungen in den Dörfern hervorgebracht hat, fast völlig fehlen. Man beachte das Verfahren gegen die 213 Personen aus Piana dei Colli, von dem selbst zahme Berichte schreiben, es hätte in einer surrealen Atmosphäre stattgefunden, mit dem Vorsitzenden, »der von Zeit zu Zeit ... einen Namen brüllt«, den Verhören, die wenige Augenblicke dauern, den Zeugen, die alles leugnen, dem Staatsanwalt, der die Geschworenen auffordert, in Ermangelung von Beweisen nach der ihnen »freigestellten Überzeugung« zu urteilen[95]; und dann die andauernde Berufung auf die Protokolle der Öffentlichen Sicherheit, die Ermittlung, Beweis und Urteil in einem darstellten. Diese Art der Verhandlung dürfte wohl kaum eine angemessene Verteidigung vor der Polizeimacht gewähren, die durch ein Gesetz von 1926 – speziell für die »sizilianischen Provinzen« – noch gestärkt wird, welches einen Zwangswohnort für diejenigen vorsieht, die die »öffentliche Meinung« als »Anführer, Mitglieder, Komplizen und Begünstiger« der kriminellen Organisationen ausweist. »Der Zwangswohnort«, bekräftigt der Staatsanwalt, »ist die tödliche Waffe«[96], die man gegen die Freigesprochenen und die in »bescheidenem« Umfang Verurteilten anwenden sollte: So bei Mauro Farinella, der anstelle von acht Jahren Haft an einen Zwangswohnort geschickt wird, an dem er 1940 – auf einer kleinen Insel – stirbt.

Aber tun wir nicht so, als glaubten wir, der Faschismus hätte derartige Verwaltungsmaßnahmen eingeführt. Schon im liberalen Staat boten Gesetze die Möglichkeit, die Mafia zu kontrollieren. Grundlage der Prozesse waren immer schon die Protokolle der Öffentlichen Sicherheit gewesen, und wenn wir uns an die Fälle *Stoppaghieri* und Amoroso erinnern, können wir sogar das Verbot, »sich auf die öffentliche Meinung und die Bekanntheit der Sachverhalte zu beziehen«, das man Spanò erteilt hat, sowie die Pflicht, die Quelle zu nennen, »an die er sich für Vertraulichkeiten wenden muss«[97], als Schutz der Grundrechte betrachten. Gewiss, man kann nicht sicher sein, dass nicht einige Urteile vorgefertigt sind (dennoch sind Freisprüche gar nicht einmal selten, vor allem in den »kleineren« Prozessen nicht). Ebenso wenig kann man auf die Zuverlässigkeit von Anklagen schwören, die in all zu vielen postumen Briefen, Zeugenaussagen und Geständnissen enthalten sind und sogar im Gerichtssaal neu verhandelt wurden. Aber das gilt auch für die Regierungen vor und nach dem Faschismus.

Wie soll man also die Operation in ihrer Gesamtheit bewerten? Wir dürfen die freiheitzersetzende Absicht dahinter nicht ignorieren, uns aber auch nicht darauf beschränken. Die Mafia wurde nicht vom Faschismus erfunden, wie Christopher Duggan anzunehmen scheint, der in seiner – wenn auch bemerkenswerten – Arbeit nicht die notwendige Differenzierung von dem Vorgehen der Präfektur und dem der Polizei vorgenommen hat, an das die Mafiosi sich noch lange Zeit (wie zu guter Letzt die Erinnerungen von Calderone zeigen) wie an einen Alptraum erinnern werden. Alle Beobachter haben den steilen Abfall der Verbrechensquote nach 1925 zur Kenntnis genommen; doch die Statistik reflektiert das Phänomen nur zum Teil. Wir haben zwei gegensätzliche Theorien. Nach Meinung Einiger hat Mori die Mafia vernichtet, die dann 1943 wiedergeboren wurde, bereits bewaffnet wie Pallas Athene, als sie dem Kopf des Zeus entstieg. Andere behaupten, dass der Präfekt gestoppt wurde, als er beinah »oben« angelangt war, oder dass die Aktion – gemäß der Logik einer Klassengesellschaft – lediglich gegen das Kleinverbrecherwesen gerichtet war. Zwar existiert eine diskriminierende Klassengesellschaft, doch sie trennt die Großgrundbesitzer von allen anderen. Die Repression trifft alle, vom Bürgermeister bis zu bedeutenden Großpächtern wie Ortoleva, die Tusa, die Guccione, die Farinella. Einige tauchen nach dem Krieg wieder auf: Vizzini, Genco Russo, Volpe. Andere hinterlassen Erben: Cascio-Ferro und Candino, Ferrarello und Andaloro, die beiden palermitanischen Fraktionen der Gentile und der Sparacino. Es gibt bedeutende Namen der Vergangenheit und der Zukunft: unter

Ersteren ein Giuseppe Fontana aus Villabate und ein Salvatore Licata, Vertreter der vierten Generation der Mafiafamilie der ›Goldenen Muschel‹; unter Letzteren ein Giuseppe Di Cristina aus Riesi, ein Santo Fleres aus Partinico, ein Giuseppe Panzeca aus Caccamo, ein Calogero Lo Bue aus Prizzi, ein Antonino Cottone aus Villabate, ein Stefano Bontà. Unter den fünfhundert (!) Mafiosi, die in die Vereinigten Staaten geflohen sind, »um dem unerträglichen politischen Klima zu entkommen«[98], finden wir viele der zukünftigen Anführer der Cosa Nostra: Joe Bonanno, Joe Masseria, Carlo Gambino, Joe Profaci, Stefano Magaddino; sowie einen Drogendealer von Rang: Frank Coppola.

Mit terroristischen Exzessen, Verurteilungen von Unschuldigen und politischen Verfolgungen bekämpfen der Polizist Mori und der Ermittler Giampietro aufs Härteste die Mafia.

6. Zweite Nachkriegszeit

Die Mafia gibt bereits vor der Landung der Alliierten im Juli 1943 ein Lebenszeichen von sich. Im Jahr 1932 werden im Zentrum von Canicattì drei Morde begangen, »deren Exekutionsmethoden und das dunkle Geheimnis, das sie immer noch umgibt«, an »typische Delikte mafioser Organisationen« erinnern. Man könnte jedoch noch von weiteren solchen Ereignissen berichten, die die Presse nicht erwähnt und auf die die Regierung mit ein paar »Verurteilungen zum Tod durch Erschießen« und mit einer neuen Welle der Grenzverschickung antwortet.[99]

Doch jede lineare Kontinuität zerbricht im Moment der fremden Besatzung und der Zersetzung des Staates. Der gewaltige Schock genügt, um alles wieder in Bewegung zu setzen, ohne dass es des *deus ex machina* der Verschwörung mit den Amerikanern bedarf, die mit Flugzeugen und Panzerwagen in Villalba anrücken und mit einem *L* (wie Lucky Luciano) bestickte Halstücher tragen – worauf die von Don

Calò angeführte Mobilmachung folgt, um die italienisch-deutschen Truppen unschädlich zu machen. Es erscheint in jedem Fall wenig glaubwürdig, dass 1942 *die* Mafia existiert, mit der das Oberkommando oder die Geheimdienste der Alliierten sich abstimmen könnten. Stattdessen ist dokumentiert, dass die US Navy Luciano die Verteidigung der New Yorker Docks vor deutschen Saboteuren übertragen hat – die im übrigen nie existiert haben, vielmehr war es der Boss selbst, der die Anschläge simuliert hat, um aus dem Gefängnis entlassen zu werden. Dies zeugt in der Tat von mafiosem Stil: Bedrohung und Schutz in einem! Was jedoch Sizilien anging, streitet Luciano ab, irgendeine Rolle gespielt zu haben: »Dort, zu Hause, hatte ich nicht einen einzigen Kontakt.«[100]

Salvatore Lucania, genannt Lucky Luciano, war mit neun Jahren von Lercara weggegangen. Die letzte Auswanderungswelle von Mafiosi in Richtung Amerika bilden jene vor Mori Fliehenden, und mit dem Rückgang der Immigrantenströme brechen die Brücken in die Heimat ab. In dieser Phase schafft man – wozu auch Luciano beiträgt – eine amerikanische Organisation, die zwar das sizilianische Aufnahmeritual übernimmt, jedoch im Angesicht der Chancen, die die Prohibition bietet, die bisherigen Beschränkungen hinter sich lässt. Unterdessen weicht unter dem Wirbelsturm Mori die Inselvariante des organisierten Verbrechens zurück, sodass die Kluft zwischen der amerikanischen und der sizilianischen Seite im Moment des Neuanfangs offensichtlich ist.

Die Mafia wird *nach* dem Ende der Kämpfe auf der Insel glaubwürdig. Die Angloamerikaner übernehmen die Verwaltung. Von dem zusammengebrochenen Staatsapparat retten sie gerade einmal die Carabinieri oder den Interprovinzialdienst der öffentlichen Sicherheit, den Mori gegründet hatte. Sie suchen daher Träger irgendeiner informellen Macht (Priester, Aristokraten), wobei ihnen das Modell des italo-amerikanischen Bosses oder das des eingeborenen Anführers und Kollaborateurs des britischen Kolonialismus‹ vorschwebt. Was die Rolle des Bürgermeisters angeht, so setzen sie auf präfaschistische Notabeln, unter denen es nicht an »Respektpersonen« aus dem Umfeld der Mafia fehlt. Das dringendste Problem ist das der öffentlichen Ordnung und der durch den Schwarzmarkt bedrohten Lebensmittelvorräte. Einige Offiziere wünschen einen Kompromiss, der sogar »bis zu einem gewissen Grad die Anerkennung des Prinzips der *Omertà*, des Gesetzes, das die Mafia wirklich versteht und respektiert, durch die Alliierten« beinhaltet.[101] Doch dafür bräuchte es eine zentralisierte Mafia, die in der Lage ist, die überall aus dem Boden schießenden Intriganten und Banditen zu kontrollieren.

Unterdessen organisiert man sich auch auf der anderen Seite neu. Sizilien ist de facto von Italien getrennt, die antifaschistischen Parteien sind schwach, ihnen fehlt der nationale Bezug. Einige angesehene Bürger greifen voraus, indem sie die Bildung einer eigenständigen Republik fordern und eine Bewegung für die Unabhängigkeit Siziliens (MIS) gründen. Anführer der Gruppe ist Andrea Finocchiaro Aprile, von 1919 bis 1924 herausragender Vertreter der Nitti-Bewegung der Insel. Doch auch Lucio Tasca Bordonaro tut sich hervor, der nach dem Ersten Weltkrieg mit Vizzini Mitglied in der Landwirtschaftspartei ist, ehemals Vertreter der Großgrundbesitzer im Provinzrat der korporativen Wirtschaft und nun Bürgermeister von Palermo. Im Hintergrund bleibt hingegen Orlando, die Spitze einer Vergangenheit, die auf einmal wieder an Bedeutung gewinnt.

Hier werde ich nicht die allgemeine Geschichte der Insel, von der Rückkehr zur italienischen Verwaltung, über die Niederlage des Separatismus, die Gründung der Region, bis hin zum Kampf für die Agrarreform unter speziell mafiosen Gesichtspunkten Revue passieren lassen. Ich will lediglich unterstreichen, dass viele Mafiosi durch die Reihen der MIS gehen: Vizzini, Navarra, Genco Russo; Paolino Bontate und Gaetano Filippone; Pippo Calò und der junge Tommaso Buscetta. Als er in Calderone war, gehörte auch Concetto Gallo zur Mafia, ein catanesischer Großgrundbesitzer und Kommandant der Freiwilligenarmee für die Unabhängigkeit

Siziliens (EVIS). Im September 1945, auf einem Anwesen der Tasca, beschließen die maßgebenden Persönlichkeiten der Bewegung, einige der Banden, die das Land heimsuchen, zu rekrutieren, um die EVIS wiederzubeleben: »An jenem Abend«, kommentiert unser alter Bekannter, Francesco Spanò, »wurde die alte *Mafiagesellschaft*, in der alle *Cosche* Siziliens vertreten waren, neu organisiert«.[102] In der Tat finden die Beziehungsnetze, die Mori zerstört hat, Gelegenheit, sich um die MIS herum neu zu knüpfen. Zum ersten und letzten Mal scheint die Mafia, statt in einen bestehenden Machtapparat einzudringen, direkt zu einer politischen Theorie beitragen zu wollen. Schwer zu sagen, wie bedeutend der Sizilianismus ist, den sich Mafiosi und ihre Anwälte in der Vergangenheit auf ihre Fahnen geschrieben haben. Doch wenn sie eine politische Ideologie hätten, wäre es sicher diese. Konkret heißt das, es existiert ein Interesse für die Bewegungen der liberalen politischen Klasse, die aus dem Faschismus hervorgegangen, jedoch nicht notwendigerweise in einem neuen Italien wieder aufbereitbar ist.

Wie andere erklärt sich auch die Mafia als Opfer des Faschismus. Allerdings mit größerer Glaubwürdigkeit als die angesehenen Bürger, und vor allem als die Großgrundbesitzer, denen das Regime ihre gesellschaftliche wie auch politische Macht zurückgegeben hatte. Äußerst lebendig bleibt die Erinnerung an die Razzien und die Großprozesse, die das Schauspiel der von ihren ehemaligen Beschützern/Beschützten fallengelassenen, angeklagten, verfolgten Feldhütern und Großpächtern gezeigt hatten. Läuft es wirklich automatisch auf die Wiederherstellung einer konservativen Front hinaus, die neben den Großgrundbesitzern diese vermittelnden Personen sieht? Oder können die Großpächter ihren Platz im antifeudalistischen (antifaschistischen) Kampf finden, der sich auf dem Land anbahnt? Das sind die Fragen, die sich die Linken stellen, auf der Suche nach einem progressiven Bürgertum, oder zumindest nach einer »niederen Mafia«, die man der »hohen Mafia« entgegensetzen kann.

Am 16. September 1944 kommt ein Lastwagen voller

Aktivisten nach Villalba, die den regionalen Kommunistenführer Girolamo Li Causi, einen ehemaligen Exponenten der politischen Emigration und der Widerstandsbewegung, begleiten. Vizzini und sein Neffe Benedetto Farina, die sich auf dem Bürgermeisterposten abwechseln, kontrollieren eine lokale christdemokratische Partei, die der MIS angeschlossen ist; dennoch haben sie nichts dagegen, die Fremden im Dorf zu beherbergen. Sie verlangen von ihnen lediglich, dass sie vermeiden, örtliche Probleme anzusprechen, »aus Respekt vor der Gastfreundschaft, die ihnen angeboten wird«.[103] Die Dorfgemeinschaft ist nicht an Eingriffe von außen gewöhnt, die sie an den Faschismus erinnern; dessen »Gewalttätigkeit« übrigens Don Calò, der vor Gericht als unschuldig befunden wurde und der dank der Empfehlung einer Unmenge geistlicher Verwandter zweimal einer Konfination entgangen ist, einen Teil seines Prestiges verdankt. Intern ist die Gemeinschaft von einem Konflikt zwischen den katholisch-separatistischen Vizzini und Farina und der alten Familie der Pantaleone, deren Sprössling Michele eine sozialistische Gruppe gegründet hat, gezeichnet. Neben Michele erscheint auch Li Causi zur Gemeindeversammlung: ein Zeichen, dass er »nicht in den hohen Sphären der ideologischen Propaganda« bleiben, sondern sich in Angelegenheiten einmischen will, die ihn nichts angehen *dürfen*. Insbesondere die der Pacht des Feudalgutes Micciché, von dem die Fürstenfamilie Trabia über Jahrzehnte die Vermittlerapparate ferngehalten hatte und das letztendlich *(sic transit gloria mundi)* der katholischen Kooperative in die Hände gefallen ist, die mit der linken Kooperative konkurriert. Als der Kommunistenführer anfängt, die klientelistische Leitung der Unterverpachtung zu kritisieren, die die Katholiken einem *Großpächter* übertragen haben, brüllt Don Calò: »Das stimmt nicht!«, und schon bricht ein Chaos los, es wird geschossen und fünf Handgranaten geworfen. Es gibt 14 Verletzte, darunter Li Causi, der, laut Legende, »mit dem Finger auf den Angreifer zeigt« und weiterschreit: »Warum schießt du? Auf wen schießt du? Siehst du nicht, dass du auf dich selbst schießt?«

Wie man sieht, verzichtet der Kommunistenführer, Erbe von Verro und Panepinto, nicht auf eine Zivilisationslehre vom Klassenkonflikt, die die sizilianische *Anomalie* in das *normale* Schema überträgt, »in dem die Komponenten der alten Mafia es für die Eroberung von Boden nicht mehr nötig haben werden, sich außerhalb des Gesetztes zu begeben«. Deshalb prangert er Vizzini als »unwürdig, zur selben Mafia zu gehören«, an. Damit sind wir nicht weit vom Christdemokraten Bernardo Mattarella entfernt, der unterstreicht, dass »diese Leute von Villalba, die mit Sympathie auf die christdemokratische Bewegung geblickt haben, in die sie vielleicht eintreten wollten, alles andere als reaktionär sind. Es handelt sich zu einem großen Teil um Bauern und kleine Grundbesitzer«, die sich nur durch Zufall mit den »Lehnsherren« der MIS zusammen getan haben. Doch in Wirklichkeit ist die Übereinstimmung nicht zufällig. Das Blutbad in Villalba ähnelt in nichts dem klassischen mafiosen Hinterhalt, es stellt einen terroristischen Akt dar, der »von der separatistischen Presse gerechtfertigt und gepriesen«[104] wurde. Wer so etwas tut, hat die Absicht, offen Partei zu ergreifen.

Dieselbe politische Perspektive – als umstürzlerischer Plan begriffen, nicht als simple Verwaltung der Macht (denn das würde bedeuten, sich in das Kielwasser der Tradition zu begeben) – spricht aus dem aufsehenerregendsten Fall der Insel in der Nachkriegszeit, dem Fall Salvatore Giuliano. Dabei hatte der zukünftige Banditenkönig als armer Schwarzmarkthändler angefangen, der, von den Carabinieri überrascht, instinktiv auf sie geschossen hatte: eine kleinere Variante einer Banditenlaufbahn, die in der Regel auf der höheren Ebene der Vendetta an dem Schandkerl oder demjenigen, der einen gewalttätigen Übergriff verübt hat, oder aber der Verteidigung der Ehre beginnt. Das Sizilien der Nachkriegszeit ist ein armes und verzweifeltes Sizilien, das seinen Weizen der Ablieferung an die staatliche Vorratsstelle entzieht, das heißt, den anderen Verzweifelten der Gebiete, die nicht genügend Weizen produzieren. Ein Sizilien, das in bäuerlichen Kreisen noch verschlossener ist und das die Kommunisten zu öffnen suchen, indem sie die staatlichen Vorratsstellen in »Kornkammern des Volkes« umbenennen und zur Mobilmachung gegen die Gutsbesitzer, die das Volk hungern lassen, aufrufen. In vielen Dörfern ist der Widerstand unter allen sozialen Schichten verbreitet, einschließlich vieler links orientierter Bauern. Gemäß eines in Villalba verbreiteten Gerüchtes ist Li Causi von der Regierung geschickt worden, »um die Bauern mit Gewalt zu zwingen, den Weizen zu den Vorratsstellen zu bringen«.[105] Aus dieser Problematik entstanden, wird der Fall Giuliano einen ganz anderen Ausgang nehmen. Der Herr aus Montelepre wird letztendlich für das allgemeinere Konzept »Sizilien« kämpfen und sich zum Helden der ersten »Strategie der Spannung« in der Geschichte der Republik machen: dem Massaker an den Bauern, die mit roten Fahnen in Portella della Ginestra zusammengekommen waren, um den ersten Mai 1947 zu feiern.

Sicher, ein solcher Erfolg wäre ohne die Anheuerung Giulianos als Oberst in der EVIS undenkbar gewesen. Das von unten ausgehende Angebot der Gewalt stößt auf eine Nachfrage: Wir finden uns dem ersten politischen Banditen der sizilianischen Geschichte gegenüber, der die Kasernen der Ordnungskräfte und kommunistische Abteilungen angreift, herausragende Persönlichkeiten verschleppt, Mafiosi vom Rang eines Santo Fleres ermordet, Heerzüge überfällt. Er versucht, seine Aktionen zu perfektionieren, dies jedoch in einem Zickzackkurs, der keine große strategische Klarheit aufweist: Zuweilen richten sich seine Schläge demonstrativ gegen die Polizei, weil sie republikanisch ist, verschont jedoch die königlichen Carabinieri. Mal steht er mit der Rechten der monarchietreuen MIS der Tasca und der Carcaci in Kontakt, dann wieder mit der Linken, die von seinem Anwalt Antonino Varvaro angeführt wird, der in den Wahlen von 1947 in Montelepre einen großen Erfolg hat, als er eine separatistisch-republikanische Bewegung anführt. Unter den mutmaßlichen Auftraggebern des Blutbades von Portella werden außer den Separatisten der verschiedenen Faktionen die großen christdemokratischen Anführer und monarchischen Vertreter von Palermo genannt. Es ist wahrscheinlich, dass Giuliano sich mit ihnen allen zu einem bestimmten Zeitpunkt im Lauf seiner diversen Irrfahrten innerhalb und außerhalb der MIS in Kontakt befindet, dass er mit großen Aufgaben betraut ist (oder sich betraut glaubt?), während auf regionaler Ebene die Linken die Wahl von 1947 gewinnen, während auf nationaler Ebene die Monarchie untergeht und der Wind aus dem Norden bläst. Der entscheidende Wendepunkt ist offenbar der Übergang von der Monarchie zur Republik, der Zeitpunkt der Intrige, in die – gemeinsam mit Politikern und savoyischen Generälen – die separatistische Rechte hineingezogen wird, die ohne Umschweife dazu bereit ist, sich der eigenen, mutmaßlichen vereinigungs- und risorgimentofeindlichen Berufung zu entledigen, nur um an einer reaktionären Front teilzunehmen. Fakt ist, dass sich vor diesen *(möglichen)* Komplott ein anderer schiebt, nämlich der, Giuliano tot oder lebendig zu kriegen. Und im Zuge dessen entbrennt ein Wettstreit zwischen Carabinieri und Polizei, mit verblüffenden Resultaten: Der hohe Beamte der öffentlichen Sicherheit zum Beispiel, Ciro Verdiani, der Giuliano gewöhnlich Freundschaftsbesuche abstattet (wie übrigens auch der Staatsanwalt Emanuele Pili), sagt zu dem Banditen: »Nimm dich vor deinem Cousin in Acht«. Gemeint ist jener Gaspare Pisciotta, mit dem die Carabinieri des von Oberst Uga Luca befehligten Kommandos zur Bekämpfung des Banditentums (CFRB) über Nitto Minasola und die Mafia von Monreale Vereinbarungen treffen. Offenbar ist es nicht unwesentlich, *wer* den Banditen fasst, oder aber ihn überzeugt, sich mit seinem Koffer voller (eventueller) Geheimnisse zu stellen.

So ist es nur folgerichtig, dass Giuliano tot gefasst wird – getötet (wie es scheint) von Pisciotta nach vorheriger Abmachung mit dem CFRB. Es ist der 4. Juli 1950, und die Nachkriegszeit neigt sich dem Ende zu. Nachdem immer mehr Zweifel aufkommen, bricht die Inszenierung, die einen offenen Konflikt mit den Carabinieri vortäuschen sollte, jämmerlich in sich zusammen. Doch mehr als alles andere ist es die Eliminierung Pisciottas mit dem berühmten Strichninkaffee, der ihm im Ucciardone serviert wird, der die Theorie der Verschwörung unabwendbar macht. Aber man darf nicht erwarten, dass der Krimi hiermit zu Ende ist. Ich begnüge mich damit, hervorzuheben, dass die Mafia gestärkt aus der Geschichte hervorgeht, legitimiert in ihrer Ordnungsfunktion von den Polizeibeamten, die von der Operation Mori übriggeblieben sind: Messana, Verdiani und Spanò wie auch von Luca selbst.

> Wenn Giuliano nicht sehr bald der Justiz in die Hände fällt – schreibt Messana –, wird er Opfer der Mafia bleiben müssen. In diesen Tagen, und das ist kein Zufall, sind nicht wenige Übeltäter, darunter bekannte Bandenführer, ermordet aufgefunden worden.[106]

Als Messana diese Worte schreibt, befinden wir uns am Anfang des Jahres 1946. Giuliano wird also noch weitere vier Jahre sein Unwesen treiben. Die gefallenen Banditen sind weniger die Opfer des Beschlusses irgendeiner übergeordneten Organisation als die Opfer des Kampfes um die Neudefinierung krimineller Hierarchien im Chaos der Nachkriegszeit. Das stellt natürlich einen Tiefschlag für die Vorstellung von einer Ordnungsmafia dar, »den täglichen Beweis, dass die Mafia keinerlei vermittelnde und regulierende Funktion besitzt«.[107] Es sind die Staatsapparate, die sie durch ihr ständiges Heraufbeschwören letztendlich Wirklichkeit werden lassen. Nur ein Beispiel: Messana hat einen Kontakt in der Bande: Salvatore Ferreri aus Alcamo, der die Auslieferung Giulianos verspricht (aber nicht hält). Ferreri wird mysteriöserweise erschossen, während er sich in Haft in einer Kaserne der Carabinieri befindet. Spanò zufolge soll der Mafiaboss von Alcamo, Vincenzo Rimi, der »Vertrauensmann für den Mord Ferreris durch die Carabinieri« gewesen sein, »weil er fürchtete, dass Ferreri in der Haft reden würde«[108]: Dies ist die Meinung eines Polizeichefs, nicht eines Umstürzlers. Wenn man bedenkt, dass Rimi eine der wichtigsten und »protegiertesten« Persönlichkeiten der Mafia in den fünfziger und sechziger Jahren werden wird, kann man einige Spekulationen über die verderbliche Wirkung dieser Verbindungen anstellen. Welche Auswirkungen haben die Machenschaften zwischen Luca, Minasola und Pisciotta? »Wir sind ein einziger Körper, Banditen, Polizei und Mafia, wie der Vater, der Sohn und der heilige Geist«, wird Pisciotta im Prozess von Viterbo brüllen.[109]

Allerdings gibt es einen kleinen Unterschied zwischen den Übriggebliebenen der Aktion Mori, die ihre Beziehungen zu den Mafiosi der Madonien und von Alcamo reaktivieren, und Luca, dem Antiguerillaspezialisten und Balkanveteran. Luca zielt *auch* auf eine politische Unterscheidung zwischen der Kategorie der Regierenden und der der Umstürzler ab. In Letzterer sind seiner Meinung nach Giuliano und die Kommunisten verbündet. Man braucht ein Opfer für eine Front der Ordnung, die auf dem Gegensatzpaar *Mafia = gut – Banditentum = schlecht* aufbaut, die auf noch schlimmere Art wiederholt, was 1877 vorgefallen ist und die Bedeutung der Ereignisse von 1926 auf den Kopf stellt. Daher Giulianos bissige Bemerkungen über die Berufung der Mafia zur Kollaboration und die (übrigens vollkommen unfundierte) Legende des Robin Hood von Montelepre. Doch so aufsehenerregend der Fall auch ist, er ist Teil einer komplexeren Operation, mit der man die Separatisten in die Christdemokratische Partei bringen will: Die Prophezeiung Mattarellas von der Rückkehr der Villalbesen in die DC (Democrazia Cristiana) wird sich als weit realistischer erweisen als die der Kommunisten, die das interne Auseinanderbrechen des mafiosen Lagers voraussehen. Giuseppe Alessi, christdemokratischer Anführer aus Caltanissetta, berichtet, wie die von Calogero Volpe angeführten und von Genco Russo unterstützten Separatisten des Vallone geschlossen in die Partei eintreten. Alessi widersetzt sich, wohl wissend (schließlich ist er auch Anwalt in einigen der Prozesse des faschistischen

Regimes gewesen), dass das »die Welt der drei M ist: *Mulino, Moneta, Mafia* (Mühle, Geld, Mafia), sprich die drei vereinten Kräfte, die im Vallone herrschen«. Seine Freunde jedoch wenden ein: »Wir brauchen den Schutz starker Personen, um die Gewalttaten der Kommunisten einzudämmen.«[110] Einen kleinen Umweg legt Vanni Sacco, Mafiaboss aus Camporeale, ein, der zunächst zu den Liberalen überläuft und sich erst Ende der fünfziger Jahre der DC anschließt. Damit stößt er beim Bürgermeister Pasquale Almerico auf Protest, dem jedoch der Statthalter von Fanfani und zukünftige Minister Giovanni Gioa entgegenhalten: »Die Partei braucht Leute, mit denen sie sich verbünden kann, sie braucht neue Männer, man darf gewissen Kompromissversuchen keine Steine in den Weg legen.« Wenig später fällt Almerico einem Attentat zum Opfer (März 1957).

Seit dem Ende des Krieges hat man mit Zustimmung der Großgrundbesitzer den Schutz der Feudalgüter Westsiziliens durch die mafiosen Feldhüter anerkannt, nicht nur, um die Banditen, sondern auch um die Bauernbewegung unter Kontrolle zu halten: Die Liste der ermordeten Gewerkschafter wächst in dieser Nachkriegszeit auf erschreckende Weise mit dem Blut von Accursio Miraglia, Placido Rizzotto, Salvatore Carnevale und vielen anderen. Doch wie gewöhnlich verwandelt sich die Verteidigung des Bestehenden in die Erschließung des Neuen. Der mafiose Weg zur Aufweichung sozialer Klassen und zur Umverteilung der Mittel steht in direkter Konkurrenz und damit in Konflikt zu den Wegen, die die Linke seit dem frühen 20. Jahrhundert – und vor allem jetzt, da das Latifundium vor der letzten seiner vielen Krisen, der endgültigen, steht – anbietet. Sowohl vor als auch nach der Bodenreform von 1950 beginnen die Großgrundbesitzer zu verkaufen, auch um einer Zwangsenteignung zu entgehen. Letztendlich wechseln 500 000 Hektar Land den Besitzer. Dabei handelt es sich oft um wenig saubere Geschäfte, in denen natürlich das Vorkaufsrecht der traditionellen Verwalter zum Tragen kommt, denen es gelingt, zum »Freundschaftspreis« zu kaufen. Die Landgüter Polizzello, Micciché, Mandrebianche und Mandrerosse werden von Genco Russo, Vizzini, Tusa ge- und verkauft. Giuseppe Bua und Mariano Licari in Marsala, Vincenzo Di Carlo in Raffadali, so gut wie alle ehemaligen mehr oder weniger mafiosen Feldhüter kontrollieren diese riesige Liquidierung der Güter ihrer Exherren, aus der neue Vermögen und neue Klientele hervorgehen. Wesentlich ist die Beziehung zur Christdemokratischen Partei und der Coldiretti (größte nationale Bauern-Gewerkschaftsorganisation), die Zugang zum ERAS (Verein für die sizilianische Agrarreform) und zu regionalen Finanzierungen zur Schaffung kleinen Eigentums für Bauern gewährt.

Ausgehend vom Separatismus und über den Umweg über die liberale Partei landet auch Michele Navarra, genannt *u patri nostru*, bei der DC und der Coldiretti. Er ist Arzt und Geschäftsmann, der ein Transportunternehmen gründet, indem er die Autos einer angloamerikanischen Verwaltung übernimmt und sich gemeinsam mit Vanni Sacco der Kontrolle über das Konsortium der Urbarmachung von Ober- und Mittelbelice widmet. Navarra führt die Corleoneser Mafia zu einem Neubeginn, »nach der Razzia des Präfekten Mori«, in deren Verlauf – schreibt der Vizebrigadier Vignali – »das örtliche organisierte Verbrechen all seine Aktivitäten einstellte, da ... auch die Verbündeten der *Cosca*-Mitglieder entwurzelt wurden«. Navarra ist mit den Lo Bue aus Prizzi und den Gagliano und den Gennaro verwandt, die in den Mord an Verro verwickelt waren und vom Faschismus verfolgt wurden; Filippo Gennaro agiert nach der zweiten Nachkriegszeit erneut auf dem Pacht- und dem »Einschüchterungs«-Markt. Navarra missfällt die Rückkehr Vincent Colluras aus Amerika, der mit Frank Coppola und Joe Profaci in Verbindung steht und daher zu ehrgeizig ist, weshalb er Zielscheibe einer Ladung Blei wird (1957). Unbequem ist auch der Gewerkschafter Placido Rizzotto, den ein Mitglied der *Cosca*, Luciano Leggio, mitten im Ort auffordert, mit ihm zu kommen, um ein »vernünftiges Gespräch« mit ihm zu führen: »Bevor sie das Dorf verließen, fragte Placido Rizzotto: Wohin bringt ihr mich, lasst mich gehen! Er ging in den Tod.«[111] In den Tod geht auch ein Junge, der das Pech hatte, zu viel zu sehen, mit einem Nervenzusammenbruch ins Krankenhaus kommt und von Navarra persönlich mit einer Spritze behandelt wird.

Nach dem Krieg war Leggio »ein junger Bauer, ohne Hab und Gut«; ein *Scassapagghiara* im wahrsten Sinne des Wortes, sprich ein Dieb von Heugarben, der 1944 von dem Feldpolizisten Calogero Comajanni erwischt und »mit Fußtritten«[112] durch das ganze Dorf bis zur Kaserne der Carabinieri getrieben wird. Der junge Mann wird sich sechs Monate später mit dem klassischen Hinterhalt direkt vor der Haustür für diese Schmach rächen. Denn es stimmt keineswegs, dass er kein Gut hat, vielmehr ist er mit einem natürlichen Geschick im Umgang mit Waffen ausgestattet, das sich bereits von Jugend an abgezeichnet hat und dank dessen er Feldhüter eines gewissen Doktor Caruso wird, wo er seinen auf mysteriöse Weise ermordeten Vorgänger ersetzt (1945). Mit zwanzig Jahren ist er bereits Großpächter, der jüngste in Sizilien, drängt sich in das Geschäft des Viehdiebstahls und der illegalen Schlachtung hinein, bleibt jedoch, mit ein paar Unterbrechungen, seit 1948 flüchtig. Doktor Navarra ist derjenige, der Leggio das Schicksal eines »neuen Giuliano« erspart, das die Schlagzeilen der palermitanischen Zeitungen 1958 bereits für ihn voraussehen. Dennoch gibt sich der »Bandit« nicht damit zufrieden, als reiner Handlanger zu fungieren. Sein Unabhängigkeitstrieb aber erregt das Missfallen des großen Bosses, der gegen ihn ein Attentat organisiert, das jedoch aufgrund der Angst, die Leggio seinen Meuchelmördern einflößt, scheitert. Der Gegenschlag ist tödlich: *U patri nostru*, der jegliche Vorsichtsmaßnahme verachtet, wird zusammen mit einem armen Arztkollegen von Pistolenkugeln durchlöchert (1958). Der Krieg gipfelt in einer wilden Schießerei am helllichten Tag im Zentrum von Corleone, an der etwa »vierzig Verbrecher auf beiden Seiten« beteiligt sind, ohne dass irgendwelche Ordnungskräfte einschreiten. Die Navarra-Familie wird in dem Kampf haushoch geschlagen.

Dabei hatten alle den Sieg Navarras erwartet, denn er besaß die gesellschaftliche Macht, die politischen Kontakte. Wäre die Mafia wirklich nur ein Club von angesehenen Bürgern, Geschäftsleuten und gehorsamen Schergen, wäre die Sache unbegreiflich. Wenn die Hierarchien lediglich jene *natürlichen* (sprich *gesellschaftlichen*) widerspiegeln würden, wäre Leggio das Nichts geblieben, das er war. Stattdessen stellt die Fähigkeit, Gewalt auszuüben, ein essentielles Kapital dar. Man muss nur Acht geben, wo man sie ausübt. Giuliano spielt auf dem Tisch der großen Politik, und deshalb scheitert er. Leggio investiert in Mafiakreise.

Man denke an die Auseinandersetzung, bei der sich die beiden Flügel der Familie Greco, die in den palermitanischen Vororten Croceverde Giardini beziehungsweise Ciaculli sitzen, einander gegenüber stehen. Der erste wird von Giuseppe Greco, genannt *Piddu u tinenti* – Piddu der Oberleutnant, angeführt; der zweite geht auf einen Salvatore Greco zurück, der in der Zeit dieser Ereignisse bereits tot ist und der jener Salvatore Greco sein müsste, den wir als Boss der hohen Mafia der Jahrhundertwende kennen. 1939 fängt es mit einem Streit um Fragen der »Ehre« an: Das Recht, sich während des Vorortfestes auf eine Bank vor der Kirche zu setzen. Weiter geht es mit einem nächtlichen Hinterhalt auf dem Rückweg und dem ersten Toten, einem Sohn des »Oberleutnants«. 1946 geht der Krieg los, der aus Überfällen, Exekutionen, *lupare bianche* (der Entführung und Ermordung einer Person) besteht und in einem Übergriff gipfelt, an dem auch die Frauen der Greco aus Ciaculli teilnehmen, die einen Verletzten der gegnerischen Gruppe mit Messerstichen erledigen; wobei eine von ihnen (Antonina) ihrerseits tödlich getroffen wird (1947). Der Vorfall spielt sich mit einer solchen Brutalität ab, dass die Theorie, Giulianos Bande habe an der Seite des »Oberleutnants« teilgenommen, gerechtfertigt scheint: Vermutlich aber handelt es sich um einen Versuch, diese gesetzlose Gewalt nicht genauer identifizierbaren Briganten zuzuschieben, die weit entfernt sind von dem auf Ehre und Edelmut gegründeten Regelwerk, das dem innermafiosen Wettstreit von der üblichen Apologetik zugeordnet wird. Einige Zweifel tun sich auch hinsichtlich der Geschichte mit der Bank und dem Fest auf, wenn man einmal die Probleme betrachtet, um die es hier tatsächlich geht: die Pacht einer der größten Zitrusplantagen Siziliens, die der Familie Tagliavia gehört, deren Mitglieder bereits Mitte des 19. Jahrhunderts Reeder und Exporteure gewesen waren; die Leitung von Gesellschaften für Zitrusfruchtderivate und Transportunternehmen; der Kampf um die Kontrolle über Westpalermo (Viehraub, Belieferung der Großmärkte, Schmuggel), der 1956 zur Eliminierung des mit den Greco von Croceverde verwandten Mafiabosses Nino Cottone führt. Zu diesem Zeitpunkt richten sich die beiden Cousins Greco aus Ciaculli, Salvatore »Chicchiteddu«, der Zwerg, und Totò »il lungo«, der Lange, oder auch »l'ingegnere«, der Ingenieur, an der Spitze der Macht und des Handels der Palermitaner Mafia ein, ohne dass man weitere Konflikte mit den Verwandten bemerkt. Wie es aussieht, gelangt man dank der Vermittlung Joe Profacis, der aus Villabate stammt und vorübergehend von Amerika nach Sizilien zurückgekehrt ist, zu einer Übereinkunft.

Dennoch hat es zahlreiche Tote gegeben, darunter den Vater von »Chicchiteddu«, den Vater und die Mutter des »Ingenieurs«! »Die alten Mafiosi der Plantagen konnten zwei Idole anbeten: den Reichtum und die Vendetta«[113]: Hier aber haben offensichtlich die Bedürfnisse der Familiengeschäfte, die im Begriff sind, zu expandieren, Vorrang vor der Vendetta. Wir haben es hier nicht mit blind oder kulturell aufgezwungener Blutrache zu tun, sondern mit einer klaren Entscheidung, die den Umständen entsprechend Krieg oder Frieden vorsieht: den Krieg der Greco, die »Grausamkeit« Leggios, die vielen blutigen mafiosen oder banditenhaften Konflikte der Nachkriegszeit.

Die Familie Greco

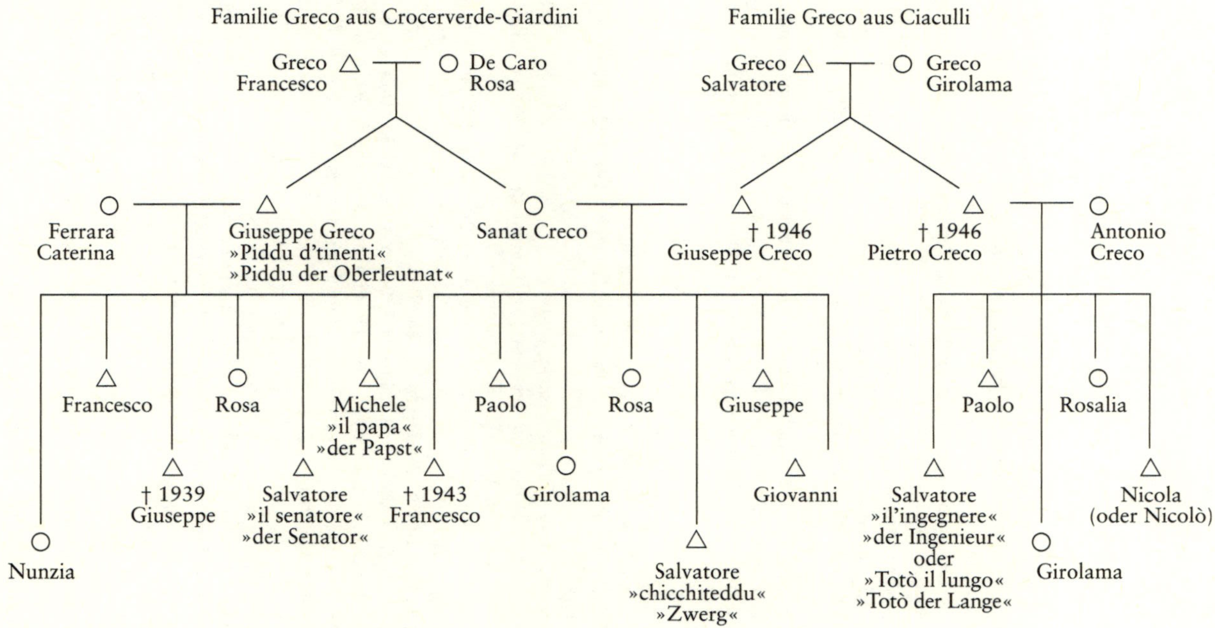

Ouelle: Cantanzaro. *Il delitto come impresa*. a. a. O.

[1] Albini, *The American Mafia*, S. 154. Von der Literatur zwischen den beiden Kriegen wären J. Landesco, *Organized Crime in Chicago*, Chicago 1979 (1. Ausg. 1929) und F. W. White, *Little Italy. Uno slum italo-americano*, Bari 1968 (1. Ausg. 1943) zu nennen. Hinweise auf diese Debatte finden sich in P. Arlacchi-N. Dalla Chiesa, *La palude e la città*, Mailand 1987 und in Santino-La Fiura, *L'impresa mafiosa dall'Italia agli Stati Uniti*, a.a.O., S. 516 ff.

[2] Ich zitiere lediglich den Fall von P. Pollara, Kommunalrat aus Ficarazzi: Bericht des Präfekten von Palermo, 4. Februar 1916, in ACS, PG, 1916–18, b 236.

[3] Das Dokument ist veröffentlicht in A. Petacco, *Joe Petrosino*, Novara 1983, S. 111–117; das Zitat befindet sich auf S. 111.

[4] Bericht veröffentlicht in Petacco, *Joe Petrosino*, a.a.O., S. 138–139.

[5] Urteil der Anklagekammer des Berufungsgerichtes von Palermo, 22. Juli 1911, veröffentlicht in Volpes, *Tenente Petrosino*, a.a.O., S. 146–153, insb. S. 148.

[6] Eine interessante Einschätzung, da sie von einem Landsmann stammt, der 1901 geboren wurde (der Richter M. Margiotta), und die die »öffentliche Meinung« der Zeit widerspiegelt: Zit. in Sciascia, *A futura memoria*, S. 37–38.

[7] Pantaleone, *Mafia e politica*, a.a.O., S. 31.

[8] Blandini, a.a.O., S. 52.

[9] Personalbogen in ACS, CPC, oben aufgeführt.

[10] Bericht des Präfekten von Palermo, 12. Dezember 1908, in ACS, oben aufgeführt

[11] Drago, *La maffia è necessaria*, a.a.O..

[12] Gedrucktes Dokument mit dem Titel *Il municipio di Misilmeri*, Palermo 1901, S. 11, in ACS, AC, Kommunen, b. 172.

[13] Von M. Costanzo unterzeichnete Berufung, 20. März 1908, in ACS, oben aufgeführt.

[14] o.g. Bericht vom 20. Dezember 1899.

[15] Bericht des Präfekten, 4. Oktober 1906, in ACS, AC, Kommunen, b. 173.

[16] Respektive Fernschreiben von Di Pisa an Zanardelli, 29. Juni 1906, Dokumente des Bürgervereins, ohne Datumsangabe, S. 6 und 7, ACS, oben aufgeführt.

[17] Präfekturbericht vom 16. Juli 1906 in ACS, oben aufgeführt, b. 173.

[18] Lo Schiavo, *Il reato di associazione*, a.a.O., S. 145.

[19] Von G. Fiducia Morana unterzeichnete Berufung, S. 4, und Bericht der Generaldirektion der P. S., 8. Juni 1906, in ACS, oben aufgeführt, b. 172.

[20] A. Rossi, *L'agitazione in Sicilia*, Palermo 1988 (1. Ausg. 1894), S. 64.

[21] Zitiert aus C. Messina, *Il caso Panepinto*, Palermo 1977, S. 40.

[22] »La Plebe«, 5. Januar 1905, in *In giro per la Sicilia con »La Plebe«*, herausgegeben von C. Messina, Palermo 1985, S. 71–74.

[23] Präfekturbericht vom 11. Februar 1902 in ACS, AC, Kommunen, b. 173 (Prizzi).

[24] Messina, *Il caso Panepinto*, a.a.O., S. 77.

[25] Zitiert aus G. Barone, *Gruppi dirigenti e lotte politiche*, in *Lorenzo Panepinto* (Diverse Autoren), a.a.O., S. 61.

[26] Bericht des Präfekten von Palermo, 24. November 1915, in ACS, PG, 1916–1918, b. 236.

[27] Verro an Colajanni, 27. Mai 1912, *La cooperazione agricola dell età giolittiana al fascismo*, in *Storia della cooperazione siciliana*, div. Autoren, herausgegeben von O. Cancila, Palermo 1993, S. 255–256.

[28] A. Tasca, *Un apostolo troncato*, in »Avanti!«, 31. Mai 1911.

[29] Verro an Colajanni, 12. Mai 1911, in Barone, *La cooperazione*, a.a.O..

[30] Bei S. Mangano, *Bernardino Verro socialista corleonese*, Palermo 1974, veröffentlichter Brief.

[31] Zwischenfall beim Bauernkrongress von Palermo, Februar 1920, zitiert aus G. C. Marino, *Partiti e lotta di classe in Sicilia, da Orlando a Mussolini*, Bari 1976, S. 143; doch zu Alongis Wissen um sein Schicksal vgl. auch den Bericht vom 4. März 1920, in ACS, CPC, b. 76, S. 2.

[32] Marino, *Partiti e lotta di classe*, a.a.O., S. 140.

[33] Lumia, *Villalba*, a.a.O., S. 271.

[34] Bericht der Landkasse von Villalba, in *Inchiesta parlamentare*, a.a.O., Teil I, S. 717.

[35] Alongi, o.a. Bericht, S. 366. Hier hebt der Autor, wie schon an anderen Stellen, vielleicht ein wenig zu sehr den innovativen Charakter dieses *fin de siècle*-Brigantentums gegenüber dem »klassischen« hervor.

[36] Das sagt ein anonymer »bedrohter Eigentümer« zum Präfekten, Juni 1912, in ACS, PG, 1913, b. 374.

[37] Bericht von Di Blasi, 15. September 1926, I, in *Antimafia*, Dok. IV, Teil V, 339. Siehe auch die Aussage Candinos selbst, in A. Spanò, *Faccia a faccia con la mafia*, Mailand, 1978, S. 20; der Autor, Sohn des Kommissars Francesco Spanò, der 1912 in der Gegend Dienst tut, benutzt die Dokumentation des Vaters.

[38] Alongi, o.a. Bericht, S. 376.

[39] Bericht des Unterpräfekten von Corleone, 12. September 1913, S. 2, in ACS, PG, 913, b. 103.

[40] Brief der Firma Malato & Co., 17. Februar 1913; Antwort der Präfektur, 29. März, in ACS, PG, 1913, b. 103.

[41] Brief aus Palermo, datierend vom 15. August 1914, in ACS, PG, 1914, b. 144.

[42] Alongi, o.a. Bericht, S. 373.

[43] Brief des Fürsten von Camporeale, 30. November 1916, in *Quarant'anni di vita politica italiana. Dalle carte di Giovanni Giolitti*, Mailand 1961, III, S. 202–203.

[44] Plädoyer des Anwalts Restivo im Prozess Ortoleva, in GDS, 28. März 1929.

[45] o.a. Bericht von Di Blasi, I, S. 339 und 317.

[46] GDS, 22. Januar 1926.

[47] GDS, 6. September und allgemein Juli-September 1930.

[48] Bericht von Di Blasi, 26. Februar 1928, II, in *Antimafia*. Dok. IV, Teil III, S. 371.

49 Im Bericht von Di Blasi aufgeführter Brief, III, S. 378.

50 In GDS, 28. Dezember 1928.

51 GDS, 11. Januar 1929.

52 Nicht viel anders fällt die These des Anwaltes Villasevaglios aus, in GDS, 19. Januar 1929, der zufolge die Organisation sich von den Gebirgszügen Madonien-Caronien in die angrenzenden Täler ausdehnt.

53 *La mafia*, a.a.O., S. 143. Blok findet es nicht widersprüchlich, Cascio-Ferro zu beschreiben, der Viehdiebstähle in Bisacquino wie auch in Sambuca plant (S. 147), und zuzugeben (S. 144), dass er »als Mafiaboss im weiteren Umkreis« angesehen wurde. Zu behaupten, dass die »sogenannte Verbrecherbande« mit den Worten »Netz aus Beziehungen« definiert wird, löst nicht das Problem der *Flüchtigen* und der *Stabilität* dieser Netze.

54 G. Molè, *Studio-inchiesta sui latifondi siciliani*, Rom 1929; Prestianni, *Inchiesta sulla piccola proprietà coltivatrice formatasi nel dopoguerra*, Band VI der *Inchiesta Inea*, Rom 1931.

55 Brief von Jacono, des Bischofs von Caltanissetta, a.a.O..

56 Parlamentsrede von Mai 1949, zitiert aus o.a. O. Barrese, *I complici*, Soveria Mannelli 1988, S. 18

57 In GDS, 28. Juli.

58 APCD, Diskussionen, 7. Februar 1923, S. 1516.

59 Telegramm vom 3. Juli in ACS, AC, Wahlbüro, b. 18. Es wäre notwendig, mehr über den Faschismus zu sagen, als ich es hier tun kann; daher muss ich auf mein *L'utopia totalitaria de fascismo* in *La Sicilia*, o.a., S. 371–482 verweisen.

60 In GDS, 3. Dezember 1927.

61 Brief von V. Franco, zitiert aus Spanò, *Faccia a faccia*, S. 33.

62 Brief von G. Faraci, 5. April 1923, in ACS, Carte Bianchi, b. 2.

63 Rede in Agrigent vom 9. Mai, in B. Mussolini, *Opera omnia*, XX, Florenz 1959, S. 264.

64 A. Infranca, *Il periodo trapanese del prefetto Mori nel giudizio della stampa locale*, in »Nuovi quaderni del Meridione«, 1982, 78, S. 227–261.

65 Aus G. Faraci zitierter Brief, S. 8.

66 Mori, *Con la mafia ai ferri corti*, a.a.O., S. 242.

67 Ebd., S. 244.

68 Rede von Alcamo, in: ebd., S. 268–271.

69 Brief an Scelba, veröffentlicht bei Spanò, Faccia a faccia, a.a.O., S. 147.

70 Gesammelt und veröffentlicht von Naro, *Chiesa*, a.a.O., S. 62–63.

71 Mori, *Con la mafia ai ferri corti*, a.a.O., S. 88–89.

72 vgl. ihren Tagebucheintrag vom 23. Januar 127 in R. Trevelyan, *Principi sotto il vulcano*, Mailand 1977, S. 357.

73 Berufung von April 1927, in ACS, Sekretariat, o.a., S. 2; vgl. auch Spanò, *Faccia a faccia*, a.a.O., S. 38.

74 Der Brief aus dem Bericht von Di Blasi, a.a.O., I, S. 327.

75 Zitiert aus: Di Blasi, *Il reato di associazione per delinquere*, in »Giurisprudenza penale«, 1930, Teil II, S. 228; vgl. auch Lo Schiavo,

Il reato di associazione, a.a.O., S. 146–147; beide Richter, die auf dem Gebiet arbeiten.

[76] Zitiert aus Blok, *La mafia*, a.a.O., S. 163; der zensierte Text stammt aus GDS, 30. Juli 1929.

[77] Spanò, *Faccia a faccia*, a.a.O., S. 41.

[78] Montanelli, *Pantheon minore*, a.a.O., S. 284; vielleicht gelingt es dem Banditen dank dieses Verzichts, bis in alle Ewigkeit flüchtig zu bleiben.

[79] Brief vom 21. Oktober in ACS, AC, Bürgermeister: Palermo, Gangi.

[80] GDS, 31. März 1928.

[81] GDS, 26. März 1928.

[82] Zaghaft hingegen ist die Ambition, die Kaufverträge nachzuprüfen, die »regelrechten Raub darstellen, denn nur so lässt sich der ›plötzliche‹ Reichtum rechtfertigen«: Der erworbene Besitz aber ist heilig. S. Sirena, *L'azione della Commissione per le affittanze agrarie*, in GDS, 18. Februar 1928.

[83] Verantwortlich ist der Kommissar Belfire, der von dem »Traum überwältig wurde, die größte Bande zu schaffen«: Plädoyer des Anwaltes F. Trigona della Foresta in GDS, 25. Dezember 1930; vgl. aber auch die Zugeständnisse des Staatsanwaltes, ebd., 27. November 1930. Die Meinung des Botschafters in einem Bericht von 1927, kollationiert in *Memorandum on Sicily under Italian Rule*, in Public Record Office, Foreign Office, 371/33251. Zu Hinweisen auf Folterungen verweise ich auf den Abissos (weil er Mori zustimmt), in GDS, 11. Januar 1929.

[84] Zeugenaussage von C. Soldano, dessen Vater ermordet wurde, in GDS, 7. August 1930.

[85] Der Staatsanwalt Grisafi, in GDS, 2. August 1929.

[86] O.a. Bericht von Spanò, *Faccia a faccia*, S. 63.

[87] Zeugenaussage Petrusa, in GDS, 23. August 1930.

[88] Di Giorgio an Mussolini, o.a. Brief, S. 47.

[89] Berufung vom 19. Oktober 1927 in ACS, PS, G1, b. 141; ähnlicher Art sind b. 33 (Ribera), 56 (Sommatino), 107 (Mistretta); für Corleone, Duggan, *La mafia*, S. 96.

[90] Brief von G. Guarino-Amella an Mori, zitiert aus Duggan, *La mafia*, a.a.O., S. 202–203.

[91] Zitiert aus Mori, *Con la mafia ai ferri corti*, a.a.O., S. 15 ff..

[92] Plädoyer des Anwaltes G. Russo Perez, in GDS, 8. Juni 1930.

[93] G. M. Puglia, *Il »mafioso« non è un associato per delinquere*, in «La scuola positiva«, 1930, I, S. 156.

[94] Zitiert aus Mori, *Con la mafia ai ferri corti*, a.a.O., S. 15 ff..

[95] GDS, 6. Mai und 7. Juni 1929. Ähnlich laufen die Verfahren gegen die Banden von Roccella und Porta Nuova ab.

[96] GDS, 13. Januar 1928. Das Gesetz ist das Gesetz Nr. 1254 vom 15. Juli 1926.

[97] GDS, 23. November 1928.

[98] Bonanno, *Uomo d'onore*, o.a., S. 70. Die zahlenmäßige Einschätzung stammt aus einer offiziellen amerikanischen Quelle: President's Commission on Organized Crime, *Report to the President*, a.a.O., I, S. 52

[99] In der Literatur Andeutungen bei R. Candida, *Questa mafia*, Caltanissetta-Rom 1966; Spanò, *Faccia a faccia*, a.a.O., S. 72–73. Ausführliche Dokumentation hingegen in ACS, PS, FM; Zitate aus b. 138 und 85.

[100] G. Gellért, *Maffia*, Soveria Mannelli 1987, S. 80.

[101] *The Problem of Mafia in Sicily*, 20. Oktober 1943, Bericht des amerikanischen Captains W. E. Scotten, veröffentlicht bei R. Mangiameli in »Annali« der Abteilung für Geschichtswissenschaften der Fakultät der Politikwissenschaften, Catania 1980, S. 629.

[102] Schriftliche Notiz des Inspektors bei Spanò, *Faccia a faccia*, a.a.O., S. 89.

[103] Dies ist die Rekonstruktion seitens der Separatisten, veröffentlicht bei Mangiameli, *La regione*, a.a.O., S. 552. ff.. Vgl. auch Pantaleone, *Mafia e politica*, a.a.O., S. 89 ff.; und Lumia, *Villalba*, a.a.O., II, S. 448 ff..

[104] Mangiameli, *La regione*, a.a.O., S. 554 ff., dem auch die Zitate entnommen sind (S. 553 und 555).

[105] Lumia, *Villalba*, a.a.O., II, S. 447.

[106] Als der Bandit Labruzzo auf mysteriöse Weise ermordet wird, unterstreicht Luca, dass die »arbeitsame Bevölkerung« »abstimmt, damit den Banditen Lombardo das gleiche Schicksal trifft«: Bericht vom 1. Februar 1950, in *Antimafia*, Dok., IV, Teil I, S. 75.

[107] S. Gatto, *La Sicilia tra autonomia e sviluppo* (1948), dann in id., *Lo Stato brigante*, Palermo 1978, S. 53.

[108] Spanò, *Faccia a faccia*, o.a., S. 113. Gemäß dem Richter G. Bellanca, war Rimi »einer der wichtigsten Begünstiger Giulianos«: Aussage in *Antimafia. Doc.*, III, Teil I, S. 508.

[109] Zitiert in Galluzzo, Nicastro, Vasile, *Obiettivo Falcone*, a.a.O., S, 54.

[110] Das zumindest ist seine Aussage in *Chiesa e società a Caltanissetta all'indomani della seconda guerra mondiale*, (div. Autoren), Caltanissetta 1984, S. 358–360.

[111] Anonymer Zeuge im Gespräch mit Li Causi, zitiert aus Chilanti-Farinella, *Bericht*, a.a.O., S, 45.

[112] Zeugenaussage Streva vor dem Berufungsgericht von Bari, Urteil gegen Leggio und andere, 23. Dezember 1970, in *Antimafia. Doc.* IV, Teil lXVI, S. 1135. Das Urteil im Fall Colajanni ebd., IV, Teil XV.

[113] Chilanti-Farinella, *Rapporto*, a.a.O., S. 90.

Cosa loro – ihre Sache

1. Die Antimafia

> Wenn ein wohlgeformtes Mädchen vorübergeht, wird ein Sizilianer euch sagen, dass es *mafiosa* ist, wenn ein Junge frühreif ist, wird er euch sagen, dass er *mafioso* ist. Man spricht von der Mafia in allen Farben, aber, ehrenwerte Kollegen, mir scheint, man übertreibt.[1]

Wir befinden uns im Jahr 1949. Diese minimalistische Betrachtung gibt vor, sich auf Beobachtungen »vor Ort« zu beziehen, und verdankt doch vieles einer literarischen Tradition, nämlich – wem sonst – Pitrè. Sie stammt von Mario Scelba, Innenminister, der für die Härte, mit der er gegen die Arbeiter- und Bauerndemonstrationen vorgeht, bekannt ist und der von Pisciotta als Auftraggeber des Blutbades von Portella genannt wird. Die Mafia existiert nicht, oder aber man reduziert sie auf eine unbedeutende kulturelle Kategorie: Ein Großteil der regionalen und nationalen Gesellschaft der fünfziger Jahre schließt sich dieser Theorie an, während die Mafiosi sich allmählich in die Mehrheitspartei integrieren – noch müheloser als die traditionellen herrschenden Gruppen, die erst einmal den bitteren Brocken der Bodenreform schlucken und zwischen Finanzierungen und regionalen Verpflichtungen einen glänzenden Niedergang hinlegen müssen. Die rechte Antimafia verschwindet und mit ihr die antimafiosen Spannungen in den Staatsapparaten. Dies sind die Jahre, in denen Lo Schiavo in höchsten Tönen Vizzini, Genco Russo und die Ordnungsmafia lobt.

Die Mafiosi haben sich ein wenig Wohlwollen verdient, indem sie sich die gleichen Feinde gesucht haben wie die Regierung und das Bürgertum. Es ist von symbolischem Wert, dass die Mörder von Salvatore Carnevale sich in Sciarra im gleichen Gebäude versammeln, in dem sich die Kaserne der Carabinieri befindet, auch wenn man zu jenem über eine andere Treppe gelangt. Die einen wie die anderen haben lange Druck auf den Gewerkschafter ausgeübt, damit er »die Parteien in Ruhe lässt« und sich aus der Politik heraushält: »Picca n'hai di 'sta malandrineria« – »von dieser Gaunerei wirst du nicht mehr viel haben«, sagt ihm ein Feldhüter voraus.[2] Rätselhaft ist auch die Figur des mutmaßlichen Auftraggebers des Mordes an Miraglia, Gaetano Parlapiano-Vella, der nach der Verbannung durch die Faschisten wieder zu Ruhm und Macht gekommen war. Die Ermittlungen zu diesen Delikten bleiben Meisterwerke der Schlamperei und verlaufen auf polizeilicher oder auf rechtlicher Ebene im Sand. Die Gründe dafür liegen irgendwo in der Grauzone zwischen Unwissenheit und Komplizenschaft. Im Kreuzfeuer der Kritik endet Carlo Alberto Dalla Chiesa, ein kleiner Beamter der CFRB und Befehlshaber des Einsatzkommandos von Corleone, der versucht, sich über das bürokratische Schema hinwegzusetzen.

Die Linke bleibt allein, um auf die Mafia zu schimpfen, die Toten aus den eigenen Reihen zu rächen, geheime Einverständnisse anzuprangern: Sie beklagt, noch geringere Möglichkeiten zu haben, sich Gehör zu verschaffen, da sie aus einer politischen Richtung hervorgegangen sei, die nach 1948 völlig isoliert dastehe. Ganz anders scheint die Haltung der Behörden in den Vereinigten Staaten, von wo Anregungen zur Wiederaufnahme der Debatten zum Thema Mafia auch in Italien ausgehen. 1953 erscheint bei Einaudi die *Inchiesta Kefauver*[3]. Die ›Untersuchung Kefauver‹ kann man als erstes Buch der Nachkriegszeit zu unserem Thema betrachten. 1956 folgt *La mafia* von Reid, das den – wenn auch wirren – Spuren der sizilianischen Verschwörung gegen das tugendhafte Amerika nachspürt. Ein Text, der die unverdiente Ehre eines Vorwortes des großen Juristen Piero Calamandrei genießt, der es sogar zu schätzen weiß, dass Sizilien als »zentraler Brutkasten der amerikanischen Delinquenz«[4] betrachtet wird, denn er hofft, dass etwas Druck – vielleicht sogar eine internationale Ermittlung –, einen Blick hinter die Fassade der Christdemokratischen Partei gewähren könnte. Der Kommunist Francesco Renda findet, es handele sich um ein »mutiges Werk, [...]das uns mit Bitterkeit an das lange Schweigen in all den Jahren unserer Literatur erinnert«.[5] Die Gründe für dieses Lob liegen auf der Hand. Die Existenz der Mafia nämlich wird ausgerechnet vom großen überseeischen Beschützer jener Kräfte anerkannt, die in Italien genau das Gegenteil behaupten; die parlamentarischen Kommissionen der Vereinigten Staaten fungieren als Modell für die von der Regierung ausgeschlossene italienische Linke. Die Mobilisierung einer Berichterstattung der »vordersten Front«, die das zentristische Italien mit Argwohn betrachtet, steht bevor.

> Kefauver erinnert daran, dass die Idee selbst, die Kommission ins Leben zu rufen, sechzehn »aggressiven« Zeitungen des Landes zu verdanken ist, die mit allen Mitteln kämpfen werden. Man darf sich ruhig die beträchtlichen Unterschiede zwischen den Arbeitsbedingungen der italienischen Presse und denen ihrer amerikanischen Kollegen vor Augen halten. Zwar musste die amerikanische Zeitung oder der amerikanische Journalist der fünfziger Jahre über den Gangster hinaus auch mit der Regierung, mit der ihn ein geheimes Einvernehmen verband, dem Polizisten, der Beihilfe leistete, und mit dem feigen und korrupten Richter abrechnen, doch er hatte nicht – wie in Italien – den gesamten Bundesstaatsapparat gegen sich.[6]

Diese Betrachtung stammt von Vittorio Nisticò, dem Direktor der linken palermitanischen Tageszeitung »L'Ora«, die zwischen dem Ende der fünfziger und Anfang der sechziger Jahre große Fortsetzungsreportagen bringt, in denen sie die Beziehungen der DC zur Mafia aufdeckt (und auch zur Zielscheibe eines aufsehenerregenden Sprengstoffattentats wird): Es ist ein Journalismus der großen wirkungsvollen Schlagzeilen, der jedoch auch versucht, dem Fall von Corleone und der Bauspekulation in der Hauptstadt auf den Grund zu gehen, ihnen eine historische Tiefe zu verleihen und die alten Geschichten über Cascio-Ferro oder die Prozessberichte der zwanziger Jahre zusammenzufassen. Doch es sind vor allem engagierte Journalisten und Intellektuelle, die, als der Zentrismus sich seinem Ende neigt, diese Problematik (wieder) auf den Tisch bringen. Eine untypische Persönlichkeit ist der Triestiner Soziologe Danilo Dolci, der den Hungerstreik in die italienische Protesttypologie einführt, in der Gegend von Partinico Institute einrichtet, Untersuchungen führt und Akten über das Banditentum, die Armut, den Klientelismus anlegt. Andere kommen aus einem tiefen und alten Sizilien: Ein Landvermesser aus Villalba, Michele Pantaleone; ein Arzt aus Montemaggiore, Simone Gatto; ein Lehrer aus Racalmuto, Leonardo Sciascia. Der erste führt die Mafia konkret auf die Geschichte eines Dorfes und die Person eines angesehenen Bürgers, Don Calò, zurück; der zweite ordnet sie in die Thematik der süditalienischen Frage à la Franchetti ein; der dritte verleiht zwischen Erzählliteratur und Essayistik seinem Gefühl Ausdruck, dass die Mafia eine allgemeine Korruption enthüllt, bei der man nie weiß, ob es eine allgemeine italienische oder spezielle sizilianische Korruption ist.

> Hier müsste man die Leute wie in Amerika bei ihren Steuerhinterziehungen ertappen [denkt Hauptmann Bellodi über den Mafioso Don Mariano]. Und zwar nicht nur Leute wie Mariano Arena, und nicht nur hier in Sizilien. Und all diese Füchse täten besser daran, einmal die Villen, die Autos mit Spezialkarosserien, die Frauen und Geliebten mancher hoher Beamter zu beschnuppern. Und diese Wahrzeichen des Reichtums mit ihren Gehältern vergleichen und daraus die richtigen Folgerungen ziehen. Nur so würden Leute wie Don Mariano den Boden unter den Füßen verlieren ...[7]

Für diese Intellektuellen ist die Mafia die Phänomenologie der Macht: einer archaischen Macht, die aus der Allianz zwischen DC und den Rechten, zwischen Bürgertum und Adel entsteht und die folglich all die Laster des italienischen und sizilianischen Transformismus reproduziert. 1959 erscheint *Der Leopard*, mit seiner Ideologie »alles verändert sich, damit sich nichts ändert«, zu der die Linke eine Art Hassliebe entwickelt: Sie verachtet sie als reaktionär, betrachtet sie jedoch zugleich als realistische Versinnbildlichung der Bedingungen der Insel, vielleicht auch als Trost für die eigene Unfähigkeit, darauf einzuwirken.

Wirklich aus ihrem Ghetto herauszukommen gelingt den sizilianischen Kommunisten und Sozialisten 1959 und 1960 mit der sogenannten Operation Milazzo, die nach dem angesehenen Bürger aus Calatabiano benannt wurde. Der ehemalige Separatist ist maßgeblich für den internen Bruch der DC verantwortlich, aus dem die Bildung einer atypischen, regionalen Regierung erwachsen ist, die von der extremen Rechten und der extremen Linken gestützt wird und in der die alte politische Klasse landwirtschaftlicher Abstammung einen letzten Versuch unternimmt und auf einer leidenschaftlich pro-sizilianischen Plattform Zustimmung findet. Es entsteht der Eindruck, dass einige Mafiagruppen, die von den rechten Gruppen der DC übergelaufen sind, diesen Versuch, ein wenig von der alten Unabhängigkeit der Notabeln gegenüber dem neuen, von Fanfani geschaffenen Parteiapparat zu bewahren, befürworten. So Francesco Paolo Bontate alias Don Paolino Bontà, Eigentümer und Pächter weitläufiger Zitrusplantagen, einer der wichtigsten palermitanischen Mafiabosse, ehemaliger Separatist und Monarchist. Dieses neue politische Lager ist es nun auch, das die Anfänge zweier Unternehmergruppen miterlebt, die in der Folge aufgrund ihrer Nähe zum Mafiamilieu Zielscheibe scharfer Kritik werden: die Finanziers Salvo aus Salemi und die cataneischen Bauunternehmer Costanzo. Es scheint sogar, dass die Gruppe Salvo-Bontate am Sturz Milazzos beteiligt ist. Sie wechseln die Fronten, um den Salvo eine »Art Wohlwollen« seitens der gesamten DC zu garantieren, was sich im dauerhaften Monopol der Steuereinnahmestellen mit einem *Agio* (sprich einer Prämie) von 10% im Vergleich zu einer durchschnittlichen nationalen von 3,3% auswirkt. Dem »reumütigen« Calderone zufolge hatte die Mafia Milazzo »sehr stark« unterstützt, auch aufgrund der unternehmerfreundlichen Gesetze, die sich in diesem ersten Vereinigungsversuch bewährt haben: Die Idee, dass das »sizilianische« Kapital auf jeden Fall geschützt wird, sorgt dafür, dass die Vergangenheit in schlimmster Weise auf die Zukunft projiziert wird.

Nach Milazzos Sturz geht man zu einem Mitte-Links-Bündnis über, und die Regionalversammlung fordert das Parlament auf, die Untersuchungskommission zur Mafia, die gerade von der Linken schon lange gefordert wird, ins Leben zu rufen, die 1963 schließlich gegründet wird: Es scheint, dass die Mafia mit dem Italien des Zentrismus und dem Sizilien des Latifundiums auf die Niederlage zusteuert. Die Kommission bringt eine bemerkenswerte Dokumentierungsarbeit in Gang, deren Resultate jedoch den meisten unbekannt bleiben. Ihr Präsident, der Christdemokrat Pafundi, verkündet zunächst, dass sich in den Archiven Material zu einem »Pulverfass« anhäuft, dann jedoch lässt er sich damit Zeit, es explodieren zu lassen, bis der Berg am Ende der Legislaturperiode (1968) einige wenige, harmlose Seiten Berichte hervorbringt. Wer sich wünschte, dass der herrschenden Klasse öffentlich der Prozess gemacht würde, fängt an, die Antimafia als »verpasste Gelegenheit«[8] zu beurteilen. Die Mehrheitspartei steht nicht dazu bereit, sich richten zu lassen, gibt jedoch zu, dass im christdemokratischen Korb der ein oder andere faule Apfel war, wie der Fanfani-Anhänger Vito Ciancimino. Die Opposition hingegen bekräftigt energisch, dass ein einziger Mann (Bürgermeister von Palermo, Städtebauassessor, Stadtsekretär der DC) die Personifizierung eines weitreichenden Machtsystems, geschaffen aus Klientel und Geschäften, darstellt, das sich in und um die palermitanische Kommunalverwaltung flicht. Darüber hinaus spöttelt die Presse seit Jahren über das VALIGIO genannte Geschäftskomitee (Vassallo-Lima-Gioia, ein Bauunternehmer und zwei christdemokratische Politiker), Monopol der Bauspekulation einer expandierenden Stadt, die sich rasend schnell mit Bewohnern füllt. Bereits die Ministerialuntersuchung, mit der der Präfekt Bevivino betraut worden war (1964), hatte eine Praxis enthüllt, die die Dokumentation der Kommission vollkommen bestätigt: Zerstörung alter Gebäude und großer öffentlicher oder privater Grünflächen, Manipulation der Bebauungspläne, gefälschte Pachten, willkürliche Vergabe von Lizenzen, Briefkastenfirmen.

> Fünf obskure Personen zum Beispiel haben 80% der Lizenzen monopolisiert. Vier der fünf Nutznießer haben sich anderen Aktivitäten gewidmet: einer war ein ehemaliger Schmied, ein anderer Kohlenhändler, ein dritter ein 1957 verwarnter Ingenieur, weil er Baupläne unterzeichnet hat, die er weder angefertigt noch geleitet hatte, ein vierter war Hilfsarbeiter und Baustellenwächter und wartete darauf, Verwalter eines der 1 465 Gebäude zu werden, für die er die Lizenz bekommen hatte.[9]

Der Prototyp des erfolgreichen Bauunternehmers, Francesco Vassallo, kommt aus dem Hinterland, dem Palermitaner Vorort Tommaso Natale, und bindet sich durch Heirat an eine lokale Mafiafamilie, von der 1961 und 1962 zwei Mitglieder ermordet werden (Brüder der Ehefrau). In der Nachkriegszeit erfolgt sein Start in die Welt der Unternehmer, wozu er sich des Instrumentes der Kooperative bedient, das Mafiosi in solchen Fällen sich gern zunutze machen, um »unternehmerische Mikrostrukturen ins Leben zu rufen, in denen sie sich miteinander aber auch mit ›kolateralen‹ Subjekten der Organisation vereinen«.[10] Zu Beginn besitzt Vassallo wenig Kapital, doch es fehlt ihm nicht an Beziehungen: wie die zu einer bedeutenden Transportgesellschaft und zum Montecatini-Werk in Tommaso Natale, die ihm erlauben, an den öffentlichen Pachtausschreibungen teilzunehmen und die für seine Vertrauenswürdigkeit bürgen. Dann auf einmal ebnet sich der Weg, dank des Kredits, den er ohne weiteres erhält, dank der gelegen kommenden Änderungen der Baupläne, dank des Austauschs von Gefälligkeiten und Leistungen mit den Lima, den Gioa und anderen angesehenen Bürgern wie Di Fresco und Matta. Letzterer wird ins Rampenlicht treten, als die DC versucht, ihn unter den Kommissaren der Antimafia unterzubringen, womit sie eine heftige Reaktion unter den von Pio La Torre angeführten Kommunisten auslöst.

In DC und PCI (Kommunistische Partei Italiens) bereitet man sich also auf den Kampf vor, bis zur Gegenüberstellung der Mehrheitsrelation (Carraro) und der Minderheitsrelation der Linken (La Torre) und der Rechten (Pisanò), womit die erste Phase im Leben der Kommission zu Ende geht (1976). Das darf jedoch nicht über das Einvernehmen zwischen dem Präsidenten Cattanei und seinem Vize Li Causi hinwegtäuschen, das ab 1972 zur Veröffentlichung einer Vielzahl von Materialien führen wird, welche, im Allgemeinen, die Auswertung der *Grundlagen* und der *Geschichte* des Phänomens Mafia betreffen. Verglichen mit der Vergangenheit, wird hier das Problem der politischen Verantwortlichkeiten weniger zersetzend. So kann man sich zum Teil des Zentrismus à la Scelba entledigen, der nunmehr seinen Zenit überschritten hat, und vor allem des liberalen Staates, dem – zum gemeinsamen Vorteil der beiden »antirisorgimentalen« Kräfte, der katholischen und der kommunistischen – jegliches Übel zugeschrieben wird. Letztere ziehen insbesondere Genugtuung aus der Affäre Giuliano und aus der Einschätzung der Mafia als Instrument der Großgrundbesitzer gegen die Bauern im Allgemeinen. Das Gegensatzschema gut-böse wird somit für die Linke zum Schlüssel für die Erklärung der Inselgeschichte – zumindest ab der Abschaffung der Feudalherrschaft (1812) – , die mit viel pro-sizilianischer Ideologie ausgeschmückt wird. Grundlage ist hier ein angenommenes, permanentes Komplott, das verhindern will, dass das sizilianische »Volk« seine permanenten Ziele verwirklicht: die Eroberung des Landes und die regionale Autonomie. Damit hätten wir bereits in der Zeit des Risorgimento eine klar umrissene Mafia, die für Vittorio

Emanuele II. und gegen Garibaldi, der das Land den Bauern geben will, Stellung bezieht; die 1867 die Agrarbourgeoisie gegen (inexistente) Regierungsprojekte für eine Gesellschaftsreform unterstützt; und die sich natürlich gegen die Faschisten stellt. Bezeichnenderweise wirft der kommunistische Bericht die traditionelle These Grecos und Serenis über den Haufen und leugnet jede autonome Rolle der Vermittlerstände (die Großpächter), mit dem wenig überzeugenden Argument, dass schon allein die Existenz einer Klassenmacht (der Großgrundbesitzer) die Mafia notwendigerweise zu einem »Phänomen der herrschenden Klassen« machen würde.[11] So wird die Mafia selbst – abgesehen davon, dass sie der Regisseur der gesamten Inselgeschichte sein soll – wiederum als reine Spiegelung der Politik und der Gesellschaft hingestellt, entgegen der Ermahnung Rosario Romeos, nicht »der Versuchung nachzugeben«, die Geschichte der Mafia »mit der Geschichte Siziliens« gleichzusetzen.[12] Das gilt für die allgemeinen Berichte der Antimafia, nicht für die riesige Masse der gesammelten Dokumentation, die später (zum Teil) in Dutzenden und Aberdutzenden Bänden veröffentlicht wird, die neue Wahrheiten, neue Interpretationswege zu Tage fördern.

Indessen gibt die Mafia unzweifelhafte, tragische Lebenszeichen von sich. 1960 wird in Agrigent der Kommissar der Öffentlichen Sicherheit, Cataldo Tandoj, ermordet: Die üblichen eigennützigen Gerüchte versuchen eine falsche Fährte zu legen, indem man einen dunklen provinziellen Sexskandal heraufbeschwört, in den angesehene Christdemokraten verwickelt sein sollen. In Wirklichkeit aber handelt es sich um die prosaischere Geschichte eines Beamten, der zu enge Beziehungen zur *Cosca* von Raffaldi, die im An- und Verkauf der Landgüter in der Gegend tätig war, unterhalten und für sein Doppelleben mit seinem Leben bezahlt hatte. Zunächst aber trifft es Palermo. Zwischen 1955 und 1963 wird die Stadt von dem Kampf um die Kontrolle der Großmärkte erschüttert, der Dutzende von Toten fordert. 1962 bricht der sogenannte »erste Mafiakrieg« aus zwischen den beiden rivalisierenden Gruppen der Greco (von Ciaculli) und der Brüder La Barbera, die unterliegen werden: Einer von ihnen (Salvatore) fällt der »lupara bianca« zum Opfer, der andere (Angelo) flieht nach Mailand, wo er von den gegnerischen Killern eingeholt wird, sich jedoch retten kann. Ein aufsehenerregender Vorfall, denn damit tritt die Mafia in der Hauptstadt des industriellen Italiens in den Vordergrund. Noch aufsehenerregender explodiert in Ciaculla, am 30. Juni 1963, ein mit Trotyl präparierter Giulietta, der für die Greco bestimmt war, stattdessen jedoch sieben Polizisten tötet. Durch die Straßen flitzen Autos, die sich gegenseitig Verfolgungsjagden liefern, überall gehen Bomben hoch und dröhnen Maschinengewehrsalven wie im Chicago der dreißiger Jahre: Mailand, die Giuliettas und das Trotyl repräsentieren unverwechselbare Symbole der Modernität. Das Landgut stirbt und mit ihm die traditionelle Gesellschaft, doch gegen jede Voraussicht erblüht die palermitanische Mafia im Baugeschäft und im Tabak- und Drogenschmuggel. Wie wird der Bogen von der Vergangenheit in diese Gegenwart geschlagen? Die parlamentarische Kommission vermutet eine »Verlagerung« der Mafia und der Mafiosi vom Land in die Stadt, womit diese automatisch dem makrosozialen Phänomen des Übergangs von einer ländlichen zu einer städtischen Basis entspricht: Zu diesem epochalen Wendepunkt führe die Ersetzung einer »alten« Mafia durch eine »neue« Mafia – so die Kommission, die nicht ahnt, dass diese These vom konzeptionellen Gegensatz bereits viele Male in der Vergangenheit für andere – tatsächliche oder angenommene – epochale Wendepunkte herhalten musste. Die These wird allerdings weltweit von den verschiedensten Beobachtern geteilt, folglich wird sie als unbestreitbare Grundlage für die Formulierung der Fragebögen und Interviews angenommen.

Sicher sind Villalba und Mussomeli – die als idealtypische Orte für das Mafiaphänomen betrachtet werden – nur schwerlich mit Palermo, und auch mit Corleone vergleichbar, und das aus tausend Gründen, unter anderem das

Fehlen eines bedeutenden Gewaltquotienten in den beiden Dörfern der Provinz Caltanissetta. Die Art, in der Leggio die Macht an sich reißt, hat in der Tat nichts mit dem ruhigen Thronfolgemechanismus zu tun, mit dem – Pantaleone zufolge – Genco Russo seinen Vorgänger Vizzini in der Rolle des Monarchen der sizilianischen Mafia abgelöst haben soll. In den Büchern Pantaleones, in den Berichten der Antimafia, in der gesamten Publizistik, finden wir eine offensichtliche Überschätzung der Rolle, die die beiden Personen im mafiosen Organigramm ausgeübt haben, die kürzlich durch die Enthüllungen der »Reumütigen« drastisch herabgesetzt wurde. Und zugleich finden wir darin eine ungerechtfertigte Verallgemeinerung des in der Provinz Caltanissetta vorherrschenden Modells, dessen Besonderheit bereits von dem Chronisten von »L'Ora«, Felice Chilanti, niedergeschrieben wurde:

> Die Anführer der *Cosche* von Palermo, Trapani und Agrigent halten sich abseits, bleiben im Dunkeln. Manchmal sind sie sogar flüchtig. In Palermo kommt es vor, dass die Polizei in den Personalien eines ermordeten Mafiabosses von einem »Schäfer« oder »Tagelöhner« spricht, auch wenn es sich um einen Unternehmer handelt. In Caltanissetta und Provinz schreibt der Mafioso, wenn er Unternehmer geworden ist, seinen Namen auf das Firmenschild.

Diese »Präfekturmafia«, die »unter den Augen der ehrwürdigen Aldisio und Volpe«[13] gewachsen ist, ist nicht *die* Mafia, sie ist die Gruppe, die, da sie den offensichtlichsten politischen Charakter hat, die Aufmerksamkeit der zeitgenössischen Publizistik auf sich gezogen hat, samt ihrem Spott über den Kampf um den Boden, den Separatismus und das anschließende Einmünden in die DC. Allerdings hat die Überschätzung dieses Falles auf Dauer verzerrende Auswirkungen auf die Wahrnehmung des Phänomens in seiner Gesamtheit gehabt. Man braucht nur einmal daran zu denken, wie schwierig es ist, sich eine städtische Mafia vorzustellen, oder wie unmöglich, Leggios Persönlichkeit, die auf roher Gewaltbereitschaft gründet und die lange von der Bezeichnung »Bandit« (oder »Gangster«) anstelle der Bezeichnung »Mafioso« begleitet wurde, in das Schema einzuordnen. Das Modell Don Calò hingegen beruht mehr auf der Vermittlung denn auf der Gewalt, bis hin zum Paradox des Mafioso, der nie einen Mord angeordnet hat und dessen Macht eine einfache Übersetzung der gesellschaftlichen Macht in die örtliche Sprache darstellt: Der Großpächter, bzw. der angesehene Bürger entspricht *ipso facto* dem Mafiaboss.

Mit diesem Schema stimmen in den sechziger Jahren einige ausländische Sozialwissenschaftler, die inzwischen für ihre Feldforschungen nach Sizilien gekommen waren, überein. Wir wissen bereits, dass sie vom amerikanischen Problem ausgehen, nicht vom sizilianischen. Mit den Untersuchungen der USA der Nachkriegszeit wird eine alte Sicht der Mafia als zentralisierte Gesamtheit neu aufgewärmt, die an die ethnischen Gegebenheiten und die ausländische Verschwörung anknüpft und eine implizite Anklage an das multiethnische demokratische Lager Roosevelts enthält, das sich nicht gegen die Mafia zur Wehr setzen konnte oder wollte. Hier liegt das erste Missverständnis in der italienischen Rezeption dieser Problematik: Zumindest bis hin zu Bob Kennedy ist die amerikanische Mafia im Wesentlichen rechts, während die *liberal culture* versucht, das Ganze auf Klientelbeziehungen, Cliquenwirtschaft, Kleinkriminalität, in jedem Fall *disorganized crime* bar jeder besonderen ethnischen Konnotation zu reduzieren.

In den sechziger Jahren kommen Boissevain, Hess, Blok, Jane und Peter Schneider nach Sizilien und suchen eine Mafia, die den Abdruck der »traditionellen« Gesellschaft mit ihren Hierarchien und ihrer Kultur darstellt. Die Amerikaner werden sich in ihrer Vorstellung bestätigt sehen, dass es sich im Ursprungsland lediglich um »ein System aus Paten und Klienten handelt, die Gefälligkeiten, Dienste und andere Vorteile austauschen«.[14] Eine auf die allgemeine Kategorie des Klientelismus reduzierte Mafia, dazu bestimmt, sich im Zuge der Modernisierung zu erschöpfen. »Zuerst gab es die Mafia; jetzt gibt es die Politik«, lautet der wenig realistische Nachruf Bloks auf der Höhe des »großen Wandels« der Nachkriegszeit, am Ende seiner Arbeit.[15] Die These stimmt in mancher Hinsicht mit den in Italien vorherrschenden Thesen – von Pantaleone bis hin zu den Berichten der Antimafia – überein. Hiervon ausgehend wird die wissenschaftliche Debatte in Italien wieder angefacht, mit *La mafia imprenditrice* (Die Unternehmermafia) von Pino Arlacchi (1983), die mit einer ebenso klaren wie den empirischen Daten widersprechenden Feststellung beginnt: In den »zwanzig Nachkriegsjahren« soll die Mafia eine Phase des Niedergangs erlitten haben, eine »tiefe Krise«[16], die auf den Verfall makrosozialer Faktoren der »traditionellen« Welt zurückzuführen sein soll. Die *alte* Mafia sei also im Aussterben begriffen, zugunsten der *neuen*. So nimmt *La mafia imprenditrice* den Ansatz der Antimafia auf, hebt den dynamischen und somit gefährlichen Charakter des Phänomens hervor, lässt jedoch die Vergangenheit und damit ihre wissenschaftlich fruchtbare Verbindung zur Gegenwart außen vor. Vor allem aber setzt Arlacchi sich gar nicht oder nur auf völlig an der Sache vorbeigehende Art mit dem Thema der Mafia als Organisation auseinander.

Ich weiß nicht, wie viel Migliorini, der Polizeichef von Palermo von 1974, von Sozialwissenschaften versteht, aber seine Definition einer Mafia, die nunmehr aufgrund des »Verfalls des Respekts« in der Krise steckt, die sich aus »einzelnen Gruppen« ohne irgendeine Ordnung oder Hierarchie zusammensetzt, die lediglich bis zur »Erreichung einzelner Ziele« bestehen, um sich dann aufzulösen, scheint er einem Mittelmeeranthropologen zu verdanken. Die daraus folgende Konsequenz ist somit phänomenal nihilistisch: »Die Unterdrückung des Phänomens im Allgemeinen ist unmöglich! Was sollte man unterdrücken? Eine Idee, eine Mentalität?«[17]

Leonardo Vitale, ehemals Francesco Paolo, gehört einer alten Mafiafamilie an, im doppelten Sinne des Wortes: der *Cosca* und der Gruppe von Blutsverwandten. Mit großer Wahrscheinlichkeit stammt er von einem der Cousins Vitale, Filippo oder Francesco Paolo, ab, den mutmaßlichen Mördern von Francesco Miceli (1892) sowie Klienten von Palizzolo und Mafiabosse von Altarello di Baida. Einem Vorort, in dem mehr als siebzig Jahre später ein gewisser Giovan Battista Vitale, Onkel von Leonardo, eine führende Rolle innehat, als »Bauunternehmer, der sowohl bei dem Erwerb von Baugrundstücken als auch bei dem Verkauf von Wohnungen Missbrauch treibt«.[18] Leonardo ist folglich prädestiniert, obgleich recht wenig an ihm auf eine »Hypertrophie des Ich« schließen lässt, oder auf *machismo* oder andere kulturelle Züge, die Mafiologen in den sechziger Jahren als typisch mafios einstufen. Es handelt sich um einen sensiblen und zerbrechlichen Jungen, Waise von klein auf, fasziniert von der Figur des Onkels, dem er beweisen muss, dass er ein »Mann« ist, auch um den Verdacht der Homosexualität abzuwenden, der auch in ihm selbst schwelt. Daher sein großer Konformismus gegenüber der Umwelt und der Mafiagruppe, die ihn umgibt, seine Unfähigkeit, sich als Individuum zu begreifen, worüber er später reflektiert: »Ich selbst, mein Leben, haben mir nichts bedeutet, lediglich den anderen maß ich Bedeutung bei«, »ich bewunderte all die anderen«. Er wird Mafioso, weil er sich zugehörig fühlen will. Um zu beweisen, dass er dazu in der Lage ist, tötet er zuerst ein Pferd, dann einen Menschen, ohne einen anderen Grund zu kennen als den, dass man es von ihm verlangt. Wir befinden uns im Jahr 1960, Leonardo ist zwanzig Jahre alt. Kurz zuvor hatte der Onkel ihn vielleicht vor dem Abgrund bewahren wollen: »Siehst du meine Hände?«, hat er gesagt. »Sie sind mit Blut beschmutzt, und die deines Vaters waren es noch mehr«.[19] Derselbe Onkel beauftragt ihn später zu einem Mord und nimmt ihn zur Belohnung mit auf die Jagd.

Gleich darauf wird Leonardo Vitale mit demselben Ritual, das seinerzeit von den Quellen des 19. Jahrhunderts beschrieben wurde, aufgenommen. Hess weigert sich sogar, die »Möglichkeit«[20] der Existenz dieser Quellen anzuerkennen, offenbar weil sie auf Modelle verweisen, die nicht auf die familiären-freundschaftlichen Modelle zurückzuführen sind, mit denen die Sozialwissenschaftler kokettieren. In der Zwischenzeit sind andere Informationen verfügbar geworden, die mit denen des 19. Jahrhunderts übereinstimmen. Valachi hat schon Jahre zuvor die Aufnahmerituale der amerikanischen Cosa Nostra bekannt gemacht. In Sizilien hat ein gewisser Giuseppe Luppino 1958 behauptet, er habe sich geweigert, einen Mord auszuführen, nachdem er der *Cosca* von Campobello aus Mazzara einen Schwur geleistet hat. Eine Enthüllung, deren Wahrheitsgehalt sich durch die darauffolgende Ermordung Luppinos bestätigt hat. Die Mafia hat offenbar ihre Rituale überliefert und sie an verschiedensten Orten, von einem Kontinent zum anderen, unverändert beibehalten, ohne sie je Außenstehenden zu enthüllen. Es wird erklärt, warum auch diejenigen, die diese Informationen aus dem Untergrund zur Kenntnis nehmen müssen, dennoch alles herunterspielen: Die Aufnahmeriten, die Organisation in »Familien« und in Gebiete wird es vielleicht in Amerika geben, *aber* nur als künstlichen Ersatz für den natürlichen »mafiosen Humus«, der in Sizilien existiert; »Geheimrituale und -sprachen« können auch »hier und da erblühen, aber sie gehören archaischen »Philosophien« und Bräuchen an, die völlig überholt sind«.[21] Der Verstand entzieht sich dem, was das Ritual enthüllt: eine Organisation, die sich über Generationen im Land verwurzelt hat, folglich relativ unpersönlich und an eine genaue Kenntnis ihrer Strukturen gebunden ist; was sich in der Mafia der Plantagen von Altarello in dem außergewöhnlichen Ritual des Stiches in den Zeigefinger nicht mit der üblichen Nadel, sondern mit einem Dorn der Bitterorange ausdrückt.

Der Untersuchungsrichter Aldo Rizzi, der 1974 die Geständnisse Vitales sammelt, versucht, das Phänomen juristisch als Verbrecherbande einzuordnen, die sich dadurch, dass sie ein »unbestimmtes Programm« hat, von denen unterscheidet, die vorgegebene Einschränkungen in Zeit und Ziel haben.[22] 1965 unterstreicht Cesare Terranova, dessen Urteilen nie der historisch-theoretische Hintergrund fehlt,

> wobei man die Phantasien der Vergangenheit einmal beiseite lässt, dass die Mafia nicht ein abstraktes Konzept und kein Gemütszustand ist, sondern eine organisierte Kriminalität, wirksam und gefährlich, gegliedert in Personenansammlungen oder Gruppen oder »Familien« oder besser noch »Cosche«. Es gibt nur eine einzige Mafia, weder alt noch jung, weder gut noch schlecht, es gibt nur die Mafia, die eine Verbrecherbande ist.[23]

Betrachten wir einen Augenblick die Zielscheiben dieser Polemik: die konservative Meinung, die der Mafia »eine geradezu ausgleichende oder zumindest positive Funktion in der Gesellschaft« zuschreibt, »als Ersatz oder Ergänzung der mangelnden Staatsmacht«; die liberalen Notabeln oder Christdemokraten, deren »nachsichtige und sentimentale, zuweilen maßgebende Haltung, die von offenkundiger Sympathie für die Mafia oder die alte Mafia durchdrungen ist, sich erst im Kielwasser der Kräfte, die wir zur Sanierung unserer Gesellschaft angestrengt haben, aufgelöst hat«. Es sind die Sachwalter Puglia und der unverzichtbare Pitrè. Um den Mythos der ehrbaren und unbeugsamen Mafiosi zu entkräften, kann man die Prozesse der faschistischen Periode anführen, die »Jämmerlichkeit« der »Angeklagten, die in ihren Geständnissen, gegenseitigen Anklagen, Vergeltungen und dem Flehen um Milde und Vergebung wetteifern«.[24] In den beiden großen, von Terranova eingeleiteten Prozessen – der gegen die Corleonesen und der gegen die Führungsspitze der palermitanischen Organisation – bleibt das Hauptinstrument das, das bereits in der hundertjährigen Geschichte vom liberalen Staat und vom faschistischen Staat eingesetzt wurde: der Polizeibericht mit seinen vertraulichen Quellen, die im Verfahren immer noch nicht »genannt werden« wollen oder können.[25] Damit die urteilssprechende Justiz sich von der Fundiertheit von Beschreibungen, die oft einer objektiven Überprüfbarkeit entbehren, überzeugen kann, muss der *Ruf*, aufgrund dessen der Mafioso in die Prozesse einbezogen wird, derart ausfallen, dass er ihn als zu grausamen Delikten fähig ausweist, was schwierig ist, wenn man von Ansichten wie denen ausgeht, die in einem Urteil von 1964 benutzt werden: »Auch Mafiosi haben Gefühle, auch sie führen ein Leben mit Bindungen, das auch von sozialen und legalen Prinzipien, wenn nicht gar von Ehrlichkeit inspiriert sein kann. Nicht der Mensch zeichnet die Tat aus, sondern die Tat den Menschen.«[26]

Das Gegenteil ist der Fall: Es ist das »Mafios«sein, das die Tat auszeichnet. Vorausgesetzt, diese Eigenschaft wird nicht mit einer harmlosen Mafiosität verwechselt, sondern stellt den erläuternden Kontext dar, in den Aktionen und Reaktionen, Vereinbarungen, »Verfehlungen« und Repressalien wie die der Auseinandersetzung Leggio-Navarra oder des ersten Mafiakrieges einzuordnen sind. Sicher fragt sich der eine oder andere: »Wie kann man von einer Vereinigung sprechen, wenn doch die Mitglieder, statt zusammenzuhalten, sich gegenseitig umbringen?«, doch das ist eine reine »Spitzfindigkeit«, wie Natale Costa, Staatsanwalt im Prozess gegen die *Cosca* von Piana dei Colli, bereits 1929[27] und vor ihm die Ermittler der Prozesse Amoroso und *Stoppaghieri* hervorgehoben haben. In Kriegen geht es immer darum, das Eines in zwei Teile auseinander bricht. Und so stellt der Konflikt den besten Beweis für die Existenz der Organisation dar, die die »Reumütigen« der achtziger Jahre mit dem Initiationsnamen bezeichnen, der in den Vereinigten Staaten schon bekannt ist: *La Cosa Nostra*.

Buscetta erweckt den Eindruck, dass der Begriff in Sizilien schon immer benutzt worden wäre, um *Mafia* zu umschreiben: »Wir haben ihn nach Amerika exportiert«.[28] Plausibler scheint es, dass die mündliche Tradition, aus der der

»Reumütige« schöpft, die kontinuierlichen Elemente verdreht, und wir könnten es mit einem Rückkoppelungseffekt des amerikanischen Modells zu tun haben, wenn es stimmt, dass es 1943 in Sizilien keine Organisation gab und man auf ein neues Wort wartete. Das dann möglicherweise die *Unerwünschten*, Luciano, Coppola, Genovese mitbrachten, als sie von den Behörden der USA nach Italien ausgewiesen wurden. Amerikanisch könnte auch der Begriff »Familie« für »Cosca« sein, der unter anderem von Vitale und Buscetta benutzt wird. Letzterer jedoch weist auf die durch und durch palermitanische Tradition einer auf dem Gebiet der *Borgata,* des Vorortes, organisierten Mafia hin. Und auf Palermo konzentriert sich in der Tat die Realität, die aus den Ergebnissen der großangelegten Ermittlung von Terranova 1965 zum Vorschein kommt, welche 1968 zum Prozess von Catanzaro führen werden. Eine Ermittlung, der die Berichte der Carabinieri und der Polizei zugrunde liegen, die von dem Augenblick an, als die Antimafia geboren wurde – und vor allem angesichts des Blutbades von Ciaculli –, aufgehört hatten, sich in der Sicherheit, »die bringen sich nur gegenseitig um«, zu wiegen, mit der man im 19. Jahrhundert und in den 1950er Jahren die bürgerliche Öffentlichkeit beruhigt hat.

Hier sprechen die Tatsachen eine andere Sprache als die Antimafia, weisen keinerlei Anzeichen für die vermutete Verlagerung von den Latifundien in die Städte auf, sondern zeigen im Gegenteil eine außergewöhnliche Kontinuität der mafiosen Ansiedlung im Inselinneren und vor allem in den palermitanischen Vororten, und bestätigen damit, was wir bereits durch die Geschichten der Greco aus Ciaculli-Croceverde und der Vitale aus Altarello wissen. Es zeigt sich eine Kontinuität, die beinah bis in unsere Zeit hineinreicht und selbst einen aus einer anderen Gegend stammenden Mafioso, den Catanesen Antonino Calderone, zu verblüffen vermag:

> Die palermitanischen Mafiosi leben und sterben am selben Ort, an dem sie geboren werden. Das Viertel ist ihr Leben, ihre Fami-

> lie ist seit Generationen dort ansässig und alle sind miteinander verwandt. Es gibt drei oder vier bedeutende Namen, denen sich die anderen anschließen. Wenn überhaupt, baut man sich ein schöneres, prunkvolleres Haus. Stefano Bontate hat das Haus seines Vaters in Santa Maria di Gesù abgerissen und darauf einen Palast erbaut, und genauso haben es sein Bruder Giovanni und Salvatore Inzerillo in Bellolampo gemacht. Sie haben sich nicht einen Meter aus ihrem Reich fortbewegt, wo sie seit Jahrzehnten die absoluten Herren sind.[29]

Diese Art der Ortsverbundenheit charakterisiert die 24 palermitanischen Mafiabosse, die 1963 im Bericht des Oberleutnants der Polizei, Mario Malausa, der im Gemetzel von Ciaculli fallen sollte, genannt werden. Sie alle sind in der Stadt oder ihrem Hinterland geboren worden, in den Prozessen der faschistischen Periode gegen die palermitanischen *Cosche*, in denen sie noch heute kämpfen, verfolgt worden (sofern sie damals alt genug waren), und durch dieselben politischen Wechselfälle – bis hin zum allgemeinen Beitritt in die DC – gegangen wie ihre Kollegen des Inselinneren:

> Er war ein glühender Verfechter des Separatismus – schreibt Malausa über Benedetto Targia –, als jedoch diese Bewegung an Macht verlor, folgte er anderen Mafiosi, die von Partei zu Partei zogen: liberale, monarchistische, christdemokratische. Der Abscheu, den er vor der Legalität empfindet, zeigt deutlich, dass es nicht seine politische Gesinnung ist, die ihn zu den Christdemokraten getrieben hat, sondern lediglich persönliche Vorteile.[30]

In der Tat stellt auch diese Instrumentalisierung der politischen Gegebenheit nach dem separatistischen Rausch eine Konstante dar. Baldassare Motisi, Plantagenbesitzer, Großhändler von Zitrusfrüchten, christdemokratischer Kommunalrat, hat Malausa zufolge »viele Beziehungen zu hochgestellten Persönlichkeiten und profitiert davon ... mit dem Ziel, sowohl seine Position als Mafioso wie auch als Mann der Politik zu festigen«. Er trägt denselben Nachnamen und hat dasselbe Profil wie Francesco Motisi, Kommunalrat von 1899 und Vertreter der Mafia aus Mezzomorreale. Die 24 palermitanischen Mafiabosse aus dem Bericht sind alle »Gewalttäter« aus der Mittelschicht« im Sinne Franchettis: Großpächter, Eigentümer und Pächter von Zitrusplantagen, Mittelsmänner, Händler, »Geschäftige« und »Geschäftsmänner«. Das schließt natürlich nicht die gesellschaftliche Flexibilität aus. Die Auseinandersetzung zwischen den La Barbera und den Greco ist die zwischen einer neuen und einer alten Mafia, die beide aufgrund einer Ost-West-Dialektik innerhalb des Palermitaner Raumes entstanden sind. Wie Terranova erklärt, »sind die Greco eine durch und durch vornehme Familie«,

> sie stellen die traditionelle Mafia dar, die Mafia, die sich mit Respektabilität tarnt, ... und sie sind durch ein dichtes Netz aus Freundschaften, Interessen und Protektionen mit den größten Mafiosi des palermitanischen Raums verbunden. Sie haben eine überlegene Stellung im Bereich des Tabak- und Rauschgiftschmuggels inne. Die La Barbera hingegen kommen aus dem Dunkeln und ihre Stärke besteht vor allem in ihrem Unternehmergeist und ihrer Bande resoluter Meuchelmörder.[31]

Zu den Verbündeten der La Barbera gehört Tommaso Buscetta, Sohn eines Glasers, der ebenfalls »aus dem Dunkeln« kommt. Unter ihnen gibt es jedoch auch einen, der von höchstem mafiosen Adel ist: Pietro Torretta, ehemaliger Mitläufer der Bande Giuliano und nun *Cosca*-Chef des Vorortes Uditore, Gutsverwalter des Marchese Di Gregorio. Ein vermögender Mann, der »größten Respekt« genießt. Torretta wird unter anderem wegen Mordes an einem gewissen Salvatore Gambino angeklagt, der nach einer heftigen Schlägerei (1963) erschossen wird. Wenige Stunden zuvor hatte Gambino aus nichtigen Gründen Filippo und Michele Bonura getötet und sich dann bei Torretta versteckt. Vertrauliche Quellen legen seinen Tod dem Mafiaboss zur Last, der angesichts des »ungerechtfertigten« Mordes seine regulierende und bestrafende Funktion ausüben wollte. Das Gericht jedoch wird das Motiv als unzureichend einstufen, da die Beziehung Torrettas zu Gambino sehr viel enger ist als die zu den Bonura. Vielleicht wäre einiges klarer gewesen, wenn man gewusst hätte, dass sechzig Jahre zuvor, im selben Vorort, der die Wiege der palermitanischen Mafia darstellt, andere Mitglieder der Familie Bonura die *Cosca*-Anführer von Torrettas Vater gewesen waren; und dass wiederum zwanzig Jahre später ein anderer Bonura das selbe Amt am selben Ort bekleiden sollte.

In gerichtlichen Untersuchungen von Fakten unterschiedlichster Art tun sich auf einmal schwindelerregende historische Abgründe auf. Gehen wir für einen Moment in die 1970er Jahre. Ingenieur Giuseppe Di Benedetto, Bauunternehmer, der knapp bei Kasse ist, wird vom Baron Sebastiano Provenzano unter Druck gesetzt, der ihm dreißig Millionen geliehen hatte und nun die Rückgabe samt Zinsen fordert. Di Benedetto sucht also die Vermittlung des ehemaligen Mafiabosses aus Passo di Rigano, Rosario Di Maggio, der sich sofort anbietet, die Sache »zu regeln«. Di Maggio erklärt dem angenehm überraschten Ingenieur, dass er ein »Freund« seines Vaters und Wahlmann seines Großvaters war, des ehrwürdigen Lo Monte, des Beschützers der Mafia in der Nachkriegszeit. Die Zinsen werden gestrichen, die Zahlung angenehm gestundet: Wer den Kredit herausholt, ist Rosario Spatola, Neffe von Di Maggio, Bauherr, Bankier und Geldwäscher der Gruppe, deren Spur zu Salvatore Inzerillo führt. Der wiederum ist der Nachfolger von eben jenem Di Maggio in der Führung der *Cosca* und Boss der größten Drogendealerbande auf der Achse Palermo-New York. Alte oder neue Mafia? Die klassische Mafia der Vororte, Ausdruck der Kontinuität der Kontrolle über ein Gebiet, das die Kulisse für palermitanische Grundstücks- und Bauspekulationen abgibt. Als Grundstücke aus der Hinterlassenschaft der Familie Tagliavia verkauft werden sollen, erhebt Michele Greco Einspruch. Da die Greco schon seit langem Pächter dieser Grundstücke sind, glaubt er, Ansprüche auf sie zu haben. Diese Art der mafiosen »Ersitzung« wird vom ehrwürdigen Luigi Gioia unterstützt, dem Liquidator des Erbgutes Tagliavia und Verwandter der Greco. »Es war undenkbar«, kommentieren die Ermittler des Maxiprozesses, »dass Michele Greco auch nur annähernd darauf einging, Grundstücke zu kaufen, die er für die seinen hielt«.[32] Als Nutznießer der Parzellierung des Grundstücks Scalea tauchen die Söhne des Mafioso Gaetano Cinà auf, des ehemaligen Verwalters jener Plantagen.

Dies ist das Palermo der aristokratischen Dekadenz, das Palermo, das sich noch bis zur Mitte der fünfziger Jahre einer gemäßigten liberalen Führung anvertraut und sich nun von der politischen, christdemokratischen Klasse, die ihre Ursprünge im sizilianischen Hinterland hat und die allmählich die Kontrolle über die Region übernimmt, erobern lässt. Man könnte fast sagen, dass der mafiose Stand der einzige »politische« Stand der Stadt ist, dem es gelingt, seine eigene Macht zu verteidigen und zu vergrößern.

Der Fall der Corleonesen wird eine zentrale Rolle in den Ereignissen spielen. Bleibt jedoch noch zu überprüfen, ob diese sich wirklich nur auf die Mafia des Hinterlandes beschränken. Navarra war der Mafiaboss *von Corleone*. Leggio bleibt fast immer flüchtig und verbringt die meiste Zeit in Palermo, an dessen Fleischmarkt er als Viehdieb interessiert ist. Er behält einen soliden Standort im Herzen der alten Mafia der Plantagen, Piana dei Colli, mit einem Transportunternehmen, das er Giacomo Riina und dessen jungen Neffen Salvatore anvertraut, der nicht zufällig dazu bestimmt ist, in Zukunft die Führung über die Gruppe zu übernehmen. Was in der Gegend von Corleone geschieht, hat allerdings sofortige Auswirkungen auf Palermo. Nach der Eliminierung Navarras wird Leggio zu Salvatore Greco gerufen, der ihn für seine Initiative zur Rechenschaft zieht, womit er die verärgerte Reaktion des neuen Bosses provoziert. Anscheinend hatte die Mafia der Plantagen hinter Navarra gestanden, der den Bau eines Staudamms verhindern wollte, der Wasser aus dem Corleoneser Raum in die ›Goldene Muschel‹ gebracht und damit das Monopol der Wasserverteilung zunichte gemacht hätte. Leggio hingegen hatte die Absicht, die Geschäftsmöglichkeiten, die der Bau des Staudammes mit sich gebracht hätte, auszunutzen. Die Probleme von Corleone sind also nicht dorfintern, sondern bilden den Ausgangspunkt »dieser Kette, die über die Staatsstraße 118 in die Hauptstadt der Insel führt«.[33] Entlang dieser Kette bildet sich ein subprovinzieller Raum, in dem die Mafiosi aus Cinisi (Cesare Manzella und Gaetano Badalamenti), Corleone (Leggio) und Caccamo (Giuseppe Panzeca) eine bedeutende Rolle spielen. Der Mittelpunkt ist in jedem Fall Palermo, das mit der Gründung der Region wieder Hauptstadt geworden ist.

Was für Aktivitäten schützt und fördert das Netz der mafiosen Verbindungen? Wozu dient die Mafia?

Kehren wir zu Leonardo Vitale zurück, der, wie der Hauptdarsteller aus *Goodfellas,* Gangster geworden ist, weil er »vor einem Hydranten parken will«. Er setzt das Auto eines Kinodirektors in Brand, der sich schuldig gemacht hat, weil er ihn nicht gratis ins Kino ließ. Das ist die einzige Gelegenheit, bei der Leonardo persönlich die Initiative ergreift. Ansonsten sind seine Delikte immer Teil des Tagewerks einer kollektiven Einheit, der *Cosca* oder aber der Familie Altarello-Porta Nuova, die von Pippo Calò angeführt wird. Zu diesem Tagewerk gehört, sich einen Posten als Aufseher auf Plantagen oder auf Baustellen zu besorgen, Schutzgelder einzutreiben, Telefonate zu führen und Drohbriefe zu schreiben, Wachhunde zu vergiften, ein paar Maschinenausrüstungen in Brand zu setzen und wenn nötig mit der alten Flinte jemanden zu töten – aus dem Versteck hinter einer Mauer heraus, oder, moderner, in einem »Topolino« mit geöffnetem Verdeck stehend. Wie ihre Väter und Großväter töten Vitale und seine Leute in der Regel andere »Gewalttäter«, Zitronendiebe (sic!), Konkurrenten in der mafiosen Hierarchie. Einmal stirbt ein Unternehmer bei einem Entführungsversuch: Hätte er sich nicht gewehrt, kommentiert eines der Mitglieder traurig, »würde er noch leben und wir hätten das Geld«.[34]

Der territoriale Kontrollmechanismus macht keinen Unterschied zwischen Landwirtschafts-, Bau- oder Handelssektor. Wichtig ist, dass das Monopol gewisser Aktivitäten, in erster Linie die Beaufsichtigung, in Händen der *Cosca* bleibt und dass die anderen Aktivitäten mit ihrer Erlaubnis und mit ihrer Beteiligung am Gewinn ausgeübt werden. Das gilt auch für die wenn auch seltenen palermitanischen Industrien. Die Werft, die dem Genuesen Piaggio gehört, vergibt an die *Cosca* von Acquasanta einige interne Dienste, darunter den Auftrag, unter den Arbeitern für Ruhe und Ordnung zu sorgen, mit Methoden des sanften Klientelismus oder der harten Konfrontation, wie 1947, als *Zu* Cola D'Alessandro und seine *Picciotti* zu den Pistolen greifen. Eine weitere Genueser Firma, die die Gesellschaft »Elettronica Sicula« gründet, greift bereits für den Erwerb der Grundstücke, auf denen die Gebäude entstehen sollen, auf die Vermittlung des Mafiabosses von S. Maria di Gesù, Don Paolino Bontate, zurück. Dieser lässt daraufhin seine Autorität spielen, auch um den lokalen Widerstand gegen die Bohrungen zu überwinden, mit denen die Ingenieure das Bewässerungssystem anzapfen – immer schon ein heikles Thema in Palermo. Es kommt der Tag der Einweihung der Fabrik, bei der sich ein »wahrhaft erniedrigendes Schauspiel« darbietet. Kaum hat der neue Direktor Profumo mit seiner Rede begonnen, als er plötzlich allein dasteht, weil die »große Gruppe der repräsentativen Funktionäre der Region und der Kommune«, die vor ihm sitzt, geschlossen aufsteht und zur Tür läuft: Ein Wettlauf setzt ein, bei dem es darum geht, als ersten Don Paolino, der soeben den Saal betreten hat, die Ehre zu erweisen. Es drängt sich der Gedanke auf, dass der Mafiaboss, um die »fruchtbare« Investition zu begünstigen, viele seiner Beziehungen als ehemaliger Monarchist und derzeitiger Christdemokrat, vielleicht auch die Verwandtschaftsbeziehung zur Abgeordneten Margherita Bontate (auch die Christdemokratin), hat spielen lassen; im Gegenzug dafür werden ihm die Einstellung der Arbeiter und die Belieferung der Betriebskantine vorbehalten, dazu kommt eine beträchtliche Summe Geld zur Belohnung. 1959 verlangt er höchstpersönlich, dass man der CGIL (Confederazione Generale Italiana del Lavoro – Allgemeiner italienischer Gewerkschaftsbund) verbietet, eigene Listen für den internen Ausschuss vorzulegen, und seiner Forderung wird Genüge getan: »Ich brauche Paolo Bontà«, erklärt Profumo, »weil er mir Wasser gibt. Er ist es, der mir Boden gibt, um die Fabrik zu vergrößern, von ihm bin ich abhängig, um Arbeiter zu finden«.[35]

Die Beziehung zwischen dem Ingenieur Profumo und Don Paolino verdeutlicht, dass zwischen Protektion, Vermittlung und Mitbeteiligung ein Kontinuum besteht, das in das uns bekannte Phänomen der Verwandlung von Aufsehern in Geschäftsleute, Großpächter und Händler unterschiedlichster Art einzuordnen ist. Die Mittelmäßigkeit der Delikte eines Leonardo Vitale stellt lediglich die Grundstufe der Mafiaaktivitäten dar; die selben Instrumente in der Hand fähiger Personen führen zu ganz anderen Zielen. Nehmen wir den Fall der Brüder La Barbera, deren Ausgangsbasis weit unter der zweier kleiner Vorstadtdiebe liegt, so dass die Antimafia sie als »gewöhnliche Verbrecher, die sich in die Maschen des Mafianetzes eingeschlichen haben«[36], definieren wird. Wie im Fall von Leggio überschätzt man weiterhin den Idealtypus des Mafioso/angesehenen Bürgers und unterschätzt die Rolle der Gewalt bei der Festlegung der Hierarchien, bei der Bestimmung auch sehr schneller Aufstiege. Die beiden Ex-Diebe verwandeln sich schnell in Erpresser, Villenwächter, dann in Baustellenaufseher, womit sie im Vergleich zu Leggio noch immer Handlangerstatus haben; bis die beiden Brüder schließlich eine Lieferfirma für das Bauwesen gründen, an die sich die beschützten Unternehmer wenden, und sie von Mafiaboss Bartolo Porcelli mit Eugenio Ricciardi in Kontakt gebracht werden, dem Vertrauensmann des Bauunternehmers Salvatore Moncada. Natürlich muss die Karriere des Beschützers, der zum Geschäftsmann wird, auch *innerhalb* einer Mafiagruppe, im diesem Fall der Familie aus »Palermo-Zentrum«, ausgehandelt werden, wo man die Beziehungen mit anderen Aspiranten auf diese Funktion regeln muss. Angelo La Barbera löst das Problem seiner Konkurrenz mit Ricciardi, indem er ihn in die Falle Gaetano Galatolos, genannt Tanu Alatu, lockt (1952). Mit diesem Mord beginnt der Aufstieg der beiden Brüder in das Herz der mafiosen Macht, an die Spitze des Zusammenschlusses von Familien, zu der auch die Familie von Altarello-Porta Nuova gehört.

Die La Barbera übernehmen nicht nur Ricciardis Status, sondern auch seine Aktivitäten. Als Giuseppe Ricciardi, Sohn des Opfers, die Lastwagen der kleinen väterlichen Transportfirma ohne Reifen und demonstrativ auf Böcke gehievt vorfindet, begreift er, dass er alles den Siegern verkaufen muss, und sucht sich einen Posten als Buchhalter in einem Elektrogerätegeschäft. Das Milieu jedoch ist immer noch das gleiche. Die neuen Arbeitgeber des jungen Mannes, Giulio Pisciotta und Vincenzo Maniscalco, schmieden Pläne gegen die neuen Anführer der *Cosca*, vereinigen sich mit anderen zwielichtigen Personen und zetteln ausgerechnet eine Entführung des Bauunternehmers Moncada (1960) an. Als erstes gerät Maniscalco in einen tödlichen Hinterhalt. Dann tauchen die La Barbera zusammen mit Tommaso Buscetta und Salvatore Gnoffo vor dem Bahnhof Brancaccio auf, wo Pisciotta und sein Partner Natale Carollo sich in Begleitung von Ricciardi hinbegeben, um Waren abzuholen. Ricciardi selbst ist es, der (unfreiwillig?) den Mördern seines Vaters die richtige Information hat zukommen lassen. Unter vorgehaltenen Waffen werden die ersten beiden zu einer »Unterhaltung« eingeladen, von der sie nie mehr zurückkehren werden, Ricciardi wird aufgefordert, nach Hause zu gehen und alles zu vergessen. Das zumindest ist die erste Version Ricciardis, der danach alles abstreitet mit der Behauptung, gefoltert worden zu sein, aber auch hierzu später in seiner Verzweiflung widersprüchliche Aussagen machen wird. Letztendlich wird er sagen, dass er »niemanden kennt, dass er krank ist, dass er eine gut bezahlte Beschäftigung verloren hat, weil er der Sohn seines Vaters war, dass er vor allem und jeden Angst hat«, dass er einfach nur »in Ruhe leben will«.[37] Offenbar ist das Leben als Sohn eines Mafiabosses nicht leicht.

3. Soldaten und Dealer

Eine Sichtweise, die den Mafiosi unterstellt, auf niedrigem Niveau und ländlichem Terrain zu operieren, begünstigt die Verwunderung darüber, dass die Mafiosi seit der Nachkriegszeit auf den Pfaden des internationalen Tabakschmuggels und des Drogenhandels mit Bestimmungsort Vereinigte Staaten wandeln. Der transozeanische Austausch stellt einen der wesentlichen Aspekte der Geschichte dar, die hier erzählt wird, vor allem der Export von Südfrüchten, ohne den die Mafia der Plantagen und die Plantagen selbst nicht existieren würden. Und in eben diesen Zitronenkisten versteckt reisen in den 1920er Jahren Opium und Morphium von Palermo nach New York, und zwar in Mengen, die als Repressalie eine Reihe von Handelsbeschränkungen von amerikanischer Seite hervorrufen könnten. Mit der Emigration des beginnenden Jahrhunderts und auch danach noch, auch wenn der Strom etwas nachlässt, setzt auch der »Export« von Menschen ein. Mit all den anderen beginnen auch Persönlichkeiten wie Calogero über den Ozean zu setzen, der 1906 in Terrasini geboren wurde, 1922 mit 400 Dollar nach Detroit aufbricht, 1928 mit 800 Dollar zurückkehrt und der dann zwischen Amerika, Sizilien und Spanien zu pendeln beginnt und mit dem Import und Export von Öl und Käse, mit der Herstellung und dem Handel von Sardinen und gesalzenen Heringen zu Reichtum kommt. Das zumindest ist seine Variante, der Polizei zufolge handelt er mit Drogen. Man erinnere sich, dass in den 1930er Jahren bereits Lucky Luciano Rauschgift aus Europa importiert, möglicherweise über Leute wie Pietro Davì, genannt Jimmy der Amerikaner, der 1934 aus Amerika zurückgekehrt ist und bereits 1935 wegen dunkler Geschäfte in Mailand verhaftet wird. 1950 treffen wir ihn als Morphiumimporteur aus Deutschland wieder. Aber hier befinden wir uns bereits nach dem Krieg, als Amerika mit dem Marshall-Plan und den »Unerwünschten« nach Italien kommt.

Der Bedeutendste unter den »Unerwünschten« ist Luciano selbst, der nach einer obskuren Abmachung mit seinem ehemaligen Verfolger, dem Senator Thomas Dewey, entlassen und in seine Heimat geschickt wird. Mit Sicherheit ist er es, der das Spiel wieder eröffnet, als erstes die »Goldader« der Pharmaindustrien Norditaliens, von denen er seine Rohstoffe bezieht, ausschöpft[38] und dann Kontakte zu den Marseiller Raffinerien knüpft. Nachdem sie ihn zunächst freigelassen haben, scheinen die Amerikaner sich auf einmal von dem, den sie als »König oder zumindest Mitglied der Königsfamilie«[39] eines Handels betrachten, der alles in ihr Land einführt, belästigt zu fühlen. Daher die Proteste gegen die italienischen Behörden, denen man vorwirft, seinen Aktivitäten keine Beachtung zu schenken. In der Tat zeigen die Italiener sich nur widerwillig bereit, eine Untersuchungsmaschinerie in Gang zu setzen, die in der Lage ist, den verschlungenen Pfaden der Droge nachzuspüren. Luciano ist ein ruhiger, ausländischer Geschäftsmann, der vielleicht illegale Geschäfte führt, aber dennoch harmlos für ein Italien, in dem man keine Drogen herstellt und vor allem keine Drogen konsumiert. Die durch den Schmuggel ausgelösten sozialen Unruhen sind immer noch gering und nicht der Rede wert.

Der »Statthalter von Lucky Luciano in Palermo« ist Antonio Sorci, bekannt als »Ninu u riccu« – »Nino der Reiche«, weil er den Profit aus dem Drogengeschäft gewinnbringend in die Parzellierung der alten Villa d'Orléans gesteckt hat.[40] Zu diesem gesellt sich Rosario Mancino, ehemaliger Hafenarbeiter, der Inhaber einer Exportfirma geworden ist, die offiziell Zitrusfrüchte, in Wirklichkeit aber Heroin exportiert, das vielleicht aus seinen eigenen libanesischen Kontakten – Mancino stammt aus Beirut – kommt. Eine seiner Lieferungen erhält (1951) in Amerika Gaetano Badalamenti, Mafioso aus Cinici, der oft in Detroit bei seinem Bruder Emanuele und der örtlichen Mafia zu Gast ist. Anscheinend existiert eine Achse Luciano-Sorci-Mancino-La Barbera, die vielleicht der palermitanischen Organisation für den Drogenhandel und den Tabakschmuggel entspricht, die laut Quellen der Zollbehörde von Pietro Davì, der uns schon bekannt ist, angeführt wird. Ich weiß jedoch nicht, ob man diese als eine »monopolistische, von Lucky Luciano geleitete Struktur« bezeichnen kann. Weiterhin gibt es, nach Aussage derselben Quelle, in Palermo eine andere (konkurrierende?) Organisation von internationalen Dealern, die von Gaspare Ponente angeführt wird, welcher 1958 ermordet wird und seinen Platz Salvatore Greco, »dem Ingenieur« überlässt. Unabhängig von Luciano hat sich inzwischen ein anderer Amerikaner sizilianischer Abstammung auf den Markt gestürzt, Frank Coppola aus Partinico, der auf frischer Tat ertappt wird, aufgrund – wie es scheint – eines Hinweises von Luciano selbst. In unklarer Verbindung zu den anderen sind Personen wie die Brüder Caneba oder Serfino Mancuso aus Alcamo an dem Kreislauf beteiligt. Sie pendeln zwischen den Vereinigten Staaten und Italien hin- und her, verhandeln mit den Marseillern über Qualität und Preis des Produkts, organisieren die Lieferungen.

An dieser Stelle muss man sich fragen, warum die Ware Heroin, die in Form von Opium im Orient hergestellt, in Frankreich weiterverarbeitet und in den Vereinigten Staaten konsumiert wird, über die Sizilianer läuft. Die Tatsache, dass die Droge in den Koffern der Emigranten versteckt wird, ist ein erster Hinweis darauf, in welcher Form die Netze, die Sizilien mit Amerika verbinden, reaktiviert werden. Der Nizzaer Pascal Molinelli zum Beispiel verbündet sich mit den Mafiosi (Buscetta), weil diese sich im Gegenzug darum kümmern, »Kunden zu finden und mit ihnen zu verhandeln«.[41] Die sizilianischen Drogendealer verfügen über eine strategische Ressource: die vertraulichen Beziehungen, die sie mit den Käufern verbinden; besser gesagt, *sie sind* die Vertrauten der Käufer. Daher die bedeutende Rolle der Gruppen, die sich, im Gegensatz zur »großen« palermitanischen Organisation, darauf spezialisiert zu haben scheinen, die Brücke zwischen den beiden Ufern des Ozeans zu schlagen. Vor allem im Westen der Hauptstadt, einem Gebiet mit alten Beziehungen zu Tunesien und damit zur illegalen Emigration, gibt es typische sizilianisch-amerikanische Rauschgifthändler-*Cosche*, wie die aus Cinisi, aus Alcamo, aus Partinico, und vor allem aus Castellammare del Golfo, dem Heimatdorf der Bonnano aus New York und der Magaddino aus Buffalo, aus dem ein beträchtlicher Prozentsatz der amerikanischen Mafiosi hervorgeht, auch wenn das Dorf in der Inselgeschichte keine vergleichbare Bedeutung hat. Aber hier regieren noch Gaspare Magaddino und Diego Plaja, Verwandte und Freunde der amerikanischen Bosse. Wie zu Beginn des Jahrhunderts setzt der Migrationskreislauf ein Netz der mafiosen »Handelskolonien« wieder in Betrieb, das in mancher Hinsicht den geschlossenen jüdischen oder griechischen Kolonien ähnelt, die lange vor dem modernen Zeitalter Handel trieben; oder aber den englischen und amerikanischen vom Beginn des 19. Jahrhunderts, die ihre Kinder nach Sizilien schickten, um den Import von Südfrüchten zu organisieren und finanzielle Mittel zu transferieren, um deren Anbau zu fördern und diese leichtverderbliche Ware auf zerbrechlichen Segelschiffen über den Ozean zu schicken. In all diesen Fällen dient das auf Vertrauen gegründete, familiäre oder ethnische Band dazu, die hohen Risiken, die der Transaktion anhaften, zu verringern: bei Rauschgiften die Beschlagnahmung durch die Polizei, doch auch der stets lauernde Betrug.

Solche Organisationen entsprechen *nicht* den »Familien« der palermitanischen *Cosa Nostra*, da sie keine territoriale Kontrolle ausüben, sondern Handel über eine weite Entfernung betreiben. Wir haben zwei verschiedene Modelle von Organisationen, zu deren Verständnis wir die Unterscheidung, die Alan Block für den New Yorker Fall vorschlägt, zugrunde legen können, nämlich zwischen *Power Syndicate* und *Enterprise Syndicate*, wovon Ersteres im Wesentlichen zur »Erpressung, nicht zum Unternehmen« hin tendiert, Letzteres »im Bereich illegaler Unternehmungen wie Prostitution, Glücksspiel, Schmuggel und Drogen operiert«.[42] In Palermo können wir die Territorialstruktur der Familien, mit ihren strengen Aufnahmebedingungen, ihrer außergewöhnlichen Beständigkeit in der Zeit, der militärischen Stärke und der damit verbundenen Fähigkeit – beginnend mit dem Überwachungsgeschäft und dem Kreislauf Erpressung-Protektion –, eine stellvertretende Funktion der öffentlichen Sicherheit auszuüben, *Power Syndicate* nennen. Das *Enterprise Syndicate* hingegen stellt das sehr viel mobilere Geschäftsnetz dar, das sich bereits im 19. Jahrhundert für Viehraub und Schmuggel interessierte und das nun in den Tabak- und Rauschgifthandel einsteigt. Die Tatsache, dass die Aktivisten der *Cosche* selbst in solche Netzwerke verstrickt sind, entkräftet die Differenzierung weder konzeptuell noch empirisch: Buscetta erklärt, dass die Familien sich darauf beschränken, ihren Anhängern »die Erlaubnis« zu geben, an verschiedenen illegalen Geschäften teilzunehmen. Das Netzwerk kann allerdings nicht durchweg mafios sein: Tangerianer, Amerikaner, Neapolitaner, Marseiller, Chinesen, Abenteurer, Frauen, Angesehene und nicht Angesehene und Bankiers nehmen daran teil. Gleiches gilt für den Tabakschmuggel, der durch die Zuarbeit von »Gruppen internationaler Abenteurer, zum größten Teil Amerikaner«, die sich in den Freihäfen von Tanger und später Gibraltar niedergelassen hatten, entstanden ist und sich von hier nach Genua und Sizilien ausbreitet, respektive unter der Obhut der Marseiller und der Mafiosi. Hierfür stützt man sich »auf einige Import-Export-Firmen Tangers und der Schweiz und für die Finanzierung der Operationen auf Banken Tangers, die von Juden kontrolliert werden«.[43] Der Handel setzt

> den Einsatz ungeheuren Kapitals und beträchtlicher Mittel für den Erwerb oder die Anmietung von Schiffen voraus [...]; für

den Kauf oder die Mietung von Schwarzsendern in Frankreich und Italien; für die Bezahlung des Tabaks, der in Tanger und Gibraltar eingeschifft wird (die Ladung eines einzigen Schiffes kostete die Organisatoren im Durchschnitt 40 000 Dollar); um Kapitäne und Mannschaften für die Schiffe, Bediener für die Radios anzuheuern, einzustellen und auf Italien und andere Länder zu verteilen; um dem Verlust von Männern und Mitteln entgegenzuwirken; um beträchtliche finanzielle Mittel in die Schweiz, nach Italien, Frankreich, Malta zu transferieren.[44]

Wir begegnen wieder Mafiosi wie Badalamenti, Buscetta, Angelo La Barbera, Calcedonio Di Pisa, Vincenzo Spadaro, die an den Stränden auf die Lieferungen warten, zwischen den Ländern hin- und herpendeln, mit angesehenen Männern der korsischen und Marseiller Unterwelt wie Paul Paoli oder mit Mailändern wie Romano Scarabelli verhandeln; die Kontakt zu den Neapolitanern aufnehmen, um ein weiteres Terminal für die Verteilung zu schaffen, als die sizilianischen Küsten allmählich zu stark von der Polizei überwacht werden. Eine grundlegende Rolle hat europaweit Salvatore Greco, »der Ingenieur«, inne, »Finanzier und Beauftragter der Kontakte zu den ausländischen Organisationen«[45], der in enger Verbindung zum anderen Marseiller Boss Elio Forni steht. Doch es gibt auch bescheidenere Ebenen, auf denen die Mafiosi mit Personen in Kontakt treten, die nichts mit ihren Mythen und Ritualen, mit ihrer ethnischen und kulturellen Abstammung zu tun haben. Die Frau eines Schmugglers aus Tanger, der 1960 verhaftet wird, fordert für sich und für ihr ungeborenes Kind das Geld, das die »Freunde aus Palermo« ihrem festgenommenen Mann schulden, und fügt hinzu: »Ich fürchte mich nicht vor eurer Mafia«.[46] Hier ist nicht nur die Unvorsichtigkeit einer »fremden« Frau zu beobachten, die schriftlich das Wort Mafia benutzt (was eine Bedrohung für die Sicherheit darstellt, schließlich könnten die Behörden aufmerksam werden), sondern auch der Mangel an Solidarität innerhalb der Schmugglergruppe, im Gegensatz zur Versorgung der Familie eines Verhafteten, die innerhalb der Mafiagruppe selbstverständlich ist.

Diese Ungleichheit wirkt sich negativ auf die Sicherheit aus, welche die Geschlossenheit des *Power Syndicate* garantiert. Daher rührt die große Stärke der sizilianisch-amerikanischen Familien (der Mafia- und vor allem der Blutsfamilien). Die Händler hingegen sind eher dem Verrat ausgesetzt und darüber hinaus in Aktivitäten involviert, die unweigerlich Spuren hinterlassen (Schiffe, Waren, Telefonate, Briefe, Kontobewegungen). Daher werden sie zuweilen auf frischer Tat ertappt: Ihre Aktivitäten finden an der Oberfläche statt und sind sichtbar, nachweisbar als Verbrechen, wohingegen die Aktivitäten der Territorialorganisation im Verborgenen geschehen und geheimnisvoll bleiben. Es gibt auch einen potentiellen Widerspruch zwischen den Milieus, in denen die beiden Organisationen agieren. Buscetta berichtet, 1958 vorübergehend von seiner Familie »abgelegt« (ausgeschlossen) worden zu sein, weil er mit externen Kontakten zu weit gegangen sei: »Der Zigarettenschmuggel bezog Personen ein, die keine mafiose Gesinnung hatten«.[47] In der Leitung der großen Geschäfte finden die Mafiosi sich – abgesehen von den »Fremden« – außerdem Seite an Seite mit Mitgliedern anderer *Cosche*, was die Gefahr mit sich bringt, dass die Solidarität der Familie irgendwann von der geschäftlichen überlagert wird. Die gewöhnliche Mitgliedschaft impliziert ein einfaches, allgemeines Recht, sich in die Geschäfte der anderen Mitglieder einzubringen, was jedoch in der Praxis von der Geschäftstüchtigkeit und vor allem von den finanziellen Mitteln jedes Einzelnen abhängt: »Im Handel mit Rauschgift waren alle Personen autonom. Wer bessere ökonomische Voraussetzungen hatte, arbeitete mehr«.[48] Das erklärt die großen ökonomischen und sozialen Unterschiede zwischen den Personen, die sich im mafiosen Universum und innerhalb der einzelnen *Cosche* bewegen und unter denen es (wie in jedem anderen Universum) Arme und Reiche gibt.

Die territorialen Strukturen können durch mehr oder weniger zweckdienliche interne Fehden bremsen oder mäßigen, den Zugang zu den Ressourcen unter Mitgliedern wieder ins Gleichgewicht bringen, jedoch nie die Entwicklung fruchtbarer Aktivitäten blockieren: Die Verwandlung von Aufsehern in Geschäftsleute ist ein Phänomen, das sich in der gesamten Geschichte der Mafia kontinuierlich wiederholt, ja, als eines ihrer wesentlichen Elemente betrachtet wird. Auch auf derart weitläufige Beziehungsnetze verteilt, begünstigt die mafiose Zugehörigkeit immer noch die Identifikation der sizilianischen oder sizilianisch-amerikanischen Gruppen, »dieselben Bräuche, dieselbe kriminelle Philosophie und ein gemeinsames Erbe«.[49] Sie stellt immer noch einen bevorrechteten Raum der Kommunikation dar, vergleichbar mit dem der Zugehörigkeit von Politikern, Funktionären, Geschäftsleuten zu den Freimaurern. Es existiert jedoch eine spezifischere Ebene gegenseitiger Zweckdienlichkeit zwischen *Enterprise Syndicate* und *Power Syndicate*. Die illegalen Unternehmen benötigen ebenso wie – oder mehr noch als – die legalen Protektion, da sie sich nicht wie diese an öffentliche Behörden wenden können, um Schutz zu suchen.

> Die ökonomischen Folgen dieser Besonderheit sind vielseitig: Das illegale Vermögen ist verletzlich, sowohl durch die legale Beschlagnahmung als auch durch den Diebstahl. Die Besitzansprüche können sich nicht auf schriftliche Dokumente stützen und sind in der Regel ungenau definiert. Diebstahl, Betrug, Konkurs, Insolvenz, Misstrauen und Auseinandersetzungen sind auf illegalen Märkten sehr viel häufiger als auf den legalen; konsequenterweise existiert also ein größerer Bedarf an Schutz, aber der ist auch besonders schwierig zu liefern. Es ist nicht nötig zu sagen, dass eine fatale Anziehungskraft die Mafia auf diese Märkte zieht.[50]

Beim Tabakschmuggel schließt die Zollbehörde nicht aus, »dass gewisse mafiose *Cosche* sich darauf beschränken, den Schmugglerorganisationen einen Prozentsatz des Gewinns (den sogenannten »pizzu«) abzunehmen. Die Mafia, würde

Gambetta wieder sagen, profitiert von ihrem »Warenzeichen«, das – aufgrund des Alters der *Firma*, das auf Kontinuität der Geschäfte und (angenommene) Korrektheit der Geschäftsleute schließen lässt – besonders angesehen ist; aber, würde ich hinzufügen, auch von ihrer (unterstellten) Fähigkeit, der *Staat* zu sein, Regeln aufzuerlegen, zu überwachen und zu bestrafen. Das Verhältnis zwischen allgemeiner und mafioser Kriminalität taucht auch in Reuters Studie über den New Yorker Fall auf.[51] »Es liegt in der Natur meiner Aufgabe, Gesetzeswidrigkeiten nachzuweisen«, schreibt in der Sprache eines Staatsanwaltes Calogero Di Carlo, Mitglied der Familie Gambino, an den Drogenkurier aus Marsala, Vincenzo Martinez.[52] Bei einer ganzen Reihe von Gelegenheiten, im Laufe irrsinniger Verhandlungen um Streitigkeiten zu besänftigen, große Betrüge festzustellen, Zahlungen zu regeln und Titel auf Güter und Kapitalien zuzuteilen, scheint die Rolle der amerikanischen wie der sizilianischen Hierarchie die des Bürgen zu sein.

Versuchen wir mit diesem Rüstzeug, die Ereignisse der 1950er Jahre noch einmal zu deuten. Als er nach Italien kommt, hütet Luciano sich davor, in die Umstrukturierung der territorialen Macht in Sizilien einzugreifen: Daran hatte er weder das Interesse, noch hatte er die Kraft dazu. Stattdessen lässt er sich in Neapel nieder, dem richtigen Ort, um Beziehungen mit Amerika, Frankreich, Norditalien und Sizilien zu unterhalten. Der Mann, der auf der Pferderennbahn von Agnano von einem kleinen lokalen Gauner ungestraft geohrfeigt wird, ist nicht *der Boss* der Mafia, sondern ein geschäftlicher Mittelsmann. Die berühmte Palermitaner Versammlung im Hotel delle Palme (Oktober 1957) stellt gewiss einen Versuch dar, den Lauf der Dinge umzulenken. Da die kubanische Basis aufgrund der Castro-Revolution geschlossen wird, versuchen Joe Bonanno und die anderen Bosse der amerikanischen Cosa Nostra die lokalen Bosse zu einer freundschaftlichen Aufteilung zu überreden. Jedoch ohne großen Erfolg, wenn wir der Bemerkung glauben dürfen, die Genco Russo an seinen Landsmann aus Amerika,

Santo Sorge, gewandt, auf den luxuriösen Hotelkorridoren macht: »Wenn zu viele Hunde sich um einen Knochen streiten, ist glücklich der, der fern bleiben kann.«[53] Abgesehen von dieser schmückenden, doch orientierungslosen Persönlichkeit stellen die anderen Anwesenden die typischen sizilianisch-amerikanischen Mafiagruppen dar: die Badalamenti aus Cinisi/Detroit, vielleicht auch der ein oder andere aus Alcamo, mit Sicherheit die Maggaddino und die Plaja; Frank Garofalo, gebürtig aus Castellammare, der 1957 gerade aus Amerika zurückgekehrt war. Aus der Sicht der Familien Bonanno und Magaddino aus New York und Buffalo, sprich vom Endpunkt des Migrationsstromes, könnte Sizilien als kleines Anhängsel von Castellammare del Golfo erscheinen, wo alles auf die amerikanische *connection* ausgerichtet ist. Doch es handelt sich eben nur um eine optische Täuschung.

Gemäß Buscetta sind es die Amerikaner, die anregen, in Sizilien eine Kommission nach dem New Yorker Modell zu schaffen; man muss jedoch überprüfen, inwieweit die Resultate den Absichten entsprechen. Es wird ein palermitanisches Provinzorgan gegründet, aus dem die Trapanesen ausgeschlossen sind, in dem anfangs zweitrangige Persönlichkeiten (einfache »Soldaten«) und keine Familienbosse sitzen, was symbolisch unterstreichen soll, dass die territoriale Führung durch die *Cosche* unumschränkt bleibt. Auch wenn sich schließlich die Machtbefugnisse der Kommission schnell ausweiten, sind in ihr die herrschenden Gruppen, die Greco, die La Barbera, Torretta und Leggio, von den Amerikanern unabhängig. Sie haben, soweit ich weiß, in Übersee keine Verwandtschaft, die von Bedeutung ist. In Palermo haben die Dealer natürlich ihre Bezugspersonen. Luciano hält sich größtenteils an die La Barbera, während die Cousins Greco sich gegenseitig ergänzen: der große Schmuggler (der Ingenieur), und der *Cosca*-Chef, der von allen als echter Anführer beschrieben wird (Chicchiteddu – der Zwerg). Die Tatsache, dass Luciano (sprich, die Amerikaner?) für die La Barbera Partei ergreift, rettet diese nicht vor der Niederlage, woran sich zeigt, dass das *Enterprise Syndicate* den Kampf im *Power Syndicate* nicht entscheiden kann. Nach der Anfangszeit Giuseppe Panzecas aus Caccamo übernimmt Chicchiteddu die Führung der Mafiakommission, die laut Carabinieri und Polizei als Gegenpol zur Antimafiakommission geboren wird: Der Staat stellt weiterhin ein gutes Modell für den anderen Staat dar. Terranova selbst definiert diese Polizeiinformationen als »vage und nicht überprüft«[54], sie zeigen jedoch eine – wenn auch relative – Fähigkeit, heimlich zu den Geheimnissen vorzudringen. Ich glaube nicht, dass die Kommission sich auf simple Anregung und nach amerikanischem Modell konstituiert hat, noch scheint mir beweiskräftig, was Bonanno schreibt: »Die Kommission war kein Teil meiner Tradition; es gab kein Organ dieser Art in Sizilien.«[55] In Palermo existierte Ende des 19. Jahrhunderts, und vermutlich auch in anderen Perioden, ein Koordinationsorgan. Bereits 1951 wiesen die Familien Palermos eine eigene gemeinschaftliche Entscheidungsstruktur auf und Versammlungen mit anderen Gruppen folgten aufeinander.

In der Tat ist das Prinzip des territorialen Monopols leicht formuliert, doch schwer aufrechtzuerhalten. Also bedarf es der gegenseitigen Anerkennung der Gruppen und der Verhandlungen um die Erlaubnis, auf dem Gebiet der anderen zu agieren oder um die Vorteile (einen prozentualen Anteil, einen Austausch von Gefälligkeiten) festzulegen, die man aus der Aktion anderer auf eigenem Boden zieht. Ein Teil des Alltags von Leonardo Vitale ist derartigen Vermittlungen gewidmet, zu deren Vereinfachung man einen permanenten Ort für die Verhandlungen festlegen muss. Um einen Streit zwischen der *Cosca* Altarello-Porta Nuova und der von Noce zu schlichten, in dem es um das Recht geht, in einem gewissen Gebiet Schutzgelder einzutreiben, wird Salvatore Riina, ehemaliger Killer von Leggio, in den Rang einer Autorität erhoben, die leitet, vermittelt, koordiniert: Von der kleinen Insel aus, auf der er seinen Zwangswohnsitz hat, nimmt Giovan Battista Vitale den ungünstigen Ausgang des

Schiedsgerichts hin, erklärt jedoch, dass Altarello noch was zu »schmecken« kriegen wird.[56] Es kommt auch vor, dass das Opfer einer Erpressung sich an Mafiosi anderer Gebiete wendet, so wie es der Unternehmer Silvio Faldetta tut, der sich angesichts der Forderung von fünfzig Millionen (1983) auf die Suche nach seinem »üblichen Gesprächspartner« macht, der jedoch diesmal nicht aufzufinden ist: Das Gebiet, in dem er sein Geschäft betreibt, ist das von Pippo Calò, *Cosca*-Chef von Porta Nuova, an den Faldetta sich für die Verhandlungen letztendlich wenden muss. Manchmal jedoch kommt es zu Reibungen. Ein Neffe von Buscetta, der ein in Termini Imerese operierendes Bauunternehmen besitzt, wird zum Beispiel Opfer von Einschüchterungsversuchen und Attentaten des lokalen Mafiabosses Pino Gaeta. Hier widersetzt sich offensichtlich die Territorialkompetenz der Autorität eines angesehenen Mitglieds der Cosa Nostra wie Don Masino Buscetta, auf dessen Vorhaltungen Gaeta mit einer schändlichen Anschuldigung reagiert: Buscettas Neffe besuche zu häufig die Polizei. Am Ende gelangt man dank der Vermittlung Calòs zu einem Kompromiss. In so manch anderen Fällen nehmen derartige Auseinandersetzungen ein tragisches Ende.

Wie man sieht, überschreiten die Beziehungen die Gebietsgrenzen, die Einflussbereiche überschneiden sich. Nicht nur das große Netz des internationalen Handels, sondern auch das engere der städtischen Geschäfte legt sich über Achsen, die sich nicht auf die Ausdehnung der territorialen Herrschaft der einzelnen Familien beschränken lassen. Die Grenzen sind nicht klar definiert, und das nicht nur im topographischen Sinne. Ein Mafioso kann politische Beziehungen kontrollieren, die zur Abwicklung von Aktivitäten an verschiedenen Orten notwendig sind; eine Firma kann an allen geografischen Orten, an denen sie operiert, Schutz nötig haben und ihn von einer einzigen Cosca erbitten; ein Baustoffhandelsunternehmen wie das der La Barbera kann Kunden an verschiedenen Stellen der Stadt (oder auch in anderen Städten) haben. Ich glaube kaum, dass sich die Recredit, »Krediteintreibungsgesellschaft für Privatbetriebe«, in der Salvatore Inzerillo Teilhaber ist, auf das von einer einzigen Familie kontrollierte Gebiet beschränken kann. Ebenso müssen die beiden Mafiosi, die von einer Firma aus dem Norden, die die Autobahn Palermo-Mazzara baut, beauftragt wurden, sich um »die Genehmigungen der Eigentümer, die durch die Ausführung der Arbeiten betroffen sind«, zu kümmern, »damit die Arbeiten unverzüglich begonnen werden können«[57], auf einem größeren Gebiet arbeiten.

Eine einzige Gruppe, und zwar die aus Acquasanta, kontrolliert den Wachdienst des Hotel delle Palme und der Villa Igea, die von derselben Gesellschaft geführt werden, jedoch in zwei verschiedenen Teilen der Stadt liegen, und erlegt der Direktion eigene Quellen für die Versorgung mit Fleisch auf: Das weist auf eine Tendenz zum mehr sektoralen als territorialen Monopol hin. Der Umzug des Sitzes der *Mercati Generali*, der Großmarkthalle, vom Viertel Zisa in das von Acquasanta (Januar 1955) ruft eine heftige Auseinandersetzung hervor, und zwar zwischen der klassischeren Plantagenmafia, in der sich die Macht der Greco immer mehr festigt, auf der einen, und der *Cosca*, die meint, aufgrund ihrer territorialen Kompetenz ein Anrecht auf die Kontrolle des Marktes zu haben, auf der anderen Seite. Die Toten kann man in Dutzenden zählen. Von der Gruppe aus Ciaculli muss ein Francesco Greco, »Obst- und Gemüsegroßhändler«, mit dem Leben bezahlen. Sehr viel schwerer wiegt der Tribut an Blut, den *Cosca* aus Acquasanta zahlen muss: Kurz hintereinander werden zwei ihre Anführer ermordet, die bereits erwähnten Tanu Alatu und Cola D'Alessandro. Ein dritter, Salvatore Licandro, wird bis nach Como verfolgt und getötet.

Der Krieg zeigt, dass die Regel der territorialen Kompetenz nicht automatisch angewandt werden muss, wenn große Interessen auf dem Spiel stehen. Nun könnten wir die Motive für die Auseinandersetzung im Markt selbst suchen, im System der Beziehungen zwischen den Herstellern, Vermittlern, Auktionatoren, Großhändlern. Wir könnten die

Autoritäten beschuldigen, nicht in der Lage gewesen zu sein (oder es einfach nicht gewollt zu haben), den Wettbewerb zu beleben, anstatt sich für das Monopol stark zu machen, um das die Gruppen sich streiten. Hier jedoch halten wir uns immer noch mit dem äußeren Erscheinungsbild auf, als entstünde die Mafia aus gegebenen wirtschaftlichen oder gesellschaftlichen Bedingungen immer neu, während in Wirklichkeit schon vorher eine Macht existiert, für die die Kontrolle über bestimmte Sektoren ein strategisches Ziel darstellt. Eine Macht, die in der Lage ist, sich mit einer terroristischen Qualität durchzusetzen, die jede interne Veränderung auf dem Sektor vergeblich macht. Das kriegsauslösende Element ist die Überlagerung, das Aufeinanderprallen von Interessen und Territorialmacht. Es ist behauptet worden, dass die Eliminierung der mafiosen Gewalt auf dem Sektor in unmittelbarer Vergangenheit der antimonopolistischen Strategie zu verdanken ist, die die Gemeindebehörden eingeführt haben, dass es folglich der Markt ist, der die Mafia besiegt hat.[58] Ich hingegen glaube, dass die Verschiebung des Gleichgewichts zwischen den *Cosche*, zum Beispiel die Schwächung (und dann die Zerstörung) der *Cosca* von Acquasanta, die Neueröffnung einer Dialektik des Marktes möglich gemacht und unter anderem auch gewisse »mutige« Entscheidungen der Gemeindebürokratie erleichtert hat: Der wesentliche Faktor liegt in der Entscheidung des *Power Syndicate*, einen Sektor zu besetzen oder ihn freizugeben. Außerdem sind Märkte, Fischhallen, Metzgereien und Baustellen das Szenarium, aber nicht notwendigerweise der Grund für die Auseinandersetzungen. Die Drogenhändler können sich gegenseitig erschießen, aber die Droge wird nicht notwendigerweise der Grund oder der einzige Grund für diese Konflikte sein.

Versuchen wir, die Gründe für den ersten Mafiakrieg (1962) zu analysieren. Alles soll mit einem großen Drogengeschäft angefangen haben, das Cesare Manzella, Italo-Amerikaner aus Cinisi, organisiert hat und an dem auch die Greco und eine Gruppe von Finanziers, zu denen auch die La Barbera gehörten, beteiligt waren. Materiell geleitet wird die Transaktion von Calcedonio Di Pisa, Vertrauensmann von Manzella und Partnern, der den Betreffenden jedoch eine Summe aushändigt, die unter den vorgesehenen »einigen Millionen Lire« liegt, mit der Behauptung, dass irgendwer von den amerikanischen Käufern ihn betrogen habe. Die La Barbera holen in Amerika Informationen ein und kommen zu dem Schluss, dass es Di Pisa war, der das Geld eingesteckt hat. Doch die Kommission, die die Ermittlung durchführt, kommt zu einem anderen Schluss und spricht den Angeklagten frei. Die Entscheidung besänftigt die La Barbera nicht, und sie beschließen, persönlich etwas gegen Di Pisa und Manzella zu unternehmen. Die beiden müssen ihr Leben lassen, was wiederum die tödliche Reaktion der Greco hervorruft, und eine Reihe von Aktionen und Repressalien. Am Ende sind die La Barbera ruiniert und die Familie von Palermo Zentrum aufgelöst.

Schon in dieser Rekonstruktion wird deutlich, dass die fehlgeschlagene Lösung der Auseinandersetzung, die durch den Drogenhandel entstanden ist, auf andere Dinge zurückzuführen ist. Die Greco und die La Barbera, die gemeinsam das Geschäft finanzieren, stellen zwei Mächte dar, die – respektive – in Palermo Ost und Palermo West im Wachstum begriffen sind und daher miteinander konkurrieren. Im Laufe des Streites beziehen die Gruppen nun gemäß vorher existierender Fronten Stellung und gelangen mit aller Wahrscheinlichkeit aufgrund bereits vorher existierender Rivalitäten nicht zu einer Aussöhnung. Dann ist da noch die eigenständige Haltung der La Barbera, die die Fähigkeiten der Kommission, zu reglementieren, zu urteilen und zu bestrafen (oder freizusprechen) in Zweifel stellt. Allerdings muss ich auf eine weitere Interpretation der Mafia selbst, und zwar von den »Reumütigen« Buscetta und Calderone, aufmerksam machen. Ihrer Meinung nach soll Michele Cavataio für Di Pisas Tod verantwortlich sein, der Nachfolger von Tanu Alatu an der Spitze der Mafia aus Acquasanta, der die Verantwortung absichtlich auf die La Barbera abgeschoben habe, um die Kommission zu zerstören. Die Probleme seien noch größer geworden, weil sich einige der Älteren geweigert hätten, die Regel einzuhalten, der zufolge sich jeder entweder für das Amt des Familienoberhauptes oder für das des Abgeordneten in der Kommission entscheiden musste. Eine Regel, die offenbar aufgestellt worden war, um die Macht aufzuteilen, und vielleicht auch, um die Auswechslung der Führungsspitze zu beschleunigen. Die beiden Interpretationen sind nicht alternativ zu sehen. Vielmehr stellt die zweite deutlicher die internen Probleme des *Power Syndicate* heraus, durch die Kommission ein allgemeines Gesetz zu schaffen und anzuwenden, während die militärische Macht in den Händen der einzelnen Familien bleibt. Auch wenn all die Gruppen eine Regel akzeptieren, können sie sie immer noch mit den Abweichungen, der Gerissenheit ihrer Mitglieder sabotieren. Im Kampf zwischen dem Ostgebiet, dem der Greco, und dem Zentrum-West-Gebiet von Porta Nuova-Altarello-Acquasanta-Piana dei Colli, sprich La Barbera-Cavataio-Torretta, gehen die Greco immer als Sieger hervor, doch es gelingt ihnen nie, einen Ruhepunkt zu erreichen. Die Bombe von Ciaculli macht den Versuch der Kommission, den Frieden, sprich, das Gleichgewicht zwischen den beiden Gruppen, zu gewährleisten, lautstark zunichte.

4. Metastasen

Nach dem Anschlag von Ciaculli trifft die Generation der Greco, der La Barbera, der Buscetta, der Leggio (alle zwischen 1923 und 1928 geboren) zum ersten Mal auf einen Gegenspieler, der im Laufe der fünfziger Jahre verschwunden war: Die staatliche Repression, hinter der nun nicht mehr wie üblich die Verwaltung steht, sondern spezielle politische Absichten. Der erste Schritt ist schwerwiegend. Ein neues Gesetz für die Verhängung eines Zwangswohnsitzes über die Mafiosi und die Ermittlungen Terranovas werfen den Aufbau der Organisation über den Haufen, sorgen für die Auflösung der Kommission und geradezu eine Lähmung der Familien. »Cosa Nostra hat es ab 1963 in der Umgebung Palermos nicht mehr gegeben. Sie war k.o.«[59] Einige der Anführer tauchen unter, die Greco endgültig, Leggio vorübergehend, der verhaftet und wieder freigelassen wird, auf mysteriöse Weise den restriktiven Maßnahmen der Polizei entkommt und verschwindet, um schließlich 1974 von der Justiz sichergestellt zu werden. Hier jedoch befinden wir uns bereits mitten in einer Phase der Wiederbelebung der mafiosen Gruppen, die der Ausgang der Prozesse von Catanzaro (1968) und Bari (1969), die der Großteil der Bosse unbeschadet übersteht, gestärkt hat. Es sind die Jahre, in denen die Mafia ihre Netze nach Norditalien ausdehnt, auch aufgrund einer gegenläufigen Auswirkung der Zwangswohnsitzmaßnahmen, die auf das übliche Vorurteil gegründet sind, dass die Mafia ein simples Produkt einer »primitiven« Umgebung sei und damit in der Welt des »Fortschritts« keine geeigneten Bedingungen vorfinde. Diese Welt jedoch erweist sich vielleicht als Terrain für noch fruchtbarere Geschäfte als die, die man in Sizilien machen kann: darunter immer noch der Drogenhandel und Entführungen. Vorübergehend oder endgültig lassen sich auf dem Kontinent (unter anderen) Pippo Calò und Luciano Leggio nieder.

Unterdessen stellt sich wieder das Problem, das nunmehr als der gemeinsame Feind der palermitanischen *Cosche* identifiziert wird: Michele Cavataio. Nach einer Reihe vergeblicher Verhandlungen beschließt Salvatore Greco, das Problem zu lösen und als Polizisten verkleidete Killer in den Viale Lazio in die Büros des Bauunternehmens zu schicken, wo sich Cavataios Schlupfwinkel befindet. In einer heftigen Schießerei kommt Cavataio mit ein paar anderen um (Dezember 1969). Die Zusammensetzung des Überfallkommandos gibt Aufschluss über die Achse der Verbündungen: Es nehmen zwei Corleonesen daran teil, darunter der König der Meuchelmörder, Bernardo Provenzano; zwei Männer der Bontates; ein gewisser Damiano Caruso, der in Villabate wohnt, jedoch zur Familie von Riesi gehört. Zum ersten Mal finden wir den Boss einer *Cosca* aus Caltanissetta, Giuseppe

Di Cristina, in ein internes Problem des palermitanischen *Power Syndicate* hineingezogen und von den Palermitanern selbst gerufen, gerade weil er ein Außenstehender ist, um mit Cavataio zu verhandeln und ihn schließlich – gemeinsam mit Pippo Calderone der Cosa-Nostra-Familie aus Catania – zu verraten.

Auf diese Weise kommen engere Verbindungen zwischen Palermo und dem Rest der Insel zum Vorschein. Natürlich sind Caltanissetta und Catania nicht miteinander zu vergleichen. Im Hinterland Siziliens besitzt die Mafia eine beträchtliche historische Kontinuität: in Riesi, in Favara, in Raffalda, in Siculiana war das Netz der mafiosen Zusammenschlüsse offenbar nie unterbrochen. Di Cristina ist der Sohn eines Mafiabosses; Leonardo Messina, ein junger »Reumütiger« von San Cataldo in den achtziger Jahren, kann sich eines wahren Stammbaums rühmen:

> Meine Familie gehört aus Tradition zur Cosa Nostra, und ich gehöre zur siebten Generation. Ich bin nicht aufgenommen worden, weil ich ein Räuber war oder fähig, zu töten, sondern weil ich aufgrund der Familientradition dazu bestimmt war, teilzunehmen[60].

In diesen Gebieten wird die Mafia, die Gefahr lief, zusammen mit den Landgütern und den Schwefelminen zu verschwinden, durch einen neuen Kontakt mit der Cosa Nostra wiederbelebt; Messina sagt »regeneriert«.[61] Hier konzentriert sich das Problem der Verteilung öffentlicher Gelder. Bezeichnend ist der Fall des Staudamms von Solarino, der von der Gruppe Rendo aus Catania gebaut wird und um dessen Ausführung sich gierige Mafiosi von Caltanissetta wie Giuseppe Madonia schlagen. Di Cristina wird bei der sizilianischen Minengesellschaft angestellt, einem aufgeblähten Regionalapparat, der den Konkurs der Schwefelminen im Inneren Siziliens verwaltet. Von hier aus schielt er nach Palermo und klinkt sich ins Heroingeschäft ein. Die Mafia von Siculiana wird ebenfalls regeneriert, allerdings durch die Emigration der Mitglieder der Familie Cuntrera-Caruana – ehemals Feldhüter des Barons Agnello – nach Kanada, worauf sie nach Venezuela übergesiedelt sind, um die Fäden eines gigantischen Drogenhandels zu spinnen.

Die Mafia in Catania hingegen ist eine neue Mafia, da die örtliche *Cosca* 1925 gegründet wurde, importiert von Nino Saitta, dem Onkel der Calderone, der nach seiner Flucht in die Madonien (zu den Farinella?) zurückgekehrt ist. Für die fünfziger Jahre gibt es Informationen über eine weitere *Cosca* in Ramacca, die von Mafiosi gegründet wurde, die über einen üblichen Kommunikationskanal zwischen West- und Ostteil der Insel aus Agrigent gekommen waren. Wie die Freundschaftsbande und das geheime Einverständnis zwischen Pippo Calderone und Di Cristina zu zeigen scheinen, gibt es einen weiteren Kanal zwischen Mazzarino und Riesi, längs der alten Straße, über die der Schwefel zu den Raffinerien und zum Hafen des Ätna transportiert wurde. Aus Schwefeltransporteuren bestand scheinbar tatsächlich die Familie Santapaola, aus der ein anderes der angesehenen Mitglieder der *Cosca* hervorgeht: Benedetto, genannt Nitto. Und schließlich ist die Beteiligung der Catanesen neben den Greco und den Badalamenti beim Zigarettenschmuggel erwiesen. In ihrer Gesamtheit jedoch bestimmt diese Gruppe bis in die sechziger Jahre hinein und länger recht wenig das Bild von Catania, wo alle (nicht ohne eine gewisse Befriedigung) die Mafia der Rivalin Palermo und dem weniger fortschrittlichen und dynamischen Westteil der Insel zur Last legen. Catania liebt es, sich als das Mailand des Südens darzustellen, handelt, baut, macht Geschäfte, spekuliert unter der Regie der von Nino Drago, dem wer weiß wievielten Fanfani-Anhänger, aufgebauten politischen Maschinerie. Die Kriminellen der Stadt stellen nur kleine Rädchen in dieser Maschinerie dar, auch wenn es nicht an beunruhigenden Anzeichen fehlt, die vom sensiblen Teil der öffentlichen Meinung rechtzeitig bemerkt werden. Die Stadt zieht es vor, sich in den »*Cavalieri* der Arbeit«, Costanzo, Graci, Finocchiaro, Rendo zu spiegeln, großen Bauherren mit Interessen in privaten und öffentlichen Bauunternehmungen auf regionaler Ebene. Sie weiß nicht (oder will nicht wissen), dass diese im Laufe ihrer Geschäfte in ganz Sizilien mit mafiosen Gruppen in Kontakt kommen, an die sie nach dem üblichen Modell im Austausch für Schutz unterverpachten. Es ist dieselbe Haltung, die viele Firmen Norditaliens einnehmen, doch die Folgen können schwerwiegender sein, da die Verbindungen enger sind. Geht man von den Geständnissen Antonino Calderones aus (dem kleinen Bruder von Pippo), bindet Carmelo Costanzo sich seit seinen Anfängen als Unternehmenschef an Luigi Saitta und geht dann im Laufe seines Aufstiegs ins Großbürgertum in der Milazzo-Periode in den Schutz von Calderone senior über. Weiterhin erhalten – laut Aussage des »Reumütigen« – sowohl die Mafiosi aus Catania als auch die aus Trapani (von der Familie Minore) von Costanzo Unterkonzessionen, Vergünstigungen, Zahlungen in Bargeld. Santapaola zeigt sich an der Seite des Unternehmers, als dieser durch die Reihen seiner Arbeiter schreitet, kauft eine Renault-Vertretung, besucht die Salons des vornehmen Catania, beginnt also, Teil des Establishments zu werden. In den Akten ist ein Porträt aus der Stadt erhalten, eine Fotografie, die auf der Hochzeit Giuseppe Costanzos aufgenommen wurde, die, einer neben dem anderen, den Provinzpräsidenten, den Provinzsekretär der DC, den Abgeordneten der Sozialdemokraten, die Neffen von Costanzo und Nitto Santapaola zeigt.

Das Catania der sechziger Jahre des 20. Jahrhunderts ähnelt in gewisser Weise dem Palermo in den sechziger Jahren des 19. Jahrhunderts, mit einer mafiosen Gruppe, die Anschluss an die herrschende Klasse findet, welche bereit ist, ein, manchmal auch beide Augen zuzudrücken. Die hundert Jahre Geschichte, die die Palermitaner hinter sich haben, machen jedoch den Unterschied. Die Mafiosi Catanias fühlen sich nicht mit dem Boden verwurzelt. Sobald sie können, fliehen sie aus dem Viertel-Ghetto, in dem sie geboren sind und lassen sich in den Wohngebieten nieder. Für sie ist es unmöglich, Ansprüche auf die Kontrolle des Territoriums geltend zu machen: Die einzige lokale *Cosca* leitet mit ihren 35 Mitgliedern ein unbegrenztes Gebiet (das der Unternehmen Costanzo?) und ist nur mit viel Phantasie mit den 54 palermitanischen Familien mit ungefähr 3000 Mitgliedern zu vergleichen, die das gesamte Gebiet abdecken und unter ihrem aufgeweckten Nachwuchs nach und nach die Führungskräfte, die für ihre Erneuerung nötig sind, rekrutieren. In Catania bedeutet Territorialität traditionell, für jedes einzelne Viertel eine bekannte Persönlichkeit auszuwählen, an die man sich wendet, um ein Auto oder andere gestohlene Gegenstände zurückzubekommen. Ein Regulierungsmechanismus, der jedoch in den siebziger Jahren zusammen mit vielen anderen einbricht, während sich vom Bauch der Stadt ausgehend eine aggressive und anarchische Kriminalität ausbreitet, die sich zunächst dem Handtaschendiebstahl, den Raubzügen vor Ort und dann (mit Kurzflügen) in Norditalien widmet, und die schließlich beginnt, Geschäften und Firmen den *Pizzo* aufzuerlegen. Die mafiose Gruppe, deren Netze aus Beziehungen nach oben (zum Establishment) und ins Ausland (Cosa Nostra) verweisen, blickt mit aristokratischer Verachtung auf das »gewöhnliche« Verbrechen herab. Calderone junior und Santapaola lassen sich einmal dazu herab, an einem Fest auf dem Land teilzunehmen, zu dem die *Carcagnusi*-Bande einlädt, doch da sie an die Gastfreundschaft der Costanzo oder der Salvo gewöhnt sind, können sie nicht umhin, sich inmitten von rauchenden Hühnchen, zu allen Seiten vorbeisausenden Vespas und dem ständigem Schulterklopfen in einer gewissen Verlegenheit zu fühlen:

> Es war wirklich das Fest der Diebe. Alles was uns umgab, alles was wir benutzten, gehörte den Carcagnusi nicht. Die Vespas waren geklaut, die Hühner waren geklaut, der Wein war geklaut, das Radio war frischgeklaut, die Pistolen und Gewehre waren geklaut. Sogar das Land, auf dem wir uns befanden, gehörte nicht den Carcagnusi. Wir waren heimlich dort, denn der Wächter war ihr Freund...[62]

Nicht immer sind die Beziehungen so freundschaftlich. Santapaola spielt sich im Gegenteil als Bewahrer der Ordnung auf und beginnt, gnadenlos die Erpresser umzubringen. Zu diesem Zweck muss die Familie sich vergrößern und zahlreiche effiziente Killer in ihren Kreis aufnehmen, die in der Lage sind, sich auf das Niveau der Auseinandersetzung herabzulassen. Die Idee der Regulierung erweist sich dennoch als illusorisch: Catania bleibt das Schlachtfeld gegnerischer Gruppen, und die *Cosca* selbst, die immer größer wird, zerfällt in Gruppen. Das mafiose Modell verbreitet sich, erreicht jedoch nicht den Grad an Stabilität wie in den Gegenden, in denen sie *ab antiquo* verwurzelt ist.

Auf die Bitte, etwas zur Gewichtung der Provinzgruppen in der Cosa Nostra zu sagen, antwortet Buscetta: »Auf einer Skala von eins bis zehn: Palermo 10, Agrigent 8, Trapani 8, Caltanissetta 6, Catania 4.« Die Hierarchieleiter spiegelt in gewissem Maß auch die historische Dimension wider. Man beachte die Abwesenheit von Siracusa, Ragusa und Messina, Gebiete, die traditionell immun sind. Es gibt jedoch eine Familie in Mistretta, offensichtlich zusammen mit Gangi und S. Mauro Castelverde Palermo angeschlossen, unter der Führung eines gewissen Giuseppe Farinella, dessen Nachname uns wohlbekannt ist. Auch aus dem Inneren der Organisation heraus können die Dinge von verschiedenen Standpunkten aus betrachtet werden, je nach persönlicher Erfahrung. Leonardo Messina zum Beispiel hebt die Bedeutung von Caltanissetta hervor, womit er auch sich selbst aufwertet: »Im Allgemeinen denken sie, wenn der ›Reumütige‹ kein Palermitaner ist, hat er nichts zu sagen«.[63] Vincenzo Marsala, der aus Vicari stammt (einem Dorf im Hinterland von Palermo), gibt einen Rat: »Herr Richter, wenn man nicht bei den Dörfern anfängt, wird diese böse Pflanze nie zunichte gemacht. Im Hinterland befindet sich das Magazin der Mafia.«[64] Gaspare Mutolo, waschechter Palermitaner, behauptet: »Die Mafia ist leider in Palermo«, und erzählt einen Witz Rosario Di Maggios über Riina: »Was soll er hier in Palermo machen, wo wir uns alle einig sind? Wir geben ihm einen Tritt in den Hintern und schicken ihn nach Corleone zurück, da kann er Getreide züchten.«[65] Das ist in der Tat ein Witz, die einzige Zucht, der Riina sich je gewidmet hat, ist die der städtischen Mafia.

Mit ungetrübter Wahrnehmung, die auf seinen Beobachtungsposten am Rande des Geschehens, sprich Catania, zurückzuführen ist, stellt Calderone junior fest, dass die Gleichberechtigung von Familien und Provinzen »nur formell gilt«, während in der Realität eine »Vormachtstellung der Palermitaner« existiert: »Insbesondere die Greco üben schon immer die effektive Macht über Sizilien aus.«[66] Es wäre interessant zu wissen, auf welches »immer« der »Reumütige« sich bezieht. In den siebziger Jahren siedeln Salvatore Greco »der Zwerg« und sein Cousin gleichen Namens, der »Ingenieur«, nach Venezuela über, und nachdem sie einige Male nach Sizilien zurückgekehrt waren, verschwinden sie aus unserer Geschichte: Unüberprüfte Informationen besagen, dass einer eines natürlichen Todes gestorben sein soll, über den zweiten weiß man nichts. Buscetta beschreibt uns einen angewiderten Chicchetiddu, entschlossen, aus der ganzen Sache auszusteigen; übereinstimmend mit seiner These einer einstmals edlen, nunmehr im Degenerationsprozess begriffenen Mafia, die in ihm ihren letzten wertvollen Anführer gefunden hat. Einige Zweifel an dem Wunsch der beiden, sich von allem zurückzuziehen, sind jedoch zulässig. Gerade in dieser Zeit – mit den Cuntrera-Caruana – wird Venezuela eine bedeutende Operationsbasis für den Drogenhandel. Man könnte die Hypothese aufstellen, dass die Greco nach dem blutigen Mafiakrieg und der Aufweichung der Koordinationsstrukturen das palermitanische *Power Syndicate* als nicht mehr regierbar erachtet haben; und dass sie es vorgezogen haben, ihre Kapazitäten, ihre Beziehungen und ihr Kapital auf der Seite des *Enterprise Syndicate* auszuspielen. Im Netz des Handels und der Geschäfte beginnt Südamerika einen bedeutenden Knotenpunkt darzustellen.

In Ciaculli tritt Michele Greco, Sohn von Don Piddu u

tinenti, der folglich zum Flügel von Croceverde Giardini gehört, das Erbe der beiden Cousins an. Chicchiteddu, der mit beiden Seiten verwandt ist (die Mutter war aus Croceverde, der Vater aus Ciaculli), hatte den idealen Balancepunkt der Wiederversöhnung dargestellt, er war derjenige, der laut Buscetta die großherzige Geste vollführt hatte, die Cousins aus Croceverde wieder in die Familie aufzunehmen, obgleich in Mafiakreisen anerkannt war, dass »er das Recht voll und ganz auf seiner Seite hatte«[67] (das heißt, dass Ciaculli als Sieger aus dem Streit hervorgegangen war). Den Groll des alten Greco-gegen-Greco-Krieges spürte man noch in jüngster Zeit: Der »Ingenieur«, dessen Eltern beide gefallen waren, versucht Michele Greco in Misskredit zu bringen, als er daran erinnert, wie sein Vater Don Piddu einmal die Regeln brach, indem er vor Gericht erschien, um für seinen ermordeten Sohn Gerechtigkeit zu fordern: Ein weiterer Beweis für den Sinn für historische Kontinuität der Plantagenmafia, da mehr als fünfunddreißig Jahre vergangen sind, falls es sich um hier um den Mord an Giuseppe Greco (1939) handelt. Als er verhaftet wird, beklagt Michele Greco sich seinerseits, Opfer eines Missverständnisses zu sein, weil er den gleichen Namen trage wie die beiden Mafiabosse, mit denen er nichts zu tun habe. Die beiden Sieger der sechziger Jahre lassen nicht nur die Provinzorganisation, sondern sogar die Familie in den Händen einer anderen und in gewisser Weise gegnerischen Gruppe.

Ein Triumvirat, bestehend aus Riina, Badalamenti und Stefano Bontate (Sohn von Don Paolino), wird um 1970 beauftragt, die palermitanische Mafia neu zu organisieren, die Familien neu zu bilden und ihre Koordination sicherzustellen. Die *Cosca* von Palermo Zentrum (ehemals La Barbera) wird aufgelöst und neu gebildet, die aus Acquasanta, die so viele Probleme gemacht hat – von Tanu Alatu bis Cavatoio –, verschwindet. Um 1973 wird die Provinzkommission unter Vorsitz von Badalamenti neu gegründet; 1975 bildet sich eine Regionalkommission, die von Pippo Calderone geleitet wird. Doch es gibt noch mehr Neuigkeiten. Einige neapolitanische Bosse, die seit geraumer Zeit mit den Sizilianern im Zigarettenschmuggel Geschäfte machen und die man so besser unter Kontrolle zu haben glaubt, werden angegliedert. Diese Lösung ist vor allem formeller Art und wird Auseinandersetzungen und gegenseitigen Betrug nicht verhindern. Das Regulierungssystem, das schon in Westsizilien schlecht funktioniert, wird schwerlich auf weiter entfernte und heterogene Gruppen Einfluss nehmen können. Und dennoch scheint die Mafia im engeren Sinne mit ähnlichen Phänomenen, vor denen es im Süden nur so wimmelt, nicht vergleichbar zu sein. In der Praxis wird, wie Calderone junior mehrfach hervorhebt, die Autorität der Regionalkommission immer auf einem weit unter dem der palermitanischen Kommission liegenden Niveau bleiben. Es ist ein Versuch im Gange, zu *internalisieren* (ein furchtbarer, doch nützlicher Begriff, den Sozialwissenschaftler eingeführt haben), sprich, alle Transaktionen in das Innere der Territorialstruktur der Cosa Nostra zu transportieren, um die Konflikte der Vergangenheit zu vermeiden und eine schematische und hierarchische Ordnung zu schaffen.

Die Leitung Badalamenti beginnt mit der Ermordung des kleinen Camorra-Mitgliedes, das einige Jahre zuvor gewagt hatte, Lucky Luciano zu ohrfeigen. Der neue Anführer sorgt dafür, die Amerikaner zu informieren, »dass die Beleidigung mit Blut reingewaschen wurde, wenn auch mit Verspätung«.[68] Hier jedoch liegt vielleicht gar keine Verspätung vor, sondern schlicht Timing: Badalamenti will den überseeischen Freunden gefällig sein, die außerdem immer seine und die Bezugspunkte der gesamten Mafia von Cinisi waren, gerade in dem Moment, in dem diese an die Macht kommt. Die Botschaft gefällt Leggio nicht, der Badamalenti kritisiert, »weil er der amerikanischen Cosa Nostra zu verstehen gegeben hat, dass es sein Verdienst war, dass in der Provinz Palermo wieder Ordnung herrschte und dass er zum ›Boss der Bosse‹ geworden war«[69]. Die Führung dieses großen sizilianisch-amerikanischen Dealers endet plötzlich 1977, doch nicht durch eine dramatische Abrechnung mit den

Gegnern noch durch eine Nachfolgevereinbarung, sondern mit einem kurzen und schmerzlosen Ausschluss aus der Cosa Nostra, der daran erinnert, dass seine Macht mehr auf seine externen Beziehungen gegründet war als auf seine Bedeutung innerhalb des *Power Syndicate*. Buscetta, der die Episode enthüllt, verweigert selbst den kleinsten Interpretationsversuch. Calderone hingegen erinnert daran, dass Badalamenti, der den Corleonesen und Michele Greco ursprünglich sehr nahe stand, schließlich von diesen beschuldigt wurde, »sich in einem Moment an der Droge bereichert zu haben, in dem viele Familien sich in Schwierigkeiten befanden und viele Ehrenmänner beinah Hunger litten«.[70] Der neue Boss, Greco selbst, tritt nicht in die Fußstapfen seines eindrucksvolleren Cousins, Salvatore Chicchiteddu, sondern kehrt die ursprünglichen Bündnisse um und bindet sich eng an die Corleonesen, während auf der Gegenseite der Stern Stefano Bontates aufsteigt, Boss der Familie von Santa Maria di Gesù, der sich mit dem jungen *Cosca*-Chef von Passo di Rigano, Salvatore Inzerillo, verbündet. Damit sind die Fronten abgesteckt für neue Geschäfte, neue und blutigere Konflikte.

5. Macht und Geld im Krieg

Wenn ein Mafioso einen Unternehmer beschützt, lässt er keine Einmischung zu, nicht einmal von anderen Mitgliedern der Organisation. Nehmen wir den Fall Pasquale Costanzo: Seine eventuelle Aufnahme in die Organisation wird von den Calderone anscheinend zunächst in Betracht gezogen und dann verworfen, da sie Costanzo zu weit in das Spannungsfeld hineingezogen hätte, »mit all den Ehrenmännern, die sich im Recht gefühlt hätten, sich *direkt* an ihn zu wenden«.[71] Die Entscheidung soll also nicht nur die Autonomie Costanzos schützen, sondern auch die Exklusivität der Kommunikation mit der catanesischen Familie oder aber mit Calderone. Der *Cosca* von Salemi, Mafiosi seit mehreren Generation, angegliedert sind hingegen die Cousins Nino und Ignazio Salvo, deren Status – hebt ein überzeugender Buscetta hervor – jedoch nicht auf den Rang, den sie innerhalb der Cosa Nostra bekleiden, zurückzuführen ist, sondern auf den Reichtum und die politischen Beziehungen, die mit Entrichtung von Geldern innerhalb und außerhalb der DC gepflegt werden, um zu vermeiden, dass jemand ihr Monopol der Steuereinnahmestellen in Frage stellt. Wie 1964 der Christdemokrat Giuseppe Alessi feststellt, »ist das Thema heikel, denn es sind Milliarden im Spiel, die Parteien, politischen Strömungen, Gruppen von Personen Leben und Wohlstand gewähren können. Ich will nicht, dass wir Jagd auf kleine Spatzen machen und die großen Raubvögel unbehelligt davonkommen lassen.«[72]

Die Tatsache, dass Badalamenti »besonders stolz« auf die Freundschaft der Salvo ist und Acht gibt, sie vor den Angriffen anderer Mitglieder zu bewahren, zeigt eine Überschneidung der Hierarchie der mafiosen Macht und der des Geldes. Noch älter und gefestigter ist die Beziehung der Salvo zu den Bontate, Vater und Sohn. Doch auch hier macht die Entführung und Ermordung von Luigi Corleo (1975), dem Schwiegervater von Nino Salvo, deutlich, dass die Unterstützung der Bontate und Badalamenti nicht ausreicht, ihn zu beschützen. Von der Staatsanwaltschaft angeklagt, wird Salvo beteuern, kein Mafioso zu sein, sondern ein Opfer wie die anderen sizilianischen Unternehmer, und sich lediglich deshalb an Bontate habe wenden müssen, um seinen Schutz zu erhalten. Und er fügt eine interessante Bemerkung hinzu:

> Bis zur Entführung meines Schwiegervaters Luigi Corleo hatte ich geglaubt, ein ruhiges, wenn auch unbequemes Zusammenleben mit diesen Organisationen eingerichtet zu haben und zu Unrecht geglaubt, dass es genügen würde, sich anständig zu verhalten und Problemen mit irgendjemandem aus dem Weg zu gehen.[73]

Hier erkennt man die Beunruhigung einer Mafia, die versucht, sich in ein Großbürgertum zu verwandeln, die glaubt, das Netz der vorherigen Beziehungen in der Cosa Nostra sei ein ausreichender Schutz, und die stattdessen, selbst wenn sie sich »anständig verhält«, in die kriminelle Dimension des Wettstreits zwischen den Beschützern hineingezogen wird. Eine Entführungsindustrie nach sardischem oder kalabresischem Modell erweist sich für Sizilien jedoch als unzulässig, denn sie würde den Pakt zwischen Beschützern und Beschützten brechen, der im weit zurückliegenden Jahr 1877 geschlossen wurde und dessen Gültigkeit lediglich in den beiden Nachkriegszeiten vermindert wird. Ich zitiere einen Fall von 1976, der sich jedoch auch ein Jahrhundert früher hätte zutragen könne: Eine Bande unabhängiger Trapanesen entführt einen gewissen Campisi, was die Missbilligung der »Ehrenmänner« hervorruft, der der Mafiaboss von Partana, Stefano Accardo, in einem Hinweis an die Carabinieri Ausdruck verleiht. Darauf antworten die Trapanesen mit einem Attentat, dem der Mafioso auf wundersame Weise zu entkommen vermag. Es folgt das Massaker an den fünf Schuldigen der doppelten »Verfehlung«. Die Mafia will also weiterhin die Kräfte, die außerhalb von ihr wirken, respektieren, daher der Erlass der Kommission, demzufolge Entführungen auf dem Territorium der Insel geächtet werden (außerhalb Siziliens ist es anders, wie die Aktivitäten Leggios zeigen). Die Regel wird normalerweise respektiert, zuweilen aber in den heißen Momenten des innermafiosen Wettstreits übertreten.

Im Fall der Salvo geht der Schutzvertrag über die übliche Zweideutigkeit hinaus. Über Moncada, den Unternehmer und engen Vertrauten der La Barbera, sagte Terranova: »Es gelingt nicht festzustellen, ob er Opfer oder Helfershelfer der Mafiosi war, oder vielleicht beides, je nach Situation und Konvenienz.«[74] Das was in den Diskussionen der Jahrhundertwende *Helfershelferei* genannt wurde, nennt man heute *Nähe*, wobei die Bedeutung so vage ist wie der Begriff selbst. In der Ermittlung im Rahmen des Maxiprozesses stellen

Falcone und die anderen fest, dass einige der Unternehmer, die von Vitale als Erpressungsopfer angegeben wurden, in den vorausgegangenen zehn, fünfzehn Jahren zu Partnern, Teilhabern und Komplizen ihrer Erpresser geworden sind. In der Tat besteht der Preis, den man auch von Kaufleuten fordert, sehr oft darin, mit einigen geschäftlichen Verbindungen die Verwandlung der Beschützer in »Unternehmer« zu erleichtern. Natürlich gibt es auch den Fall, dass jemand zunächst Vorteile aus dem mafiosen Beziehungsnetz zieht und *dann* Schaden davonträgt. Salvo wettert in alten, doch in diesem Fall zweckdienlichen polemischen Tönen gegen den Staat, der sich »praktisch aus dem Kampf gegen die Mafia«[75] heraushält: Doch gerade er gehört, wie die alten Guccione, zu den Leuten, die dank des Kontaktes zum mafiosen Netzwerk die Vorherrschaft auf einem Markt innehaben, von dem die Konkurrenten ausgeschlossen sind, die nicht über dieses Requisit verfügen. Kann man einen *eigenen* Notstand ausrufen, wenn man von dem *allgemeinen* Notstand profitiert? Dies ist zumindest bei den Costanzo der Fall, die Baustellen eröffnen und Geschäfte machen, ohne durch Einschüchterungsversuche gestört zu werden. Hier ist das Urteil (1991) eines catanesischen Richters mit dem illustren Namen Luigi Russo anzuführen, neben dem der Rettungsversuch der Grundeigentümer in den Prozessen der Faschistenzeit verblasst. Der Richter versichert die Fundiertheit des Großteils der Enthüllungen Calderone juniors über die Costanzo, hält jedoch ihr Verhalten nicht für strafbar, da es mehr oder weniger Notwehr gewesen sei. Das Problem wird hier nicht unter juristischen Aspekten diskutiert, sondern aus soziologischer Sicht, auf der Doktor Russo mit verwirrendem Pathos herumreitet: Er hat Mitleid mit den milliardenschweren Unternehmern, die gezwungen sind, ihre Büros den Versammlungen der Mafiosi zur Verfügung zu stellen; fürchtet mit den Costanzo die Hochzeit ihrer Nichte mit einem Anführer der *Cosca*, Salvatore Marchese (Cousin der Calderone); hält an der These vom gesellschaftlichen Nutzen des geheimen Einverständnisses fest.

> Die Ablehnung jedweden Dialogs, der das Ziel verfolgt, ein gewisses Gleichgewicht [mit den Mafiosi] zu erlangen, würde dazu führen, dass der Unternehmer auf die Ausübung seines Geschäftes verzichten muss; und das paradoxerweise ausgerechnet in dem Gebiet des nationalen Territoriums, in dem der Erhalt und die Entwicklung der Arbeitsplätze dazu dienen sollte, die Befreiung der Bevölkerung von der mafiosen Präsenz voranzutreiben.[76]

Wir haben hier immer noch mit der trügerischen Gleichsetzung Unterentwicklung = Mafia zu tun, aus der man die noch trügerischere Schlussfolgerung zieht, dass die Entwicklung im Gegensatz zur Mafia stünde, sie folglich ausmerzen könne, weshalb weite Teile der öffentlichen und gewerkschaftlichen Meinung wie auch der Industrieverband in Catania und anderswo ihre Sorgen wegen der »Kriminalisierung« der Unternehmer zum Ausdruck bringen. Origineller die Theorie Russos, dem zufolge sogar die eventuelle Aufnahme des bedrohten Unternehmers in die Cosa Nostra ein Trick zu seiner *Verteidigung* sei und damit nach dem juristischem Tatbestand nicht in die Kategorie der mafiosen Vereinigung falle und folglich nicht strafbar sei. Historisch gesehen stellt diese *Verteidigung* das essentielle Wesen des mafiosen Phänomens dar.

Der Besitz eines eigenen Kapitals an Beziehungen zum politischen und ökonomischen Establishment scheint *innerhalb* der Cosa Nostra ein prestigeträchtiges Merkmal darzustellen: In der Tat können wir denjenigen einen angesehenes Mitglied nennen, der in einer Organisation eine Legitimation geltend macht, die von der Organisation selbst unabhängig ist. Es gibt andere Faktoren, die in diesem Sinne wirken, vor allem das Prestige, das ein wesentlicher Bestandteil der Rolle des Mafioso ist. Vincenzo Rimi zum Beispiel hat, Buscetta zufolge, nie Ämter bekleidet, »er war ein einfacher Ehrenmann der Familie von Alcamo, deren Boss ich nicht kenne, aber er war eine Person mit größtem Einfluss am Busen der Cosa Nostra«, und zwar aufgrund seiner Gaben wie

»Ausgeglichenheit und Weisheit«.[77] Es scheint mir übertrieben, zu behaupten – wie Buscetta es mit dem Stolz des *self-made-man* tut -, dass die mafiose Macht auf *gar keinen* Fall vererbt werden kann, denn dann wäre die Kontinuität von Familienherrschaften wie der der Greco nicht zu begreifen, ebenso wenig der schnelle Aufstieg eines jungen Mannes wie Stefano Bontate in die Führung der *Cosca* von S. Maria di Gesù, in der zuvor sein Vater das selbe Amt bekleidet hatte. Denn Michele Greco ist – wenn wir Calderone und, wiederum, Buscetta glauben dürfen – eine »blasse« Persönlichkeit, die lediglich aufgrund des Nachnamens, den er trägt, in die Führung der Kommission aufsteigt. Da sie seit Generationen reich und mächtig sind, sind die Greco und die Bontate auch »Signori«, was in einem traditionellen Milieu wie dem der Cosa Nostra als Visitenkarte nicht schaden kann, während Reichtum allein keinen »Rang« macht, wie die bescheidene Autorität Tommaso Spadaros zeigt, obwohl er ein großer Boss im Tabakschmuggel und im Drogenhandel ist.

Schwer zu sagen, welchen Rang Tommaso Buscetta innehatte, der bereits als »Boss der zwei Welten« bezeichnet wurde, weil er ständig zwischen Europa, Süd- und Nordamerika hin- und herpendelte, von der Polizei der halben Welt als Rauschgifthändler in großem Stil gesucht wurde, und der hingegen in seinem berühmten Geständnis behaupten wird, nie mit Drogen gehandelt und nie irgendwelche Ämter bekleidet zu haben, sondern ein einfacher »Soldat« der von Pippo Calò geführten Familie von Porta Nuova gewesen zu sein und sich obendrein immer auf die Seite der Verlierer, von den La Barbera bis hin zu Stefano Bontate, geschlagen zu haben. Wahrscheinlich will Buscetta seine Aktivitäten im *Enterprise Syndicate* nicht preisgeben: Dennoch bleibt es schwer, sein großes Prestige unter den Mafiosi im Gefängnis oder in den Käfigen des Maxiprozesses, die mit respektvollem Schweigen seine Anklagen anhören, zu begreifen, wenn man sich nicht mit der psychologischen Erklärung des »Reumütigen« selbst zufrieden geben will: »Mutter Natur hat mich mit Charisma ausgestattet, ich habe einfach etwas mehr.«[78] In der Tat gibt es eine Diskrepanz zwischen der – objektiv betrachtet – bescheidenen Rolle, die Buscetta sich in dem Geständnis vor Falcone selbst zuspricht, und dem Ton seiner Autobiografie, die er Enzo Biagi diktiert hat, wie auch den Enthüllungen vor der DEA, dem Department der USA für den Kampf gegen die Drogen, dessen Leiter, Frank Monastero, versichert: »Buscetta wird auf höchster Ebene angesiedelt, mit Beziehungen auf drei Kontinenten. Valachi hatte innerhalb der Organisation nicht die Kraft, das Charisma und die Klasse von Buscetta.«[79]

Die Abweichung lässt sich vielleicht mit den zwei verschiedenen Standpunkten, dem sizilianischen und dem amerikanischen, erklären und durch die Art und Weise, in der ein sizilianisch-amerikanischer Drogendealer sich als Anführer geben kann, ohne gehobene Ämter in der Hierarchie der Cosa Nostra zu bekleiden. Ende der siebziger Jahre setzt ein noch nie da gewesener Boom im Drogenhandel ein, der sich immer zwischen den beiden Welten, der alten und der neuen, abspielt und von dem Buscetta einer der Bosse gewesen sein soll. Aus der neuen Welt fließt das Geld durch die Kanäle von Banken, die die Fährte darstellen, auf die der neue Spürhund der Palermitaner Staatsanwaltschaft, der Richter Giovanni Falcone, dank seiner Erfahrung mit Finanzvergehen angesetzt wird. Aus der alten Welt fließt das Heroin, mit dem man 1982 80% des Marktes im Nordwesten der Vereinigten Staaten abdeckt.

An den beiden Endpunkten der Handelskette sitzen zwei Cousins, Carlo Gambino und Salvatore Inzerillo, also die mächtigste *Cosca* von New York als Käufer, der Boss einer der ältesten palermitanischen *Cosche* als Verkäufer. Dazwischen leiten Sizilianer der letzten Einwanderungswelle, die sich auf der Flucht vor der Repression Anfang der sechziger Jahre unter anderem an der Ostküste der USA niedergelassen haben, ein weiteres Glied der Kette, das des Imports: Die Ermittler werden zu dem Schluss gelangen, dass es, neben der italo-amerikanischen und der sizilianischen, eine dritte Mafia gibt, nämlich eine *sizilianische* Rauschgiftmafia, die von Badalamenti angeführt wird. Die grundlegende Rolle dieser Persönlichkeit, die gerade aus der palermitanischen Cosa Nostra ausgestoßen wurde, macht deutlich, dass diese sizilianisch-amerikanische Gruppe keine Filiale des Mutterhauses darstellt, nicht der »verlängerte Arm« der Territorialorganisation der Insel (noch der amerikanischen) ist, sondern dass es sich um ein *Enterprise Syndicate* handelt, das relativ autonom von beiden operiert. Waren in den fünfziger Jahren noch die Käufer nach Europa gekommen, so fahren nun die Verkäufer nach Amerika. Es fließt immer noch ein Strom von Waren und Kapitalien, im Rahmen der Emigration, die sich in den Handel stürzt – diesmal mit Drogen, so wie man seinerzeit mit Öl und Südfrüchten gehandelt hat. In der Inzerillo-Gruppe »ist die unglaubliche Verflechtung der Verwandtschaftsbeziehungen« – bemerkt Falcone – »... derart, dass man Mühe hat, sich zurechtzufinden, und das Interessante ist, dass in jeder neueren Generation die Beziehungen durch Heirat der Cousins und Cousinen untereinander noch enger werden«. Bewusste Inzucht vor dem Hintergrund einer »scheinbaren Sicherstellung der traditionellen Werte, zu dem Zweck, die Gruppe homogener zu machen und den Zusammenhalt zu fördern«.[80] Das ist das alte Modell der Rauschgiftmafien von Cinisi und Alcamo, das diesmal auf weit höherer Ebene von Palermo aus geleitet wird und wo das Bindemittel der Verwandtschaft die Strukturen der Territorialmafia ersetzt, die auf das transkontinentale Netzwerk nicht anwendbar sind.

Nachdem die *French Connection* überholt ist, beginnen die ehemaligen Tabakschmuggler – die in den unmittelbar vorangegangenen Jahren Kapital und Beziehungen angehäuft haben – sich Ende der siebziger Jahre direkt im hinteren Orient zu versorgen: Tommaso Spadaro, Nunzio La Mattina, Pino Savoca. Dank des Imports von Fachleuten aus Marseille raffinieren die Sizilianer nun selbst und schicken die Ware nach Amerika; sie leiten nun folglich mehrere Glieder der Kette. In gewisser Hinsicht ist diese Art der Geschäftsführung einzigartig, denn alle Mafiosi können sich mit der Finanzierung eines Anteils der Ware diese »industrielle« Struktur wie auch die Handelskanäle zunutze machen. Doch tatsächlich ist die Zersplitterung und das gegenseitige Misstrauen unter den verschiedenen Machthabern offensichtlich. Giovanni Bontate zum Beispiel wendet ein System an, das an die Systeme im Protokapitalismus des modernen Zeitalters erinnert, das *putting out* nach flämischem Modell: Er lässt sein Morphin nicht gegen ein Entgelt von Raffineuren bearbeiten, sondern er verkauft es ihnen, und wenn es raffiniert ist, kauft er es zurück. Außerdem gibt es zwei Engpässe im freien Zugang zu den Ressourcen: einmal auf der Seite des Imports der Morphinbase, der in den festen Händen der drei erwähnten Personen ist, sodass die anderen (zum Beispiel die Corleonesen) sich »in die Rolle fügen müssen, die ihnen zustehen kann«[81]; dann auf der Seite des Exports nach Amerika, wo Inzerillo eine Kontrolle ausübt, von der wir nicht wissen, wie ausschließlich sie ist. Falcones Ermittlung und davor die Untersuchungen des Polizeibeamten Boris Giuliano, der in Zusammenarbeit mit der DEA operiert, gewähren uns Einblick in die Struktur dieser Gruppe, um die herum ein ganzes Universum aus Unternehmern, Bankiers und Rückführern erblüht ist, die je nach Aufgaben intern nach Drogenhandels- und Geschäftssektion aufteilt sind. Der wichtigste Mann in der Geschäftssektion ist ein Cousin von Inzerillo, Rosario Spatola, der unter anderem deshalb bekannt ist, weil er den großen Bankier »in Nöten«, Michele Sindona, auf seiner geheimnisvollen Reise nach Sizilien beherbergt hat (1979). Der Unterschied zwischen Spadaro und Partnern einerseits und Inzerillo andererseits besteht darin, dass die ersten lediglich auf der Seite des *Enterprise Syndicate* Bedeutung haben, der zweite der Rolle des großen Händlers den Rang eines Familienoberhauptes der Cosa Nostra hinzufügen kann und sich einerseits an den traditionellen sizilianisch-amerikanischen Exponenten »des internationalen Rauschgifthandels«, Badalamanti, und andererseits an Di Cristina und Bontate bindet, den Anführer der »Minderheitengruppe« in der Kommission. Sowohl in der amerikanischen als auch in der italienischen Untersuchung taucht häufig der Name Buscetta auf.

In dieser Spitzenperiode bewegen sich die jährlichen Profite des sizilianisch-amerikanischen Handels in der Größenordnung von Hunderttausenden von Millionen Dollar. Hier liegen die Ursachen des sogenannten zweiten Mafiakrieges, der uns bereits mit dem Mord an Di Cristina und Pippo Calderone angekündigt wurde, und der dann mit dem Tod Stefano Bontates, Salvatore Inzerillos und eines Großteils der Mitglieder seiner (Bluts-)Familie offen ausgebrochen ist und nach einigen Jahren (1981-82) mit dem furchtbaren Blutbad an etwa fünfhundert bis tausend Personen zu Ende ging. Viele Unternehmer aus Inzerillos Umkreis fallen dem Krieg zum Opfer; ein Vorreiter im Heroinhandel wie Antonio Sorci, ehemaliger Partner von Luciano; Leonardo Caruana, von der berühmten agrigenter-venezuelanischen Familie von Heroinhändlern. Bedeutsam ist die Tatsache, dass Inzerillo sich auch nach Bontates Tod in der Sicherheit wiegt, dass Riina ihn nicht anrühren wird, da dieser noch einige hundert Millionen als Anteil eines Drogengeschäftes zu bekommen hat. Die Salve aus einer Kalaschnikow, die die Panzerung seines Autos durchlöchert, belehrt ihn eines Besseren. Der Leichnam eines Bruders von Salvatore, Pietro Inzerillo, wird in New York wiedergefunden, »mit einem Dollarbündel im Mund und einem zwischen den Beinen. Botschaft: »Du wolltest dir zuviel Geld einsacken«.[82] Das *Power Syndicate*, und mit ihm die Achse der »Sieger«, tendiert offenbar dahin, die sizilianisch-amerikanische Komponente abzuschneiden und sich weniger des Profits aus dem Drogenhandel zu bemächtigen – an dem, wie wir gesehen haben, alle teilhaben konnten (doch in welchem Maße?) – als der wichtigsten Hebel zur Kontrolle über ihn. Hier muss man zwischen der Kommission, in der Greco und Riina die Mehrheit haben, und den Familien unterscheiden, vor allem der von S. Maria di Gesù, der zahlreichsten und mächtigsten von allen, die ihren wertvollen Boss fallen sieht, ohne zu reagieren. Im Gegenteil, es gibt auf der Seite der »Verlierer« nicht einmal einen Versuch, sich zu verteidigen; eine verblüffende Haltung, wenn man an die andauernden gegenseitigen Repressalien im ersten Krieg der Greco gegen die La Barbera denkt.

> Wenn man von Mafiakrieg spricht, kann ich mir darunter nicht viel vorstellen – erklärt Mutolo –; Mafiakrieg ist, wenn zwei oder mehr mafiose Familien sich bewaffnen und wissen, dass man gegen eine andere Gruppe von Personen kämpft. In Palermo hingegen hat es meiner Meinung nach, nach meinem persönlichen Empfinden, diesen Krieg nie gegeben; es hat einen Verrat gegeben.[83]

Und dieser »Verrat« existiert tatsächlich, und zwar in dem Sinne, dass die Offensive der Kommission die Familien entzweit und die Zerbrechlichkeit ihres inneren Zusammenhalts aufzeigt. Die *Cosca* stellt nicht mehr die Basiszelle der Mafiaorganisation dar, ist sie doch dem widerstreitenden und widersprüchlichen Druck zweier Kräfte ausgesetzt: der Zentralisierung der militärischen Kraft in der Kommission und der zentrifugalen Kraft, die auf die Entwicklung des geschäftlichen Netzwerkes zurückzuführen ist. Schon Cavataio hatte eine dunkle und quertreibende Front geschaffen, wie sie die der *Corleonesen* werden wird: »Wenn ich sage Corleonesen«, erklärt Buscetta im Gerichtssaal des Großprozesses, »meine ich damit nicht die Corleonesen, die in Corleone geboren sind. Ich meine damit die corleonesische Front«. »Die Familie?«, fragt der Vorsitzende. »Nein, die Front«[84], erwidert der »Reumütige«. Buscetta selbst, der mit Bontate und Inzerillo auf einer Seite steht, obgleich er zur *Cosca* von Calò gehört, die mit Riina verbündet ist, ist ein Beispiel für diese Neuverteilung der Kräfte, die entlang der Achsen der großen Handelswege stattfindet. Die beiden Brüder Bontate, Stefano und Giovanni, dealen beide, ohne voneinander zu wissen, und diese Situation steht sicherlich in Zusammenhang mit Giovannis späterer Entscheidung, sich auf die Seite der Sieger zu schlagen und den Mord an seinem Bruder jeglichem Familienkodex zum Trotz hinzunehmen (oder anzuregen?). Die Regel, der zufolge die Familie als solche nicht in ihrem Namen die Geschäfte leiten kann, trägt dazu bei, dass nur einige Mitglieder sich bereichern können, so dass eine Art Klassenkampf innerhalb der *Cosche* ausgelöst wird. Die corleonesische Front könnte in diesem Fall den Großteil der territorialen und militärischen Palermitaner Struktur einschließen, der sich gegen einige seiner Bosse auflehnt; das würde das Fehlen des Kampfes und die Leichtigkeit, mit der die Führung ausgetauscht wird, erklären.

> Die Tatsache, dass nicht nur ungestraft Familienbosse getötet wurden, sondern vor allem, dass Mitglieder derselben Familien die Stelle der Bosse eingenommen haben, bedeutet zweifellos, dass die Ersatzleute im voraus mit der Eliminierung der Bosse einverstanden waren.[85]

Hier wiederholt sich im Prinzip, was wir beim Konflikt Leggio-Navarra gesehen haben: Das Geld, die externen, ökonomischen und politischen Beziehungen, Gambino, Sindona, die Salvo, Lima stehen alle auf einer Seite, und dennoch verliert diese Seite in dem Moment, in dem die Auseinandersetzung sich auf die kriegerische Ebene verlagert. Die Mafia ist der Ausdruck von Geschäftemacherei und Ehrenbürgertum, verwandelt sich jedoch nicht in einen Club aus angesehenen Bürgern und Geschäftsleuten, sondern reagiert angesichts der Herausforderung vielmehr, indem sie ihren militärischen Charakter betont, dessen bester (schlimmster) Repräsentant Riina ist.

Man muss an diesem Punkt erwähnen, dass diese Interpretation der Fakten nur teilweise der entspricht, die Buscetta geliefert hat. Der »Reumütige« behauptet in der Tat, dass dem Ganzen »kein bedeutendes Motiv« zugrunde liegt. »Die Corleonesen haben Stellung bezogen«[86], eine Art Machtgier seitens Riina und Partner. Seine Analyse enthüllt drei Typen des Widerspruchs: dem zwischen geschäftlichem Netzwerk und militärischer Organisation; dem zwischen den einzelnen Familien und der Kommission; dem zwischen den »Fronten«, die weder mit den Mafia- noch mit den Blutsfamilien übereinstimmen. Letzteres ist bei den beiden Brüdern Bontate oder den beiden Cousins Badalamenti der Fall, die auf verschiedenen Seiten stehen. Der Krieg verwandelt sich in eine zentralistische Operation, die letztendlich die Autonomie der Familien umstürzt, und (aber hier wäre Buscetta nicht einverstanden) einen von Salvatore Greco Chicchiteddu – wenn auch mit weit größerer Vorsicht – eingeleiteten Prozess zu Ende bringt. Es ist jedoch offensichtlich, dass der Drogenhandel das auslösende Element ist, was Buscetta nur allgemein als Verfall des »moralischen« Tons der Cosa Nostra zulässt, als »Verirrung« in ihren leitenden Organen. Er leugnet nicht nur gegen jede Offensichtlichkeit seine persönliche Beteiligung an diesen Geschäften, sondern versucht auch, seine Freunde davon reinzuwaschen – nicht Inzerillo (das wäre unmöglich gewesen), doch Stefano Bontate, der jedoch, wie man wusste und wie andere »Reumütige« bestätigt haben, aktiv im Drogengeschäft tätig war. Er geht sogar so weit zu behaupten, dass die sizilianische Cosa Nostra überhaupt nicht mit Drogen handelte, und liefert in der Tat, wie man gesehen hat, alternative (in Wirklichkeit ergänzende) Erklärungen für den Ausbruch des ersten Krieges. Nur einen Augenblick lässt er sich aus der Fassung bringen, als Falcone protestiert und ihm sagt, dass Di Pisa mit Sicherheit Heroin verkaufte, da er es auch bei einem Agenten des Narcotic Bureau versucht hatte.[87] Buscetta unterscheidet ganz klar zwischen der sizilianischen Cosa Nostra in Amerika, die mit Heroin handelt, und der amerikanischen Cosa Nostra, die diese Aktivität ablehnt. Er wird durch die Beteiligung der Gambino am Import-Export der Sizilianer Lügen gestraft, doch offensichtlich will er ausgerechnet die nord- und südamerikanische Seite decken, mit der er sich mindestens so sehr identifiziert wie mit der sizilianischen, über welche er hingegen eine Fülle an eindeutigen und zum großen Teil wahren Informationen liefert. Bezeichnend, dass eine der wenigen Lücken in seiner Rekonstruktion die Ausschließung Badalamentis 1977 betrifft, einem wesentlichen Moment der sizilianisch-amerikanischen *Connection*.

Allerdings gibt der Fortgang der Geschichte zu denken. Der flüchtige Badalamenti taucht bei Buscetta in Brasilien auf und bittet ihn, nach Palermo zu kommen, »um«, erklärt Buscetta selbst, »kraft meines Einflusses den Aufstand gegen die Corleonesen zu führen«.[88] Hierfür haben wir auch die Bestätigung durch einige abgehörte Telefonate, aus denen hervorgeht, dass die Salvo ihn mit demselben Ziel aufsuchten. Buscetta beurteilt die Idee als »verrückt«, und in der Tat hat er nicht Unrecht: Was hätte sein »Einfluss« (dessen Gründe wir jedenfalls nicht herausfinden können) gegen die militärische Übermacht der Kommission ausrichten können, in einer Zeit, in der man in Palermo die Toten in Dutzenden zählt, und das *jeden Tag*? Das Seltsame ist, dass die »verrückte« Idee von höchst angesehenen Persönlichkeiten formuliert und von Buscettas Feinden (die mysteriöserweise über Badalamantis Plan informiert worden waren, nicht aber über die feste Weigerung, die ihm entgegengebracht wurde) so ernst genommen wird, dass sie eine erbarmungslose Vorbeugungsmaßnahme in Form eines Massakers an seinen beiden Söhnen, seinem Bruder und verschiedenen anderen Verwandten hervorruft. Es drängt sich der Gedanke auf, dass der »Boss der zwei Welten« im Namen von jemand anderem zur Vermittlung gerufen wurde, von jemandem, der in einer dieser Welten sitzt und dem die Kommission mit grausamer Symbolik zu verstehen geben will, dass sie keine Einmischung von außen duldet. Wir besitzen die nicht sehr klare Zeugenaussage von Mutolo, dem zufolge nach dem Tod Bontates und Inzerillos John Gambino aus den Vereinigten Staaten nach Italien kommt, um den Dialog wieder zu eröffnen, »da die vorhandenen Wege vor kurzem unterbrochen worden waren« – schließlich war Inzerillo eines der Glieder der Kette, »das die meisten Drogen nach

Amerika brachte«. Außerdem telefoniert Badalamenti noch im Februar 1984 von Rio de Janeiro in die USA und bestätigt (vielleicht mit dem Mut der Verzweiflung): »Wir haben die Lizenz, um es [das Heroin] zu importieren; und sonst niemand.« Michele Greco hingegen erklärt sich bereit, den Austausch auf anderer Basis wieder zu eröffnen, doch er verlangt, dass die Amerikaner »zum Schlag ausholen, um Buscetta aufs Kreuz zu legen«, und dass sie sich darum kümmern, »all diese nach Amerika Geflohenen umzubringen«.[89] In Brasilien wird Buscetta verhaftet, und als er von Falcone verhört wird, entschließt er sich, zu reden.

6. Terroristen und »Reumütige«

Mit Beginn des Mafiakrieges setzt in Sizilien ein Massaker an Persönlichkeiten ersten Ranges ein. Es beginnt im September 1979 mit Terranova, der, nachdem er in die Liste der Kommunistischen Partei gewählt worden war und an der Antimafia teilgenommen hatte, zur Justiz zurückgekehrt war. Es folgen, unter den Staatsanwälten, Gaetano Costa (1980) und Rocco Chinnici (1983), um nur die zu nennen, die in Palermo umgebracht wurden. Auch unter den Politikern fehlt es nicht an Opfern, wie Piersanti Mattarella, der Präsident der Region, dem sein Kapital an guten Beziehungen zum Mafiamilieu, das sein Vater Bernardo Mattarella angehäuft hatte, nichts nützt; und Pio La Torre, Regionalsekretär der Kommunisten, ermordet 1982. Dazu kommen die Männer der Ordnungskräfte: der Vizepolizeichef Boris Giuliano, die Carabinieri Russo und Basile, und schließlich Carlo Alberto Dalla Chiesa, der General, der 1982 zum Präfekten von Palermo ernannt wurde. Abgesehen von Notarbartolo hat die palermitanische Mafia nie »exzellente« Leichen produziert; zumindest nicht bis 1971, bis zur Ermordung des Staatsanwalts Pietro Scaglione, was von seinen Zeitgenossen in der Regel als Beweis interpretiert wird, dass den Staatsanwalt ein geheimes Einverständnis mit der Mafia verbunden hatte, nach dem Motto: »Die bringen sich gegenseitig um«. Nach dem Dalla Chiesa-Fall jedoch erscheint das Verbrechen an Scaglione als die erste von zahlreichen Episoden zur Einschüchterung der Institutionen und des politischen Systems.

In einigen Fällen liefert das Ziel des Anschlags selbst die Erklärung. Russo und Boris Giuliano sind Spitzenermittler; Letzterer vor allem aufgrund seiner Beziehungen zur DEA. Dieselbe Logik führt zu Costa wegen seinen Ermittlungen gegen Inzerillo, und zu Rocco Chinnici, der bei der furchtbaren Explosion einer Autobombe ums Leben gekommen ist, während er den Pool an Staatsanwälten koordinierte, die in der Untersuchung gegen die »Sieger« des Mafiakrieges eingesetzt wurden. Hier kommt ein Aspekt zum Vorschein, der, auch wenn er Gegenstand rhetorischer Emphase war, deswegen nicht weniger real ist: die *Isolierung*, die den Tod bringt. In Polizei- und Richterkreisen schlägt der Großteil aufgrund fehlender Kompetenz, Faulheit, Angst oder Komplizenschaft eine gewöhnliche Verwaltungslaufbahn ein. Geht man die Interviews durch, die die parlamentarische Kommission Mitte der siebziger Jahre unter den auf dem Gebiet Tätigen gemacht hat, merkt man gleich, wer die Todgeweihten sind: die Wenigen, die engagierte und intelligente Antworten geben. Darunter General Dalla Chiesa, ein Mann mit Prestige, mit großer und bekannter Erfahrung auf dem Gebiet, der nach Palermo gekommen ist, um ein Zeichen zu setzen, und der sofort eliminiert wurde, ebenfalls um ein Zeichen zu setzen. Die Methode, die in anderen historischen Phasen angewandt wurde, nämlich einen Beamten in Reserve zu halten, der *Bescheid weiß* und nach Sizilien geschickt wird, wenn die Notwendigkeit es erfordert (denken wir an Sangiorgi, an Mori), funktioniert nicht mehr. Ein so offensichtliches Ziel zu treffen ist leicht: wie bei Terranova, der sogar in den Richterkreisen Baris als »Verfolger« des armen Leggio bekannt war; und bei Costa, der, um sich über das Zögern seiner Kollegen hinwegzusetzen, allein und entgegen der üblichen Praxis den Haftbefehl gegen Mitglieder der Gruppe Spatola-Inzerillo unterschrieben hat.

Die Auswirkung auf der Seite der Mafiagegner ist folgenschwer. »Für die Polizisten und Carabinieri stellte der Hinterhalt, in den Costa geraten war, eine eindeutige Botschaft dar: Nun wussten sie, je ernsthafter man über die Mafia nachforscht, um so mehr begibt man sich in Lebensgefahr.«[90] Für eine flächendeckende Reaktion hätte man etwas mehr gebraucht als *diesen* Staat, der bis in die tiefsten Schichten verdorben ist von dem stillschweigenden Einverständnis seiner politischen Klasse, gehemmt durch die Automatismen seiner Führung durch Versammlungen und Vereinigungen, in der Theorie und Praxis der »schwachen Regierung«; unfähig, wie man bei Dalla Chiesa gesehen hat, seinen Organen ein unmissverständliches Zeichen zu geben. Und dennoch erblüht nach dieser Tragödie eine Phase außergewöhnlicher Erfolge, die der aus den Staatsanwälten Falcone, Borsellino, Di Lello, Guarnotta bestehende und von Antonino Caponnetto geleitete Antimafia-Pool erzielt: Es werden die Geständnisse von Buscetta und dann nach und nach von anderen »Reumütigen« gesammelt; die Ermittlung, die zur Klage gegen 707 mutmaßliche Mitglieder der Cosa Nostra führt, wird angeschlossen. Die Menschenjagd beginnt, damit die Käfige in den Sälen des Maxiprozesses nicht leer bleiben.

Wenden wir uns wieder der Polizei zu, die das Netz der Heroinraffinerien brillant zerschlagen hat, die mit dem Bericht »der 162« dem Pool eine Aufstellung der Sieger geliefert hat. Bereits Ende 1983 beklagt die Bereitschaftspolizei von Palermo ihren ersten Gefallenen, den Agenten Calogero Zucchetto, der zwischen Zitrusplantagen und den Bars von Ciaculli, auf dem Gebiet der Greco und ihrer Verbündeten Prestifilippo, den flüchtigen Salvatore Montalto ausgemacht hatte. Anscheinend entscheidet die Tatsache, dass der Polizist sich unter sie gemischt und sie benutzt hatte, um die Falle zuschnappen zu lassen, über sein Schicksal. In Mafiakreisen geht die Nachricht um, dass die Vorgesetzten des toten Agenten, Beppe Montana und Ninni Cassarà, erklärt haben, dass Mario Prestafilippi und Pino Greco »Scarpazzedda«, der Superkiller der Sieger, nicht lebend gefasst werden sollen. Das ist durchaus möglich, im Moment der Wut und der Untröstlichkeit; doch über welche mysteriösen Wege erreicht den Feind ein derartiges Gerücht? Montana widmet sich unterdessen der Suche nach den beiden Flüchtigen und nutzt seine Ferien, um die luxuriösen Villen an der Küste mit seinem Motorboot auszuspionieren: So wird er getötet, in kurzer Hose und Badelatschen (Sommer 1985). Das gesamte Bereitschaftskommando stürzt sich in die Suche nach den Mördern und verhaftet als mutmaßlichen Killer einen gewissen Salvatore Marino, der im Polizeipräsidium zu Tode geprügelt wird. Auf seiner Beerdigung protestiert Marco Pannella, zusammen mit der *Cosca*, die auf einmal ihren Sinn für Grundrechte entdeckt hat. Der Innenminister Scalfaro eilt nach Palermo, und mit in ähnlichen Fällen (dem Fall Pinelli vor allem) nie gesehener Geschwindigkeit nimmt er die beste Ermittlerstruktur, die es je in Palermo gegeben hat, auseinander und versetzt ihre Funktionäre in die vier Ecken der Halbinsel. Marinos Tod erweist sich damit für die Mafia als ausgezeichnetes Geschäft. Cassarà kehrt auf unbestimmte Zeit nach Hause zurück, in einem gepanzerten Wagen, eskortiert von zwei Polizisten, darunter Roberto Antiochia, der überstürzt aus dem Urlaub zurückgekommen ist, um seinem Chef »Rückendeckung« zu geben. Man wird nie erfahren, wie ein Heer aus mindestens fünfzehn Meuchelmördern es geschafft hat, an die richtigen Informationen zu gelangen, um die drei genau vor Cassaràs Haus abzufangen und sie in einem Feuersturm zu erledigen. Seit Scalfaros Entscheidung sind gerade einmal *vierundzwanzig Stunden* vergangen: In diesem Augenblick stehen die Männer der Bereitschaftspolizei ganz allein da, als wären sie die Verrückten, die Umstürzler, auf die die enorme Macht eines modernern Staates in einem Kugelhagel niedergeht.

In dieser tragischen Geschichte verbirgt sich ein Großteil der Probleme eines Kampfes, den der Staat zwar angesagt hat, der jedoch nur von einigen seiner Funktionäre geführt wird: Und das sind Leute, die im Urlaub arbeiten, die ihr

Leben riskieren, um die Freunde zu retten, die mit den unfähigen Kollegen aneinandergeraten, auf Verrat stoßen, und trotzdem ihren Weg weitergehen, auch wenn sie wissen, dass »alle Ermittler, die wirklich Ernst machen, ermordet«[91] werden; und die sich gerade deshalb mit den Mafiosi auf eine *persönliche* Auseinandersetzung einlassen, die die tödliche Reaktion begünstigt. Da jede institutionelle Logik misslich und widersprüchlich ist, gäbe es keinen Kampf, wenn nicht der Gemeinschaftssinn, der Kult um die Gefallenen, die Ehrenpunkte für die, die nicht aufgeben, das Ihre dazutäten. Und dann geschieht, was auf Cassaràs Beerdigung geschieht: Es kommt zu einer Auseinandersetzung zwischen Polizisten und Carabinieri, die beinah mit Waffen aufeinander losgehen, und die Beamten nehmen dem Offizierskorps des Präsidiums den Sarg des jungen Antiochia weg und bringen ihn – in die Trikolore gehüllt – zum Sitz der Bereitschaftspolizei.[92] Der zweite Beamte der Eskorte (Natale Mondio) hat wie durch ein Wunder überlebt, er wird jedoch 1989 ebenfalls ermordet. Scalfaro, Pannela und die anderen friedfertigen Vertreter des italienischen Trotts können nicht verstehen, dass ein Italien »der vordersten Front«, man könnte sagen, unbemerkt von allen kämpft und stirbt, obgleich die Beerdigungen im Fernsehen live übertragen werden. Diese Ignoranz sorgt für eine endgültige *Isolierung* und für Konflikte, die den Anschein von Fraktionskämpfen erwecken: Man denke an die heftigen Meinungsverschiedenheiten, die die Aktivitäten des Pools ausgelöst haben, an die nunmehr sprichwörtlichen »Gifte« des Palermitaner Justizpalastes und des Obersten Justizrates.

Die gleichen Widersprüche, jedoch auf höherem Niveau, finden wir in der Debatte wieder, in der sich zwei Fronten gebildet haben. Hier finden wir Giampaolo Pansa und Nando Dalla Chiesa auf der einen und Leonardo Sciascia auf der anderen Seite. Wir befinden uns in der Zeit des Maxiprozesses, der im Februar 1986 eröffnet wurde. Pansa beschreibt ein Palermo, das die große Chance, die sich bietet, nicht ausreichend nutzt, wo es im Gegenteil einen

»Sumpf« gibt, der bereit ist, »den großen Prozess zu verschlucken«.[93] Von diesem unterscheidet sich das andere Palermo, das den Kampf gegen die Mafia als Aufhänger für eine allgemeine Erneuerung begreift, dem eine Bewegung innerhalb der politischen Klassen entspricht, die Persönlichkeiten wie Elda Pucci in das Rampenlicht der DC rückt, oder Leonardo Orlando, den »Antimafia«-Bürgermeister, der von einer untypischen Mehrheit unterstützt wird, die letztendlich auch die Kommunisten umfasst. Völlig konträr ist die Position Leonardo Sciascias, der, als guter Anarchist, eine »Handschellenkultur«[94] befürchtet. Was kann man von einer politischen Bewegung erwarten, die den Anspruch erhebt, auf eine gerichtliche Angelegenheit Einfluss zu nehmen? Die Antimafia-Front könnte ein Mittel zum Zweck darstellen, dank der einige Ehrgeizige, wie Orlando selbst, lediglich Karriere zu machen versuchen. Ein Risiko sieht Sciascia auch darin, dass Falcone & Co. sich mit deduktiver Logik durch die »Reumütigen« und das »Reumütigenphänomens« arbeiten und darüber ihre Pflicht vernachlässigen könnten, die individuelle Verantwortung der Einzelnen zu überprüfen.

Auslöser für diese Polemik über die »Antimafia-Profis« war eine Rezension Sciascias zu einem Buch von Duggan.[95] Der Text über die Operation Mori umreißt die Instrumentalisierung der Politik, die die Grundlage der Antimafia der faschistischen Periode bildete, so gut, dass er jegliche Wahrnehmung dessen, was die Mafia ist oder sein könnte, aus den Augen verliert; und es ist erschütternd, dass ausgerechnet der Autor von *Der Tag der Eule* es scheinbar nicht bemerkt. Sciascia lässt auch die Tatsache außer Acht, dass die Antimafia-Front nicht nur während des Faschismus, sondern auch zu den Zeiten der historischen Rechten bis hin zu denen des sozialistischen Blocks der Rudini-Anhänger im Fall Notarbartolo die gegnerische Front immer von Macht zu Macht, von Fraktion zu Fraktion behandelt, um die Gegner zu unterhöhlen und ihren Platz einzunehmen. Das Merkwürdige ist, dass die Rezension völlig unerwartet mit einer Attacke auf Paolo Borsellino und den Pool endet, die mit *politischen* Ambitionen und Parteien nichts zu tun haben. Hier scheint die allgemeine Polemik durch, mit der Sozialisten und Radikale sich gegen die Justiz richten. Ich habe jedoch den Eindruck, dass Sciascia befürchtet, der Großprozess verwandle sich aus sehr viel spezifischeren Gründen, die in direktem Zusammenhang mit unserem Problem stehen, in eine freiheitsberaubende Operation: Er glaubt nicht, dass die Cosa Nostra ein Gegenstand ist, gegen den man prozessieren könne. Ja, sie sei nicht einmal identifizierbar, wovon er im Übrigen bereits 1973 ausgegangen war, als er behauptete, der Mafioso sei sich nicht einmal bewusst, dass er ein solcher ist, da die Mafia eine Haltung und nicht eine Organisation darstelle.

In der Tat zielt der Großprozess gerade auf das *Power Syndicate* ab, im Gegensatz zu Falcones Ermittlung gegen die Gruppe Spatola-Inzerillo, in deren Rahmen man das *Enterprise Syndicate* ins Visier nahm und – vor allem anhand von Banknachforschungen – das gigantische Geschäftsnetz des Drogenhandels offen legte. Zum ersten Mal wird die Cosa Nostra als solche Gegenstand eines Prozesses. Bereits in Catanzaro und in Bari konnte man Ende der sechziger Jahre sehen, dass die öffentliche Meinung, die in vielen Protokollen der öffentlichen Sicherheit festgehalten ist, nicht mehr ausreicht, um Personen zu verurteilen. 1974 machte Russo (ein weiterer auf der traurigen Liste der Todgeweihten) vor der Antimafia-Kommission seinem Frust über die »neueste Bestätigung für die Macht und die Intelligenz der Mafia«, die der unglückselige Ausgang der Prozesse unter Beweis gestellt hatte, Luft:

> Wenn die vertraulichen Mitteilungen von uns eingeholt wurden, haben sie kein Gewicht; abgehörte Telefonate dürfen von Gesetzes wegen nicht ausgewertet werden. Was soll man machen? Warten, bis der Mafioso sich bestimmter Vergehen schuldig bekennt? Das wird er nie tun.[96]

Dabei tut er das sehr wohl, zumindest Leonardo Vitale. Vitale aber stellte nicht gerade den Prototyp des großen Mafioso dar, wie die Bezeichnung »Vorstadt-Valachi« zeigt; als wären die Vorstädte, über die man sich lustig macht, nicht die Vorstädte Palermos, Herz und Saatfeld des mafiosen Phänomens. Paradoxerweise wird ihm allerdings im Großen und Ganzen geglaubt, da die von ihm angezeigten Verbrechen nach objektiven Kriterien nachprüfbar sind. Wenig Interesse fand hingegen, wie üblich, die Thematik der Vereinigung, auch aufgrund der juristischen Schwierigkeit, das Problem einzuordnen: Ist es bereits ein Vergehen, sich in den Finger zu stechen und ein Heiligenbildchen zu verbrennen? Welche Relevanz hat die Tatsache, dass bestimmte Hierarchien Genehmigungen für allgemeine territoriale Einflussnahmen erteilen?

Mit der Einführung des Konzeptes der *mafiosen Vereinigung* macht das La Torre-Gesetz einen Schritt nach vorn. Die Fakten sind es, die den Weg weisen: Wenn in der Tat eine Auseinandersetzung immer die Existenz gegnerischer Organisationen aufzeigt, so verweist eine Serie von Delikten wie die von 1981-82, die nicht in das typische Schema Aktion-Repressalie der Bandenkriege einzuordnen sind, auf eine übergeordnete Organisation, die urteilt und bestraft. Hier ist der Beitrag der »Reumütigen« von zentraler Bedeutung, auch wenn die Mitglieder des Pools behaupten, dass »sie alles in allem eher eine marginale Rolle spielen«.[97]

Die Aufbauschung durch die Medien und die mangelnde Kenntnis der Geschichte der Mafia tragen nicht gerade dazu bei, das Phänomen der ›Reumütigen‹ zu verstehen. Buscetta und Partner sind nicht – wie behauptet wird – die ersten, die reden und die »eiserne« Mauer der *Omertà* einreißen: Die Mafiosi reden immer schon mit der Polizei, versehen sie mit einem anonymen Brief, enthüllen als vertraulich geltende Unterredungen und praktizieren ein reges *do ut des*. In den Ermittlungen Terranovas wussten die »Protokollführer« beinah über alles Bescheid, auch über die Existenz der Kommission. So erzählt zum Beispiel Di Cristina einem Beamten der Carabinieri *vis à vis* alles, was den Corleonesen schaden kann. Außerdem, auch wenn die Organisation von außen betrachtet durch die Regel der *Omertà* vollkommen in sich geschlossen erscheint, so scheint man intern genau das Gegenteil zu erwarten, scheint der Verrat *die Regel* zu sein, weshalb die Mafiosi einander gegenseitig als Spion und Schandkerl(*'nfami*) bezeichnen: So hebt Luppino, als er sich an die Carabinieri wendet, hervor, dass die wahren Spione die Gegner sind; Vitale ermordet ein anderes Mitglied seiner Familie, weil es behauptet, sein Onkel sei ein Polizeiinformant. Die Neuheit des Großprozesses besteht darin, dass die Mafiosi vor dem Gericht reden: Wir haben es also nicht mit einer voranschreitenden Verrohung des Rechts zu tun, wie behauptet wird, vielmehr hält nun ein Phänomen, das vorher der persönlichen und zwangsläufig ambivalenten Beziehung zwischen Mafioso und Polizist überlassen war, in das – sicherere – Gericht Einzug. Allerdings ist dies keine völlige Neuheit, wie Sciascia behauptet. So sagte bereits in den Prozessen der faschistischen Periode Giuseppe Gassisi, der gegen Cascio-Ferro und Partner klagte, vor Gericht aus.

Natürlich ist in einem Großprozess die Feststellung der Verantwortung eines Einzelnen eine schwierige Sache; und das gilt nicht nur für die Hunderte von Peones der Cosa Nostra, sondern auch für die Mitglieder der Kommission. Diese müssen sich in der Tat für eine Vielzahl von Verbrechen verantworten, aufgrund des erwiesenen zentralisierten Charakters der Organisation und insbesondere aufgrund der Regel, die Buscetta aufgestellt hat: Ein »besonderes« Delikt bedarf der Genehmigung der Kommission, ein »gewöhnliches« Delikt die Genehmigung der Familie, auf deren Territorium die Operation erfolgen soll. Besonders schwierig ist es zu glauben, dass es als Pflicht gilt, und dass diese auch befolgt wird, unter Angehörigen der Cosa Nostra die Wahrheit zu sagen. Wenn es so wäre, müsste man den Fakten, die der »Reumütige« mit eigenen Augen gesehen hat, und Informationen, die er aus Gesprächen mit anderen Mitgliedern aufgeschnappt hat, den gleichen Stellenwert beimessen. Jedenfalls zeigt Buscetta selbst, wie in einer ganzen Reihe von Fällen diese Regel übertreten wird, womit er natürlich den Einspruch eines Verteidigers auslöst: »Die Regel, die auf Seite 14 der Vernehmungsprotokolle keine Ausnahmen kennt, kennt auf den anderen 400 Seiten jede Menge Ausnahmen.«[98] Sciascia folgert, dass die »Reumütigen«

> einen Querschnitt darstellen, der im Detail zu erwarten war, nicht aber in der Gesamtheit. Schließlich steckt in den Enthüllungen ein innerer, grundlegender Widerspruch: nämlich zu behaupten, die Mafia sei eine einheitliche Erscheinung, die sich wie eine Kathedrale nach oben hin in einer »Kuppel« schließt, und sie zugleich als ungeordnet darzustellen, mit tödlichen internen Differenzen, internen Pflichtverletzungen und Übergriffen.[99]

Ich möchte mich nicht mit einer Beweisaufnahme zu diesem Problem aufhalten. Mit ihrer »gesamtheitlichen« Interpretation des Phänomens führt Sciascias Betrachtung jedoch zu weit. Die Kommission ist weder die Kuppel einer Kathedrale noch der denkende Kopf einer Krake, sie ist ein Koordinationsorgan, das mit Vollmachten ausgestattet ist, die seine Mitglieder ihm konkret geben wollen. Die Tatsache, dass die ersten, die die Regel brechen, ausgerechnet die »Mehrheit« Riina-Greco ist, zeigt nur, was man bereits wusste: Die Mafiosi sind nicht besser als andere Menschen, die Institutionen gründen, um zu versuchen, sie dann zur ihrem Vorteil zu nutzen. Die Beschreibung von Contorno, dem zweiten »Reumütigen«, Bontates »Mann der Tat«, ist sehr vereinfachend, und daher auch so anschaulich: »Der Schwur ist so was in der Art wie die zehn Gebote ... nicht die Frauen der anderen ansehen, immer die Wahrheit sagen«[100], all die Vorschriften, die die guten Katholiken nie beachten. Calderone erzählt von der Aufnahme des Diebes, der sich auflehnt, als er hört, dass es verboten ist, zu stehlen: Man muss ihm erklären, dass es nur seine Mitbrüder sind, die er nicht bestehlen darf. Die Beschreibung Buscettas leidet aus zwei

Gründen an »juristischem« Formalismus: Jemandem ein Normensystem zu erklären, der keine Normen kennt, bedeutet *ipso facto*, sie unumgänglich machen, wie es in jedem Handbuch des Rechts geschieht. Denn wenn ein System aus Regeln nicht mehr funktioniert und auf tragische Weise implodiert, besteht die naheliegendste Lösung darin, die Verantwortung für die Degenerierung der »Grausamkeit« den Gegnern zuzuschreiben und die Mafia »von einst« als gut und regeltreu darzustellen. Abgesehen davon weiß Buscetta sehr gut, dass es immer der Stärkere ist, der die Regeln aufstellt, und dass die repräsentativen Institutionen der Cosa Nostra einfach nur die Kräfteverhältnisse widerspiegeln; wie Calderone bezüglich der Schwäche der Regionalkommission im Vergleich zur palermitanischen Übermacht hervorhebt.

Warum zeigt man Reue? In erster Linie, weil man verliert, weil man mit einer anderen Methode die Schlacht fortsetzten und Rache üben will. Buscetta zeigt die Delikte der Feinde an und vertuscht die der Freunde und der Verwandten, und in diesem Sinne stimmt es, dass er außer dem »mafiosen Fühlen« auch das »mafiose Handeln«[101] beibehält. Er entwirft ein Modell der alten Mafia, dem die Corleonesen den Rücken gekehrt haben, versucht mit aller Kraft, die anderen, aber auch sich selbst, zu überzeugen, dass nicht er der wahre »Reumütige« ist, sondern seine Feinde; ebenso wie Valachi, der nach Aussage des FBI-Agenten, der ihn verhört, »sich keineswegs als Verräter der Cosa Nostra betrachtet: Der wahre Verräter ist für ihn Vito Genovese«.[102] Von Anfang an verfolgt Buscetta in seinem Geständnis vor Falcone die Absicht, sich glaubwürdig zu zeigen, indem er das Gespräch auf eine höhere Ebene zu transportieren sucht:

> Ich möchte vorausschicken, dass ich kein Spion bin, in dem Sinne, dass das, was ich sage, nicht von der Tatsache diktiert ist, dass ich mir die Justiz gnädig stimmen will. Und ich bin auch kein »Reumütiger«, denn meine Enthüllungen sind nicht von niederen Interessen und Berechnung diktiert.[103]

Vor diesem Hintergrund entsteht zwischen den Ermittlern und ihrem Superzeugen ein Dialog, ja, geradezu ein von gegenseitiger Achtung und Vertrauen geprägtes Verhältnis. In seinem Buch, in dem er wenige Monate vor seiner Ermordung Interviews veröffentlicht, spricht Falcone von der *Sicilianità* als von einem allgemeinen symbolischen und kulturellen Kodex, der es dem Richter und dem Mafioso erlaubt, sich zu verständigen. Wenn er sich damit nicht nur auf Dialekt und Mimik bezieht, seien ein paar Zweifel erlaubt. Vielmehr hängt die Fähigkeit, einen Kontakt herzustellen, von der Fähigkeit, von der Leidenschaft eines Richters ab, von einem klar verfolgten Ziel. Das Verständnis für die Lage eines Mafioso will den sich mehrenden Mitgliedern, die fürchten, vernichtet zu werden, einen Ausweg aus der Cosa Nostra weisen. Falcone verfolgt auf sehr viel direkterer Ebene als der der Beziehung Richter – »Reumütiger« die Wiedererlangung und Umkehrung der Gesetze der Volkskultur, die auch schon Mori versucht hatte: Man muss zeigen, dass die Unwerte der Mafiosi in sich Werte bergen, die zum Nutzen der Zivilisation reaktiviert werden können. Buscetta zufolge kann diese gemeinsame Grundlage nur im alten Konzept der eine Ordnungsfunktion ausübenden Mafia ausgemacht werden, die man einer nicht wiederzuerkennenden, weil terroristischen, von Gier und Drogenhandel entstellten, Mafia entgegensetzen kann.

Die Ideologie der »Ordnungsmafia« stellt die Kommunikationsbasis zwischen Unter- und Oberwelt dar, wobei mit Letzterer nicht nur die Institutionen gemeint sind, sondern der weitläufige Reigen der Klientel und Sympathisanten der Mafia. Calogero Vizzini stellte sich als derjenige dar, der die Angelegenheiten »einrenkte« und größere Konflikte vermied. In diesem Zusammenhang könnte man auch das Wort Mafia benutzen, wenn auch im umgekehrten Sinne, nämlich polemisch gegen das *Unverständnis* der Nordeuropäer gerichtet, wie es schon von Pitrè, Morana und Orlando verwendet wurde, oder in dem bereits erwähnten Nachruf auf Ciccio Di Cristina, in Gedenken an das »Gesetz der Ehre, die Verteidigung aller Rechte«. Es handelt sich nicht um ein Überbleibsel der Agrarmafia mit ihrem angenommenen patriarchalischen und beschützenden Charakter. Leggio zitiert gelehrt Pitrè, als er zu verstehen gibt, dass seine Ideologie, wenn nicht Mafia, so vielleicht »Mafiosität« heißen könnte. Im Gefängnis findet Spatola die Zeit, in einigen Notizen sein eigenes Credo über die Mafia zu fixieren, oder aber – wie er sagt – über die *Omertà*, die »hilft und nicht von den Schwachen profitiert«, die »immer Gutes tut«.[104]

Die Mafia bewahrt eine Ideologie der Ordnung, weil sie weiterhin eine Ordnungsfunktion ausübt. Hin und wieder bringt sie einen Handtaschendieb um und Michele Greco distanziert sich während der Sitzungen des Maxiprozesses auch im Namen seiner Kollegen von dem mysteriösen Mord am elfjährigen Sohn des Reinigungsunternehmers des Gerichts; worauf anscheinend die exemplarische Bestrafung der Killer folgt. Es ist also logisch, dass sich vor diesem Hintergrund ein ideologischer Bruch vollzieht. Sicher, Buscetta ist gewiss der Letzte, der den Mafioso alten Typs repräsentiert. Mehrfach geschieden, wechselt er zu oft Frauen und Bündnisse, er ist »eitel«, nach einhelliger Meinung der Antimafia und seiner ehemaligen Kollegen im Maxiprozess, er ist ein »neuer« Mann, ohne Familientradition. Allerdings, wenn die Mafia kein Verhalten ist, dann existiert auch nicht – wie man immer noch denkt – dieser bestimmte Menschenschlag, mit dem sie identifiziert wird. Es gibt ein Modell, und zwar das des Mafioso, der nur in Sentenzen und Parabeln spricht wie Michele Greco. Wenn wir jedoch von den von Mafiosi selbst und von den Mafiaforschern gelieferten ideologischen Darstellungen weggehen und uns der Wirklichkeit zuwenden, finden wir alle möglichen Typen: Buscetta, den großen Mann und »Ehrlosen«, diverse Schlitzohren, diverse Sadisten, solche, die eine Ausrede finden, um nicht an Bluttaten teilzunehmen, wie Antonino Calderone, und solche, die sich nur wohl fühlen, wenn sie töten können. An seinem Zwangswohnort Linosa entdeckt Giuseppe Sirchia die Literatur und beginnt einen Briefwechsel mit Sciascia, in dem er erklärt, einfach nur in Ruhe leben zu wollen. Doch bei seiner Rückkehr erwischt ihn die Blutrache Bontates, den Buscetta als Gentleman beschrieben hat – der Mann, der, als er einmal zu spät zu einer Verabredung kommt, sich entschuldigt, er habe noch einen Reifen wechseln und jemanden erwürgen müssen.[105] Die einzige Kategorie, die man tatsächlich herausstellen kann, ist die des »Soldaten«, der seinem Boss treu ergeben ist, wie Caruso, der trottelige Killer von Di Cristina, oder der wilde und geschickte Contorno, der ebenso schnell spricht wie er läuft, um Hinterhalten zu entgehen.

Ein anderer, der aus einem Soldatengeist heraus handelt, ist Leonardo Vitale. Er könnte schon erklären, was die alte Mafia war, mit gutem Recht ihre Ideologie benutzen, aber er ist verrückt, und in seinem Wahnsinn sieht er vielleicht klarer: Er beschmiert sich mit Exkrementen, um sich von der Sünde zu reinigen, verbrennt die Kleider, die er mit dem Verbrechen bezahlt hat, zeigt Nachsicht mit dem Onkel, nicht aber mit ihrem gemeinsamen Vermächtnis, das er als Ursprung des Bösen betrachtet:

> Verminderte Zurechnungsfähigkeit = psychisches Übel; Mafia = soziales Übel; politische Mafia = soziales Übel; korrupte Autoritäten = soziales Übel; Prostitution = soziales Übel; Syphilis und Tripper = körperliche Übel, die sich von Kind an auf die kranke Psyche auswirken; Religionskrisen = psychische Erkrankungen, die auf diese Übel zurückzuführen sind. Das sind die Übel, deren Opfer ich geworden bin, ich, Leonardo Vitale, wiedergeboren im Glauben an den wahren Gott.[106]

Als jedenfalls Leonardo aus dem Irrenhaus kommt, hat er die mafiose Denkweise überwunden, und in diesem friedlichen Zustand erwischen ihn die Killer und ermorden ihn kaltblütig.

Wenn schon nicht alle Mafiosi gleich sind, fällt auch, wie man sieht, die Reue nicht immer gleich aus. Ebensowenig muss der Bruch mit allem, um vollständig zu sein, in Wahnsinn ausarten. Den Frauen zum Beispiel gelingt es früher und besser. Nicht allen, natürlich, und ist durchaus möglich, dass einige die Rolle der Rachegöttin spielen; doch in dem Moment, in dem man sich entscheiden muss, das Lager zu wechseln, zeigen sie eine ganz andere geistige Geschmeidigkeit als ihre Männer. Die Mafiaprozesse sind voller Frauen, wie der Frau des von Leggio ermordeten Feldhüters Comajanni, die nach langem Zögern den Mut findet, Leggio anzuzeigen, die jedoch an einen Staatsanwalt gerät, demzufolge man einem »kleinen Frauchen, das mal dies, mal das sagt, kein Gehör schenken«[107] muss. Serafina Battaglia hat ihren Mann verloren und versucht, ihren Sohn vor demselben Schicksal zu bewahren. Sie wendet sich an den Boss Torretta, der Schutz verspricht, jedoch zulässt, dass die alcamesischen Rimi den Jungen ermorden. Darauf zeigt die Frau die Mörder an und attackiert im Gerichtssaal des Prozesses von Catanzaro Torretta und schleudert ihm ihre ganze Verachtung ins Gesicht: »Und ihr nennt euch Ehrenmänner. Sie sind keinen Pfifferling wert.«[108] Dann ist da noch die Geschichte von Felicia Bartolotto, die mit Luigi Impasto aus Cinisi verheiratet ist, Mafioso seit mehreren Generationen, dem das Schicksal einen Sohn, Peppino, beschert, der Aktivist der Democrazia Proletaria ist und auf Versammlungen und bei lokalen Radiosendern gegen herausragende Persönlichkeiten wie Don Gaetano Badalamenti wettert. Hier prallen Mafia und Antimafia in ein und derselben Familie aufeinander, in einem Crescendo des Hasses, der Drohungen und der gegenseitigen Inschutznahme. Der Vater wird fallen, und auch der Sohn. Für ihn hat die Mafia einen bösen Streich in Petto: Sie täuscht einen Sprengstoffanschlag vor und hängt ihn dem Aufrührer an. In Gedenken an Peppino kämpft Felicia so gut es geht weiter, gibt Journalisten des Festlandes Interviews:

> Weil ich gern darüber rede, damit die Sache meines Sohnes größer wird, und man zu verstehen beginnt, was Mafia bedeutet. [...] Sie denken: »Sie ist Sizilianerin und hält den Mund«. Im

Gegenteil. Ich muss meinen Sohn verteidigen, ich muss ihn politisch verteidigen. Mein Sohn war kein Terrorist. Er kämpfte für eine gerechte Sache.[109]

7. Die Politik aus Sicht der Mafia ...

Im Laufe des blutigen Jahres 1992 trifft die Mafia mit vier tödlichen Schlägen ins Schwarze, tötet ihre größten Feinde, Giovanni Falcone und Paolo Borsellino, aber auch zwei ihrer qualifiziertesten Verbindungsmänner zur offiziellen Macht, Salvo Lima und Ignazio Salvo. Der Staat reagiert, indem er die Armee in Sizilien aufstockt und viele Bosse verhaftet, darunter Totò Riina selbst, Schüler Leggios, Anführer der Corleonesen und Nachfolger Michele Grecos in der Führung der Kommission. In der Folge kommt es zur Beklagung Giulio Andreottis, des vielleicht herausragendsten Politikers des republikanischen Italiens, der aufgrund mafioser Verbindungen vor Gericht zitiert wird wegen eines regen und regelmäßigen Austauschs von Gefälligkeiten. Begonnen hat die Beziehung Ende der sechziger Jahre mit der Konvertierung der bedeutendsten Strömung der sizilianischen DC, die sich unter Limas Führung von Fanfani und Gioia gelöst hatten und sich dem »Andreottismus« zuwandten. Der ehemalige Ratsvorsitzende soll auch den Mord an dem römischen Journalisten Mino Pecorelli in Auftrag gegeben haben. Und vor allem soll er in das Verbrechen an Dalla Chiesa verstrickt gewesen sein, dessen Ursachen gemäß der palermitanischen Ermittler weniger in der Feindseligkeit der Mafia zu suchen seien, als in einem politischen Komplott, den das Verbrechen an Moro ausgelöst hat. Diese aufsehenerregende und unerwartete Enthüllung fällt mit dem Debakel der Regierungsparteien im Skandal von »Tangentopoli« zusammen und bringt viele Italiener dazu, sich zu fragen, was für eine Beziehung die Mafia zu anderen Kräften hatte, die direkt oder indirekt das Italien der letzten dreißig Jahre regiert haben. Und Mitte der neunziger Jahre kommt aus den Reihen der Cosa Nostra zum ersten Mal eine Antwort, eine Fülle an Informationen, die all das zu bestätigen scheinen, was die öffentliche Meinung schlimmstenfalls angenommen hatte.

Unsere Quelle ist diesmal – im Gegensatz zu den achtziger Jahren – eine Gruppe, die aus Mafiosi mittleren und hohen »Ranges« besteht, welche bereit sind, mit der Justiz zusammenzuarbeiten: Es ist eine Lawine, eine umfassende Krise, die die Organisation zum Einsturz bringt, hervorgerufen durch die immer schärfer werdende Repression und die zentralisierende Umklammerung der Corleonesen. Wir haben jedoch keine Zeugenaussagen von Anführern, die mit großen Politikern verhandelt haben, weder die von Riina noch die von Badalamenti noch – natürlich – die von Bontate. Erstmalig gibt Buscetta seine eigenen alten Beziehungen zu Lima zu, seine Teilnahme an dem angeblichen Versuch, Moro zu befreien; doch ansonsten beruft auch er sich auf Informationen von Badalamenti oder Bontate.

Es ist also die Cosa Nostra selbst, die Lima und Andreotti wegen ihrer Verbindungen zunächst zu Bontate und dann zu Riina ins Gespräch bringt. Die allgemeine Meinung der Mafiosi ist an sich von Bedeutung, schließlich muss es ja innerhalb dieser geheimen, doch auf mehreren Kontinenten präsenten Organisation irgendein akzeptables und allgemein akzeptiertes Kommunikationsinstrument geben – auch da, wo man nicht davon ausgehen kann, dass die *Pflicht*, unter Mitgliedern die Wahrheit zu sagen, immer respektiert wird. Der Mafiaboss wird die politischen Fakten und die eigenen Beziehungen zu Politikern entsprechend den unter Mafiosi herrschenden Regeln erklären, sich selbst und seinen Verbündeten eine angemessene Interpretation dessen liefern, was in der Oberwelt geschieht. Er wird sagen, dass der Richter Corrado Carnevale für Geld oder aus Freundschaft die Prozesse »regelte«; dass Lima aus Treue und Dankbarkeit gegenüber jenen, die ihm Stimmen besorgten, in allen Fragen der Rechtsprechung entgegengekommen wäre, und dass es, als dieser nicht mehr da war, »Onkel« Giulio (Andreotti) gewesen ist, der – aus denselben Gründen – an seine Stelle rückte. Als Gegenleistung wird man ihm Sachen besorgen, nach denen er »verrückt« ist, zum Beispiel ein »besonderes Bild«. Falcone wird von seinen Gegnern als jemand gesehen, der »kommandieren will« und der zu allem bereit ist, um nur nicht den Großprozess einbrechen zu lassen. Die Darstellungen müssen zwar nicht unbedingt falsch sein, auf jeden Fall aber sind sie durch Vereinfachungen verzerrt. Es ist vorhersehbar, dass die feierlich verkündeten Regeln in der oberen Welt, ebenso wie in der der Cosa Nostra, nur solange befolgt werden, wie sie nützlich sind.

Ende der siebziger, Anfang der achtziger Jahre beginnt die Repression der Cosa Nostra zuzusetzen, die daraufhin versucht, den christdemokratischen Partner zu überzeugen, die Maschinerie der Justiz zu blockieren. Der naheliegendste Weg führt über die Kontrolle der Wählerstimmen. In seiner mutmaßlichen Begegnung mit Andreotti soll Bontate ausgerufen haben: »In Sizilien bestimmen wir, und wenn ihr die DC nicht völlig streichen wollt, müsst ihr tun, was wir euch sagen. Sonst nehmen wir euch nicht nur die Stimmen von Sizilien weg, sondern auch die von Kalabrien und ganz Süditalien. Dann könnt ihr nur noch auf die aus dem Norden zählen, und da wählen alle die Kommunisten, die müsst ihr dann akzeptieren.«[110] Die Drohung wird bei den Wahlen von 1987 durch eine Maßnahme Riinas in die Tat umgesetzt, als die Anweisung ergeht, für die Sozialisten und Radikalen zu stimmen, und gegen die Unglaubwürdigkeit der Christdemokraten. Im Palermitaner Gefängnis Ucciardone wählt man geschlossen in diesem Sinne, und anscheinend einigt man sich auf die Radikalen. Auch in einigen volkstümlichen Vierteln erzielt man das gewünschte Resultat, doch auf Stadt-, Provinz- und Regionalebene entspricht das Ergebnis der Sozialisten dem nationalen Ausgang der Wahl und gefährdet den Erfolg der DC nicht, trotz des Boykotts der Cosa Nostra.

Man muss sich also fragen, wo die Zustimmung des gesamten Mezzogiorno, mit der Bontate geprahlt hat, geblieben sind. 180 000 Stimmen sollen laut dem damaligen Richter Ayala 1988 allein in Palermo von der Mafia kontrolliert worden sein. 50–60 000 Stimmen sollen seit 1994 und auch heute noch, nach Aussage der fortschrittlichen Abgeordneten der Cosa Nostra zur Verfügung stehen. Schon die Induktionsmethode, mit der diese Schätzwerte errechnet wurden – indem man die angenommene Anzahl der Mitglieder der *Cosche* mit einer Zahl von 70–80 beeinflussbaren Stimmen pro Mafioso multipliziert – wirkt etwas plump: Es ist gut möglich, dass das erste der 2 700 Mitglieder (1988) oder der 780 (bis heute) 80 oder mehr Stimmen beeinflusst, auch dass es dem zweiten und dritten noch gelingt. Doch es ist äußerst unwahrscheinlich, dass das Hundertste oder Tausendste oder das Zweitausendsiebenhundertste Mitglied es schafft, in seiner unmittelbaren Umgebung, in der auch die anderen der Gemeinde fischen, in dem Klientelnetz der mafiosen *Cosca* noch 80 weitere Stimmen zu finden, die nicht bereits von seinen »Brüdern« erobert wurden. Um darüber hinaus zu kommen, bedarf es einer offensichtlicheren Propaganda, einer politischen Theorie oder Maschinerie, die ganz anderer Art ist als die mafiose. Außerdem, bemerkte seinerzeit Falcone, der seinen Kollegen und Freund Ayala kritisierte, »würde all das eine einheitliche, sagen wir politische Richtung der Cosa Nostra voraussetzen, die es in Wirklichkeit nicht gibt. Es gibt keinen Bescheid des Verwaltungsrates der Cosa Nostra, der von Mal zu Mal sagt, welche Partei oder welchen Kandidaten man wählen soll«.[111] Und sollte es, in einem Ausnahmefall wie 1987, doch einmal so sein, so sind vielleicht dennoch die Mittel nicht geeignet, das Pferd im vollen Galopp noch zu wechseln, oder vielleicht wollen oder können die Bosse diese Veränderung gar nicht leiten. Und schließlich gibt es keine Garantie dafür, dass neue und improvisierte Bündnisse besser funktionieren als die alten: Mit Claudio Martelli jedenfalls funktioniert es nicht, der in seiner Funktion als Justizminister dem Erzfeind der Cosa Nostra, Giovanni Falcone, einen recht wichtigen Auftrag aus Rom erteilen wird.

Natürlich basiert der Austausch zwischen Mafia und Politik nicht einzig auf dem Wahlmoment. Um zu verstehen, was die Mafia der Politik gibt, muss man sein Augenmerk auf die Art und Weise richten, in der beide sich zu einem »schmutzigen« Unternehmertum verbinden und Geschäfte (zum Beispiel öffentliche Bauten) und finanzielle Transaktionen gewährleisten. Natürlich üben die Mafiosi die Rolle der Stimmenfänger und Wahlmänner aus, lenken die Vorlieben, nehmen am ausführenden Part der politischen Maschinerie teil. Es ist jedoch zweifelhaft, dass sie in einer großen Stadt oder gar auf regionaler Ebene – anders liegt der Fall in einzelnen infizierten Dörfern oder Vierteln – den »edlen« Teil der Politik, den Motor, die ideeneinbringenden und entscheidungsbevollmächtigten Elemente darstellen. Auch wenn wir in die Vergangenheit blicken, wirft der Beitrag der Mafia an den großen Momenten des politischen Lebens in Sizilien einen ebenso großen Zweifel auf. Zunächst setzte sie auf den Separatismus, war jedoch nicht in der Lage, ihm große Wahlerfolge zu verschaffen. Man sagt, dass die MIS, auch wenn sie nicht die massenhafte Anhängerschaft hatte, von der immer fabuliert wird, ihrerseits – und das ist nicht den *Cosche* zu verdanken – ihren Nutzen aus einem beträchtlichen Meinungsvotum zog. Dann unterstützten die Mafiosi die Rechte, bis zum verworrenen Epilog der Operation Milazzo, und erst als die Christdemokraten bereits triumphierten, schlossen auch sie sich ihnen an, zum – wie Hauptmann Malausa sagen würde – »persönlichem Vorteil«, und eröffneten damit die lange Phase, in der sie ihr eigenes Schicksal mit dem der Partei verflochten.

Cosa Nostra ist keine Partei, kann somit nicht als solche Zustimmung finden. Das wiederum spielt dem Bereich der Politik, der Meinungen, des materiellen und symbolischen Austauschs wieder den Ball zu. Nach dem Erfolg der Forza Italia in Palermo bei den politischen Wahlen von 1994 – wenige Monate nach der Wahl Leoluca Orlandos (der ganz im Zeichen der oppositionellen Politik steht) zum Bürgermeister – beispielsweise strebt die mafiose Mobilmachung, wie in den besten Zeiten der DC, die Bildung eines Lagers an, das selbst fähig ist, Mythen, Ideen, Pläne, Mittel, Leute für die Regierung der öffentlichen Sache hervorzubringen. Die Tatsache, dass Forza Italia einen Teil ihrer Wahlkampagnen von 1994 und 1996 auf ein Grundsatzprogramm scheinbaren Garantismus‹ ausgerichtet hat (eine Attacke gegen die Begünstigungsgesetze für »Reumütige«, gegen die Bestimmungen für die Haft- und Sicherheitsbedingungen in den Gefängnissen, gegen das Konzept der mafiosen Vereinigung selbst), zeigt noch einmal den Vorrang des politischen Angebotes. Doch man könnte in gewisser Weise sagen, dass viele der Themen, die gemäß der palermitanischen Ermittler in den achtziger Jahren Gegenstand illegaler, geheimer und wirkungsloser Verhandlungen zwischen Cosa Nostra und Andreotti waren, nunmehr Teil des offiziellen und legalen Programms der Forza Italia sind, das an das italienische Volk und damit auch an die mafiosen Lobbys gerichtet ist.

Cosa Nostra scheint also unfähig, ohne Input einer politischen Partei ihren Einfluss bei der Wahl durchzusetzen, und noch weniger scheint sie die Politik konditionieren zu können. Das erklärt, wieso für die Mafia der letzten fünfzehn, zwanzig Jahre der Terrorismus immer einen obligatorischen Weg von ebenso fragwürdiger wie tödlicher Wirkung dargestellt hat, um ihren Gegnern die Stirn zu bieten, aber auch, um die aktuellen oder potentiellen Verbündeten anhängig zu machen. Piersanti Mattarella soll zum Beispiel ermordet worden sein, weil er sich, obwohl er aus einer für mafiose Einflüsse empfänglichen Familientradition kam, sich ab einem bestimmten Punkt entschieden gegen sie gestellt hat. Doch es ist vor allem die Unfähigkeit der Politik, die Justiz in dem Augenblick, in dem die Ergebnisse des Großprozesses endgültig bestätigt werden und die Repressalien einsetzen, unter Kontrolle zu halten. Ignazio Salvo und Salvo Lima, die mutmaßlichen großen Mittelsmänner zwischen Mafia und Andreotti, sollen für ihre Unfähigkeit, den Schutz zu gewährleisten, den Riina und Konsorten erwartet hatten, bestraft worden sein. 1993 schließlich planen die Corleonesen Brusca und Bagarella einen Schlag gegen diesen »Cornuto« Andreotti persönlich oder wenigstens gegen seine Kinder, weil er den Freunden »den Rücken gekehrt«[112] hatte. Die eine oder andere Episode könnte sich anders abgespielt haben, als die »Reumütigen« es bezeugt und die ermittelnde Palermitaner Staatsanwaltschaft angenommen haben, aber alles in allem wird es sich sinngemäß so oder so ähnlich zugetragen haben. Ich denke jedoch nicht, dass die »Verlierer« der Gruppe Bontate-Inzerillo tatsächlich auf eine »traditionalistische Methode zurückgegriffen haben, die das Gegenteil der Methode der Corleonesen darstellt. In Wirklichkeit war die Denkweise, die die Cosa Nostra in der Anfangsphase zum Terrorismus trieb, den verschiedenen Gruppen, in die sie zerfallen war, gemein. Buscetta zum Beispiel schreibt Inzerillo den Mord an Richter Gaetano Costa zu. Als Stefano Bontate bemerkte, dass Rosario Nicoletti (der Regionalsekretär der DC, der 1984 Selbstmord begangen hat) mit Riina verhandelte, sagte er höchstpersönlich zu Mannoia: »Wenn der nicht bald Vernunft annimmt, müssen wir ihn umbringen.«[113]

Nach Mattarellas Ermordung soll Bontate – ebenfalls nach Aussage des »Reuigen« Mannoia – »den ehrwürdigen Andreotti davor gewarnt haben, spezielle Maßnahmen zu ergreifen oder Gesetze anzuwenden, weil sich ansonsten sehr schlimme Dinge ereignen würden«.[114] Es liegt nicht in unserem Interesse, herauszufinden, ob diese Begegnung stattgefunden hat oder nicht. Uns interessiert vielmehr die Tatsache, dass die Linie der Cosa Nostra sich von der auf Einschüchterung oder stillschweigender Übereinkunft basierender Beziehung mit dem Verwalter, die zur Durchführung von Geschäften, Erpressung und anderem dient, in den Versuch wandelt, mit Schmeicheleien und Drohungen den Ablauf der legislativen Aktivitäten und damit der Politik im Allgemeinen zu bestimmen. Nur dieser letzte Schritt kann die terroristische Eskalation erklären. Wir haben noch deutlichere Beispiele. In Zusammenarbeit mit Martelli führt Falcone legislative Maßnahmen gegen die Mafia sowie die Überwachung der Beschlüsse des Obersten Gerichts ein, was anscheinend den Maxiprozess rettet. Auf dieser höheren Ebene der Auseinandersetzung nun spielt die Gegenpartei ihre tödliche Karte aus. Allerdings ohne das erhoffte Ziel zu erreichen. Und welches konkrete Resultat hätten die Attentate in den Uffizien und in der Via Fauro (1993), die denen des politischen Terrorismus so ähneln, erzielen können?

8. ... und die Mafia aus Sicht der Politik

Vor seiner Abreise nach Palermo, wo sein Schicksal ihn erwartete, begab Alberto Dalla Chiesa sich auf Einladung des Senators selbst zu Andreotti. »Ich bin sehr deutlich gewesen«, notierte der General am 6. April 1981 in sein Tagebuch, »und habe ihm versichert, dass ich auf den Teil der Wählerschaft, aus dem seine Wahlmänner schöpfen, keine Rücksicht nehmen werde. Ich bin überzeugt, dass die mangelnde Kenntnis des Phänomens ihn zu Fehlern in der Einschätzung von Menschen und Situationen geführt hat und führt«.[115]

Wir haben hier in extrem komprimierter Form eine Interpretation des gesamten Problems der Beziehung zwischen dem großen Leader und der Cosa Nostra. Dalla Chiesa unterschied drei Ebenen: die von Andreotti selbst, der mit der Mafia eine mittelbare, zweckgebundene, auf das Wahlproblem reduzierte Beziehung unterhalten hatte; die der Andreotti-Anhänger, »die verseuchteste politische Familie der Insel«[116], der Wahlmänner (Lima, D'Acquisto, der Präsident der Region, Martellucci, der Bürgermeister von Palermo), denen der große Leader dem Schein nach sein Vertrauen geschenkt haben soll; und die der Wählerschaft der Wahlmänner, die Familien der Mafia. Der Senator und ehemalige Kommunist Emanuele Macaluso behauptet heute: »Andreotti machte keine Politik. De Gasperi, Fanfani, Moro haben sich an die komplexen politischen Angelegenheiten Siziliens gewagt. Andreotti nicht, er benutzte, was er vorfand oder was sich ihm anbot. 1968 kommt Lima. Und Lima machte Politik.«[117] Wenn also Dalla Chiesa und Macaluso ein Netzwerk mit vielen Kettengliedern aufdecken, das Andreotti an die Mafia bindet und das sich mehr im Licht der politischen Verantwortlichkeit deuten lässt als in dem der strafrechtlichen, rückt Andreotti selbst in seinen Erklärungen nicht einen Millimeter von seiner abwehrenden Haltung ab und leugnet unter anderem, dass er Dalla Chiesa zu sich zitiert habe und behauptet sogar, dass es »keinerlei Hinweise auf die Themen, die auf der Tagebuchseite notiert sind, gegeben habe«.[118] Und das, obwohl das Gespräch schriftlich im Tagebuch des Todgeweihten festgehalten ist. In seinem Tagebuch berichtet Dalla Chiesa außerdem, dass er Andreotti gebeten habe, sich zu den Vergehen seiner Gefolgsleute zu äußern. Darauf sei Andreotti auf Sindona zu sprechen gekommen und habe die Geschichte jenes Inzerillo erzählt, der »in Amerika gestorben und im Sarg und mit einer Zehndollarnote im Mund nach Italien gekommen« sei. Dalla Chiesa notiert verärgert, dass auch das für die Oberflächlichkeit Andreottis spreche, dass in diesen Dingen leider noch »die Folklore vorherrscht«.[119] Dennoch scheint Andreotti – der heute diesen Teil des Gesprächs leugnet – hier endlich einmal auf eine nicht banalisierende Weise eine Fährte anzudeuten, einen Interpretationsschlüssel.

Der fragliche Inzerillo war der Bruder von Salvatore, dem großen Mittelsmann im Drogengeschäft, mit dessen Ermordung – und mit der von Bontate – der Angriff der Corleonesen begann. Von all dem scheint der große Ermittler, wie fast alle im April 1981, nicht viel zu wissen, während Andreotti, wenn auch nur für einen einzigen Moment, in die Geheimnisse eingeweiht scheint. Im Übrigen führt die Frage nach den innermafiosen Konflikten wegen der großen Investitionen in den Drogenhandel sofort zu Michele Sindona, der bekannterweise von Andreotti und seinen Anhängern unterstützt wurde, auch nach der Anklage durch die italienische Justiz und sogar nach dem von ihm angeordneten Mord an Anwalt Ambrosoli. Sindona war ursprünglich von den

Gambino aus New York in die Geschäfte mit einbezogen worden, und wie bereits erwähnt knüpfte er weitere Beziehungen zu Rosario Spatola und fügt sich somit ausgezeichnet in die sizilianisch-amerikanische Connection ein, die im zweiten Mafiakrieg im Vordergrund steht. Gemäß dem »Reumütigen« Mannoia war Sindona für die Gruppe Bontate-Inzerillo der Finanzkanal, das, was der Anführer der Freimaurerloge P 2, Licio Gelli (und neben ihm vielleicht Roberto Calvi, der Präsident der Banco Ambrosiano), für die Corleonesen war. Mutolo hingegen behauptet allgemeiner, dass sowohl die einen als auch die anderen in die Banken Sindonas investiert hatten. Als jedoch Sindonas Geschäfte allmählich schlechter liefen, verlangten sie eine »Rückerstattung des Geldes«.[120]

Der blutige Konflikt zwischen den beiden miteinander im Zwist liegenden Mafiaflügel in Palermo impliziert nicht zwangsläufig eine entsprechende Konfrontation der von beiden benutzten Finanzkanäle in Mailand oder New York. Es ist hingegen möglich, dass der Ausbruch der Gewalt auf dieser Ebene und in diesem Ausmaß – man denke an den Tod Ambrosolis, an das Attentat auf den Vizepräsidenten der Banco Ambrosiano, an den mysteriösen Mord an Calvi, an Sindonas »Selbstmord« – die Beziehungen dieser Geschäftsmafiosi mit ihren politischen Bezugspersonen erschwert hat. Anhand dieser Informationen können wir versuchen – natürlich völlig hypothetisch – eine kohärente Andreottiversion zu rekonstruieren. Vielleicht hatte Andreotti in seinem Gespräch mit Dalla Chiesa plötzlich das Thema gewechselt und ihm zu verstehen gegeben, dass es zwei Mafiaflügel gibt, den sizilianisch-amerikanischen, der mit dem Drogenhandel verknüpft ist, und den politischen, und dass Ersterer der gefährliche war und er den zweiten durch Lima und die Salvo beschützen müsse. Das würde erklären, wieso die Maßnahmen gegen Drogenhändler, mit denen Andreotti sich heute noch brüstet, mit der Verteidigung Limas zusammenfielen. Und es würde auch die kryptischen Andeutungen Andreottis auf die Vendetta der Drogenhändler und/oder der Amerikaner – die terroristisch ausfallen sollte gegen Lima und Salvo, gerichtlich gegen Andreotti selbst – sowie die Kritik an Buscetta erklären, der über die amerikanische Seite sehr viel mehr weiß, als er sagen wollte.

Macaluso behauptet – und damit verdeutlicht er Andreottis These gewissermaßen –, die Droge habe einen Keil zwischen politische Klasse und Mafia getrieben, indem sie Erstere terrorisiert und Letztere dreister gemacht habe. Es handelt sich um eine plausible, jedoch nicht ganz überzeugende Erklärung. Im Mafiakrieg und in der terroristischen Eskalation ist weniger ein Konflikt zwischen Drogenhändlern und Politikern zu sehen, als ein Versuch der Kommission, Kontrolle über den Handel und die politischen Beziehungen zu gewinnen. Außerdem reduziert sich die Mafia niemals auf eine Vereinigung von Händlern und sterilen Finanziers, deren Kapitel ganz allein in der virtuellen Welt der Computer operiert. In diesen Jahren hat sie sich dank der Droge natürlich bereichert, aber sie hat auch die stets fruchtbaren Profitmöglichkeiten, die die italienische Version des Sozialstaates bietet, genutzt, hat sich für das Erblühen der Illegalität auf allen Ebenen stark gemacht, hat vor allem aus dem Kontakt mit einem korrupten politischen Apparat die Idee – ganz gleich, wie realistisch sie ist – gezogen, als Protagonist auf der Bühne des Kampfes um die Macht agieren zu können.

Der Versuch, jede Schuld den Drogen zuzuschreiben, ist auch ein Zeichen dafür, dass einige Vertreter der politischen Klasse das Bedürfnis hatten, ihre Seele zu retten, unlauter, wie es – glaube ich – bei Andreotti der Fall war, in gutem Glauben, wie es sicherlich bei Macaluso der Fall war. Die Geschichte der Beziehungen zwischen Mafia und Politik ist sicher nicht die *wahre* Geschichte Italiens, wie die glauben machen wollen, die die Anklageschrift gegen Andreotti drucken ließen, und auch nicht die wahre Geschichte Siziliens. Aber unter all den anderen, schönen oder weniger schönen, Geschichten über Zivilisation oder Barbarei, ist sie *eine* der Geschichten Italiens, und nicht einmal eine der Unbedeutendsten. Ein Teil von ihr ist bedingt durch die Drogen, ein anderer durch die Tiefen der sizilianischen Sache, wieder ein anderer durch das politische System. Von dieser Geschichte, und von der Rolle, die er selbst darin gespielt hat, will Andreotti nicht reden, so dass die Unglaubwürdigkeit seiner Verteidigung den größten Hinweis für seine Mitschuld darstellt. Er könnte sagen, dass er Sindona zugunsten der Beziehungen zwischen Italien und dem Vatikan unterstützt hat; dass er die Salvo aus rein wahltechnischen Gründen kennen gelernt hat; dass er die Regionalpolitik Lima überlassen hat, ohne großartig etwas davon zu verstehen; dass er mit Dalla Chiesa über gewisse Dinge gesprochen hat, ohne ihnen Bedeutung beizumessen. Aber, um glaubwürdig zu sein, müsste er zugeben, nicht bemerkt zu haben, wie sehr die Lima, Salvo und Nicoletti zumindest beeinflusst und erpresst wurden; wie in ihrer Umgebung, die *direkt* oder *indirekt* auch die seine war, Unruhe und Gefahr für sie und vor allem für Italien wuchsen. Andreotti muss jedoch die Rolle kennen, die den Salvo bereits von den Ermittlern des Großprozesses zugeschrieben worden war; noch konnte ihm entgangen sein, dass der Mord an Ignazio Salvo, zusammen mit dem an Lima, den Blutbädern von Capaci und von der Via d'Amelio, die größte Offensive der Cosa Nostra darstellen. *Heute*, nach all dem, beurteilt Andreotti die Salvo als Persönlichkeiten von lediglich lokaler Bedeutung: Das ist das Unglaublichste und Verblüffendste an der ganzen Sache, mehr noch als der »Bruderkuss«, den er Riina gegeben haben soll.

9. Das Problem Falcone

Der Fall Andreotti, und allgemeiner die Wechselfälle der Mafia in den letzten zwanzig Jahren, geben Anlass, sich einige der Interpretationsprobleme, mit denen wir begonnen haben, noch einmal vorzunehmen. Die Mafia ist eine Organisation und verbindet die Aufrührer miteinander in einer alten und konsolidierten, durch das Schwurritual gefestigten Struktur, die in der Lage ist, mehr als ein Jahrhundert zu überdauern, sich zu erneuern und zu stärken. Seit ihren Ursprüngen legt sie eine Reihe interner Hierarchien fest, die von den *allgemeinen* Hierarchien der Wirtschaft und der Politik unabhängig sind, doch während ihrer frühen Jahre bleibt sie eine geringe Macht verglichen mit der der Großgrundbesitzer und der großen angesehenen Bürger. Die Mafia funktioniert da, wo sie durch eine Reihe von klientelistischen Netzwerken mit den Mächtigen verbunden ist. Frank Coppola nannte sich, kaum dass er nach langen Jahren in Amerika nach Italien zurückgekehrt war, wieder einen »Getreuen« Vittorio Emanuele Orlandos und setzte sich für seine politischen Interessen ein. Orlando seinerseits umgarnte die Mafia und schützte ihre Interessen, neben vielen anderen Interessen natürlich, die er pries und schützte, wenn und wann es ihm in den Sinn kam. Buscetta erinnert heute nicht ohne Nostalgie an die besonnene Auffassung, welche die »traditionellen« Mafiosi von der Beziehung zur Politik hatten und behauptet, dass auch dem Abgeordneten, den mit der Mafia eine stillschweigende Übereinkunft verband, gestattet war, ein Gesetz gegen die Mafia zu wählen, denn alle vernünftigen Menschen müssen sich darüber im Klaren sein, dass er »dieses öffentliche Image wahren muss, auch zum Schaden der Cosa Nostra«.[121] Sollen doch die Politiker die Regeln der Politik respektieren, so wie die Mafiosi die Regeln der Mafia, denn die Dinge können nur funktionieren, wenn man sie in ihrer natürlichen Ordnung belässt. Außerdem dachte die *traditionelle* Mafia – im Zeitalter der Liberalen oder in der ersten Zeit der Republikaner – nicht im entferntesten daran, den Inhalt der Gesetze zu bestimmen, sondern überließ solche Probleme nicht nur formell, sondern auch inhaltlich dem Urteilsvermögen des angesehenen Bürgers oder dem Verhandlungsgeschick irgendeines Eigentümerverbandes oder einer lokalen Lobby. Dann haben die Dinge sich verändert, und das sehr viel schneller *außerhalb* als *innerhalb* der Cosa Nostra, die, wie wir gesehen haben, die ganze Zeit über eine verblüffende Stabilität bewiesen hat. Der Großgrundbesitz verschwand so plötzlich als Gegenstand der Politik und der Gesellschaft, dass der Verdacht aufkam, der Faschismus habe ihn zwanzig Jahre lang künstlich am Leben gehalten. Die christdemokratische Hegemonie, das Proporzsystem sowie die Zersetzung der »traditionellen« ländlichen Gesellschaft sorgten dafür, dass das System aus Notabeln durch den Parteiapparat abgelöst wurde. Doch das machte das politische System nicht undurchlässig für die Mafiosi, sondern bot ihnen im Gegenteil mehr Fläche, um Druck auf die Politik auszuüben, damit diese den wachsenden Strom an Ressourcen verteilte, den sie verwalten sollte, oder damit sie den Verwaltungs-, Polizei- und Justizapparat des Staates lahmlegte; ganz zu schweigen von den Kommunen und der Region, wo es sehr naiv wäre, Politik und Verwaltung trennen zu wollen.

In dem Moment, in dem die Gesellschaft *im Allgemeinen* aufhört, streng durch Steuer und Autoritäten geordnet zu sein, beginnt die Mafia zu denken, dass kein Deckel zurückhalten kann, was in ihrem Topf kocht; und am Ende versucht die Organisation, das Netzwerk in ihr Inneres zu transportieren, sich jeden Kontaktmann von außen unterzuordnen, ganz gleich ob er Geschäftsmann oder Politiker ist. Man erinnere sich an die Antwort Buscettas, als er gefragt wird, wie viel Gewicht er den Geheimnissen Sindonas beimisst: »Sindonas Geheimnisse sind eine Feder, verglichen mit denen Bontates«; vielleicht weil Letztere mit Blei beschwert sind, bemerkte Sciascia.[122] Hier wird Geschichte geschrieben, in der sich die Hierarchien umkehren: Bontate hat schwerwiegendere Geheimnisse als Sindona, Riina ist mehr wert als Bontate und der Schafhirte Leggio eliminiert den ehrwürdigen Navarra.

In diesem Sinne war auch, neben der gerichtlichen, die intellektuelle Schlacht Giovanni Falcones wichtig, sein Versuch, die Cosa Nostra aus dem Netz ihrer externen, politisch-geschäftlichen Beziehungen herauszulösen, um sie an sich untersuchen zu können. Dieses Problem der gerichtlichen und repressiven Strategie deckt sich in gewissem Umfang mit unserem Problem als Wissenschaftler: Was man nicht erkennen kann, kann man auch nicht bekämpfen. Vor allem weigert Falcone sich, die Beziehungen der Politik mit der Mafia nach einem konventionellen hierarchischen Schema zu deuten:

> Wenn es wahr ist, dass nicht wenige sizilianische Politiker in jeder Hinsicht Adepten der Cosa Nostra waren, so ist es auch wahr, dass sie am Busen der mafiosen Organisation nicht aufgrund ihrer politischen Herkunft ein besonderes Prestige genossen haben. Alles in allem besitzt die Cosa Nostra soviel Kraft, Stabilität und Autonomie, dass sie mit jedem in Kontakt treten und Vereinbarungen treffen kann, ohne sich in die Position des Untergebenen drängen zu lassen.[123]

Analog dazu haben auch die Mafiosi, die besonders reich an externen, politischen wie geschäftlichen Beziehungen waren, deswegen nicht automatisch eine entsprechende Macht innerhalb der Organisation genossen. Heute, da die »Reuigen« in allen Einzelheiten die exzellenten Kontakte Bontates zu der Welt »oben« beschreiben, dürfen wir deshalb nicht vergessen, wie leicht der Boss von S. Maria di Gesù eliminiert worden ist. Wenn wir die Rolle der Salvos und Limas im System der politisch-mafiosen Macht analysieren, dürfen wir nicht vergessen, dass Ignazio Salvo und Salvo Lima wie irgendwelche armen Vorstadtgauner ermordet worden sind.

»Oberhalb der Führungsebene der Organisation«, behauptete Falcone, »existiert keine ›Dritte Ebene‹ irgendeiner Art, die die Richtung der Cosa Nostra beeinflusst oder bestimmt.« Und da er wusste, dass die Welt der Mafia weder Marionetten noch Marionettenspieler vorsieht noch Überagenturen, die die ahnungslosen Anführer der Kuppel kontrollieren, betrachtete er die Vorstellung vom »großen Alten«, »der aus der Höhe der politischen Sphäre die Fäden der Mafia zieht«, lediglich als ein Zeichen von großer »intellektueller Plumpheit«.[124] Seine These wurde nicht nur von den Gerichten, sondern von der tödlichen Reaktion der Mafia selbst bestätigt. Zuvor schon hatte sie immer mehr Angriffe auch seitens der »Antimafia«-Front – und vor allem Leoluca Orlandos – auf Falcone ausgelöst. Man warf ihm vor, die heikelsten Prozesse, jene politischen, »in der Schublade« behalten zu haben, nicht gegen die ›Dritte Ebene‹, die unfassbare Superkuppel vorgehen zu wollen. Buscettas Ansichten hierzu sind bekannt, seit seinen ersten Geständnissen hat er durchblicken lassen, dass er sehr wichtige Informationen zu diesem Thema hat, die er nicht preisgeben könne, weil das Land nicht bereit dazu sei und der daraus resultierende Skeptizismus das gesamte Gerichtsverfahren, das bereits im Gange war, umkippen würde. Doch vor allem der Pool war der Meinung, dass man den Maxiprozess zu Ende zu führen müsse, der mit der grundlegenden Errungenschaft schloss, die Cosa Nostra als organisierte und zentralisierte Einheit einzustufen, wozu bis kurz zuvor recht wenige bereit waren (Mafiaforscher eingeschlossen). Unter der Leitung von Giancarlo Caselli, dem Turiner Richter, der nach Falcones Tod die Ermittlungen über die Cosa Nostra weiterführte, sind die palermitanischen Untersuchungsrichter schließlich der Verbindung Mafia-Politik auf die Spur gekommen.

Natürlich sind die bis heute ungeklärten politisch-mafiosen Delikte in diesem Kontext schwer zu interpretieren. Das Problem wurde von Nicola Tranfaglia aufgeworfen, der sich gefragt hat, ob die Verbindung zwischen Cosa Nostra, terroristischen Gruppen und dunklen Lobbys »einen konsequenten politischen Plan« ausdrücke oder »taktische, wenn auch häufige Allianzen« darstelle.[125] Auf diese zweite Hypothese könnte der Mord an Dalla Chiesa zurückgeführt werden, wenn seine Verknüpfung mit dem Fall Moro bewiesen würde. Jemand hat der Cosa Nostra sogar eine einheitliche Rolle in einer internationalen, ursprünglich vielleicht sogar von einer antikommunistischen Haltung inspirierten Front zugeschrieben. Mattarella und La Torre waren übrigens genau in der Phase die Repräsentanten der christdemokratischen Linken und der kommunistischen Partei, in der diese beiden Gruppen eine umstrittene Annäherung versuchten. La Torre war ein wichtiger Mann im Kampf gegen die Stationierung der Cruise Missiles in Comiso; und sowohl Terranova als auch Costa gehörten zu den wenigen hochgestellten »roten« Richtern. Hier ein Beispiel, wie die katholische Zeitschrift »Segno«, die eine Institution im Kampf gegen die Mafia darstellte (und noch darstellt), diese Ereignisse 1982 kommentiert:

> In dem Moment, in dem die demokratischen Institutionen – die legale Macht – dem wachsenden Einfluss durch die Linke und die Volkskräfte ausgesetzt sind, gehen die außergesetzlichen Machtzentren, die nicht vor Mord und Blutbädern als politische Waffe zurückschrecken, auf das Schlachtfeld hinaus, um ihre Meinung zum Resultat der politischen Krise unseres Landes zu sagen.[126]

In diesem Zusammenhang steht auch der Plan zur Teilnahme am »Golpe Borghese«, der vom Fürsten Junio Valerio Borghese, dem Gründer des neofaschistischen *Fronte Nazionale,* initiierte Putschversuch, den Salvatore Greco Chicchiteddu und Buscetta 1970 Leggio unterbreiten. Eine Frucht italo-südamerikanischer Einflüsse (P 2)? Jedenfalls wird der Plan zurückgewiesen. Nach der unglücklichen Erfahrung mit Mori haben die Mafiosi keine Sympathie mehr für den Faschismus. Dann ist da die Sache mit Sindona, der 1979 versucht haben soll, eine separatistische Revolte zu organisieren, die in der Presse und in der öffentlichen Meinung jedoch nur ein geringes Echo hatte: Offensichtlich handelte es sich um eine derart geheime Unruhe, dass nicht einmal diejenigen, die sie führen sollten, nämlich die Sizilianer, etwas davon wussten.

Bleibt auch die Große Verschwörung unergründlich, so muss man doch feststellen, dass in den beiden erwähnten Fällen die Initiative von der Gruppe der Verlierer des zweiten Mafiakrieges ausgeht, für die die politischen Beziehungen den größeren Teil ihres Kapitals darstellen: Was das anging (wie auch die Drogendollar), waren also sie die Reicheren. Was nicht heißen soll, dass sie wirklich glaubten, diese extravaganten Pläne verwirklichen zu können. Sie versuchten wohl eher, sie glaubhaft zu machen, um ihr eigenes Prestige als Vermittler sowohl gegenüber den externen Kontaktpersonen, mit denen sie vertraulichere und fruchtbarere Beziehungen knüpften, als auch gegenüber ihren Gegenspielern innerhalb der Cosa Nostra, zu steigern. So bei Bontate, der versucht, seine schwindende Macht innerhalb der Kommission wieder zu stärken, indem er sich der DC als Vermittler für die Lösung des Falles Moro anbietet, während seine Gegner der Cosa Nostra, Riina und Calò, aus dem umgekehrten Grund (nämlich Bontates Kapital abzuwerten) versuchen, ihm Hindernisse in den Weg zu legen. Wenn das auch eine plausible Interpretation ist, muss man doch feststellen, dass ein absolut zentrales Ereignis in der jüngeren Geschichte Italiens von den Mafiosi für ihre internen Konflikte instrumentalisiert wird, dass sie in ihrem eingebildeten Universum alles Andere als den *Angelegenheiten der Cosa Nostra* untergeordnet betrachten. Das ist eine geistige Haltung, die sektiererischen Organisationen gemein ist, wie zum Beispiel den terroristischen Organisationen, mit denen die Mafia Ende der siebziger Jahre ein – ich würde sagen – mehr auf kulturellem als auf materiellem Austausch basierendes Verhältnis eingeht. Den Terroristen begegnen die Mafiosi im Gefängnis, messen sich mit ihren Heldentaten. Brigate rosse, »Prima linea« und andere, ähnliche Organisationen machen sich gegenseitig Konkurrenz, um den Zuspruch der Mitläufer zu gewinnen, und wetteifern, wer am höchsten und wer auf das herausragendste Ziel schießt: Auch deshalb wird Aldo Moro erschossen. Die Cosa Nostra nennt den Mord an Dalla Chiesa »Operation Carlo Alberto«, und in den Gefängnissen freuen sich die Catanesen, gewinnen an Glaubwürdigkeit und *Respekt* bei denen, die meinen, es seien die Killer von Santapaola gewesen, die »den Mord mit perfekter operativer Effizienz zu Ende gebracht haben«.[127] Als Lima ermordet wird, wird ein inhaftierter Mafioso sagen, »accuminciaru finalmente – haben sie endlich angefangen«[128], beruhigt darüber, dass seine Leute auch durch die Gefängnisgitter hindurch agieren. Die Mafia veröffentlicht weder Zeitungen noch Nachrichten, folglich scheinen viele der von ihnen verübten Verbrechen als Botschaften konzipiert zu sein, dazu bestimmt, durch den Klatsch des Gefängnisses und den Tratsch der palermitanischen Vororte, durch die Gespräche von Dealern in Hotels auf der ganzen Welt verbreitet zu werden: So sehen auch Badalamenti und Buscetta in Rio de Janeiro die Fernsehnachrichten und enträtseln das große Verbrechen. Buscetta liefert eine Interpretation zu Costas Tod, der von Inzerillo weniger angeordnet worden sei, um die Ermittlungen zu stoppen, als »um seine Macht zu demonstrieren«[129], sprich, um den propagandistischen Effekt auszugleichen, den die von den Corleonesen verübten Attentate auf das Volk der Cosa Nostra bewirkt hatten.

Der *interne* Wettstreit zwischen den Fraktionen herrscht immer noch vor, auf erdrückende Weise. Ich für meinen Teil denke, dass die Mafia nach der Niederlage der MIS geringes Interesse an der großen Politik – in die sie sich nur am Rande und ohne besondere Begeisterung involviert findet – hatte und hat. Doch die Mitglieder der Cosa Nostra sind natürlich interessiert, was in der täglichen Verwaltung öffentlicher Angelegenheiten geschieht. Wir haben gesehen, dass es Riina 1987 nicht gelang, die DC mit einem Aderlass an Wählerstimmen zu bestrafen, was vielleicht auch am Widerstand innerhalb der Organisation lag: Wie zum Beispiel der von Antonio Madonia, der weiterhin Kandidaten der DC wählt, wegen der alten »Freundschafts«-Beziehungen.[130] Die Familie Madonia hält generell, obwohl sie zur Front der Corleonesen gehören, selbst vor ihren Verbündeten »die Bekanntschaften mit »Personen, die zählen« aus Politiker-, Verwaltungs- oder Wirtschaftskreisen«[131] geheim, denn offenbar wollen sie nicht, dass andere versuchen, sich ihre Kontakte zunutze zu machen. Man erinnere sich, wie Pippo

Calderone versuchte, seine Beziehung zu Costanzo vor seinen Mafiabrüdern zu schützen, wie Calò versuchte, die ausschließliche Beziehung, die Riina (als er noch nicht der große Boss war) mit Ciancimino verband, aufzubrechen. Franco Restivo, ein großer angesehener Christdemokrat, war Taufpate von Antonino Mineo, dem Mafiaboss von Bagheria, und behandelte ihn natürlich bevorzugt. Für die La Barbera, und später für Stefano Bontate, war die Beziehung zu Lima wichtig. Folglich scheint das Band mit großen Unternehmern und großen Politikern, sprich, mit dem Establishment, nicht vom Rang, den der Mafioso in der Organisation bekleidet, abhängig zu sein; dafür befindet sich der, der über diese Beziehungen verfügt, schnell in der Rolle des Vermittlers zur Außenwelt. »Sobald ein Ehrenmann – auch von hohem Rang, wie ein Bezirkschef – mit einem Vertreter der Politik in Kontakt treten musste, musste er diese Kanäle passieren.«[132]

Ob der Politiker der Cosa Nostra angeschlossen ist oder nur in geheimem Einverständnis zu ihr steht, macht keinen großen Unterschied: Der Kanal bleibt immer privat und die Organisation ist nicht mit den von ihren Mitgliedern benutzten Kanälen gleichzusetzen. Die unleugbaren Zentralisierungsprozesse verändern daher nicht den Doppelcharakter der mafiosen Phänomenologie, die wir seit ihren Anfängen ausgemacht haben: Die Beziehungen zu Politikern und Geschäftsleuten bilden an den Rändern und sogar im Inneren der Organisation eine Gesamtheit fließender Netzwerke, die eine Reihe traditioneller Verflechtungen zwischen Unter- und Oberwelt nachbilden. Solche Beziehungen stellen für den einzelnen Mafiaboss ein eigenes, privates Kapital dar, analog zu dem, das im Drogenhandel eingesetzt wird, und es kann folglich sein, dass er es für lohnender erachtet, ein wesentlicher Bestandteil des politischen Apparates zu sein, als ein angenommenes allgemeines Interesse der Organisation zu verfolgen.

Aber ist die Cosa Nostra überhaupt in der Lage, direkt zur Führungsspitze der politischen Macht vorzudringen (oder auch nur, sie anzustreben)? Ihre parasitäre Auffassung von der Beziehung zur Politik stellt immer noch eine starke Einschränkung in diesem Sinne dar, ebenso die Instrumente zur Deutung der Realität, über die Mitglieder wie die Bosse verfügen. Sie sind nach wie vor überzeugt, dass, wie ein altes, in Studien des 19. Jahrhunderts häufig zitiertes Sprichwort sagt, »wer Geld und Freundschaft hat, kann der Justiz in den Arsch kriechen«. Nun kommt noch ihr Glaube an die Wirksamkeit der gewalttätigen Unterdrückung von Freunden hinzu, die ihre Versprechen nicht halten. So aber betrachten sie die Dinge wie durch ein Schlüsselloch: ein Blickwinkel, von dem aus man die Komplexität der Mechanismen, die das Funktionieren der offiziellen Macht, die Beziehungen zwischen den verschiedenen politischen Gruppen und die Beziehungen zwischen politischem System, Verwaltung, Justiz und öffentlicher Meinung steuern, nicht überblicken kann. Es ist sehr schwierig, dieses riesige Kräftefeld mit einem Paar ziemlich elementarer Mittel zu konditionieren, dem Zuckerbrot des Austauschs von Gefälligkeiten und der Peitsche der terroristischen Einschüchterung. Totò Riina meint, sich die Unterstützung Andreottis erhalten zu können, indem er ihm droht oder ihn mit der vertrauenerweckenden und zuckersüßen Demonstration des Bruderkusses an seine Pflichten erinnert; der, wenn er wirklich stattgefunden hat, weniger Andreottis Anerkennung der Souveränität seines Gegenübers demonstriert als zum wiederholten Male seinen Zynismus, seine Fähigkeit, denjenigen zu manipulieren, der – die Dinge von der Unterwelt aus betrachtend – ein unbedarftes Vertrauen in die Korrektheit der Mächtigen der Oberwelt hat.

Schließlich ist da noch das Problem der Effizienz der terroristischen Akte, die auf die Zentralisierungsprozesse der Cosa Nostra zurückzuführen sind. Hier kann man mit Fug und Recht von einem kontraproduktiven Effekt sprechen. Da seit Mitte der 1980er Jahre (als Folge des Mafiakrieges?) die sizilianische Beteiligung am Welthandel mit Heroin zu sinken beginnt, kann es sein (hoffen wir es), dass nach der

»militaristischen« Entscheidung der Einfluss der Cosa Nostra auf die italienische Politik nachzulassen beginnt. Die Herausforderung und die Antwort darauf haben sich gegenseitig hochgeschaukelt, und sicherlich ist ein Teil der Verantwortung dafür, dass in dieser Gegend seit fünfzehn Jahren eine Antimafia existiert und sich seitens einiger Institutionen und der öffentlichen Meinung ein immer größerer Widerstand entgegengesetzt hat, dem Terrorismus selbst zuzuschreiben. Ende 1996 wurde ein Großteil der Führungskräfte und Leader der »dunklen Vereinigung« verurteilt und eingesperrt: Doch mit welcher Verspätung, mit welchem Verlust an Blut und Zivilisation, mit welchen (dauerhaften?) Deformierungen seines öffentlichen Geistes hat Italien dieses Resultat erreicht!

Der Preis, den man gezahlt hat, zeigt, wie unakzeptabel dieser Zynismus und die Nonchalance der politischen Macht in diesen letzten dreißig Jahren politisch wie auch ethisch gewesen sind. »Ich hatte eines Tages gelesen«, schreibt Andreotti in seinem Verteidigungsbuch,»dass ein hohes Tier der Mafia, dieser Michele Greco, den man ›den Papst‹ nannte, verhaftet worden war«.[133] Von dem Mann, der in den Jahren seiner Macht der Leiter der Kommission war, weiß Andreotti, der wegen seiner Verbindungen zur Mafia vor Gericht steht, also gerade noch, dass er dessen Namen in der Zeitung gelesen hat. Und genau hier prallen die beiden gegensätzlichen Weltanschauungen, die der Unterwelt und die der Oberwelt, aufeinander. Riina hatte geglaubt, Andreottis Politik mit Gefälligkeiten und Drohungen beeinflussen zu können; Andreotti denkt, dass der große Politiker, und die große Politik selbst, sich in noch so vulgäre Situationen begeben und mit noch so vulgären Personen verkehren können, ohne irgendeinen Schaden davonzutragen, und dass die Mafia letztlich seiner Beachtung gar nicht würdig sei.

So dachte übrigens auch ein großer Staatsmann wie Vittorio Emanuele Orlando; so erlebte die politische Klasse des liberalen Zeitalters und der ersten fünfundzwanzig Jahre der

Republik dieses Problem; und die Staatsfunktionäre, die angesehenen Bürger und die Unternehmer des schönen Siziliens. Nur dass offenbar dieser auf Toleranz gegründete Mechanismus an einem gewissen Punkt angefangen hat, durchzudrehen, die Mafia begonnen hat, das Bewusstsein, die Institutionen der Demokratie, ja die Voraussetzungen, dass eine Demokratie überhaupt existieren kann, zu vergiften. Ist ein Mann, der aus dem Nichts kam, sich plötzlich in die Spitze der internationalen, italienischen und US-amerikanischen Finanzwelt aufgeschwungen hat, der »eine der größten, vielleicht die größte europäische Finanzgesellschaft« gründet und versucht, sich der grundlegenden Hebel des italienischen Kapitalismus zu bemächtigen[134], indem er sich auf die Gruppe der Andreotti-Anhänger, auf die P2 und die amerikanische und sizilianische Cosa Nostra stützt. Der Fall Calvi und vor allem der Fall Sindona zeigen, wie bereits seit der Wende der 1970er Jahre eines der geschäftlich-mafiosen Netzwerke es gewagt hat, sich bis in das Herz der wirtschaftlichen sowie der politischen Macht Italiens auszubreiten. Unter diesem Gesichtspunkt hat die Verantwortung, die man Andreotti zuschrieb, nichts mit der eines Crispi oder Giolitti zu tun, auf die man sich oft aus Oberflächlichkeit bezieht. Und auch die Gefährlichkeit, die die Mafia in den letzten dreißig Jahren an den Tag gelegt hat, kennt keine Vorläufer.

Die Cosa Nostra hat sich auf vollkommen neue Weise mit der großen Politik und dem großen Business verschmolzen, mit dem Sozialstaat und der »schwachen« Regierung – zerfallen in *ad hoc*-Institute, *ad personam*-Gesetze, Lobbys, Fraktionen – und mit der immer größer werdenden Gewinnsucht und den dunklen Mächten. Um dieses System zu deuten, das den Kontext bildet, in dem sich die mafiose Metastase entwickelt hat, wird eine Geschichtsschreibung Italiens erforderlich sein, eine Geschichte Siziliens allein genügt nicht. Die Mafia allerdings ausschließlich in ihrem Kontext zu sehen würde bedeuten, den gleichen Fehler zu begehen wie die Anthropologen, die glaubten, die Mafia *sei* die süditalienische Gesellschaft *schlechthin*. Gleichermaßen kann nur derjenige, der sich vorstellt, dass die Geschichte sich allein zwischen Palazzo Chigi, dem Sitz des Ministerpräsidenten, und Palazzo Montecitorio, dem Abgeordnetenhaus, abspielt, annehmen, dass die Mafia identisch mit der Politik Italiens *sei*. Die Organisation, die man heute Cosa Nostra nennt, ist unter verschiedenen Namen, in verschiedenen Zeiten und unter verschiedenen Regimes seit sehr vielen Jahren aktiv, sie ist alt, aber sie fürchtet die Modernität nicht: Hoffen wir, dass diese erstaunliche historische Beständigkeit so schnell wie möglich durchbrochen werden kann.

1 Intervention beim Senat, 25. Juni 1949, zitiert aus Barese, *I complici*, a.a.O., S. 7.

2 Zeugenaussage der Mutter Carnevales aus dem Urteilsauszug in *Antimafia. Doc.*, III, Teil I, S. 276–278.

3 Kefauver, Il *gangsterismo in America*, a.a.O.

4 Calamandrei, Vorwort zu Reid, *La mafia*, a.a.O.

5 F. Renda, *Un libro sulla mafia negli USA* (1956), nun in Id., *La Sicilia negli anni '50*, Neapel 1987, S. 403.

6 Nisticò, Vorwort zu Chilanti-Farinella, *Rapporto*, a.a.O., S. 23. Vgl. auch seine Zeugenaussage in *Antimafia. Doc.*, III, Teil, I, S. 751 ff. sowie ebd. veröffentlichtes Dossier.

7 Sciascia, *Der Tag der Eule*, in *Das Gesetz des Schweigens, Sizilianische Romane*, Zürich, Köln 1985, S. 120–121; ital. Originalausgabe: *Il giorno della civetta*, Turin 1966 (1. Ausg. 1961), S. 99.

8 So der Titel eines Werkes von Pantaleone, *Antimafia occasione mancata*, Turin 1969. Zur Antimafia vgl. auch Barrese, *I complici*, a.a.O., und die Anthologie der Berichte, herausgegeben und mit einem Vorwort versehen von N. *Tranfaglia, Mafia, politica e affari*, Rom-Bari, 1992.

9 Pantaleone, *Antimafia*, a.a.O., S. 18.

10 Santino-La Fiura, *L'impresa mafiosa*, a.a.O., S. 133.

11 *Rel. La Torre*, a.a.O., S. 569 ff.

12 *Antimafia. Doc.*, I. S. 94.

13 Chilanti, *La mafia »prefettizia«*, in »L'Ora«, 19. April 1963.

14 Albini, *L'America deve la mafia alla Sicilia*?, in *Mafia e potere*, (div. Autoren), herausgegeben von S. Di Bella, Soveria Mannelli, 1983, I, S. 189.

15 Blok, *La mafia*, a.a.O., S. 207.

16 Arlacchi, *La mafia*, a.a.O., S. 12.

[17] In *Antimafia. Doc.*, I, S. 765, 767 und 753.

[18] Bericht Malausa, in *Antimafia. Relazione sulle risultanze acquisite al Comune di Palermo*, S. 47. Die Kontinuität der Familie Vitale von Altarello wird durch die Wiederkehr der Taufnamen, die darüber hinaus nicht sehr geläufig sind, nahe gelegt. 1930 waren ein Vitale Francesco Paolo, ehemals Giovanni Battista, ein Francesco Paolo, ehemals Filippo, ein Leonardo, ehemals Francesco Paolo, ein Giovanni Battista, ehemals Filippo etc., in den Prozess der Bande von Porta Nuova-Altarello verwickelt: GDS, 19. April 1930.

[19] Vgl. auch eine ähnliche Aussage des alten Mafia-Onkels an Calderone vor dessen Aufnahme, in: Aussage Calderone-Arlacchi, S. 41. Ein großer Auszug des Protokolls der Verhöre von Vitale ist veröffentlicht bei Galluzzo, Nicastro, Vasile, *Obiettivo Falcone*, a.a.O., S. 95 ff.. Die Zitate befinden sich auf S. 107, 99, 101 und 109.

[20] Hess, *Mafia*, a.a.O., S. 111; andere übergehen das Problem.

[21] Respektive G. Servadino, in *Mafia e potere*, a.a.O., I, S. 118; Ciuni, *Un secolo di mafia*, a.a.O., S. 394 (mein Kommentar).

[22] Interview in *Antimafia. Doc.*, I, S. 730. Auch hier möchte ich die konzeptionelle Opposition zum Thema der instabilen und *ad hoc*-Versammlungen unterstreichen, auf der in diesen Jahren die Sozialwissenschaftler bestehen.

[23] Gericht von Palermo. Beschluss über den Aufschub des Urteils gegen L. Leggio + 115, 14. August 1965, in *Antimafia. Doc.*, IV, Teil XVI, S. 208–209.

[24] Gericht von Palermo. Beschluss über den Aufschub des Urteils gegen A. La Barbera + 42, 23. Juni 1964, in *Antimafia. Doc.*, IV, Teil XVII, S. 506 ff.

[25] Gericht von Palermo. Beschluss über den Aufschub des Urteils gegen P. Torretta + 120, 8. Mai 1965, in *Antimafia. Doc.*, IV, Teil XVII, S. 627.

[26] Zitiert aus *Antimafia. Rel. Carraro*, Seite 169.

[27] GDS, 6. Juni 1929.

[28] Aussage Buscetta, Gerichtsverhandlung, I, S. 104.

[29] Aussage Calderone-Arlacchi, S. 148.

[30] Bericht Malausa, a.a.O., S. 40.

[31] Respektive Aussage in *Antimafia. Doc.*, III, Teil I, S. 1053; Verfahren gegen La Barbera und andere, a.a.O., S. 543.

[32] Voruntersuchung Maxiprozess, S. 86.

[33] Bericht Vignali, a.a.O., S. 163.

[34] Zu gesamtem Abschnitt vgl. Anklagerede des Staatsanwalts G. Pizzillo gegen Vitale und andere, 4. Dezember 1974, in *Antimafia. Doc.*, I, S. 809–836; aber auch Voruntersuchung Maxiprozess, S. 6 ff.

[35] Verfahren gegen Torretta und andere, a.a.O., S. 724 ff.; Bericht Malausa, a.a.O., S. 43–44; Dokumente des palermitanischen Bündnisses des PCI, Anhang der *Rel. La Torre*, S. 850.

[36] *Antimafia. Singoli mafiosi*, S. 163.

[37] Schwurgericht von Catanzaro, Verfahren gegen A. La Barbera + 114. in

Antimafia. Doc., IV, XVII, S. 992, und ebd. auch o.a. Beschluss über den Aufschub des Urteils; zu den La Barbera siehe auch Chilanti-Farinella, Rapporto, a.a.O., S. 125 ff.

38 *Antimafia. Rel. Zuccalà*, S. 353 und 343.

39 Aussage des amerikanischen Agenten C. Siragusa, zitiert in *Antimafia. Rel. Zuccalà*, S. 343.

40 Bericht des Hauptkommandos der Finanzpolizei, 1955–1963, in *Antimafia. Doc.*, IV, Teil XIV, S. 185.

41 Bericht der Finanzpolizei, a.a.O., Jahrgang 1958, S. 232.

42 Block, *East Side-West Side*, a.a.O., S. 129.

43 Bericht der Finanzpolizei, a.a.O., S. 184.

44 o.a. Bericht, Jahrgang 1958, S. 248–249.

45 o.a. Bericht, Jahrgang 1963, S. 287–288.

46 Brief von M. Bergez, datierend Tanger, 16. April 960, in a.a.O. Bericht, S. 266–267.

47 Aussage Buscetta, Gerichtsverhandlung, I, S. 41.

48 Ebd., S. 218.

49 President's Commission on Organized Crime, *Report*, a.a.O., S. 51.

50 Gambetta, *La mafia siciliana*, S. 319.

51 Reuter, *Disorganized Crime*, a.a.O., vgl. insb. die Kasuistik auf S. 160 ff.

52 Brief zitiert in Verfahren gegen F. Garofalo und andere, a.a.O., S. 644.

53 Verfahren gegen Garofalo und andere, a.a.O., S. 908. Sorge, der oft zwischen Italien und Amerika hin- und herreist, scheint ein typischer Vertreter des *Enterprise Syndicate* zu sein: Valachi und die anderen »reumütigen« Amerikaner können ihn keiner Familie zuordnen, obwohl er ihnen als hohes Tier bekannt ist: ebd., S. 898–899.

54 Verfahren gegen Torretta und andere, a.a.O., S. 659 und 627.

55 Bonanno, *Uomo d'onore*, a.a.O., S. 172.

56 Verfahren gegen L. Vitale und andere, a.a.O., S. 834. Wir befinden uns in der Zeit, in der die Kommission aufgelöst wurde und ein aus Riina, Badalamenti und Stefano Bontate bestehendes Triumvirat herrscht.

57 Verfahren gegen Spatola und andere, a.a.O., S. 599 und 787; auch in Catania ist die Krediteintreibungsgesellschaft eine bedeutende Aktivität mafioser Gruppen.

58 D. Gambetta, *La mafia elimina la concorrenza. Ma la concorrenza può eliminare la mafia?*, in «Meridiana«, 1989–90, 7–8, S. 319–336; die These in sehr abgeschwächter Form in Id., *La mafia siciliana*, a.a.O., S. 291 ff.

59 Aussage Calderone-Arlacchi, S. 72.

60 Zeugenaussage vor der Antimafia, XI Legislatur, 4. Dezember 1992, S. 513. In der Sache Sommatino von 1925 (vgl. infra, S. 143) ist eine der wichtigsten Personen ein Leonardo Messina aus San Cataldo. Über den Gebrauch des Begriffes Cosa Nostra mit Bezug auf die jüngere Vergangenheit verweise ich auf S. 184; an anderer Stelle behauptet derselbe »Reumütige«, ebenfalls mit Bezug auf seine Familientradition, mit Nachdruck: »Es ist nicht das erste Mal, dass die Cosa Nostra ihren Na-

men und ihre Gestalt ändert [...] das haben sie auch schon in der Vergangenheit gemacht«, ebd., S. 520.

[61] ebd., S. 519.

[62] Aussage Calderone-Arlacchi, S. 225–226.

[63] *Antimafia*, Aussage Messina, a.a.O., S. 531.77

[64] Voruntersuchung Maxiprozess, S. 69.

[65] *Antimafia*, XI Legislatur, 9. Februar 1993, Aussage Mutolo, S. 1231.

[66] Aussage Calderone, S. 41.

[67] Aussage Buscetta, S. 50.

[68] Aussage Calderone-Arlacchi, S. 27.

[69] Aussage Calderone, S. 51.

[70] Aussage Calderone-Arlacchi, S. 94.

[71] Aussage Calderone, S. 248, Kursivsetzung habe ich vorgenommen.

[72] Zitiert nach Voruntersuchung Maxiprozess, S. 351. Dokumente über Gelder, die die Salvo für Zahlungen an Politiker bestimmt haben, ebd., S. 352–354.

[73] In Voruntersuchung Maxiprozess, S. 340.

[74] Verfahren gegen La Barbera und andere, a.a.O., S. 523.

[75] In Voruntersuchung Maxiprozess, S. 328.

[76] Ich zitiere aus einem Auszug des Urteils, das in »Città d'utopia« veröffentlicht wurde, 1. Januar 1992, S. 29, und für die anderen Bezugnahmen S. 27 und 26.

[77] Aussage Buscetta., S. 84; aber auch Aussage Calderone, S. 116.

[78] Biagi, *Il boss è solo*, a.a.O., S. 125.

[79] Zitiert nach S. Tirone, *Partiti e mafia, dalla P2 alla droga*, Rom-Bari 1985, S. 78; vgl. auch Sterling, *Cosa non solo nostra*, a.a.O.., passim.

[80] Verfahren gegen Spatola und andere, a.a.O., S. 480, 506 und 488.

[81] *Antimafia*, Aussage Buscetta.

[82] G. Falcone-M. Padovani, *Cose di Cosa nostra*, Mailand 1991, S. 28.

[83] Aussage Buscetta, S. 1231.

[84] Aussage Buscetta, Gerichtsverfahren, S. 28.

[85] Aussage Buscetta, S. 268.

[86] Aussage Buscetta, Gerichtsverfahren, S. 28.

[87] Aussage Buscetta, S. 299.

[88] Aussage Buscetta, S. 60.

[89] Aussage Buscetta, S. 1272–1274. Das abgehörte Telefongespräch von Badalamenti in Sterling, *Cosa non solo nostra,* a.a.O., S. 96.

[90] Interview-Erzählung Falcones in *Rapporto sulla mafia degli anni '80*, Palermo 1986, S. 27.

[91] Interview von Cassarà wenige Tage vor seinem Tod, Lodato, *Dieci anni*, a.a.O., S. 167.

[92] Ebd., S. 172.

[93] G. Pansa, *Carte false*, Milano 1986; Arlacchi-Dalla Chiesa, *La palude e la città*, a.a.O., S. 78 ff.

[94] Artikel veröffentlicht in CS, 26. Januar 1987, nun in Sciascia, *A futura memoria*, a.a.O., S. 139.

[95] Duggan, *La mafia*, a.a.O.; die Rezension befindet sich in CS, 10. Januar 1987, nun in Sciascia, *A futura memoria*, a.a.O., S. 123–130.

[96] *Antimafia. Doc.*, I, S. 872. Vgl. auch die Analyse, die Di Lello im Interview, das er V. Villa gewährt hat, vorgenommen hat, *Magistratura e maxiprocesso*, in »Area metropolitana«, Januar 1986, S. 15.

[97] Di Lello, *Magistratura*, a.a.O., S. 13.

[98] Aussage Buscetta, Gerichtsverfahren, III, S. 62–63; der Einwand kommt von Anwalt Fragalà.

[99] Sciascia, Einführung in L. Jannuzzi, *Così parlò Buscetta*, Mailand 1986, S. 9.

[100] In Jannuzzi, *Così parlò Buscetta*, a.a.O., S. 151.

[101] Sciascia, Einführung in Jannuzzi, *Così parlò Buscetta*, a.a.O., S. 8.

[102] Maas, *La mela marcia*, a.a.O., S. 39.

[103] Aussage Buscetta, S. 2.

[104] Verfahren gegen Spatola, S. 485. Ich verweise jedoch auf das, was ich in Absatz 2 und 3 des Kapitels I. geschrieben habe.

[105] Aussage Calderone-Arlacchi, S. 159.

[106] In Voruntersuchung Maxiprozess, S. 14.

[107] Aussage Terranova in *Antimafia. Doc.*, I, S. 1188.

[108] Verfahren gegen La Barbera und andere, a.a.O., S. 1090.

[109] F. Bartolotto Impastato, *La mafia in casa mia*, Interview von A. Puglisi und U. Santino, Palermo 1987, S. 60–61.

[110] *Processo Andreotti*, S, 737.

[111] Vgl. Interview G. Fiumes mit Falcone, *La mafia tra criminalità e cultura*, a.a.O., S. 202.

[112] Aussage von Gioacchino La Barbera, *Processo Andreotti*, a.a.O., S. 215–218.

[113] Ebd., S. 735.

[114] Ebd., S. 737.

[115] In Voruntersuchung Maxiprozess, S. 229.

[116] Das ist der Ausdruck, den er in dem berühmten Brief an Spadolini benutzt.

[117] E. Macaluso, *Giulio Andreotti tra Stato e mafia*, Soveria Mannelli, 1996, S. 16.

[118] *Processo Andreotti*, S. 156.

[119] Voruntersuchung Maxiprozess, S. 229.

[120] *Processo Andreotti*, S. 28 und 48.

[121] *Antimafia*, Aussage Buscetta, S. 428.

[122] Sciascia, *A futura memoria*, a.a.O., S. 109.

[123] Konferenz von Falcone im Sommer 1989, abgedruckt in »l'Unità«, 31. Mai 1992.

[124] Respektive *ebd.*, und Falcone-Padovani, *Cose di Cosa nostra*, a.a.O., S. 169. Siehe auch die Anthologie der Schriften Falcones, *Interventi e proposte* (1982–1992), Florenz 1994.

[125] Tranfaglia, *La mafia*, a.a.O., S. 102.

[126] *Il modello mafia*, in »Segno«, 1982, 33, S. 6.

[127] Voruntersuchung Maxiprozess, S. 293. Hier wird natürlich davon ausgegangen, dass Santapaola tatsächlich die Verantwortung für den Mord trägt.

[128] Verfügung [...] zum Delikt Lima, a.a.O., S. 19.

[129] Aussage Buscetta, S. 269. Es wird auch an die Parallele erinnert, die Dalla Chiesa zwischen dem Mord an Costa und dem des Brigate Rosse-Mitglieds an dem Richter Coco zieht, in dem Interview, das er G. Bocca gibt, in »la Repubblica«, 10. August 1982.

[130] *Processo Andreotti*, S. 49.

[131] Verfügung [...] zum Delikt Lima, a.a.O., Aussage von G. Mutolo und G. Marchese, S. 15–23.

[132] Aussage Mutolo, ebd., S. 15. Der Bezirk ist die Gruppe dreier Familien, die einen Repräsentanten in die Kommission wählt.

[133] Andreotti, *Cosa loro*, a.a.O., S. 35.

[134] Vgl. unter anderem die Aussage von G. Carli, in *Relazione di minoranza della Commissione parlamentare d'inchiesta sul caso Sindona*, VIII Legislatur, Dok. XXIII, Nr. 2 *series*, 222.

Abkürzungen

ACS	Archivio centrale dello Stato Zentrales Staatsarchiv
AC	Amministrazione civile, Ministero degli interni Zivile Verwaltung, Innenministerium
CPC	Casellario politico centrale Politisches Zentralregister
Giustizia	Ministero di grazia e giustizia, Affari generali penali Justizministerium, Allgemeine Strafsachen
MAP	Miscellanea affari penali Vermischte Strafsachen
PG	Polizia giudiziaria, Ministero degli interni Kriminalpolizei, Innenministerium
PS, AAGGRR	Ministero degli interni, Direzione di pubblica sicurezza, Affari generali riservati Leitung der Öffentlichen Sicherheit, Innenministerium, vertrauliche Angelegenheiten
Segreteria, CR	Segreteria particolare del duce, Carteggio riservato Persönliches Sekretariat des *Duce* (Mussolini), Vertraulicher Briefverkehr
Antimafia	Commissione parlamentare d'inchiesta sul fenomeno della mafia in Sicilia, Atti: Roma 1972 Parlamentarische Untersuchungskommission zur Mafia in Sizilien, Akten, Rom 1972
Doc.	Documentazione allegata alla relazione conclusiva Dokumentenanhang zum Schlussbericht
Rel. Bernardinetti	Relazione sui rapporti tra mafia e banditismo in Sicilia Bericht über die Beziehungen zwischen Mafia und Banditentum in Sizilien
Rel. Carraro	Relazione conclusiva Schlussbericht

Rel. La Torre	Relazione di minoranza (di sinistra) Bericht der (linken) Minderheit
Rel. Zuccalà	Relazione sul traffico mafioso dei tabacchi e stupefacenti nonché sui rapporti tra mafia e gangsterismo italo-americano Bericht über den mafiosen Tabak- und Drogenhandel sowie über die Beziehungen zwischen Mafia und italo-amerikanischem Gangstertum
Singoli mafiosi	Relazione sull'indagine riguardante casi di singoli mafiosi Bericht über einzelne Mafiafälle
APCD	Atti parlamentari della Camera dei deputati Parlamentsakten der Abgeordnetenkammer
ASAG	Archivio di Stato di Agrigento Staatsarchiv von Agrigent
ASCL	Archivio di Stato di Caltanissetta Staatsarchiv von Caltanissetta
ASPA	Archivio di Stato di Palermo Staatsarchiv von Palermo
GP	Gabinetto Prefettura Kabinett der Präfektur
GQ	Gabinetto Questura Kabinett der Quästur
QAG	Archivio generale Questura Generalarchiv der Quästur
BCI	Biblioteca comunale di Imola Städtische Bibliothek von Imola
CS	»Corriere della Sera« Größte überregionale Tageszeitung Italiens
DC	Democrazia Cristina Christlich-Demokratische Partei
DEA	Drug Enforcement Administration Department der USA zur Bekämpfung des Drogenmissbrauchs

ERAS — Vereinigung für die sizilianische Agrarreform

EVIS — Esercito Volontario per l'Indipendenza Sicilian
Freiwilligenarmee für die Unabhängigkeit Siziliens

GDS — »Giornale di Sicilia«
Sizilianische Tageszeitung

Inchiesta Bonfadini
L'inchiesta sulle condizioni sociali ed economiche della Sicilia (1875–76)

Bonfadini-Untersuchung
Untersuchung über die sozialen und wirtschaftlichen Verhältnisse Siziliens (1875-76), hg. von S. Carbone e R. Grispo, Bologna 1968, 2 Bde.

Inchiesta Fabrizi
I moti di Palermo del 1866. Verbali della Commissione parlamentare d'inchiesta Fabrizi-Untersuchung
Die Aufstände von Palermo von 1866. Protokolle der parlamentarischen Untersuchungskommission, Rom 1981.

Istruttoria Maxiprocesso
Mafia. L'atto d'accusa dei giudici di Palermo
Ermittlung des Großprozesses

Mafia — *Anklageschrift der Richter von Palermo,* hg. von C. Stajano, Rom 1986; Auszug aus dem Urteil der Untersuchungsrichter vom Gericht von Palermo gegen G. Abbate + 706.

MIS — Bewegung für die Unabhängigkeit Siziliens

NGI — Navigazione generale italiana
Nationale italienische Schifffahrtsgesellschaft

ONC — Nationales Soldatenhilfswerk

PCI — Partito Comunista Italiano
Kommunistische Partei Italiens (KPI)

P2 — Propaganda Due
Geheimloge

PNF — Partito Nazionale Fascista

Processo Amoroso
Processo dei fratelli Amoroso & C.
Amoroso-Prozess,
Prozess gegen die Brüder Amoroso & Co.), Palermo 1983.

Processo Andreotti
La vera storia d'Italia
Andreotti-Prozess,
Die wahre Geschichte Italiens), präsentiert von S. Montanari und S. Ruotolo (Auszug aus der beim Staatsanwalt niedergelegten Denkschrift), Neapel 1995.

Rapporto Sangiorgi
ACS, PS, Atti speciali
Sangiorgi-Bericht,
Spezialakten 1898–40, b.1, f. 1.

Testimonianza Buscetta
Tribunale di Palermo. Processo verbale di interrogatorio di T. Buscetta davanti al giudice G. Falcone
Aussage Buscetta,
Gericht von Palermo. Protokoll des Verhörs T. Buscettas durch den Richter G. Falcone, 21.7.1984 ff.

Testimonianza Buscetta, Dibattimento
Interrogatorio di T. Buscetta nel dibattimento del maxiprocesso, testo conservato presso la Commissione antimafia
Aussage Buscetta, Debatte,
Verhör T. Buscettas in der Debatte des Großprozesses, Text aufbewahrt bei der Antimafia-Kommission, 3 Bde.

Testimonianza Calderone
Tribunale penale di Marsiglia, Processo verbale di interrogatorio di A. Calderone davanti ai giudici M. Debacq e G. Falcone
Aussage Calderone,
Strafgerichtshof von Marseille, Protokoll des Verhörs A. Calderones durch die Richter M. Debacq und G. Falcone, 9.4.1987 ff.

Testimonianza Calderone-Arlacchi
P. Arlacchi, *Gli uomini del disonore. La mafia siciliana nella vita del grande pentito Antonino Calderone*
Aussage Calderone bei Arlacchi,
Die unehrenhaften Männer. Die sizilianische Mafia im Leben des großen Kronzeugen Antonino Calderone, Mailand 1992.